Unser Alltag ist voll von Gesellschaft

Alfred Bellebaum • Robert Hettlage (Hrsg.)

Unser Alltag ist voll von Gesellschaft

Sozialwissenschaftliche Beiträge

 Springer VS

Herausgeber
Prof. Dr. Alfred Bellebaum
Vallendar, Deutschland

Prof. Dr. Dr. Robert Hettlage
Universität Regensburg, Deutschland

ISBN 978-3-531-18605-4 ISBN 978-3-531-19134-8 (eBook)
DOI 10.1007/978-3-531-19134-8

Die Deutsche Nationalbibliothek verzeichnet diese Publikation in der Deutschen Nationalbibliografie; detaillierte bibliografische Daten sind im Internet über http://dnb.d-nb.de abrufbar.

Springer VS
© Springer Fachmedien Wiesbaden 2014
Lektorat: Dr. Cori Mackrodt, Katharina Gonsior

Gedruckt auf säurefreiem und chlorfrei gebleichtem Papier

Springer VS ist eine Marke von Springer DE. Springer DE ist Teil der Fachverlagsgruppe Springer Science+Business Media.
www.springer-vs.de

Inhalt

Einleitung

1. Gesellschaft als Lebensraum

Alfred Bellebaum

a) „Lange bevor Soziologen und Verhaltensforscher es nachwiesen, wusste man es im Grunde schon, wie stark Zeit und Milieu die Entwicklung des Menschen beeinflussen. Es gab und gibt einen einfachen Ausdruck dieses Wissens, wenn man sagt: er war ein Kind seiner Zeit" (Neunzig: 7).

Statt von Milieu und Zeit spricht man heutzutage meistens von Gesellschaft. Und Soziologie – ein vieldeutiger Ausdruck – bedeutet wörtlich übersetzt die kundige Rede (logos) über den Gesellen bzw. Genossen (socius), einfacher ausgedrückt: über den Menschen als Gefährten anderer Menschen. Dem entspricht die Vorstellung von Soziologie als einer Gesellschafts- bzw. Sozialwissenschaft, wobei unter Gesellschaft – ein mehrdeutiges und weithin zum Schlagwort verkommenes Wort – hier zunächst ganz einfach das **Beisammensein** von Lebewesen verstanden werden kann.

Nun sind Pflanzen und Tiere artspezifisch ebenfalls beisammen, weshalb es ja auch Pflanzensoziologie, Soziologie des Waldes und Tiersoziologie gibt. Soziologie wird dennoch meistens nur als Wissenschaft vom Beisammensein der Menschen verstanden. Und diese Einschränkung hat mit einem Umstand zu tun, der für die weiteren Erörterungen grundlegend ist, nämlich, mit **sozialen Normen**. Mit ihnen haben wir es täglich zu tun.

b) Mit dem Menschen befassen sich viele Wissenschaften, weshalb es auch unterschiedliche Auffassungen geben kann. Bei allen Differenzen im Detail ist dennoch vieles unstritig. Das gilt vor allem für die **anthropologische Bedeutung** von Gesellschaft, worüber man nicht erst in neuerer Zeit etwas weiß:

- Es bestreitet erstens niemand, dass Menschen im Mit- und Gegeneinander beisammen sind. Die alltägliche Erfahrung bestätigt jedem, wie weitreichend und intensiv wir mit anderen Menschen zusammenleben. Was also ist der Mensch? Ein **geselliges Lebewesen** – was ungesellige Geselligkeit (Kant) keineswegs ausschließt.

- Es bestreitet zweitens niemand, dass Menschen im Mit- und Gegeneinander beisammen sein müssen. Der Soziologe kann auf seine Weise, eine kundige Rede vorausgesetzt, begreiflich machen, dass Gesellschaft eine unerlässliche Voraussetzung für menschliches Leben ist und mithin einen für den Menschen notwendigen Lebensraum darstellt. Menschen sind also auf das Beisammensein mit anderen Menschen angewiesen, und wir sind ohne ein bestimmtes, oft freilich nur schwer exakt bestimmbares, Maß an befriedigenden sozialen Beziehungen gar nicht lebensfähig. Was also ist der Mensch? Ein der **Gesellschaft bedürftiges Lebewesen** – was Kritik an konkreten Zuständen und deren Veränderungen nicht ausschließt.

- Es bestreitet drittens niemand, dass Empfindungen, Denken und Handeln der Menschen von ihrem Beisammensein und der Art und Weise, wie sie beisammen sind, stark beeinflusst werden. Wer wollte leugnen, dass im Sterbefall Klageweiber anders klagen, als wir dies bei uns privat tun. Wer wollte übersehen, dass verwandtschaftliche Beziehungen in einfachen Gesellschaften bedeutsamer sind als die der modernen Welt. Und wer könnte verkennen, dass unterschiedliche Sprachen in ihren Tiefenschichten mit verschiedenartigen Weltsichten einhergehen. Was also ist der Mensch? Ein nach Zeit und Ort **gesellschaftlich oft unterschiedlich geformtes Lebewesen** – was andere Einflüsse wie etwa körperliche Gegebenheiten nicht ausschließt.

Der Hinweis auf gesellschaftliche Bedingungen menschlichen Lebens bringt mithin zum Ausdruck, dass wir von unserer sozialen Umwelt stark abhängig sind. Indem wir mit anderen Menschen unvermeidbar beisammen sind, ist eine völlig eigenständig-autonome Lebensführung gar nicht möglich. Wir sind schon als Neugeborene (und ja sogar schon vorher!) nicht allein. Wir bleiben als Kinder und Heranwachsende nicht allein. Und wir werden als alte und sterbende Menschen nicht allein sein. Im lebenslangen Prozess der Sozialisation hat uns nämlich unsere Umwelt fest und nachhaltig im Griff.

Es gibt durchaus Alleinsein als Einsamkeit und Isolation. Der einsame und isolierte Mensch ist in dem hier gemeinten Sinne trotzdem nicht völlig allein, denn er ist und bleibt von seinem sozialen Milieu geprägt. Und weil das so ist, „(läßt) uns ein beständig leiser Wechsel von Druck, Widerstand und Förderung fühlen, daß wir niemals allein sind" (Dilthey). Weshalb immer wieder manche Menschen den Traum des Alleinseins träumen, betrifft eine andere, nichtsdestoweniger sehr interessante Frage.

c) In welchem Ausmaß wir nicht allein sind ergibt sich schon daraus, dass wir wie etwa im Straßenverkehr vorschriftsmäßig und deshalb wie andere Menschen handeln (müssen). Wir empfinden oft sogar bis in unsere Gefühlswelt hinein wie Mitmenschen. Solche Gemeinsamkeiten – die durchaus als unangenehm empfunden werden können – erklären sich eben leicht aus gesellschaftlichen Regelungen eines großen Teils dessen, was wir alltäglich tun. Indem wir wie andere Menschen bestimmte Regeln unserer sozialen Umwelt beachten (müssen) und uns also erwartungsgemäß verhalten, handeln wir – so lautet ein gebräuchliches und sinnvolles Kürzel – sozial bzw. gesellschaftlich bedingt. **Soziales Handeln** und **Soziale Normen** sind mithin grundlegende Tatbestände menschlichen Lebens und Zusammenlebens.

Vielen Menschen ist das gar nicht bewusst. Wer nämlich meint, weithin selbstständig und autonom zu handeln, verkennt leicht die vielen gesellschaftlichen Anforderungen im alltäglichen Leben. Darauf zielt wohl auch der Hinweis auf die „profanen und religiösen, die beschreibenden und vorgeschriebenen Ordnungen des Tages, sei es des außergewöhnlichen Festtages, sei es der alltäglichen Routine, etwa bei Flaubert" (Jean Starobinski). Ähnliches kommt schon in den überlieferten Ausdrücken Brauch und Sitte vor.

d) Perspektiven

Wer sich wissenschaftlich mit den vielfältigen und bedeutungsreichen sozialen Normen und also den weitreichenden und tiefgreifenden gesellschaftlichen Bedingtheiten beschäftigt, der tut dies – das gilt selbstredend auch für andere Themen – nicht voraussetzungslos.

In schon weiter zurückliegenden, heutzutage weniger aktuellen, wissenschaftsinternen Auseinandersetzungen wurde unter anderem die These erörtert, dass die „Arbeit von Soziologen, genauso wie die anderer Menschen beeinflußt wird von gewissen vor-theoretischen Überlegungen" (Gouldner, 74:43f.). Solche Hintergrundannahmen können beispielsweise sein: Wir leben in einer industriellen Leistungsgesellschaft; wir befinden uns in einer Klassengesellschaft; Menschen verhalten sich weitgehend rational etwa im Hinblick auf Gewinnmaximierung; in der modernen Welt ist eine selbstbestimmte Lebensweise weithin üblich. Es kann sogar der Begriff „Gesellschaft" als ein „wissenschaftlich sinnvolles Konzept" zurückgewiesen werden, weil „einzelne Gegebenheiten prinzipiell auf psychische Prozesse zurückzuführen" seien (Kreckel, 1975: 39f.) In neuerer Zeit bietet die Gehirnforschung viele anschauliche Beispiele für derartige Grundannahmen.

Solche „**gesellschaftstheoretischen Orientierungen**" (a. a. O.) beeinflussen Problemstellungen, blenden evtl. wissenschaftlich bedeutsame Fragen aus und beinhalten bestimmte Annahmen über den Untersuchungsgegenstand. Kurzum, Forschung geschieht dann nicht mehr ergebnisoffen. Das ist problemlos, wenn

die forschungsleitenden Grundpositionen von vornherein aus dem „Halbdunkel
des Unterbewußtseins gehoben werden" (Goulder, 1974, 1, 48) und damit empirisch überprüfbar sind.

Hintergrundannahmen bleiben nicht folgenlos für die Art und Weise, wie gesellschaftliche Wirklichkeit versuchsweise erfasst wird. In der Informatik gibt es
den Begriff Software. Es sind installierte Programme, mit deren Hilfe bestimmte
Aufgaben gelöst werden sollen. Man spricht auch von Algorithmen, die festlegen,
was computermäßig schrittweise getan werden muss, um bestimmte Probleme zu
lösen. So benötigt eine ärztliche Praxis für die Abrechnung eine andere Software
als ein Steuerberater für die Steuererklärung seiner Kunden. Ähnlich verhält es
sich mit den sog. **Soziologischen Theorieansätzen**. Darunter fallen üblicherweise Strukturfunktionalismus, Systemtheorie, Konflikttheorien, Verhaltenstheori-
en und Symbolischer Interaktionismus/Phänomenologie.

Diesen Schulen oder Richtungen der Soziologie ist gemeinsam, dass „jede
sich darbietende Art, Soziologie zu treiben, eine Vorentscheidung über sich selbst
und ihren Gegenstand trifft – auf einem konstitutiven Akt beruht" (Matthes, 1973:
199). Und mit diesen theoriespezifischen Grundsätzen kann nur das in den Blick
kommen, was ihnen zugänglich ist. Durch keine der erwähnten Perspektiven oder
Brillen kann alles gesehen und begriffen werden, was beispielsweise im Alltagsleben geschieht – der nachweislich voller Gesellschaft ist.

Sozialer Wandel betrifft auch die wissenschaftlichen Sichtweisen. Es wurde früher einmal eine weitreichende Abhängigkeit menschlichen Lebens und
Zusammenlebens von der räumlichen Umwelt behauptet (geographischer Deter-
minismus), später dann auf die vielen Möglichkeiten ihrer Gestaltung durch den
Menschen (geographischer Possibilismus) hingewiesen. Es können aber nicht nur
einzelne wissenschaftsinterne Sichtweisen fragwürdig werden, sondern der Er-
klärungswert auch ganzer Disziplinen kann bezweifelt werden. Grundsätzlich gewendet: „Auch die Soziologie ist keine erkenntnistheoretische Wunderwaffe. Ihre
Denkweisen führen nur zu einigen Möglichkeiten mehr, das Dasein zu ergrün-
den. Was dabei herauskommt, kann man genau so gut beiseite stellen wie alles
andere, sobald sich ein neuer Leitfaden zur Hermeneutik von Lebensgeschichten
bietet" (Berger: 74). Dazu besteht aber momentan kein Anlass, wie die Beiträge
in diesem Band eindeutig und eindringlich belegen.

Literatur

Soziale Normen

Vieles übernommen aus A. Bellebaum: Soziales Handeln und soziale Normen, Paderborn 1983: 7ff.

Weiterführend und vertiefend u. a.:

H. Popitz: Die normative Konstruktion von Gesellschaft, Tübingen 1980.

Ders., Soziale Normen, Frankfurt, 2006.

Gängige *Einführungen in die Soziologie*, z. B.:

A. Bellebaum: Soziale Normen, in: Ders., Grundbegriffe der Soziologie..., 13. Aufl. Stuttgart 2001: 36ff.

Norm, soziale, in: B. Schäfers/J. Kopp. Hrsg. ..., Grundbegriffe der Soziologie, 9. Aufl. 2006: ...ff.

J. Starobinski (Interview): Anklagen und Verführen als typische Gesten der Aufklärung, in: FAZ, 9.11.2010.

Hintergrundannahmen

A. Bellebaum: Vortheoretische Konzepte soziologischen Denkens, in: Ders., Handlungswert der Soziologie. Vermittlungs- und Verwertungsprobleme, Meisenheim 1977: 43ff.

A. Gouldner: Die westliche Soziologie in der Krise, 2 Bde. Reinbek 1974.

F.W. Graf: Biopolitische Kontroversen sind hierzulande immer weltanschaulich geprägt, in: FAZ, 22.06.2011.

R. Kreckel: Soziologisches Denken. Eine kritische Einführung, Opladen 1975.

J. Matthes: Einführung in das Studium der Soziologie, Reinbek 1973.

N. Elias: Einige Gedanken über das Schneuzen, in: Ders., Über den Prozeß der Zivilisation, Bd. 1, 1977: 194ff.

P.L. Berger: Einladung zur Soziologie. Eine humanistische Perspektive, dt. Olten 1969 u. ö.

2. Die Besichtigung alltäglicher Verhältnisse

Robert Hettlage

Menschen leben in einer komplexen Wirklichkeit. Den Bezug zur Welt können sie nicht einklammern, sondern müssen in der Welt – irgendwie – ihr Leben führen. Sie verbringen ihr Leben dabei in verschiedenen Lebensbereichen, verrichten ganz unterschiedliche Aktivitäten und verfolgen jeweils andere Lebenspläne. Das gibt ihrem Leben einen Sinn. Sie arbeiten und freuen sich auf die Freizeit. Sie denken über Probleme nach und finden es gut, dass ihnen vieles ohne großes Nachdenken von der Hand geht. Sie träumen oder dösen und werden meist schnell auf den „harten Boden der Wirklichkeit" zurückgeholt. Sie essen, schlafen, beobachten, grüßen, lesen, warten, lachen, unterhalten sich, zeigen Interesse, sind höflich oder wütend etc. All das verlangt ihre Aufmerksamkeit und zieht gleichzeitig ihre Konzentration von anderen Dingen des Lebens ab. Manches machen die Menschen alleine, vieles, erstaunlich vieles ist auf andere ausgerichtet oder bedarf sogar deren Gegenwart und Mithilfe.

Das Konzept „Alltag" ist derzeit sehr in aller Munde, wie ein kursorischer Blick auf die Fachliteratur zeigt. Seine häufige Verwendung steht aber in krassem Widerspruch zur Präzision seiner Verwendung. Meist ist dabei ein Sammelsurium von Handlungen gemeint, die etwas mit dem zu tun haben sollen, was „irgendwie" alle angeht. Das ist zwar richtig, aber nicht hinreichend. Meist wird (stark verkürzend) ein Gegensatz von Alltag und Feiertag angedeutet. Die einzige „Schule" der Soziologie, die sich ausdrücklich damit befasst, den Alltag genauer zu präzisieren, ist die phänomenologische Soziologie (u. a. Alfred. Schütz, Peter L. Berger, Thomas Luckmann, Hans-Georg Soeffner).

Gestützt auf Edmund Husserls Konzept der „Lebenswelt" geht es dieser soziologischen Richtung darum, die unterschiedlichen Modi der Aufmerksamkeit und des Erkennens herauszuarbeiten, mit denen die Menschen ihren Bezug zur Welt ausstatten. Sie will damit den Gegensatz zu einem objektivierenden, naturwissenschaftlich- quantifizierenden Weltbild unterstreichen. *„Lebenswelt"* soll den Letzthorizont bezeichnen, dem alle Menschen, trotz ihrer unterschiedlichsten Voraussetzungen und Orientierungen, also ungeachtet ihrer jeweiligen besonderen Erfahrungswelten, angehören. Diese Art von Soziologie verspricht sich davon für ihre Analysen größere Lebensnähe, als wenn sie sich sofort den Organisationen, Superstrukturen und großen Systemen widmen würde. Der Vorteil ist, dass vor diesem Hintergrund verschiedene Sonderwelten oder „Sinnprovinzen" ausgewiesen werden können, die ganz unterschiedliche Aufmerksamkeiten verlangen. Entspannen, Träumen, Wachen, Spielen, Feiern, Forschen, Schönheit genießen, sich von Krankheit erholen, all das verlangt von unserem Bewusstsein einen jeweils anderen kognitiven Stil, andere Gefühle und spezifisches Engagement, mit denen wir unsere Erfahrungen organisieren. Diese Zustände reichen von völliger Entspannung bis zur höchsten Spannung. Je nach unseren sich gegenseitig durchdringenden oder einander ablösenden Aktivitäten müssen wir die „Aufmerksamkeitsspannung", die Zeit- und Raumperspektiven, die Motivlage etc. wechseln

Nun gibt es einen Sonderbereich unseres Lebenshorizonts, dem wir in „natürlicher Einstellung" angehören, in dem sich das (sinnstiftende) Handeln und Erleben der Menschen in vorwissenschaftlicher, selbstverständlicher Weise nach den Prinzipien des „common sense" ordnet. Husserl, Heidegger und Schütz nennen es den *„Alltag"*. Er zeichnet sich durch einen besonderen Wissensbestand (Alltagswissen) und „sozial abgesicherte Formeln" (Gorman 1977:49) aus, die für andere Lebensbereiche nicht ohne Bedeutung sind. Vor allem bietet er, was oft übersehen wird, die Grundlage aller Wissenschaften.

In einer ersten Annäherung ist die Rede vom Alltag eine „Formel der Unmittelbarkeit" (Ehlich 1980: 14). Sie hebt nicht auf das Besondere, das Esoterische und Exponierte ab, das von Wenigen gepflegt wird, sondern auf das Gewöhnliche und Gewohnte, das Selbstverständliche, Übliche und Unauffällige, in dem sich die Mehrheit (der „gemeine Mann", die Masse, die triviale Öffentlichkeit) wiederfindet. Was „Man" in Gegenwart anderer und in Wechselwirkung mit der Vor-, Mit- und Nachwelt so macht, denkt, fühlt, deutet, behauptet, erzählt und erzeugt, steht unter dem unabweisbaren Wirkungsimperativ, sein Leben in Gesellschaft bewältigen zu müssen. Darin findet es seinen – manchmal nur diffus erahnten – Grund und Sinn. Ob perspektivenreich oder nicht, der Alltag, „als Umschlagsplatz der verordneten Wahrheiten wie ... der gesellschaftlichen Praxen" (Ehlich 1980:17) bestimmt die Handelnden, auch wenn sie die Geschichte nur erleiden.

Wir wissen, dass dieser Alltag der Sozialwelt angehört, „welche als ein Sinnvolles zu erforschen, Aufgabe der Sozialwissenschaft ist. So ist allen Sozialwissenschaften ein Material vorgegeben, das die Eigenart besitzt, bereits in einer vorwissenschaftlichen Stufe jene Elemente des Sinns und Verstehens zu enthalten, welche innerhalb der deutenden Wissenschaft selbst mit dem Anspruch auf kategoriale Geltung mehr oder minder explizit auftreten (vgl. Schütz (1932), 1974: 18).

Meist aber wissen wir weniger darüber, als über andere Bereiche des Gesellschaftslebens. Deswegen haben sich Schütz und Luckmann zum Ziel gesetzt die „Strukturen der Lebenswelt" (2003), vor allem der Alltagswelt, herauszuarbeiten. Sie weisen dabei auf folgende Besonderheiten hin: auf die Pragmatik, die Normalität, die Routine, die Intersubjektivität und die Idealität. Das bedarf einiger Erläuterungen.

1. Der Alltag als oberste Wirklichkeit ist pragmatisch geordnet

Wir alle verfolgen in unserem Leben die verschiedensten Pläne („Um zu"- Motive, „Weil-Motive"). Hinter allen aber steht die Zentralerfahrung, dass aus diesem Leben niemand lebendig davon kommt. Das Leben ist kurz. Es endet schnell und unvorhersehbar. (Vgl. die „vita brevis" -Überlegungen der Stoa und der christlichen Kirchenväter, die von J.Gaarder (1997) wieder aufgegriffen wurden). Deswegen müssen wir paradoxerweise unsere volle Aufmerksamkeit darauf richten. Unsere Grundangst, dass wir sterben müssen (ein wichtiges Thema nicht nur der Existenzphilosophie von Kierkegaard, Sartre, Heidegger u. a., sondern aller älteren Menschen), beeinflusst unsere Erwartungen. Denn wir müssen uns in unserem eigenen Interesse beeilen, unsere Pläne zu einem guten Ende zu bringen.

Oberste Wirklichkeit oder „Wirklichkeit par excellence" meint, dass wir (Sterblichen) uns in dieser Welt durch Handeln, Planen, Körpereinsatz und Bewegung von Dingen entwerfen und verwirklichen müssen. „In der Alltagswelt ist die Anspannung des Bewusstseins am stärksten ... In ihrer imperativen Gegenwärtigkeit ist sie unmöglich zu ignorieren, ja, auch nur abzuschwächen" (Berger/ Luckmann 1980:24). Dieser Tatbestand wird von uns als normal angesehen. Wir können mit unseren Projekten Erfolg haben oder nicht. Jedenfalls verlangt das Leben trotz oder wegen dieser Spannung die volle Wachheit. Wir müssen wissen, was um uns herum vor sich geht, und wie wir uns laufend an die Veränderungen anpassen. Nur so können wir in der begrenzten Lebenszeit unsere Pläne verfolgen.

Die Welt des Alltags ist insofern eine besondere als sie eine Welt der „Arbeit" ist. In ihr bewegen wir den Körper und unsere Objekte, um unsere Lebensentwürfe zu verwirklichen. Damit unsere Pläne und Interaktionen nicht scheitern, müssen wir ganz schön „auf Draht" sein und wissen, was in dieser Welt der Fall ist. Solange wir uns in dieser Aufmerksamkeitszone bewegen, liegt der Akzent auf der Bewältigung des faktisch Gegebenen. Deswegen ist unser Alltag **pragmatisch** geordnet. Unsere Welt ist in einem engen Sinn die „unsere", weil wir uns in ihr betätigen können. Sie ist eine Welt des Handelns. „Meine Anteilnahme, an dieser Welt ist im Wesentlichen dadurch bestimmt, was ich in ihr tue, was ich getan habe oder tun will" (Abels/Stenger:1989: 22).

Obwohl jedem natürlich klar ist, dass es Teilbereiche dieses Lebens gibt, die durch diese pragmatische Haltung nicht zugänglich sind (der Bereich der Kunst, der Phantasie, des Traums), ist der Aspekt der tätigen Bewältigung unseres Daseins vorrangig. Denn entweder spielt die Einschätzung eine Rolle, was wir wenigstens potentiell in dieser Welt zu tun hätten oder unser Interesse an den „fernen Welten" fällt dementsprechend geringer aus. Als Hausfrau bin ich auf das gerichtet, was mit Haus, Kochen, Putzen, Waschen zu tun hat, als Mutter bin ich vorrangig an Kinderbetreuung und Kindererziehung, als Lehrer primär an Unterrichtsmaterialen, Schulpädagogik und Lehrdeputaten interessiert. Das ist ihr „need to know". Natürlich und hoffentlich ist der Raum der Interessen jeweils größer als das, was allein ihren Arbeitsalltag angeht, aber als dringlicher und drängender erscheinen sie nicht. Die Menschen sind im allgemeine keine Träumer. Ihre Schwäche für Opern und Literatur, ihre Begeisterung für Sport oder Basteln werden – von Momenten der Ekstase abgesehen – deshalb als „nice to know" in den zweiten oder dritten Rang der *Relevanzen* verwiesen.

2. Alltag ist intersubjektiv und reziprok

In der Welt der Träume, der Fiktionen und Utopien mag ich allein sein. In der Welt des Alltags ist das auf Dauer ausgeschlossen. Ich muss wissen, dass ich die Welt mit anderen teile. Ich kann es wissen durch die funktionierenden Routinen des Alltags. Ich könnte gar nicht existieren, ohne mich mit anderen zu verständigen. Im Hier und Jetzt des Daseins bin ich ohne die anderen gar nicht lebensfähig. Ohne sie kann ich meine Lebenspläne nicht verwirklichen. Da muss ich schon einigermaßen sicher sein, dass wir im Prinzip in derselben Wirklichkeit zu Hause sind. Natürlich weiß ich genau, „dass die anderen diese gemeinsame Welt aus Perspektiven betrachten, die mit der meinen nicht identisch sind. „Mein ‚Hier' ist ihr ‚Dort'. Mein ‚Jetzt' deckt sich nicht ganz mit dem ihren. Dennoch – ich weiß, dass ich in einer gemeinsamen Welt mit ihnen lebe. Das wichtigste, das ich weiß, ist, dass es eine fortwährende Korrespondenz meiner und ihrer Auffassungen von und in dieser Welt gilt, dass wir eine gemeinsame Auffassung von ihrer Wirklichkeit haben" (Abels/Stenger 1989:22).

So gesehen ist der Alltag ein *Begegnungsalltag*, der einer diffus erkannten, aber trotzdem durchgreifend wirksamen „Interaktionsordnung" gehorcht. Ihr ist Erving Goffmans „dramaturgischer Ansatz" gewidmet. Die Ordnung unserer Erfahrungen ruht auf nicht-explizierten Wissensbeständen, die normative Geltung beanspruchen. Die zwingend unterstellte Gemeinsamkeit der Überzeugungen ist jedoch – aus wissenschaftlicher Distanz betrachtet – eher eine praktische Setzung, eine „obligatorisch gewordene Fiktion" (Gehlen 2004:244) oder Wunschvorstellung. Darin ist sie einem „System von Glaubenssätzen" (Soeffner 2004: 26) nicht unähnlich. Dieser Bestand an gedeuteten Weltausschnitten geht in den Sozialisationsprozess ein und wird von Generation zu Generation als kulturelles Erbe oder Tradition weitergegeben. Sie bilden einen strukturierenden *Rahmen*, durch den Wichtiges von Unbedeutendem, Verpflichtendes von Gewünschtem, Erwartetes von Überraschendem getrennt werden können.

Husserl nennt diese nicht abzustreitende („transzendentale") Intersubjektivität ein unauflösbares „*Korrelationsapriori*" (1976:125 f). Die alltägliche Lebenswelt ist eine „Welt für alle". Hier lebe ich mit meinem Nachbarn. In ihr können wir deshalb eine gemeinsame, alltägliche Praxis gestalten. Das ist die Bedeutung der „Generalthese des ‚alter ego'". Würde sie nicht gelten, müsste unser Handeln jedes Mal ins Leere fallen. Es wäre nicht klassifizierbar und würde bei den anderen nicht „ankommen" können. Es bliebe fundamental fremdartig. Die Reaktionen darauf müssten unvorhersehbar, ja ungeordnet und orientierungslos („anomisch") ausfallen. Der Alarmzustand wäre allumfassend. Dazu können wir es in unserem eigenen Interesse nicht kommen lassen.

Folglich müssen wir den intersubjektiven Alltag als eine „quasi-selbstverständliche" Geltungswirklichkeit behandeln. Sie ist nur indirekt erschließbar, muss aber vorausgesetzt werden. Die „Entproblematisierung" erzwingt und verlangt ein Eingreifen nur da, wo sich der Alltag den eigenen Wünschen nicht reibungslos fügt. Korrekturen sind immer möglich, sind aber eher die Ausnahme. Im Allgemeinen versuchen wir „ pragmatisch-immanent" vorzugehen. Wir behandeln die anderen in unserer Mitwelt zunächst und mit Vorzug als „Zeitgenossen", die von vergleichbaren Erfahrungen und Wünschen geprägt sind und wenigstens partiell wissen, was ich auch weiß. Solange alles glatt läuft, müssen wir uns über deren spezifische Sonderwelten den Kopf nicht zerbrechen. Erst wenn die Reaktionen der anderen aus dem Rahmen fallen und Probleme schaffen, muss die Aufmerksamkeit erhöht und die Fragehaltung intensiviert werden.

3. Der Alltag ist „das Normale"

Dem steht eine andere Zentralerfahrung gegenüber: Denn sehen wir einmal von der genannten Hintergrundsorge ab, dann ist das Alltagsleben dasjenige, was wir jeden Tag in großer Selbstverständlichkeit leben. Unser Leben erhält, ohne groß nachzudenken, eine feste Form durch unsere Gewohnheiten, Konventionen, Bräuche, Sitten und Rituale. Täglich kehren bestimmte Verrichtungen wieder, die wir fast „bewusstlos" „sozusagen mit der staunenswerten Grazie eines Tausendfüßlers, der seine vielen Beine automatisch und richtig bewegt" (Abels/Stenger 1989: 20) ausführen. Sie werfen üblicherweise eben keine Probleme auf. Wir wissen, was „man" tut. „Wir beherrschen die Regeln … aber wir machen sie uns nicht bewusst, weil sie uns sattsam vertraut sind und eine willkürliche Verfremdung uns in Verlegenheit brächte" (ebenda 21).

Man grüßt eben, wenn man den Nachbarn begegnet. Darüber muss man gar nicht nachdenken. Ich weiß es und mein Gegenüber auch. Es ist selbstverständliches, normales „Jedermannwissen", das sich auf eine Welt bezieht, die ich mit anderen gemeinsam habe (Berger/Luckmann 1980:26). Wir sind uns dieser Überzeugung so gewiss, weil sie bequem ist, die täglichen Abläufe nicht stört, sondern garantiert und somit einen sozialen Nutzen verspricht. Das *Alltagswissen* hat eben den Vorteil, dass es schnell greifbar und sozial akzeptiert ist.

Sein Gewicht ist so groß, dass es auch normative Kraft gewinnt. Alltagswissen begründet auch eine *Alltagsmoral*. Es ist eben auch nicht anständig (und „*soll*" nicht sein), dass wir den Nachbarn nicht grüßen. Wer sich über die Norm hinwegsetzt, wird sanktioniert. („Der hält sich wohl für etwas Besseres") Es kostet erfahrungsgemäß einige Mühe, das durch mangelnden Anstand zerschlagene Porzellan wieder zu kitten. Goffman hat in seinem Buch „Interaktionsrituale" (1971) einige Mühe darauf verwendet, um die vielfältigen Heilungsverfahren für „entgleiste" Begegnungen zu skizzieren. Wie wichtig das moralisch aufgeladene Alltagswissen ist, zeigt sich daran, dass wir uns schon entschuldigen, bevor ein wirklicher Anlass dazu eingetreten ist. („Entschuldigung, können Sie mir sagen, wie viel Uhr es ist!")

Der Alltag lebt also von der Unterstellung, dass wir alle wissen oder zu wissen glauben, was „normal" – gut erzogen, anständig, höflich, taktvoll oder abweichend, ungehörig, befremdlich, anstößig etc. – ist. Erst beharrliche Kinderfragen, die philosophischer Natur sind, bringen Eltern in höchsten Argumentationsnotstand. Nicht selten endet die „nervige Fragerei" mit der Feststellung, dass die Wirklichkeit „eben so und nicht anders" gebaut sei. Das ist genau der Punkt. Die Eltern merken, dass sie die Normalitätsannahme nicht begründen können – ja, dass der Alltag auch ohne komplexe Begründungsschleifen auskommen kann und muss. So gesehen hat der alltägliche Weltbezug oft etwas Tautologisches: die Welt ist, wie sie ist. Dagegen hat das soziologische Fragen immer einen schweren Stand.

4. Der Alltag wird durch Routinen bewältigt

Das Leben und Handeln im Alltag verträgt keinen Aufschub. Es kann nicht bis zu dem Zeitpunkt eingeklammert werden, an dem vielleicht größere Klarheit über die Zusammenhänge – Verpflichtendes oder Gewünschtes, Erwartbares oder Überraschendes – herrscht. Damit es „unmittelbar" funktioniert, muss es sich auf ein hohes Maß an Selbstverständlichkeit stützen. Wer, wie Luhmann überzeugend darlegt, vor dem Aufstehen erst einmal alle Risiken und Komplexitäten durchdenken würde, die außerhalb seines Bettes auf ihn lauern könnten, würde vermutlich gar nicht aus dem Bett herausfinden. Es könnte ja ein Einbrecher hinter der Türe stehen. Es könnte ja der Gasherd explodieren etc. Oder: „Wer vor einer scharfen Kurve Papier und Bleistift nimmt, um das Verhältnis von Masse und Beschleunigung zu berechnen, wird das Ergebnis im günstigsten Fall vielleicht im Krankenhaus bedenken können" (Abels/Stenger 1989:20).

Wer sich hingegen auf die Wiederholung des „immer Gleichen" einlässt, kann sich auf anderes konzentrieren. Er macht sich den Verstand für andere Probleme frei, von denen der Alltag genug in seinem Köcher hat. Fürs erste gilt die Tautologie, dass die Welt ist, wie sie ist. Sie muss in unserer Reichweite verbleiben. Um das zu abzusichern, müssen wir wenigstens *so tun, als ob* große Teile unserer Verrichtungen und Begegnungen keine Probleme aufwerfen würden. Wir müssen vielfach so tun, *als ob* sie unproblematisch wären, *als ob* wir über Dinge, Personen und Ereignisse Bescheid wüssten, *als ob* alles, wie gehabt, abläuft und nicht nur jetzt, sondern auch im nächsten Moment keine größeren Überraschungen in sich birgt (Vgl. Ortmann 2004).

Diese *Fiktion* wird ruhig gestellt durch die *Routine*. Alltags-Automatismen entlasten und beruhigen. Der Preis der Ruhe ist die Wiederholung, die zudem die Erinnerung an den ursprünglichen Sinn einer Handlung löschen kann. Darin sind sich Routinen und Rituale gleich. Hinzu kommt bei letzteren die Überprägnanz, Förmlichkeit und Feierlichkeit des Ausdrucks. Routinen werden zu *Ritualen* durch das Moment der förmlichen Darstellung. Beide aber beschäftigen sich nicht mit der Produktion von Begründungen, sondern mit dem „fraglos Gegebenen". Dabei ist das Fiktionale als solches zwar beachtenswert, aber zunächst weniger bedeutsam als die Ermöglichung selbstverständlicher und verallgemeinerbarer menschlicher Praxis. Das Befolgen von Regeln erfordert schon im normalen Alltag also ein hohes Maß an Kompetenz.

Der routinierte Alltag – ein ausschnitthaftes Realitätsbild „von sehr geringer Komplexität" (Luhmann 1973:155) – ist ein unerlässliches Hilfsmittel für unsere Handlungsfähigkeit. Denn es bündelt unsere Aktivitäten und entlastet uns zugleich von einer prinzipiell unabschließbaren Bedenklichkeitshaltung, die in der „ reflexiven Moderne" überall Einzug gehalten hat. Unserer individuellen Fixierung auf Verlässlichkeit entspricht ein gewaltiger Bedarf an Organisation und Normierung in allen gesellschaftlichen Teilbereichen – „aber das macht die Dinge nicht unbedingt besser"(Ortmann 2004:11). Entlastung ist nach Arnold Gehlen ein zentraler Sinn aller *Institutionen*. Systemtheoretisch gewendet heißt das, dass die „Diskrepanz zwischen der unfasslichen Komplexität der Welt und dem eigenen Begriffsvermögen zum Ausgangspunkt ... für immer weitergreifende Prozesse der Reduktion von Komplexität" (Luhmann 1973:19) gemacht werden muss. Dem dient, wenn man nicht in die Resignation verfallen will, der Sprung in die Gewissheit oder in den Schein von Gewissheit. Hier kündigt sich auch der Übergang aus der Welt der Konstruktion in die beunruhigende Welt des Scheins, wenn nicht sogar des Bluffs und der Lüge an (vgl. Hettlage 2003).

5. Die „natürliche Einstellung" lebt vom Rezeptwissen

Diese „naive", auf Kontinuität getrimmte und auf Selbstberuhigung abzielende Haltung nennen Husserl und Schütz die normale Weltanschauung oder die „*natürliche Einstellung*" (Schütz/Luckmann 2003:29ff.). Damit ist eine Wirklichkeits-erfahrung gemeint, deren Objekte schon nach bestimmten Mustern vorarrangiert („typisiert") sind. Ich lebe in meinem Körper und habe ein Bewusstsein meiner selbst. Um diese durch Introspektion gewonnene Wahrheit herum ist meine Alltagswelt aufgeschichtet. Ich verwende meine Muttersprache, die ich von meinen Eltern gelernt habe und die mich im Alltag unablässig mit Sinn versorgt. Ich verwende Spielsachen, Werkzeuge und kompliziertes technisches Gerät (Auto, Fernseher, Lift, Rolltreppe), die zur Ausstattung meiner Gesellschaft gehören. Ich lebe in einem Beziehungsgeflecht und an Orten, in deren sprachliche und soziale Ordnung (Verwandtschaftsbezeichnungen, Berufsgliederung, Hierarchien, Dörfer, Metropolen, Regionen) ich mit großer Selbstverständlichkeit hineinwachse.

Das ist meine Welt. Sie ist mir in beinahe imperativer Weise „zuhanden", denn sie macht mein Koordinatensystem aus, mit dem ich mich in meinem Leben zurechtfinde. Man muss aber das Paradox im Auge behalten, dass in wissenschaftlicher Hinsicht das Alltagswissen, die Gefühle und Fiktionen ein schwankender (aber unerlässlicher) Boden sind. Ohne ihn wäre Gesellschaft ein unmögliches Unterfangen. Das hat schon Pareto erkannt (vgl. Aron 1971:12).

„Relativ natürlich" ist diese „Einstellung, weil ich fraglos („als gewohnheitsmäßiger Besitz" (ebenda 37)) in dieses Bezugsschema eingepasst bin. Meine Alltagswelt bildet eine Kette von Erfahrungen, Problemlösungen, „Horizontauslegungen" und Handlungsalternativen, die sich in der Vergangenheit bewährt haben. Sie sind der *abgelagerte Wissensvorrat*, der mir die Welt zu einer relativ einfach bestimmten Größe macht. Daraus ergibt sich auch, dass ihre Auslegung fast immer nur so weit vorgenommen wurde, als es die lebensweltliche Situation verlangte (vgl. Schütz/Luckmann 2003). Normalerweise wissen wir eben, was der Nachbar tut, wenn wir ihm begegnen.

Allerdings wird der Horizont als grundsätzlich auslegungsfähig erfahren. Das Alltagswissen hat sogar einen gewissen theoretischen Charakter, sofern darin kausale Zusammenhänge über die Welt gemeint sind (*Alltagstheorien*). Nur ist das „Wissen" meist nur in begrenztem Ausmaß gültig und kaum methodologisch abgesichert. Es ist Wissen, das „über den Daumen gepeilt" gültig ist – solange eben die neuartigen Erfahrungen in den geltenden Kern von Selbstverständlichkeiten hineinpassen. Alltagstheorien müssen nicht immer falsch sein. Sie können sich u. U. sogar besser bewähren als wissenschaftliche Theorien.

Die **Stufen der Reflexion** waren Husserl selbstverständlich geläufig. Deswegen schließt er an die „natürliche Seinssetzung" einen Bereich der „natürlichen Reflexion" der Alltagshandelnden an. „Sie verändert ganz wesentlich das vordem naive Erlebnis; es verliert ja den ursprünglichen Modus des geradezu hin – eben dadurch, dass sie zum Gegenstand macht, was vordem Erlebnis, aber nicht gegenständlich war. Aber die Aufgabe der Reflexion ist ja nicht, das ursprüngliche Erlebnis zu wiederholen, sondern es zu betrachten und auszulegen, was in ihm vorfindlich ist" (Husserliana I, 72).

Jedenfalls ist unsere Fähigkeit, Probleme zu lösen, durchaus eingeplant. Nämlich dann, wenn – wie es der Fremde als Krise erfährt – „alle Züge nach ganz anderen Fahrplänen fahren" (vgl. Schütz 1972:53 ff), die Fraglosigkeit meines Wissensbestands also explodiert. Das zwingt mich zur Neuauslegung meiner Erfahrung und unterbricht die natürliche Einstellung.

Bis dahin aber haben meine Auslegungsschemata „eine ‚bis auf weiteres' ausreichende Horizonttiefe" (Schütz/Luckmann 2003:39). Sie stellen eine Art gestaffeltes Vertrautheitswissen bereit. Es gibt „Zentren expliziten Wissens ... von dem, worauf man abzielt; diese Zentren werden von einem Hof des Wissens über das umgeben, was als genügendes Wissen erscheint; und dann kommt eine Region, wo es genügt, dass man sich auf etwas verlässt'. Die benachbarten Vorberge sind die Heimat der ungesicherten Behauptungen und Annahmen; zwischen diesen Gebieten liegen jedoch die Zonen des vollständigen Nichtwissens"(Schütz 1972:56).

Schütz nennt das beinahe „automatische" Funktionieren des Gehens, Sprechens, Schreibens, Rasierens, Rauchens etc. Fertigkeiten oder Gebrauchswissen. Sobald es auf spezifische Arbeitsbereiche wie etwa das Spurenlesen für Jäger bezogen ist, schlägt er den Begriff *Rezeptwissen* vor. Teile dieses Wissens ragen aber über die Lebenswelt des Alltags hinaus und berühren mit ihren rituellen Abläufen andere Sinnprovinzen (z. B. der Phantasie, der Religion usw.).

Trotz meines Wissens um die Endlichkeit meines Daseins, trotz der Erfahrung mit den raum-zeitlichen und sozialen Begrenzungen meines Wissensvorrats bin ich zu „*Idealisierungen*" dieses Wissens „verurteilt". Denn „Vertrautheit ist lediglich Vertrautheit in Bezug auf Typisches" (Schütz/Luckmann 2003:40). Die Rezepte müssen habitualisiert werden, um ihren Dienst zu tun. Wir können unser Denken auf die Zukunft richten, weil uns unsere Typisierungen mitteilen, dass die Welt „bis auf weiteres" nach den gegebenen Mustern abläuft und mit Hilfe unseres Rezeptwissens verstehbar bleibt. Wir können darauf vertrauen, dass sie, so wie sie mir bisher gegeben war, auch bleiben wird. Andernfalls wäre sie immer ein unbeherrschbares Überraschungsfeld. So aber gehen wir von der Konstanz der Welt aus. Das Neue lässt sich damit nach dem Muster des Vertrauten und Bewährten erfassen. Nach Husserl ist das die „Idealität des ‚Und so weiter'": das Haus wird auch morgen noch an derselben Stelle stehen, die Einrichtung am gewohnten Platz zu finden sein, der Nachbar weiter neben uns wohnen, der Chef die gleich schlechte Laune haben. In diesem Rahmen kann ich also mein gewohntes Handeln entfalten. „Solange meine Vorerfahrung gilt, bleibt mein Vermögen, auf die Welt in dieser oder jener Weise zu wirken, prinzipiell erhalten. Korrelativ zur Idealität des ‚Und so weiter' bildet sich...die weitere Idealität des ‚Ich kann immer wieder'" (Schütz/Luckmann 2003: 34). Die Konstantsetzung der Welt, die fraglose Gültigkeit meines Erfahrungsschatzes und die Sicherheit unserer Handlungsentwürfe gehören zu unserer natürlichen Einstellung und damit zur „conditio humana". Dadurch wird und bleibt uns die Welt im ersten Zugriff verstehbar.

6. Von den Alltagstheorien zur Sonderwelt des wissenschaftlichen Erkennens

Solange unsere Rezepte und Idealisierungen befriedigende Ergebnisse liefern, habe ich wenig Anlass, an ihnen zu zweifeln. Das schließt nicht aus, dass ich mir nicht ab und zu, eher spielerisch und versuchsweise erlauben kann, meine Sicherheiten zu „hinterfragen". Aber meist ähnelt das einem Versuchsballon, den ich schnell wieder zum Platzen bringe. Dazu schreiben Berger/Luckmann (1980:46):

„Natürlich lache ich über den Witz, der gerade die(se) schönen Tugenden zum Misserfolg führt. Ein Schauspieler oder ein Prediger, die die Tugenden der Rücksichtnahme preisen, rühren mich zu Tränen. Und in philosophischer Stimmung gestehe ich mir ein, dass gesellschaftliche Beziehungen durch das Gebot der Nächstenliebe bestimmt sein sollten. Nachdem ich gelacht, geweint und philosophiert habe, kehre ich in die „ernste" Geschäftswelt zurück, sehe einmal mehr den Sinn ihrer Maximen ein und verhalte mich ihnen gemäß. Erst wenn sie versagen,... komme ich vielleicht so weit, sie ‚im Ernst‘ zu bezweifeln."

Die Alltagswelt ist also höchst real, aber wenig reflexiv; Dauerreflexion ist als Lebensprinzip und gesellschaftlicher Ordnungsrahmen schwer durchzuhalten (vgl. Schelsky 1965:250 ff.). Der Alltag ist darum subjektiv, nicht objektiv geordnet. Er ist ein Entwurf 1. Ordnung, – nicht, wie die Wissenschaft, ein Konstrukt 2.Ordnung. Da die Menschen in dieser subjektiven, natürlichen Routine-Ordnung leben, die Sozial- und Kulturwissenschaften aber „das" Leben der Menschen, wie es ihnen selbst – wenigstens in der vagen und oft verworrenen Weise des „schlichten Dahinlebens" – plausibel und sinnhaft erscheint, erforschen wollen, können Soziologen nicht davon absehen. Das ist ihr Ausgangsmaterial. Etwas anderes zu wollen, als die Menschen in ihrem Leben mit anderen (d. h. mit ihren Gewissheiten und Gewohnheiten, ihren Normen und Werten, Ritualen und Moden, im Berufs- und Familienleben oder wo immer) zu erforschen, käme auch einem Konstrukt, ja einem Artefakt gleich. Nur hätte dieses Konstrukt nicht den Vorzug, versuchen zu wollen, etwas über den Menschen, „wie er leibt und lebt", herauszufinden. Um zu Regelmäßigkeiten des menschlichen Zusammenlebens zu gelangen, ist es folglich nicht unangemessen, wenn die Soziologie mit ihrer wissenschaftlichen Kategorienbildung und Methodenreflexion den primaren Sinnhorizonten und Relevanzen der Alltagshandelnden auf der Spur bleibt.

In der *Sonderwelt der Wissenschaft* gelten dann ganz andere Maximen. Hier muss nicht gehandelt, sondern auf methodologisch einsichtigem, wiederholbarem („objektivierbarem") und kritisch zu rechtfertigendem (reflexivem) Weg „erkannt werden". Das bislang implizit unterstellte Alltags-Wissen muss nun explizit gemacht werden (Soeffner 2004:26f.). Erkennen geschieht mit Hilfe von Gründen, durch die sich hypothetische Zusammenhänge (Aussagen) nach Möglichkeit modellieren und dann prüfen (verifizieren oder falsifizieren) lassen. „Cognitio certa et evidens ex causis" hieß in der Antike und im Mittelalter die Formel dafür.

Man erkennt sofort, dass wir als wissenschaftliche Forscher, Beobachter oder Leser dann tatsächlich in einer anderen „Sinnprovinz" unsere Zelte aufgeschlagen haben. Hier kann das „Handeln in der Welt" lange Zeit eingeklammert bleiben (obgleich Wissenschaft auch ein Handeln, aber eines ganz anderer Art meint). Praktisches Handeln wird so lange wenigstens ausgesetzt bis die wissenschaftliche Erkenntnis überprüft und abgesichert ist. Wissenschaft folgt idealerweise und primär einem Erkenntnisinteresse, nicht einem (praktisch begründeten) Verwertungsinteresse. Letzteres ist Sache der Wirtschaft, des Rechts, der Politik. Ihm kann die Wissenschaft dienen, indem sie ihre Erkenntnisse zur Verfügung stellt. Es besteht also eine Kommunikationsmöglichkeit zwischen den verschiedenen

Arten von Lebenswelt. In seiner Rolle **als** Wissenschaftler ist man aber ganz den Prinzipien seiner Sonderwelt des Erkennens verschrieben. Sozialwissenschaftler bewohnen dabei zunächst den Sonderbezirk des hermeneutischen Text-Deutens und Sinn-Verstehens. Sie arbeiten ebenfalls mit Typisierungen (vgl. Max Weber 1968:311 ff.). Diesmal aber zu Zwecken der Erkenntnis, nicht der schieren Lebensbewältigung. Beide Typisierungen sind miteinander verbunden, gehören aber einer unterschiedlichen Ordnung des Erkennens an.

Wie in der (modernen) Kunst die Maxime „l'art pour l'art" (Théophile Gauthier) gilt, so gilt in der Wissenschaft zunächst ein „savoir pour savoir". Erst in zweiter Linie kommt Auguste Comtes „savoir pour prévoir, prévoir pour agir" zum Tragen (Comte 1830 ff). Aber für ihn gab es auch kein ernst zu nehmendes (Alltags-)„Wissen" diesseits der wissenschaftlichen Erkenntnis. Deswegen musste er die *alleinige* gesellschaftliche Ordnungs- und Steuerungsleistung der wissenschaftlichen Gesetzeserkenntnis so stark ins Licht rücken. Ein Erkennen um des Erkennens willen konnte es im „système positive" nicht mehr geben. Das hat seine Spuren in der Soziologie bis heute hinterlassen (vgl. Bryant 1976).

3. Die Themenauswahl und ihre Begründung

Robert Hettlage / Alfred Bellebaum

Wenn wir davon ausgehen können, dass das Konzept „Alltag" oder „Alltagsleben" eine Formel für das Gebanntsein der Menschen in eine weitgehend vor-reflexive und damit unauffällige Normalität ist, dann kommen damit für deren sozialwissenschaftliche Erforschung mehrere Aspekte zum Tragen:

1. Der Alltag ist ein sozialer Handlungsraum, den wir täglich begehen und der Bereich, in dem und durch den sich die traditionellen Erfahrungs- und Bewusstseinsformen bilden (vgl. Leithäuser 1979: 36). Er ist ein Entlastungsmedium, das unserem Denken und Tun selbstverständlichen Sinn verleiht. Er ermöglicht, Dinge, Konstellationen und Symbole so hinzunehmen, wie sie sich darstellen (Bausinger 1996: 34).

2. Vom Alltagsleben abgesetzt sind also die Lebensbereiche (Sinnprovinzen), die das „Eingelebte", Selbstverständliche, Natürliche und Gewöhnliche transzendieren. Das Alltagskonzept steht also im Gegensatz zu den Phänomenen des Festes, der Ekstase, der Utopie, des wissenschaftlichen Diskurses, des Traums, des Spielens, des Krankseins. Zugleich aber wird deutlich, dass diese Lebenswelten unter Umständen in den Bereich des Alltags absinken können. Man denke nur an den bedauerlichen Fall, dass jemand dauerhaft krank ist. Auch das wissenschaftliche Tun hat in seinen Routinehandlungen seinen eigenen Alltag.

3. Die vielen Bereiche des Gewöhnlichen und Natürlichen kennen unter modernen Lebensbedingungen keine äußere, übergreifende Einheit mehr. Deswegen gibt es nicht nur ganz unterschiedliche *„Alltage"*; Auch lassen sie sich nach unterschiedlichen Kriterien rekonstruieren. Wie immer die verschiedenen „Alltage" jedoch gelebt werden, im jeweiligen begrenzten Handlungsraum ist der Handelnde ein „Mitglied" („member"), das nach bestimmten, dort anerkannten Methoden „funktioniert" und diese jeweils gültigen Regeln im Handeln den anderen mit-

teilt. Das nennt die Ethnomethodologie seit Harold Garfinkel und Harvey Sacks „situative, praktische Hervorbringungen" (1976: 130 ff). 4. Sofern sich Soziologie der wissenschaftlichen Durchdringung des Alltagslebens verschreibt, muss „die Liste der soziologischen Gegenstände … grundsätzlich deckungsgleich mit den Alltagssorgen der (jeweiligen RH) Gesellschaftsmitglieder" sein (Zimmerman/Pollner 1976:93). Der Alltag produziert sich, wie Goffman nicht müde wurde aufzuzeigen, als kleines oder größeres „Drama" der Selbstdarstellung vor anderen. Es ist eingebaut in individuelle Abläufe von direkten oder nicht fokussierten Interaktionen und den Bedeutungen, die die Mitglieder dem „selbstverständlich" geben. Aber auch standardisierte Abläufe, mit denen sich Menschen in eine Organisation oder größere soziale Ordnung einfügen, entbehren nicht der unterschwelligen Dramatik. Man denke nur an den „Gehorsam", der in einer Zusammenkunft von Menschen geleistet wird, indem bestimmte Rituale (der Bekleidung, der Begrüßung, der Aufmerksamkeit, der Zeitkontrolle etc.) „natürlich" eingehalten werden. Diese dramatisch-rituelle Verknüpfung findet überall im Alltagsleben statt, d. h. überall da wo konkrete Menschen mit anderen Menschen in festgelegten Verhaltensweisen in Kontakt treten – in der Familie, der Arbeit, der Freizeit und sogar in der Privatsphäre. Der Begriff des Alltags (oder besser: Überschneidung der Alltage) bildet ihre Einheit (vgl. auch Lefebvre:1974:40). Welche Bereiche die entscheidenden sind, kann nicht von vorne herein festgelegt werden. Dem steht nicht entgegen, dass das Arbeitsleben im Lebensentwurf der meisten Menschen eine beträchtliche Rolle spielt. Es kommt eben auf das Forschungsinteresse an.

5. So kann man sich vorstellen, einen **imaginären Tagesablauf** zu konstruieren, der den Menschen eine gewisse Regelmäßigkeit abverlangt und sie mit zu erwartenden Ereignissen, Handlungen und Deutungen konfrontiert. Ein solcher Tageslauf beginnt mit selbstbezüglichen Handlungen.

▪ Aufwachen und Vorbereitung: Manch einer wird noch etwas dösen, wenn er den Wecker zum Schweigen gebracht hat, sich langsam aus dem Bett „wälzen", sich frisch machen, Zähneputzen. Jeder, außer Oblomow, muss am Morgen aufstehen und sich auf den Tag vorbereiten. Die Körperhygiene wird unterschiedlich sein, aber „jeder" außer der „Penner" wird sich kämmen, bevor er „ unter die Leute" geht. Der Durchschnittsmensch wird sich kleiden, etwas frühstücken und vielleicht die Zeitung lesen oder die Nachrichten hören, die Uhrzeit kontrollieren, sich von Frau und Kind (sofern vorhanden) verabschieden und aus dem Haus gehen.

▪ Die Bewegung heraus aus dem Privaten: Mit dem Verlassen des Hauses
beginnt der öffentliche Auftritt. Man geht zu Fuß oder mit einem Verkehrs-
mittel zur Arbeit, muss sich dabei fortbewegen ohne andere zu belästigen,
warten, beobachten, grüßen, sich einreihen, Platz machen, aufrücken usw.
– alles kleine Bewegungen, die Rücksicht auf andere verlangen, auch wenn
man sie nicht kennt.

▪ Berufliche Achtsamkeit: Ist man an der Arbeitsstelle angekommen, geht die
unsichtbare Regelmäßigkeit ihren weiteren Gang, nur dass hier der Acht-
samkeitsgrad vermutlich steigt, hat man es hier doch mit bekannten Größen
wie Kollegen, Vorgesetzten, Untergebenen, Freunden, Gästen, Bittstellern,
Kunden zu tun. All diese verlangen eine besondere, situativ angemessene
Achtsamkeit. Wer dazu nicht fähig ist, unterliegt einem ganzen Arsenal von
Sanktionen: von der Verwunderung über die Verachtung, Ablehnung und
Entlassung bis zur Feindschaft und zum Kontaktabbruch. Wer hingegen „auf
die Menschen zugehen kann", wird bewundert, gelobt, beachtet, geschätzt.
Von solchen Einordnungen hängt viel im Leben ab.

Alle Situationen, von der morgendlichen Begrüßung über die ersten Arbeitskon-
takte, von der Kaffeepause bis zum „business lunch", vom Telefongespräch und
vom Schreiben von Unterlagen bis zur flüchtigen Begegnung im Lift oder auf
dem Gang, unterliegen einer Normierung des Verhaltens. Dabei steht das situativ „Richtige" – nicht unbedingt das Wahrhaftige – auf dem dauernden Prüf-
stand. Das gilt für die Minimalanstands über Augenkontakt oder für Tischmanieren, für die Höflichkeit oder Pünktlichkeit, für die Gesprächsbereitschaft und
die erwartete Sachlichkeit, für die Kenntnis der möglichen Nähe oder der nötigen Distanz und vieles mehr ,

▪ Rückzug: Wer seinen Arbeitstag beendet hat, wähnt sich nun endlich „frei
von Rücksichten". Aber er täuscht sich. Es beginnt mit Verabschiedungsritualen und endet mit dem abendlichen Heimweg. Wer sich dann mit Freunden
im Verein trifft, Sport betreibt oder heim zu seiner Familie eilt und sich die
anderen Sorgen und Geschichten des Tages anhört, ist wieder in neue soziale
Zusammenhänge eingebunden. Wer gemeinsam isst und/oder am Fernseher
den Abend verbringt, wer Tischmanieren oder gute Noten verlangt, wer nach
dem Tagesablauf die Kinder zu Bett bringt, setzt Erwartungen und erfüllt
solche. Wer seinem Hobby frönt, bastelt, joggt oder liest, telefoniert oder seine
E-Mails „checkt", wer isst und trinkt, lacht oder weint, wer die Körperhygiene
beachtet, wer schließlich allein oder zusammen ist Bett geht, noch etwas über
den Tag nachdenkt, sich liebt oder vorher einschläft und hofft, dass er am

nächsten Morgen wieder aufwacht, der bestätigt „prä-reflexiv": – der Alltag ist voller Gesellschaft!

Alltägliche Verrichtungen

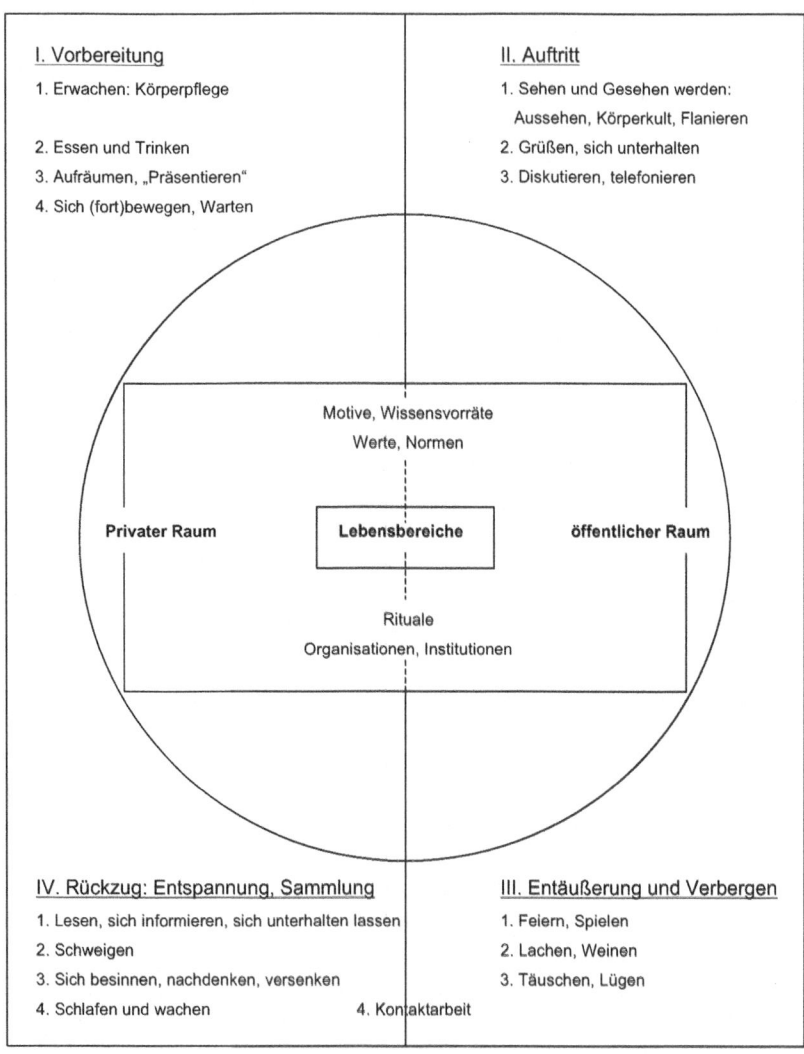

I. Vorbereitung

1. Erwachen: Körperpflege

2. Essen und Trinken

3. Aufräumen, „Präsentieren"

4. Sich (fort)bewegen, Warten

II. Auftritt

1. Sehen und Gesehen werden:
Aussehen, Körperkult, Flanieren

2. Grüßen, sich unterhalten

3. Diskutieren, telefonieren

Motive, Wissensvorräte
Werte, Normen

Privater Raum   Lebensbereiche   öffentlicher Raum

Rituale
Organisationen, Institutionen

IV. Rückzug: Entspannung, Sammlung

1. Lesen, sich informieren, sich unterhalten lassen

2. Schweigen

3. Sich besinnen, nachdenken, versenken

4. Schlafen und wachen   4. Kontaktarbeit

III. Entäußerung und Verbergen

1. Feiern, Spielen

2. Lachen, Weinen

3. Täuschen, Lügen

Die dabei auftretende Typik und die Variationen sollen jeweils Gegenstand von Untersuchungen sein. Zugegeben sei, dass die in obigem Schema vorgenommene Zuordnung der einzelnen Handlungen zu den Kategorieren"privat" oder „öffentlich" in Einzelfällen durchaus bestreitbar ist. Doppelte Zuordnungen wollen wir vermeiden. Die etwas gewaltsame Eindeutigkeit ist der Preis, den wir für den Versuch einer Systematik zu zahlen bereit sind.

6. Unnachahmlich hat Georg Simmel (1970:13) die gesellschaftliche Verkettung auch in den „normalsten", einfachsten, auch scheinbar privaten Handlungen zum Ausdruck gebracht:

> „Fortwährend knüpft sich und löst sich und knüpft sich von neuem die Vergesellschaftung unter den Menschen, ein ewiges Fließen und Pulsieren, das die Individuen verkettet, auch wo es nicht zu eigentlichen Organisationen aufsteigt. Dass die Menschen sich gegenseitig anblicken und dass sie aufeinander eifersüchtig sind, dass sie sich Briefe schreiben und miteinander zu Mittag essen, dass sie sich ganz jenseits aller greifbaren Interessen sympathisch oder antipathisch finden...dass einer den anderen nach dem Wege fragt und dass sie sich füreinander anziehen und schmücken – all die tausend von Person zu Person spielenden momentanen und dauernden, bewussten und unbewussten, vorüberfliegenden oder folgenreichen Beziehungen...knüpfen uns unaufhörlich zusammen ... All jene großen Systeme und überindividuellen Organisationen...sind nichts anderes als die Verfestigung...von unmittelbaren, zwischen Individuum und Individuum stündlich und lebenslang hin und her gehenden Wechselwirkungen."

Diese lockeren oder verfestigten Wechselwirkungen nennen wir „Gesellschaft".

7. In einem einzigen Band kann die Vielfältigkeit des Alltagslebens nicht annähernd eingefangen werden. Folglich muss eine typisierende Auswahl getroffen werden. Wir haben uns dafür entschieden, einen imaginären Tagesablauf als Hintergrundfolie aufzuspannen, auf der einige, immer wiederkehrende Ereignisse und Verhaltensweisen besonders hervortreten sollen. Vier Bereiche stehen hier zur Debatte. Sie sind der „Einordnung" des Selbst in einen Tagesablauf, der Ordnung der Begegnungen, der Kontrolle ihrer Risikostruktur und einigen Grenzverläufen von Begegnungen entnommen.

Literatur

Abels, Heinz / Stenger, Horst (1989): Gesellschaft lernen. Einführung in die Soziologie. Opladen 2. Auflage

Aron, Raymond (1971): Hauptströmungen des Soziologischen Denkens. 2. Band: Emile Durkheim, Vilfredo Pareto, Max Weber. Köln

Bausinger, Herrmann (1996): Alltag und Utopie. In: Kaschuba, Wolfgang / Scholze, Thomas / Scholze-Irrlitz, Leonore (Hg.): Alltagskultur im Umbruch. Weimar /Köln / Wien: 31-48

Berger, Peter L. / Luckmann, Thomas (1980): Die gesellschaftliche Konstruktion der Wirklichkeit. Eine Theorie der Wissenssoziologie. Frankfurt/Main (orig. 1966)

Bryant, Christopher G.A. (1976): Sociology in Action. London

Comte, Auguste (1830 – 42): Cours de philosophie positive. Paris 6 vols.

Ehlich, Konrad (Hg., 1980): Erzählen im Alltag. Frankfurt / Main

Gaarder, Jostein (1997): Vita Brevis. A Letter to St. Augustine. London

Garfinkel, Harold / Sacks, Harvey (1976): Über formale Strukturen praktischer Handlungen. In: Weingarten, Elmar / Sack, Fritz / Schenkein, Jim (Hg. 1976): Ethnomethodologie. Beiträge zu einer Soziologie des Alltagshandelns. Frankfurt/Main: 130 – 175.

Goffman, Erving (1971): Interaktionsrituale. Über Verhalten in direkter Kommunikation. Frankfurt/Main (orig. 1967)

Gorman, Robert A. (1977): The dual vision. Alfred Schütz and the myth of phenomenological social science. London / Boston

Hettlage, Robert (Hg. 2003): Verleugnen, Vertuschen, Verdrehen. Vom Leben in der Lügengesellschaft. Konstanz

Husserl, Edmund (1950): Cartesianische Meditationen und Pariser Vorträge. Den Haag (Husserliana Bd. I)

--- (1954): Die Krisis der europäischen Wissenschaften und die transzendentale Phänomenologie. Den Haag (Husserliana Bd. VI)

Lefebvre, Henri (1972): Das Alltagsleben in der modernen Welt. Frankfurt / Main

Leithäuser, Thomas (1979): Formen des Alltagsbewusstseins. Frankfurt / New York, 2. Auflage

Luhmann, Niklas (1973): Zweckbegriff und Systemrationalität. Über die Funktion von Zwecken in sozialen Systemen. Frankfurt / Main

Ortmann, Günther (2004): Als ob. Fiktionen und Organisationen. Wiesbaden

Schelsky, Helmut (1963): Ist Dauerreflexion institutionalisierbar? In: Ders.: Auf der Suche nach Wirklichkeit. Gesammelte Aufsätze. Düsseldorf / Köln : 250 – 275

Schütz, Alfred (1974): Der sinnhafte Aufbau der sozialen Welt. Eine Einleitung in die verstehende Soziologie. Frankfurt / Main (zuerst 1936)

--- (1972): Gesammelte Aufsätze. Band 2: Studien zur soziologischen Theorie. Den Haag

Schütz, Alfred / Luckmann, Thomas (2003): Strukturen der Lebenswelt. Konstanz

Simmel, Georg (1917), (1976): Grundfragen der Soziologie. Berlin, 3. Auflage (Sammlung Göschen, Bd. 1101)

Soeffner, Hans-Georg (2004): Auslegung des Alltags – Der Alltag der Auslegung. Konstanz

Weber, Max (1968): Vom inneren Beruf zur Wissenschaft. In: Ders.: Soziologie. Weltgeschichtliche Analysen. Politik. (Hrsg. Von Joh. Winckelmann) Stuttgart 311-339

Zimmerman, Don H. / Pollner, Melvin (1976): Die Alltagswelt als Phänomen. In: Weingarten, E./ Sack, F. / Schenkein, J.(Hg. 1976): Ethnomethodologie. Beiträge zu einer Soziologie des Alltagshandelns. Frankfurt/Main: 64 – 104

I
Die „Grundordnung" des Tages

Morgenstund'... –
Wie man mit sich und der Welt Kontakt aufnimmt

Robert Hettlage

Der Volksmund besteht in beschönigender Form darauf, dass „Morgenstund'" angeblich „Gold im Mund" habe. Aber vielleicht soll die forsche Ankündigung der goldenen Früchte nur den tieferen Gegensinn verhüllen helfen, dass sich viele mit dem Aufstehen eigentlich recht schwer tun. Daher kennt ebendieser Volksmund auch die ungeschützte, fast brutale Version: „Morgenstund' hat Blei im A...."

Nicht so der kleine Gaylord Pentecost, der als erster wach ist, durch das Haus wandert und dem Leser des Romans „Morgens um sieben ist die Welt noch in Ordnung" seine komplizierte Großfamilie vorstellt. Wenn man sich vor Augen hält, welche Turbulenzen sich da bald einstellen, dann hatte der britische Autor Eric Malpass (1910-1996) mit seinem Roman-Titel schon das richtige Gespür für die darin sich ankündigende Ambivalenz. Jeder kann und konnte das nachvollziehen. Nur solange man „der Welt" des Tages noch nicht richtig angehört, hat sie auch noch keine Überraschungen auf Lager. Für den wissenschaftlichen Beobachter, der selber zu den Alltagshandelnden gehört, ist diese allgemeine Empfindung daher wenig erstaunlich. Zu den überraschenden Erkenntnissen hingegen gehören die sich schon am Morgen ankündigenden Interdependenzen unter den Menschen. Gemeint sind die langen und verschlungenen Handlungsketten, die das noch wehrlose eigene Selbst auf sanfte, aber doch unerbittliche Weise dazu bringen, den Tag auf eine geregelte Weise zu begrüßen und in eine mehr oder weniger verbindliche Form zu bringen.

1. Zwei Wirklichkeiten im Widerstreit

Hinter dem Großerfolg des Buches (und Films) wird vermutlich eine viel tiefer gehende Erfahrung der Menschen auf eine eingängige Formel gebracht. „Morning's at seven" (so der Originaltitel) oder wann immer der Tageslauf des einzelnen beginnen mag, treffen – phänomenologisch gesprochen – zwei Welten scharf und dramatisch aufeinander. Die Welt des Schlafens und des Traums und die Welt des

Wachseins. In der ersteren „Sinnprovinz" (Schütz 1972, 263ff.), die trotz intensiver Forschungen in den letzten Jahrzehnten, das Geheimnis, warum wir überhaupt schlafen (müssen) noch nicht annähernd ergründet hat (vgl. schon Borbely 1984, Williams 2005), ist das Bewusstsein des Selbst, des Körpers, der Dauer, der Zeit, der Mitwelt etc. nicht ausgeschaltet, aber stark modifiziert. Träume zeigen uns, wie wir Räume im Flug überwinden, wie wir andere Körper annehmen, wie wir andere Personen sind und doch wieder nicht. Die Eindeutigkeiten geraten ins Wanken. Die uns vertrauten Grenzen des Menschseins scheinen in mancher Hinsicht aufgehoben zu sein. Jedenfalls widersprechen die Träume als „Wächter des Unbewussten" (Freud) in krasser Weise den Erfahrungen, die wir im Wachzustand haben.

Sich in den Schlaf hineinfallen zu lassen, ist eine Erquickung und Erlösung, die nicht allen Menschen gegönnt ist „Solange uns das moderne Leben weiterhin zu Paaren zusammenführt, kommen nicht nur gute Schläfer mit ebensolchen, nicht bloß Schlaflose mit Schlaflosen zusammen. Jede Nacht umkapselt ungleiche Paare: Während der eine Stunde auf Stunde an die bleigraue Decke starrt, zuckt das Augenpaar neben ihm unter geschlossenen Lidern durch eine bunte und sinnig weite Traumwelt. Wo den einen das verkrampfte Herumwälzen zermürbt wie eine sinnlose Plackerei, genießen die Muskeln des ihm beiliegenden Körpers die unbewussten Wonnen größtmöglicher Entspannung" (Klein 2013:55). Der traumlose Schlaf ist, wenn er uns dann endlich umfasst hat, auch der Angst verursachende „Bruder des Todes". Ob er uns wieder frei gibt? Abendgebete aller Zeiten haben das immer wieder aufgegriffen. So auch die Frühromantik. „Morgen früh, wenn Gott will, wirst Du wieder geweckt". Seit altersher durchzieht diese Beängstigung die Menschheitsgeschichte. Schon Homer nannte die „schnellen Geleiter", den Schlaf und den Tod, die „Zwillinge", die enger als alles andere aufeinander bezogen sind (Ilias, XVI. Gesang, V.680).

„Wenn wir einen… Schock erfahren, der die Grenzen des für uns augenblicklich „realen", geschlossenen Sinngebiets sprengt. müssen – oder „wollen" – wir den Realitätsakzent auf ein anderes Sinngebiet lenken (Schütz/Luckmann 2003: 57). Das ist an der Grenze zwischen Schlafen und Wachen genau der Fall. Beim Aufwachen werden wir ganz unsanft in eine andere Sinnprovinz, in die Welt unserer Begrenzungen und sozialen Einbettungen hineingestoßen. Kleine Kinder müssen ob dieser abrupten Umstellung häufig beim Aufwachen weinen. Erwachsene haben sich das abgewöhnt. Aber auch sie können, im Zustand des Wachseins angekommen, nicht mehr frei „schweben", sondern müssen sich und ihre Energien „zentrieren" und eine besondere Attitüde, eben Aufmerksamkeit und Konzentration an den Tag legen. Hier wird ein anderes Wirklichkeitsbe-

wusstsein, verbunden mit expliziter Wachheit, verlangt. Wer da die „harte" Realität nicht vom Traum auseinander halten kann, gilt bald als unangepasst oder
nicht verwendungsfähig.- und kann von Glück reden, wenn er nicht dauerhaft
weggesperrt wird. Die Welt des Traumes muss eingeklammert, die des Schlafes
ausgeklammert werden (obwohl man vom Büroschlaf gegenteiliges behauptet).

Es gibt jedoch Pufferzeiten, in denen beide „Sinnprovinzen" wieder näher
aneinander rücken; aber es gibt auch genügend Gelegenheiten, Anlässe und Begegnungen in denen man sie sicher auseinanderhalten muss. Da muss einiges gelernt werden, um nicht in die soziale Katastrophe (z. B. Verschlafen von Vorstel-
lungsterminen, Einschlafen bei offiziellen Empfängen, Träumen, während man
„auf Sendung" ist) zu stürzen. Das Lernen besteht zunächst einmal darin, die
Aufmerksamkeit auf das zu bündeln, was der jeweiligen Situation angemessen
ist. Das herauszufinden, ist häufig gar nicht einfach. Die Aufmerksamkeitsspannung ist nunmehr durchgängig. So gesehen ist das Wachwerden schon ein rechter
Schock. Denn einmal aufgewacht, müssen wir uns zwingend, uns dauernd und
sozial erwartbar der Welt mit ihren Anforderungen stellen.

1.1 Innere und äußere Uhr

Der Schock des Aufwachens hängt wesentlich damit zusammen, dass der Vorgang des Hinübergleitens in die Welt unseres Alltags heutzutage und in unseren
Breitengraden kaum mehr „natürlich" erfolgt. In Agrargesellschaften war es üblich gewesen, „mit den Hahnenschrei" aufzustehen. Dem hatte sich unsere „innere Uhr" angepasst. Sobald es hell wurde, hielt einen nichts mehr in den Federn.
Andernfalls musste man in Kauf nehmen, als liederlicher Faulpelz gebrandmarkt
zu werden. Daran sieht man schon, dass die innere Uhr nicht ohne beträchtlichen
sozialen Druck einjustiert wurde. Im Alltag synchronisieren wir unsere innere
und äußere Uhr auf einen 24 Stundenrhythmus. Vor der Elektrifizierung der Welt
mussten eben alle das Tageslicht ausnützen (und sich während dieser Zeitspanne verfügbar halten) – und deshalb auch mit den Hühnern schlafen gehen oder
wenigstens die Tätigkeiten ins Innere des Hauses und Hofes verlegen. Am Morgen war zunächst das Vieh zu füttern, dann konnte man sich – wenn überhaupt –
dem eigenen „Frühstück" und am Tag des Herrn dem Sonntagsstaat widmen. In
Chroniken, um das Jahr 1000 wird berichtet, dass Bauern kein Frühstück kann-
ten, sondern erst am Mittag ein erstes festes Essen mit Früchten und Kräutern,
die sie am Wegrand fanden, einnahmen.

Von diesem natürlichen Rhythmus haben wir uns in der Moderne weit ent-
fernt. Im Laufe der Menschheitsentwicklung wird das Sonnenlicht als Taktgeber
außer Kurs gesetzt. Mit der Erfindung des Läutwerks und dessen Einrichtung in

den Dorfkirchen kam es nicht mehr auf den Hahnenschrei an. Laut hörbar wurde man nun werktags und sonntags durch Kirchenglocken an die Pflichten des Tages erinnert. („Bruder Jakob, Bruder Jakob schläfst du noch, hörst du nicht die Glocken, bim,bam,bum"). Mit der öffentlichen Zeitmessung würde der Weg zurück in die „Natürlichkeit" der Rhythmisierung des Lebens verbaut. Seit dem 15. Jahrhundert sind Uhren allgemein auf dem Vormarsch. Der Vorgang des Aufstehens hat heute sogar etwas gänzlich Künstliches gekommen. Durch die Konvention der sog. Sommerzeit können wir heute sogar Tageslicht für unseren Berufsalltag dazugewinnen. ¾ der Menschen werden durch einen (Radio-) Wecker aus dem Schlaf gerissen. Auch wenn die innere Uhr sich meistens darauf einstellt, ist doch der Schock der Rationalisierung und „methodischen Lebensführung" (Max Weber 1968) kaum zu vermeiden. Die Gesellschaft hat sich im Radioprogramm spezielle Morgensendungen, ein Gemisch aus freundlicher Musik und Nachrichten erfunden, um ihren Mitgliedern das Aufstehen zu erleichtern. Die Tatsache, dass man sich wecken lassen muss, macht den ins Alltagsleben von Anfang an eingebauten Effizienzzwang deutlich:

Zunächst fällt auf, dass viele Menschen offensichtlich aus dem Schlaf gerissen werden (müssen), also vermutlich nicht ausgeschlafen sind (Rosa 2005). Innere und äußere Uhren laufen nicht zwangsläufig parallel. Zumindest legt das Faktum des Weckens nahe, dass wir es wenigstens mit zwei verschiedenen anthropologischen Typen zu tun haben. Der Typus „Lerche" steht gerne früh auf. Er bedarf des Weckers eigentlich nicht, da die innere Uhr auf die äußeren Zwänge geeicht ist. Der Wecker ist nur Utensil, um die Sicherheit des zeitigen Aufstehens zu erhöhen. (Er sagt aber trotzdem auch etwas über die allgemeine Drucksituation des richtigen Funktionierens aus). Dem steht der Typus der „Eule" gegenüber, die erst abends ihren Flug beginnt. Die Eulen-Menschen werden erst richtig wach, wenn er Tag schon weit fortgeschritten ist oder zur Neige geht. Bei gleichbleibenden Parametern des Arbeitslebens muss ihnen mit einer gewissen Zwangsläufigkeit die Zeit des Schlafens immer zu kurz geraten.

Auf der einen Seite versteckt sich hinter dem imperativen Läuten des Weckers das eigebaute Signal, dass Zeit ein knappes Gut ist. Früher durfte man Gott die Zeit nicht stehlen. Davon ist nur noch übrig geblieben, dass mit dem knappen Gut „Zeit" zweckrational kalkulierend umzugehen ist. Zeit muss gemessen, eingespart, eingeteilt und rationiert werden. Sie steht nicht zur freien Verfügung, sondern ist „getaktet". Die auf das Wecken folgenden Schritte des Aufstehens und der Begrüßung des Tages – bis hin in den Berufsalltag und dessen Ausklingen am Abend – sind von diesen einteilend-rhythmisierenden Zeiteinheiten durchdrungen. Die Uhr wird derart zum Modell des Lebens, dass die

neu aufkommenden, modernen Naturwissenschaften sich den Menschen als Uhrwerk („L'homme machine": LaMettrie), ja Gottes Schöpfungstätigkeit als kosmi-
sche Tätigkeit nach Art eines Uhrmachers vorstellten. Der Deismus, dem auch
der Ökonom und Sozialphilosoph Adam Smith huldigte, versöhnte sich auf diese
Weise mit dem Schöpfungsgedanken. Die Uhr wurde das Urbild der Schöpfung.
Eine creatio continua erschien in der mechanistisch-deterministischen Weltsicht
systemfremd. Die Welt, wenn sie einmal in Gang gesetzt ist, läuft vielmehr von
alleine. „Laissez faire, laissez allez; le monde va de lui-même", lautete der entsprechende Schlachtruf in Frankreich, das sich von den schottischen Moralisten
hatte inspirieren lassen. Der Historiker Lewis Mumford hielt infolgedessen nicht
die Dampfmaschine, sondern die Uhr für das entscheidende Symbol der indust-
rialisierten Gesellschaft (Mumford 1978).

Das aber macht uns darauf aufmerksam, dass mit der mechanischen Ras-
terung des Lebens eine neue Lebenserfahrung insgesamt einhergeht. Die Uhr
ist das beherrschende Instrument der Welt des Wachseins. Sie schafft ein festes
Zeitkostüm, das man während des Tages kaum wieder auszuziehen vermag. So
bleibt beim Aufstehen wenig Zeit für Extratouren. Die Handgriffe und Vorbe-
reitungen müssen „sitzen", denn die Arbeitsorganisation verzeiht keine Fehlzei-
ten wie Verspätungen, Startschwierigkeiten und Durchhänger. Die Welt ist eben
ein Uhrwerk, das keine Störungen erträgt. Selbst das lässt sich noch zelebrieren,
wenn man, wie ein König, seine Welt dominiert. Ludwig XIV, der französische
Sonnenkönig, betrachtete schon das Aufstehen als Herrschaftsgeste. Sein mor-
gendliches Begrüßen des Tages, Ankleiden, Frühstücken war mit Staatsgeschäf-
ten verquickt, ja war selbst ein Staatsgeschäft, an dem man in der einen oder anderen Weise teilnehmen konnte. Der königliche Körper war ja die Verkörperung
eines göttlichen Auftrags, der der Monarchie ihre Legitimität gab. Das quasi-sak-
rale „Lever" des Königs war in feste Zeremonien eingefasst, die den ganzen Hof-
staat in Trab hielten. Die (groß-)bürgerliche Welt, die über solche Möglichkeiten
nicht mehr gebietet, übernimmt aber, ohne es zu wissen, die Attitüde des Lever,
vor allem das Takten des Aufstehens, Reinigens, Ankleidens und Essens. Auch
hier hat alles seine genaue Ordnung und seinen Zeittakt, nur wird dieser Auftritt
als privates Ereignis den Blicken der Öffentlichkeit weitgehend entzogen. Aber
er ist, paradoxerweise, von nun ab noch stärker fremdgesteuert.

1.2 Den Tag begrüßen: Dösen und Wachwerden

Da viele Menschen – je nach Land und Quelle zwischen 25-40 % – unter Schlaf-
störungen leiden, wird auch das Wachwerden für viele zur Tortur. Der Halbschlaf
zwischen Schlafen oder Wach-Sein (Dösen) erhält deswegen ein besonderes Ge-

wicht. Auf der einen Seite wird schnell noch nachgeholt, was der Schlaf einem vorenthalten hat. Man lässt sich noch einmal bewusst fallen, so als ob einem das Schlafen wenigstens jetzt kurzzeitig gelingen sollte. Dabei entsteht ein wohliges Gefühl der Schwerelosigkeit, das „Ewigkeit" erhofft, aber an dem knapp bemessenen Zeitraum schmerzhaft scheitern muss. Jedenfalls wähnt man sich für kurze Momente als Herr über die Zeit, wenn man dem Wecker mit dem Ausdruck der Verärgerung einen Schlag „ auf den Kopf gibt" und zum Schweigen bringt. Der Handy-Wecker hat sich auf dieses Aufbäumen schon technisch eingestellt. Man muss nur die Snooze-Taste drücken und bekommt somit weitere 5 (oder 10) Minuten „geschenkt", bevor der Wecker wieder auf Ernst schaltet.

Diese „heiligen" Fünf Minuten sind auch aus einem anderen Grund sehr wichtig: Man benötigt sie um richtig aufzuwachen, sich zu sammeln und den Hebel auf „vita activa" umzulegen. Das Zwischenreich des Dösens schafft einen Raum, um sich der Aufmerksamkeitsspannung anzunähern, die für den Zustand des Wach-Seins unerlässlich ist. Da die Wirklichkeitszone des Schlafes den erwachenden Menschen noch im Griff hält, bedarf er eines kurzen Moments des Innehaltens (Stasis), um die richtige Orientierung für den Eintritt in die prekäre Sinnprovinz des angespannten „Tagwerks" zu gewinnen. Immerhin hat etwa ein Drittel der Menschen schlecht geschlafen und fühlt sich gerädert. Die Eigenzeit des Dösens (Nowotny 1990) kann dazu dienen, sich treiben zu lassen und die Zwischensphäre auszukosten. Sie kann aber auch damit gefüllt werden, um über den nun heraufziehenden Tag, seine Verpflichtungen und Pläne, nachzudenken oder Vorsätze zu fassen. Welche Abläufe, Gedanken etc. da Platzgreifen hat Marcel Proust in „ Auf der Suche nach der verlorenen Zeit" auf geniale Weise dargestellt. Alleine um das Umdrehen im Bett zu beschreiben, hatte er 30 Seiten benötigt. So weit wollen wir die soziologische Ausdeutung der Morgenstund' nicht treiben. Immerhin macht sie uns klar, dass dem scheinbar Selbstverständlichen des Alltags einiges an Überraschung abzugewinnen ist.

In einer noch christlichen Weltordnung war die Begrüßung des Tages mit einer Andacht und einer kurzen Gewissenserforschung verbunden. Es schien geradezu undenkbar, die Welt zu begrüßen, ohne Gott darin einzuschließen. Dies hatte man dem klösterlichen oder priesterlichen Leben mit seiner strengen, sakral konnotierten Ordnung des Tages abgeschaut. Das Frühgebet (der alten, aber weit komplexeren „Laudes" (6 Uhr) oder der „Terz" (9 Uhr) des Stundengebets nachempfunden) wurde sogar in der Kindererziehung eingebaut, um von klein auf für eine spirituelle Ausrichtung des Tages der Menschen zu sorgen.

Heute ist diese Haltung nicht mehr stilprägend, sondern führt ein Nischendasein in der Welt der religiösen Minderheiten und der alten Menschen. Die spirituellen Inhalte sind, wie die Meditationsbewegung zeigt, jedoch nicht gänzlich sinnentleert, sondern mit Bewusstwerdungstechniken und Arrangements zum subjektiven Wohlergehen gefüllt. Die morgendliche Ritualbildung (und die darauf ausgerichtete Ratgeber-Literatur) sind deswegen durchaus lebendig. Sie quellen über mit Ratschlägen zur morgendlichen Energiezufuhr. Die Spannbreite reicht von der Lichtdosierung über das Frottieren mit einem warmen Handtuch, vom gemütlichen Frühstück bis zur „Lächel- statt Muffeloffensive". Meist geht es darum, feste Zeitbestandteile im Alltag einzuplanen, damit man dem Morgen eine feste Struktur geben kann, die dann auf den ganzen Tag ausstrahlen soll.

Asketischer geprägt und sozusagen „alte Schule" sind die Vorschläge, ja nicht zu dösen, sondern ganz asketisch-energisch sofort aus dem Bett zu springen. „Gelobt sei, was hart macht"! In manchen Ländern hat Frühaufstehen Tradition.In keinem anderen europäischen Land werden die Kinder so früh in die Schule getrieben wie in der Schweiz. Schulstart ist dort zwischen 7 Uhr 30 und 8 Uhr. Skandinavien, England, Frankreich, Spanien und Italien gönnen den Kindern eine Stunde länger Schlaf (vgl. Windlin 2013:42) Überhaupt: Wer mit dem ersten Ton des Weckers sofort aus dem Bett sprang, war mit der nötigen harten Selbstzucht für das Leben gewappnet. Zumindest machte er sich keine Illusionen darüber, dass der Tag unausweichlich begonnen hatte. Ausschlafen kann man schließlich am Wochenende. Aber das ist schon sehr modern. Noch vor einem halben Jahrhundert gab es schließlich die Sonntagspflicht des Kirchgangs. Das ist heute anders. Das mit dem Ausschlafen leuchtet der Mehrheit der Bevölkerung durchaus ein. Eine Mischung aus Arbeitsstress und Wohlfühl-Strategie hat dazu geführt, dass man samstags und sonntags nach Möglichkeit ausschläft. Die Kirchen versuchten, diesem Trend damit zu begegnen, dass sie die Zeiten des Kirchgangs auf den späten Vormittag verlegten. Sie konnten die Sinnverschiebung des Sonntags aber nicht aufhalten. Der „Tag des Herrn" ist zum Tag des sanktionsfreien, nicht mehr begründungspflichtigen Faulseins, bzw. der Selbst- und Familieninteressen mutiert.

Werktags steht das Aufstehen hingegen unter allerlei Druck. Denn ohne strikte Einteilung des Tages- und der Woche in allgemein eingehaltene Arbeitszeiten, lässt sich das Zusammenleben der Menschen kaum synchronisieren. Unpässlichkeiten, Müdigkeit und Unlust müssen dafür in allgemein zu erwartender Weise eingeklammert werden. Dazu gehört auch, dass es – wie Luhmann(2010) dargelegt hat – aus der horizontalen Perspektive wenig plausibel erscheint, sich der Welt „zu stellen". Wenn man bedenkt, was der neue Tag alles an Risiken, Gefahren und Unannehmlichkeiten im Köcher hat. Da könnte man ganz mutlos werden und sich dazu entschließen, einfach liegen zu bleiben. Iwan Gontscharow hat diesen Impuls 1859 in der Figur des Ilja Iljitsch Oblomow literarisch verewigt (1993), der „ohne jegliche innere Spannung" im „gleichmäßigen Licht der Sorglosigkeit" seine Tage im Bett verbrachte (ebenda;7). In der Wirklichkeit fällt uns ein solcher Freiraum nur zu, wenn wir ab und zu „krank feiern". Auf dieses Ventil wird immer wieder zurückgegriffen. In Deutschland kennen über 40% der Bevölkerung Menschen, die schon ein oder mehrere Male der Arbeit ferngeblieben waren, ohne krank gewesen zu sein. Der so bewirkte Verlust der Gesamtproduktivität kann nur schwer abgeschätzt werden, ist aber nach allgemeiner Überzeugung riesig. Individuell darf man das aber nicht überziehen, wenn man beim Vorgesetzten und bei den Arbeitskollegen nicht anecken will. Wie man weiß, wird dem Oblomowschen Ideal anderswo jedoch weit ausgiebiger gehuldigt.

Der Appell an harte Selbstkontrolle hat bei Inhabern von Leitungspositionen traditionell starken Widerhall gefunden. Sie können sich ihre Arbeitszeiten oft frei einteilen, machen davon aber selten Gebrauch. Amerikanische Top Manager z. B. sind Frühaufsteher. Für 80% dieser Kategorie beginnt der Tag um 5.30, der späteste von ihnen steht um 6 Uhr auf. Sie nutzen den Morgen um die Nachrichten durchzuarbeiten, sich die Aufgaben des Tages zu vergegenwärtigen und um sich fit zu halten (70%) (vgl. Neff/Citrin 2001).Überhaupt ist die Morgengymnastik ein beliebtes Morgenritual geworden. Im alten China gehörte Tai Chi (und alle seine Abwandlungen) zur kulturellen Tradition. Diese gemeinschaftlich durchgeführte Mischung aus Gymnastik und Kampfsport hat sich bis heute nicht nur in China selbst, sondern auch in den China Towns rund um die Welt erhalten. Es hat in den letzten Jahrzehnten viele Nachahmer außerhalb dieser Gemeinden auf der ganzen Welt gefunden. Dabei überwiegt das Element der spielerischen, nicht der selbstquälerischen Anspannung. Nach der Morgengymnastik hat man so viel Energie getankt, dass man sich dem Geschäft des Tages stellen kann.

Die müden Knochen einrenken kann man sich auch auf andere Weise. Die weiche Version ist das Yoga, die harte Version das Jogging. Beide werden weltweit praktiziert. Manche beginnen damit am Morgen, andere verlegen sie in die Stunden des Feierabends. Yoga ist ein mit sanften Dehn- und Atemübungen verbundenes Aufmerksamkeitstraining, das sich auf das jahrhundertealte Wissen Asiens über die positiven Wirkungen der Meditation gründet. Seit der Hippie-Bewegung der 60er Jahre war das Interesse an Hinduismus und Buddhismus und die Kenntnis von asiatischen Kulturen (in ihren verschiedenen Ausprägungen) sprunghaft angestiegen und hat sich bis heute gehalten. Meditationstechniken haben als Training der Selbstfürsorge mittlerweile nicht nur in Privathaushalten, sondern auch in Kliniken, pädagogischen Institutionen und Unternehmen in USA und Europa Einzug gehalten. Sie setzen auf „Entschleunigung" (Reheis 1998), Ruhe, Atmen,

Gelassenheit, Geduld, Klarheit und inneren Frieden. Yoga gilt deshalb als probates Gegenmittel zur modernen Reizüberflutung und Temposteigerung des Lebens Die schon von Marx beklagten Entfremdungserscheinungen des modernen Kapitalismus suchen über asiatischen Lebensstilimport ihre Remedur. Das auch deshalb, weil das Christentum in Europa als spirituelle, den modernen Alltag überformende Bewegung an leitmotivischer Steuerungskraft stark eingebüßt hat.

Im Zuge der Globalisierung hat sich aber auch eine andere Bewegung Bahn gebrochen. Sie setzt – ganz im Gegensatz zum Yoga – auf sportliche Leistung, Unruhe und körperliche Anstrengung. Die Rede ist vom Jogging, das in rund 50 Jahren zu einer der liebsten Sportarten der Deutschen aufgerückt ist. Es geht zurück auf den Neuseeländer Arthur Lydiard, der 1961 den ersten Jogging Club gründete. Diese Idee wurde in den USA ab 1962 begeistert aufgenommen und als Jogging-Bewegung über die ganze Welt verbreitet. Auch hier sind die Erwartungen eng mit dem praktizierten Lebensstil der Menschen verbunden. Denn Jogging gilt als probates Mittel zum Herz- und Kreislauftraining, gegen Übergewicht und zur Stärkung der allgemeinen Fitness – setzt also da an, wo sich die häufigsten Zivilisationskrankheiten der Moderne eingenistet haben. Der Jogger-Typus sucht ähnliche Belastungen, wie sie beim Laufen als Sportdisziplin anfallen, nur dass er sie bequem vor der Haustüre und ohne Organisationsmitgliedschaft praktizieren kann. In einem Aspekt ist sie noch näher an die Moderne angekoppelt: Während Yoga den Abstand durch Rückzug auf sich selbst sucht, setzt Jogging darauf, Leistungskraft zu gewinnen, auszustrahlen und diese den Normen der Leistungsgesellschaft auch real durch Training anzupassen. So hat auch dieser Freizeit-Sport die Neigung, in Ernst überzugehen und die Spielsphäre zu verlassen (Huizinga 1956:189). Denn das Leistungsethos der Moderne ist ohne sakrale Rückbindung zum Selbstläufer geworden Die Welt mit methodischer Lebensführung zu bezwingen war und ist „Gottesdienst", ohne heute des Gottes noch zu bedürfen (Weber 1968:357 ff)

Leistungssteigerung ist Habitus, Ehre und Tugendersatz zugleich. Die Gefahr der Überlastung ist bei dieser Doppelbindung in Beruf und Freizeit nicht von der Hand zu weisen. Denn die Spielstimmung ist dabei, aus dem Jogging zu weichen. Wenn jeder auch in der Freizeit seinen Weg zu seiner individuellen „Bestzeit" suchen muss, wird der Übergang von der Arbeits- in die Freizeitwelt bruchlos vollzogen. Die Sportartikel-Industrie hat diesen systemgerechten Antrieb sofort erkannt und unterstützt den Leistungsmotivierten (incl. Partnerin und Kinder) mit allerlei trendigem Outfit wie Jogging-Hosen, -Schuhen, -Anzügen, Hundeleinen, CD-Players, Stoppuhren , Stirnbändern, Mützen, Handschuhen, Regenkleidung etc. So kommt es zu einer ungewollten und nicht durchschauten Gleichrichtung, zumal diese als Individualisierung verkauft wird. Allerdings ist zu beachten, dass sich in Deutschland augenblicklich nur 10% der Menschen dem morgendlichen Lauftraining verschreiben. Viele tun es, weil sie sowieso den Hund „rausschmeißen" und bewegen müssen.

2. Die Morgentoilette

Wer das morgendliche Jogging oder Yoga hinter sich gebracht hat, hat das Bedürfnis sich zu reinigen. Aber auch wer keine solchen Morgenrituale absolviert, muss sich der Körperreinigung und Körperpflege widmen. So wollen es die Erziehung, die Konvention und die Instanzen der öffentlichen Kontrolle. Das ist dem Aufmerksamkeitspegel der Alltagshandelnden möglicherweise verborgen.

2.1 Hygiene

Bei näherer Reflexion merkt man aber, dass die Begrüßung des Tages unter einem rigiden Reinlichkeitsgebot und einer körperlichen Reinigungspflicht steht. Uns allen scheint es selbstverständlich zu sein, dass man nicht verschwitzt aus dem Bett in die Kleider steigt. Dies umso mehr, wenn der Morgen mit Gymnastik, Jogging oder Yoga beginnt. Danach muss man sich eben einfach frisch machen. Den Kindern lässt man die sogenannte „Katzenwäsche" heute gerade noch und mit leichter Rüge verbunden durchgehen.

Wahrnehmung wird stark über Gerüche konstruiert. Frühere Zeiten nahmen es in dieser Hinsicht aber nicht so genau. Es war dem tiefen Standard an Bequemlichkeit, aber auch den vormodernen Reinlichkeits- und Hygienevorstellungen geschuldet, dass man die gründliche körperliche Reinigung als eine Aufgabe betrachtete, der man sich nur einmal wöchentlich zu unterziehen hatte. Von einer Welt, in der Wasser knapp und die Erfüllung der Reinlichkeitspflichten deshalb unbequem oder schwierig ist, ist das auch nicht anders zu erwarten. Mittelalterliche Städte sollen durchweg nach Abfall und Exkrementen gestunken haben. Stadtreinigung und Abwasseraufbereitung sind erst neueren Datums. So auch die Hygienebewegung.

Heute haben sich deshalb die Reinlichkeitsnormen stark in den Vordergrund geschoben und allgemein verschärft. Soziale Räume werden ständig gereinigt, geschlossene Räume gelüftet und mit einer Duftnote versehen. Auch der Körpergeruch ist in diese Konstruktion einbezogen. Das hängt wohl auch damit zusammen, dass die Menschen nicht mehr wie in den Agrargesellschaften und der noch lange ländlich geprägten bürgerlichen Gesellschaft überwiegend im Freien arbeiten, sondern sich räumlich stärker „auf die Pelle" rücken. In den modernen Dienstleistungsberufen ist das der Fall. Da, wo Menschen körperlich eng miteinander zu tun haben, wird die Nichtbeachtung persönlicher Hygiene sozial auffällig und störend. Geruch ist für die Konstruktion von Fremdheit entscheidend. Körpergerüche müssen nun stärker kontrolliert werden und werden es auch (vgl. Raab 1998). Bauarbeiter dürfen „vor Ort" nach Schweiß riechen, Kellner nicht. Das gilt für alle Berufstätigkeiten, die auf enge körperliche Präsenz angewiesen sind (Kundendienst, Bürotätigkeiten). Wenn die Sinne durch die Gegenwart anderer stark in Anspruch genommen und irritiert werden, ist anzunehmen, dass Regeln ersonnen werden, die für soziale Verträglichkeit sorgen. Das gilt auch für den Bauarbeiter nach getaner Arbeit.

Hinzu kommt, dass die mit dem Wohlstand (der an sich auch ein Zeitwohlstand ist) einhergehende Konzentration auf das persönliche Wohlgefühl bis ins Badezimmer weitergezogen wird. Darauf weist uns die heutige Wohnbau.-Architektur hin, Das Badezimmer ist zu einem „Herzstück" des modernen Privatlebens geworden (vgl. Der Hausbesitzer 2013:28 f.). Badezimmer werden immer größer und tragen häufig den Charakter eines zweiten Wohnzimmers. Das deutet darauf hin, dass Reinigung im Sinne von Selbstpflege und stilisierter Körperlichkeit einen feierlichen, ja beinahe sakralen Anstrich bekommt (Knijff 2006). Der heutige Lebensstil drückt sich eben auch dadurch aus, dass dem Körper- und Reinlichkeitskult eine angemessene Räumlichkeit zugeordnet wird. In der Schweiz etwa gelten Wohnungen schon ab der mittleren Ausbaustufe als unverkäuflich und schwer vermietbar, wenn das jeweilige Badezimmer nicht total modernisiert worden ist. Ist das nicht der Fall, verlangen die Mieter einen Abschlag, weil sie die Modernisierung der sanitären Anlagen dann selbst vornehmen (müssen). Die „Wohnlandschaft Bad" zeugt davon, dass die Menschen besonders der wohlhabenderen Schichten gewillt sind, sich hier längere Zeit des Tages „wohlfühlend" zurückziehen und aufzuhalten. Zum „privatissimum" des Ego-Kults heute gehört es, sich in der richtigen ‚"privaten" Atmosphäre der Selbstreinigung etwas Gutes zu tun. Dies steht im Gegensatz zu Badekulturen vieler Länder und Zeiten, die einen eher öffentlichen Charakter trugen.

Damit man sich im Badezimmer nicht in die Quere kommt, befinden sich ab einer gewissen Wohlfahrtsschwelle oft zwei Waschbecken mit entsprechend breiten Spiegelschrank-Armaturen nebeneinander platziert. Die Ausstattung der Bäder mit Tisch und Stuhl sind nicht selten (Sie übernehmen die Funktion des alten bürgerlichen Frisiertischchens des späten 19. Jahrhunderts).Tatsächlich benötigt man auch mehr Platz, denn die Reinlichkeitsanforderungen und -bereiche haben sich ausgedehnt. Üblich ist nicht nur die kurze Gesichtswäsche, sondern die Ganzkörperreinigung (incl. des häufigen Haarwaschens und -föhnens), Zähneputzens, Nagellackieren, Peeling, Rasieren etc. Der gepflegte Mann geht „glatt". Das gilt als zivilisiert und angepasst. Für die meisten Berufe ist hier die Pflegenorm strikt. Wer sich darüber hinwegsetzen will, muss mit einer „Abmahnung" rechnen. Wichtiger aber ist in der modernen Gesellschaft nicht die sichtbare Fremdkontrolle, sondern die unsichtbare Selbstkontrolle. Hier hatte Elias mit seiner Zivilisationstheorie recht. (Elias 1968 II,312 ff.). Schon daran sieht man, dass – ähnlich der Kleidermode – in der modernen Gesellschaft ein relativ striktes Verhaltensgerüst etabliert worden ist. Nur den „kreativen" Berufen ist der Dreitagebart gestattet Aber auch der modernen „Informalisierung" sind Grenzen gesetzt (Wouters,1999).

2.2 Stilisierung durch Körperpflege

Das zweite Gebot der Körperpflege ist, dass man sich nicht nur häufig reinigt, sondern auch, dass man sich schön, attraktiv oder wenigstens „ansehnlich" macht. Die Chancen hierfür sind zum Leidwesen so vieler ungleich verteilt. Auch bleibt zunächst unklar, was Schönheit ist, liegt sie doch weitgehend im Auge des Betrachters. Geschmack gilt als subjektiv, Geruch als objektiv. Auf Geschmacksfragen kann man sich aber keinesfalls immer zurückziehen. In dieser Hinsicht wird der einzelne aber nicht allein, aber auch nicht in Ruhe gelassen. Vielmehr widmet sich die moderne Gesellschaft in einem bislang unbekannten Umfang der Definition, was „in" oder „out", schön oder hässlich, sozial erwünscht oder verurteilt ist.

Waren es früher einige elitäre Zirkel, in denen Fragen der Körperästhetik verhandelt (und dann „nach unten" verbreitet) wurden, so sind heute ganze Industriezweige als intermediäre Mächte zwischen die Handelnden und die Beschauer getreten. Mit einer Vielfalt von Schönheits-Produkten (Cremen, Lotionen, Sprays, Shampoos, Stiften, Parfums.) wird der ganze Körper zum Objekt der Aufbesserung. Dabei wird in Form von (Kauf-)Appellen an die (femininen) „Pflichten" subtil oder massiv auf die gerade gültigen oder im Zuge von veränderten Marktinteressen neu zur Geltung zu bringenden ästhetischen Kriterien tagtäglich auf die Masse der Bevölkerung eingewirkt. Die Kioske sind voll von Zeitschriften, die sich hauptsächlich dieser Strategie verschreiben. Die Schaufenster der Drogerien und Parfümerien, die Friseursalons, die Sonnen- und Massagestudios, die Gesichts- Hand- und Fußpflegesalons sind voll mit Pflege- und Schönheitsprodukten. Im Fernsehen nimmt Werbung für diese Waren eine prominente Stelle ein. Der Appellgehalt ist ausgeklügelt und hoch. Er bezieht sich nicht mehr nur auf den abendlichen Ausgang, sondern ist zum durchgängigen Tagesprogramm geworden. War das bisherige Zielpublikum die Frauen jeglichen Alters, die sich von ihrer Schönheit einen Vorteil versprechen konnten, so sind in den letzten 35 Jahren zunehmend auch die Männer in den Blickpunkt der Schönheitsindustrie geraten. Zwar steht dem noch das klassische Männerstereotyp aus roher Kraft und ungestümer Durchsetzungsfähigkeit entgegen. Aber auch damit lässt sich ästethisch- kommerziell etwas anfangen. Für die Yuppies wird auf dem Schönheitsmarkt schon kräftig gesorgt. Während Männer früher nicht schön sein „mussten", sehen wir heute, wie sich hier ein Wandel vollzieht, der sich auf subtile Weise mit den Anforderungen der Leistungsgesellschaft verbindet. Männliche Ausstrahlung hat stärker mit gepflegter Körperlichkeit zu tun. Sie ist ein sexuelles und wirtschaftliches Erfolgskriterium geworden.

So stellen sich langsam neue Normen und Formen des Verhaltens her. Heute kann es sich eine Frau kaum mehr leisten, mit Lockenwicklern im Haar zum Einkaufen zu gehen. Da haben die großen „player" wie L'Oreal, Garnier, Beiersdorf, Unilever etc. mit ihren Produkten und Strategien, aber auch die vielen Modedesigner, ja sogar die Großverteiler mit ihren Eigenmarken schon vorgesorgt. Für sie hat Morgenstund' auf jeden Fall Gold im Mund. Schon deswegen muss in der Früh mit dem Schönsein ein Anfang gesetzt werden. Die ausufernden Pflegesets in beinahe jedem Haushalt zeugen davon. Die Spiegelschränke in den Badezimmern sind berstend voll mit 20, 40 und mehr Flacons, Pflegestiften, Puder, Cremen, Tuschen, Lacken – von der halb medizinischen, halb kosmetischen Anwendung von allerlei Wirkstoffen für die Verjüngung und Verschönerung der Haut ganz abgesehen. Der Marktlogik entsprechend ist es nur konsequent, dass schon junge Mädchen, beinahe Kinder noch, in diesen Pflichtkatalog einbezogen werden. Folgerichtig haben sich auch die Pflegemittel für Männer ausdifferenziert. Das gilt nicht nur für das Rasierwasser und die Rasiercreme, sondern auch für allerlei Sprays und Anwendungen für die Haare, Parfums und Cremen. Wie bei der Kleidermode kann man hier ansatzweise eine Verschiebung und Vermischung der ehemals strikten Geschlechtergrenzen auf breiter Basis feststellen. Höflinge hatten sich schon früher parfümiert. Heute hat diese Kulturtechnik breitere Schichten erreicht.

Wie immer man die Entwicklung werten will, unabweisbar ist die Tatsache, dass Menschen über die (morgendliche) Körperpflege zu einer aufwendigeren Selbstdarstellung angehalten werden. Vielleicht macht es Sinn, Goffmans Konzept des „face work" auszuweiten. Ursprünglich diente es dazu, die situativen Anforderungen zur Bewältigung von Begegnungen einzufangen(1974). Die Pflichten der Reinigung und Pflege des Körpers waren ihm dabei kein vorrangig ausgearbeitetes Anliegen. Sie sind aber durchaus anschlussfähig. Offensichtlich hat das „image" das jeder verteidigen muss, heute eine Konnotation erhalten, die

die ganze körperliche Erscheinung als Natur- und Kulturprodukt umfasst. Der Körperdiskurs hat Einzug in die Denk- und Gefühlsschemata (Habitus) und damit in die Identitätsbildung als solche gehalten.

3. Ankleiden

Beinahe als zu platt erscheint es, extra darauf zu verweisen, dass ein wesentlicher Akt der Begrüßung des Tages darin liegt sich anzukleiden. Man kann den Vorgang vor dem Frühstück erledigen oder sich noch eine kurze Phase des Müßiggangs gönnen und sich erst nach dem Frühstücken „in die Kleider werfen". Wie auch immer, die gesellschaftliche Tragweite dieser Alltagshandlung enthüllt sich sofort dann, wenn wir bedenken, dass in den meisten Gesellschaften das Sich-Kleiden alternativlos ist. Wer versuchen sollte, im Adamskostüm auf die Straße zu treten, würde bald in einer geschlossenen Anstalt enden. Offensichtlich stellt kaum eine Gesellschaft es ihren Mitgliedern anheim, sich im öffentlichen Raum hüllenlos zu begegnen. Bei einigen sog. „Naturvölkern" in klimatisch begünstigten Zonen mag das anders gewesen sein, seit deren kolonialer Überformung aber ist die Verhüllung des menschlichen Körpers, besonders der Genitalien die Regel. Sei die Bedeckung auch noch so klein, der Körper muss bedeckt werden, damit der Mensch nicht schamlos wirkt. Natürlich gibt es, wie überall, Sondersituationen und Aufweichungen der Norm, die interessanterweise selbst mit Ausgrenzungen und Rückzugsräumen in Verbindungen stehen. Man denke an FKK-Strände, Topless-Bars, Nachtclubs etc. Nur Kleinkinder dürfen nackt gezeigt werden. Aber schon bald haben sie ihre „Unschuld verloren" und müssen sich wie die Erwachsenen verhüllen. Kleidung ist aber nicht nur dazu da, den Körper vor den Unbilden der Außenwelt, sei die Witterung oder die zudringlichen Blicke anderer, zu schützen. Kleidung ist auch kein purer Gebrauchsgegenstand. Sie bezieht sich nicht nur darauf, dass man etwas anziehen muss, sondern auch darauf, dass man und wie man sich zu bestimmten Gelegenheiten anziehen will (und soll).

Die Art und Weise, wie der Körper mit einer Hülle belegt wird, offenbart eine eigenartige Ambivalenz. Mag das Verhüllen selbst noch zur gesellschaftlichen Grundnorm gehören, die Art der Hülle scheint hingegen an sich unverbindlich zu sein. Zunächst könnte man meinen, dass jeder anziehen könne, was ihm beliebt, wenn es nur den praktischen Anforderungen des Tages und der Jahreszeiten genüge. Sieht man von den Trachten und von dem Praxisdiktat der Berufskleidung für bestimmte Berufsgruppen (Bauarbeiter, Verkehrspolizisten, Automechaniker, Chemiker etc.) ab, so gibt es heute keine strikten Kleidervorschriften, wie sie einst üblich waren. Und doch tragen Ärzte weiße Kittel, Banker den dunklen Anzug mit Nadelstreifen! Das deutet auf etwas anderes hin: Offensichtlich zieht Kleidung ein gesellschaftliches Urteil nach sich: Gut, angemessen oder elegant gekleidete Menschen gelten als vertrauenswürdiger und kompetenter. „L'homme c'est le style"; Kleider machen Leute. Kleidung stellt Rangordnungen, berufliche Qualitätseinschätzungen und Charakterbilder her. In hierarchischen Gesellschaften musste man, ähnlich der Uniform, schon am Beinkleid und am Pelzbesatz des Mantels ablesen können, welche gesellschaftliche Stellung die dazu gehörige Person innehatte. Die Grenzen waren strikt gezogen. Übertretungen der Kleidernormen wurden stark geahndet. Auch heute ist es Unbefugten verboten, sich die Uniform eines Polizisten überzuziehen. (Nur im Karneval darf diese Grenze spielerisch übertreten werden). Daran sieht man schon, dass über Schmuck, Ornament und Kleidung nicht frei verfügt werden kann. Kleider sind Objekte der Zurschaustellung des sozialen Status. Das ist ein Hinweis darauf, dass auch heute bestimmte Kleidernormen zu beachten sind, die unsere Wahlfreiheit einschränken.

Der Begriff der Kleidermode macht uns weiter darauf aufmerksam, dass Kleidung auch dazu da ist, unseren Körper ästhetisch zu formen, „zu dekorieren, ... seine Vorzüge hervorzuheben bzw. als Mangel empfundene Komponenten des Aussehens zu kaschieren sowie eine ästhetische Stimmung zu vermitteln, ein Lebensgefühl auszudrücken oder eine ästhetische Aussage zu treffen" (Artikel „Kleidermode" in: Wikipedia). Der persönlichen Verschönerung und Individualisierung, um sich von der breiten Masse abzuheben, scheinen schließlich keine Grenzen gesetzt. Schon die Tatsache, dass sich jedes Jahrhundert an seiner Kleidung erkennen lässt, macht uns stutzig. Sie deutet darauf hin, dass das Ankleiden nicht nur in Sondersituationen, sondern auch im Alltag eigentümlichen Regeln unterliegt, deren wir uns kaum bewusst sind: es sind die Regeln der Mode.

Kleidermode folgt zu allen Zeiten, heute aber in unvergleichlich stärkerem Ausmaß, dem Gesetz der gezielten Abweichung und Abwechslung. Beides wird selbst zur Regel, wie König (1998) gezeigt hat. Ab einer gewissen Wohlstandsschwelle muss heute jeder wählen, was er an diesem Tag, zu dieser Gelegenheit anzuziehen gedenkt: Sonntags „Staat" zu machen, hat eine lange Tradition. Noch heute zieht sich ein Drittel der Menschen am Sonntag besonders chic an (Herrmann-Stojanov 2002:21 ff). Der „Werktagsstaat" ist dagegen neueren Datums und hängt stark mit den gestiegenen finanziellen Möglichkeiten der meisten zusammen. Da wird Kleidung nicht nur zur Kann-Option, sondern mindestens zur Soll-, wenn nicht zur Muss-Norm. Ob man modisch und modern, dezent und vornehm, gewagt und riskant, mit Appeal oder als „graue Maus" in der Öf-

fentlichkeit erscheinen will, muss erwogen, vielleicht verhandelt, jedenfalls entschieden werden Denn Kleidung vermittelt zwangsläufig den Habitus des ganzen
Menschen, ein Bild seiner Persönlichkeit im öffentlichen Raum. In Gegenwart
anderer gilt: „Man kann nicht nicht kommunizieren" (Watzlawick 1974:50 ff.) –
und Kleidung ist ein beliebtes, unverzichtbares Kommunikationsmittel. Ob das
Dekolletee tief ausgeschnitten, ob Knöchel, Bein, Knie oder sogar Oberschenkel
gezeigt werden, sagt untrüglich etwas über die Person in der jeweiligen Situation aus. Das vermittelte Bild kann angemessen oder peinlich, verführerisch oder
gesittet, modisch oder langweilig etc. wirken. Mitteilungscharakter – ob gewollt
oder ungewollt – trägt es immer. Auch die schwarze „Antimode" der Existenti-
alisten, die Normbrüche der Turnschuh- und Jeansgeneration (Joschka Fischer),
der „linke touch" der Krawattenverachtung, das Palästinenser-Halstuch etc. sind
Mitteilungen über die Gesinnung der Träger und über deren Willen, in einer bestimmten Weise wahrgenommen zu werden. Wie immer man es ins Werk setzt,
über Kleidung stellt man sich zwangsläufig selbst dar. Auch wer sich der Mode
entzieht, entgeht dem Urteil nicht. Er wird eben als unmodisch (oder uninteres-
sant) taxiert. Für Jugendliche heute ist das ein soziales Verdikt. Deswegen identifizieren sie sich so stark über Musik, Handys und „Klamotten".

Der Erfolg der modischen Darstellung ist aber keineswegs gesichert. Nichts
lässt Frauen und Männer, Kinder und Jugendliche mehr an ihrem „outfit" zweifeln und in Panik stürzen, als wenn sie gewahr werden, lächerlich oder peinlich
zu wirken. Da in unseren Gesellschaften kein allgemeiner Kleiderzwang wie für
iranische Frauen oder chinesische Kader (Mao-Look), herrscht, ist in jedem Fall
eine Entscheidung darüber zu treffen und zu verantworten, was am heutigen Tag
mit seinen zu erwartenden Herausforderungen anzuziehen ist.. Wird eher die
sportliche oder die gepflegte Note, die verführerische Attraktivität oder die un-
verbindliche Distanz verlangt sein? Diese Entscheidung darüber kann einem niemand abnehmen. Sie trägt ihr eigenes Risiko der Unangepasstheit in sich. Verachtung, Peinlichkeit, Empörung, Missgunst und Rivalität können die Folge sein.
So ist Mode „einerseits ein Gebiet allgemeiner Nachahmung, ein Schwimmen im
breitesten sozialen Fahrwasser, andererseits doch eine Auszeichnung, Betonung,
individuelle Geschmücktheit der Persönlichkeit" (Simmel 1986 (1895):136). Eine
Belastung und gleichzeitig Entlastung ist es, dass man sich dabei nur innerhalb
der augenblicklich geltenden Grenzen der Wohlanständigkeit bewegen kann. Man
kann zwar heute nicht mehr mit Bratenrock und Zylinder an der Arbeit erscheinen, insoweit sind alle in der Moderne angekommen. Aber man kann sich durchaus in der Angemessenheit des äußeren Erscheinungsbilds vergreifen. Dafür ist

der Spielraum für enthüllende Verhüllungen oder für verhüllende Enthüllungen im Zeitalter der Individualisierung groß genug. Andererseits hat der Raum der modischen Selbstinszenierung seine Grenzen, denn die großen Kanäle der Lebensführung sind jeweils vorgegeben. Nur innerhalb dieser Verhaltensvorgaben können verschiedene Spielarten ausprobiert werden. Letztere können sich sogar beträchtlich erhöhen, so dass die grundlegenderen Regulierungen leicht unter der Aufmerksamkeitsschwelle verbleiben (Elias 1968,II:388f.,400). Das ist in der Moderne der Fall. Man gibt sich leicht der Illusion hin, nun endlich frei von einengenden Vorschriften leben zu können, ohne das Räderwerk sozialer Verhaltensprogramme zu erkennen. Auch in der Kleidermode sind die großen Bahnen des Verhaltens und der mittelfristigen Entwicklungslinien schon gezogen und für den einzelnen verpflichtend. Nur innerhalb dieser Bahnen ist das Feld für extrem viele Variationen und kurzfristige Experimente offen. Hier herrscht ständiger Nervenkitzel, wie weit man gehen kann, ohne sich an die Mauern der Konvention eine Schramme zu holen.

Dabei offenbart sich eine eigenartige Dialektik. Da der Wandel der Mode die Abweichung zur Regel erhebt, „tritt er wie eine ständige Aufforderung an Sitte und Stil heran, aus dem Kreis der Sitte auszubrechen.... Die Sicherung der Regel ... kann im Rahmen des geschichtlich-gesellschaftlichen Geschehens einzig unter ständiger Drohung der Abweichung erfolgen... (König 1998:250). Denn kurzfristig muss man sich auf die Unstabilität einlassen und sich der Verbindlichkeit des (an sich) Unverbindlichen (Esposito 2004) überantworten. Auch das gehört zu den Gesetzen des Wandels. Es ist nämlich chancenlos, sich den Modetrends völlig entziehen zu wollen. An der Frauenkleidung wird das klar. Als der Mini-Rock durchgesetzt wurde, konnten es sich die Frauen nicht lange leisten, knöchellang aufzutreten. Als die Mode auf Maxi-Look wechselte, war man mit dem Mini-Rock bald „démodé". Man ist zum Mitmachen verdammt. So oder so *muss* man sich exponieren: manche am unteren, manche am oberen Ende der Regeltreue, als Träger des „Notwendigkeitsgeschmacks" (Bourdieu 1984:585ff.) oder als Schrittmacher der Launen und Übertreibungen, der Distinktion und Reflexion. Mögen einige Verhaltensweisen durch das Wohlstandsniveau begünstigt sein, im Allgemeinen lässt sich heute aber beobachten, dass viele, nicht nur die Schönen und Reichen, an dieser Bewegung teilhaben. Schon in der Schule werden die zu teuren Markenartikeln hochstilisierten Jeans und Shirts von den Halbwüchsigen mit Inbrunst auf ihren Statuswert hin verhandelt. Wer was trägt, ist ein wichtiger Indikator für den erfolgreichen Wettbewerb um soziale Geltung. In manchen Ländern versucht man dieser Ökonomisierung dadurch zu entgehen, dass man einheitliche Schulkleidung für verbindlich erklärt.

All das macht uns bewusst, wie hoch der permanente soziale Druck ist, sich „richtig" anzuziehen. Jeden Morgen stehen wir also vor dem Kleiderschrank mit der Frage, was im Wechselspiel von Bestand und Veränderung im Augenblick richtig und angemessen ist. Wie wir schon sahen, treten dabei gesellschaftliche Mächte auf den Plan, die sich hier eine Führungsfunktion zudiktieren. Sie nehmen uns auf der einen Seite manche Grundsatzentscheidung ab, ziehen uns auf der anderen Seite aber immer tiefer in den Sog der Variationen hinein. Es handelt sich um die Unternehmungen und Verbandsorganisationen der Modemacher mit ihren Journalen, Boutiquen, Fachmessen und Events. Über ihre eigenen oder die offiziellen Medien dirigieren sie in einem erheblichen Ausmaß die rhythmischen Oszillationen des modischen Zeitgeschmacks. Pro Saison zeigen uns Armani, Prada und Co, was „in" und was „out" ist und was von ihren Kreationen in Massenware umgesetzt werden kann. Wer sich gegen dieses Diktat zur Wehr setzen will, wird bald erfahren, dass bei einem notwendig gewordenen Kleiderkauf anderes als die derzeitige In-Mode gar nicht mehr zu haben ist – abgesehen davon, dass sich sein eigener Geschmack trotz aller Widerstände schon von selbst an die Neuerungen angepasst hat. So ist nolens volens zwar nicht jeder Modeströmung, wohl aber irgendwann einer von ihnen Tribut zu zollen. Das ist vielleicht die unlustvolle Seite der Medaille.

Der lustvolle Aspekt hingegen wird von denen gepflegt, die als „early adopters" oder Trendscouts mit einer beträchtlichen Portion an Experimentierfreude, Wagemut und Provokation als Avantgarde an der Modekonjunktur mitwirken. So ist heute das an sich ziellose „shopping", das Wandern durch die „shopping malls" der Einkaufszentren, zu einem Element des modernen, spielerisch-flanierenden Lebensstils herangereift. Lustvoll ist allein schon das Überraschungselement. Wer etwas Schönes, Neues, Riskantes gefunden hat, öffnet gleichzeitig als „gatekeeper" die Tore für die weniger mutigen „followers". Die Nachhut hingegen wird mit der Strafe des sozialen Abseits belegt. Dann ist die Welt für viele nicht mehr in Ordnung. Mit der Intensivierung des Lebenstempos und der „Überschneidung" vieler sozialen Kreise (Simmel) nimmt auch die Zahl der Hüllen und der ausgesonderten Hüllen zu! Daran wird erneut sichtbar, vor welchen subtilen, sozial geformten Entscheidungsmomenten man in der Morgenstunde stehen kann.

4. Frühstücken

Menschen müssen Essen. Ob sie am Morgen essen müssen, ist nicht eindeutig. Nicht fraglich ist hingegen, dass sie es im Lauf des Tages irgendwann einmal tun, und dass das, was sie essen, und die Form, wie sie es tun, der kulturellen

Kontrolle unterliegen. Das hat Lévi-Strauss (1967:100 ff.) in seinen Forschungen auf eindrückliche Weise untermauert. Sein Arbeitsfeld waren eher die indigenen Völker, aber insgesamt lässt sich feststellen, dass jedes Land seine eigene Küche hervorgebracht und je eigene Regeln für das Essbare und Schmackhafte entwickelt hat. In den Wohlstandsgesellschaften mit ihrer betonten Aufmerksamkeit auf die Körperlichkeit des Menschen verknüpfen sich die Diskurse um die äußerliche Darstellung des Selbst (Kleidermode), um die Ernährung und um die Gesundheit (Fitness) in auffälliger Weise (vgl. Knijff 2006:168)

Für Europa sind in unserem Zusammenhang drei Trends hervorzuheben. Einerseits sind im Großen und Ganzen die französische und die italienische Küche stilbildend geworden. Das gilt aber nicht für das Frühstück. Andererseits steht fest, dass in den heutigen Überflussgesellschaften die Spaltung zwischen allgemeiner Armut und momentanem, schichtspezifischem Überfluss durchbrochen ist, die allgemeine „Nahrungssuche" den Alltag also nicht mehr dominiert. Vom gegebenen Einkommen wird prozentual immer weniger für das Essen ausgegeben.

Der dritte Trend ist, dass auch weniger Zeit für das Kochen aufgewendet wird. Diese Entlastung geht einher mit einer gestiegenen Unsicherheit, was denn, angesichts der vielen vorgefertigten Produkte, das „richtige", d.h. das abwechslungsreiche und gesunde Essen sein könnte (Barlösius1988: 423 ff.). Diese Form der Verunsicherung, wie denn Essen und Trinken zu gestalten seien, wird an der Nachfrage eines immer größeren Lesepublikums von Ratschlägen sichtbar. Sie wird von den vielen Fachzeitschriften zur Esskultur und den Rezeptbeilagen thematisch ganz anders gelagerter Journale und Magazine freudig aufgegriffen und dirigiert. Die Angebote betreffen hauptsächlich die großen Mahlzeiten zu den Sonn- und Feiertagen und die Hauptmahlzeiten des Alltags, aber sie beziehen sich nicht selten auch auf das gesunde, entspannte, familienfreundliche Frühstück. Umgekehrt verlangen die Verbraucher mit ihren Verbänden immer genauere Informationen über Herkunft, Beschaffenheit und Herstellungsweise der Produkte, die bei ihnen auf den Tisch kommen. Frische, „Natur", „Bio" sind Qualitätsmarkierungen, die oft mehr versprechen, als sie halten (wollen). „Wo Bio drauf steht, ist nicht immer Bio drin", heißt dazu das Industrie-skeptische Motto

Für gut 2/3 der Deutschen (70%) ist das Frühstück sogar die wichtigste Mahlzeit des Tages geworden. Denn sie soll nicht nur den Hunger stillen (54%), sondern einen guten Start in den Tag ermöglichen bzw. Energie geben(55%) (Ferrero Juni 2010). Hierin konvergieren die deutschsprachigen Länder mit Großbritannien. Nicht von ungefähr sind große Unternehmen der Nahrungsmittelproduktion, -verarbeitung und –verteilung sehr daran interessiert, wie die Ernährungsgewohnheiten der Bevölkerung aussehen. Die in den Jahren ab 2002 in Auftrag gegebenen Studien für Deutschland, Österreich und die Schweiz ergeben ein interessantes und konvergentes Bild:

1. Als erstes Ergebnis ist festzuhalten, dass die Menschen an Werktagen anders Frühstücken als an Sonn- und Feiertagen (Dialego 2005). Am Wochenende frühstücken fast alle zu Hause (93%), an Wochentagen nur zwei Drittel oder weniger (GEWIS 2008), denn für ein Fünftel findet das Frühstück am Arbeitsplatz bzw. in der Kantine oder auf dem Weg zum Arbeitsplatz (10%) statt. Rund 40% frühstücken werktags alleine. Am Wochenende sind es nur 20%, denn dann steht das Essen mit dem Partner, im Kreis der Familie, sogar mit den Großeltern im Vordergrund (3/4)

    An Ende der Woche nehmen sich auch viel mehr Menschen Zeit für das Essen. Untersuchungen zum Zeitbudget zeigen, dass die Bevölkerung (91%) dafür (ohne Vorbereitungszeit gerechnet) zwischen 15 und 45 Minuten reserviert. Sie beginnen nicht vor 10 oder 11 Uhr, dehnen das Frühstück oft bis in die Mittagszeit hinein aus und feiern den Sonntag mit einer Art Brunch. Manche lassen das Frühstück sogar ganz ausfallen, aber nur, weil sie gleich beim Mittagessen einsteigen.

2. An Arbeitstagen sinkt die vorgesehene Zeit für das Frühstück ab. Da sind für die große Mehrheit (rund 90%) nur noch zwischen 5 und 25 Minuten dafür vorgesehen. Die Hälfte der Bevölkerung gönnt sich kaum eine Viertelstunde, empfindet es aber als einen Mangel, das Essen nicht genießen zu können. Der Prozentsatz der Menschen die morgens überhaupt nichts zu sich nehmen ist aber gesamthaft eher gering (12%). Das ändert sich, wenn man das Alter der Befragten kontrolliert. Die Älteren und Nicht-Berufstätigen sperren sich verständlicherweise gegen diesen Zeitdruck. Drei Viertel von ihnen frühstücken, während es in der Gesamtbevölkerung nur noch 60 % sind. Vor allem die Jüngeren (zwischen 18 und 29 Jahren) sehen sich gezwungen, das gemütliche Frühstück auf das Minimum zu verkürzen. Das schlägt sich auch an den Tischsitten nieder, die am Morgen deshalb weniger formell sind. Auch das ist ein indirekter Hinweis darauf, dass soziale Normen ihre alltagspraktische Fundierung haben.

    Aus Zeitmangel wird das Frühstück bei einem knappen Fünftel sogar oft ganz eingespart. Bei den Jugendlichen frühstückt heute sogar nur jeder zweite (30% nie, 20% nur ab und zu). Sie verwenden ihre „Morgenstunde" lieber für das Aufwachritual, ersetzen das Essen eher durch Rauchen und Alkohol(!) und verschieben die erste Mahlzeit auf den späteren Vormittag (Snack). Das „breakfast skipping" gibt einen guten Einblick vom in der Bevölkerung oft erfahrenen, ersten Morgenstress. Menschen fühlen sich also nicht erst an der Arbeit gestresst (laut deutscher Bundesregierung sind es 43%!!), sondern schon vor Beginn der eigentlichen Arbeit. Eltern gehen hier mit schlechtem Vorbild voran: Planen sie kein Frühstück ein, tun es die Kinder auch nicht. Im internationalen Vergleich ist das nicht weiter auffällig, denn in Italien beispielsweise ist ein kontinentales Frühstück meist unüblich. Fast alle fangen ihren Arbeitstag „ al bar" an, wo sie es mit einem starken Espresso und (höchstens) einem Brioche oder Sandwich bewenden lassen. Auch in Ostasien (Japan, China) frühstückt man meist nicht zu Hause.

3. Unterschiede zeigen sich auch bei der Reichhaltigkeit des Frühstücks. Ein „kontinentales" Durchschnittsfrühstück umfasst Kaffee (75%); Tee und Milch folgen in weitem Abstand. In England jedoch ist die „cup of tea" „obligatorisch". An Werktagen essen – im Gegensatz zu Frankreich mit seiner Baguette-Tradition – zwei Drittel der Deutschen und Österreicher Vollkornbrot oder Brötchen. Süßes wie Honig, Marmelade und Nougatcreme gehören ebenso dazu wie Käse (55%). Jeder Vierte, und das sind besonders (jüngere) Frauen achten wegen der „Linie" auf gesunde Ernährung in Form von Obst und Müsli/Cornflakes o. ä. Männer bevorzugen hingegen eher Deftiges (Fleisch und Wurstwaren) und sehen weniger auf den Kaloriengehalt. Obst und Gemüse werden von Frauen doppelt so häufig genannt wie von Männern. Auch das Gefühl der Sättigung ist sozial überformt. Hier müssen sich Frauen und junge Mädchen besonders kontrollieren, denn Schlanksein bringt soziale Anerkennung. Dieser Zusammenhang schlägt sich auch in Zahlen nieder. Denn 2/3 der deutschen Männer sind übergewichtig, hingegen „nur" die Hälfte der Frauen. (NVS 2008:XI) Das sind beachtliche Größenordnungen.

Der Sonntag ist nicht asketisch geprägt. Keine 10% „heiligen" den Sonntag mehr in religiöser Hinsicht. Er ist vielmehr eine „Säkularmetapher" (Guggenberger 1999:25) für Familie und Freunde, „Brot und Spiele" geworden. Hier ist der Schweizer Ausdruck „Morgenessen" genauer als „Frühstück". Da wird nämlich genüsslich aufgetischt und im Kreis der Familie ausgiebig getafelt. Hier herrscht Produktvielfalt beim Essen und Trinken vor: Butter, Brot, Gebäck, Toast, Croissant, Wurst, Fleisch, Käse, Mehlspeisen, Obst, Fruchtsäfte, Frühstücksei usw. Das Frühstück ist sonntags ein Genussfrühstück, vielleicht sogar eine Gelegenheit zur Distinktion, werktags ein Notwendigkeitsfrühstück. (vgl. Bourdieu 1984:299) Sonntags muss man sich dranhalten, damit man nachher bei der Ausübung seiner Wochenendkompetenzen „gut drauf" ist. Das Paradox bleibt aber bedenkenswert, dass die Lebensmittelindustrie, die erst für den Überfluss sorgte, neuerdings mit einem Gegenprogramm aufwartet. Sie propagiert nun ein „bürgerliches"

Schlankheitsideal (Setzwein 2004:245f.) und versucht damit genau die Fülle (in doppelter Wortbedeutung) wieder einzuschränken.

4. Stellt man einen Vergleich mit Afrika und Asien an, dann springt ins Auge, in welchem Ausmaß die jeweiligen Essgewohnheiten von unterschiedlichen Konventionen und Sitten geprägt sind. Ein Frühstück nach west- und zentraleuropäischem Muster ist dort weitgehend unbekannt. In China beispielsweise wird immer warm gegessen. Auch ein Frühstück ist ohne Reissuppe mit frittiertem chinesischem Brot, Nudelsuppe mit Einlage oder Reisteig-Rollen nicht vorstellbar. In Japan und in Hongkong, die stärker dem westlichen Einfluss ausgesetzt waren, hat gelegentlich auch das kontinentale, besonders das britische Frühstück mit „Ham and Eggs" oder das amerikanische Pancake mit Sirup und Fruchtsäften Einzug gehalten. Vollkornbrot ist unüblich. Das Weißbrot wird grundsätzlich ohne Rinde gegessen.

5. Welche Art der Nahrungsaufnahme „natürlich" ist, lässt sich mit Blick auf die globale Vielfalt also generell nicht sagen. Das gilt auch in einem spezifischen Sinn: Denn viele Produkte, so auch die Fruchtsäfte, das Fleisch, die Fertiggerichte u. a. m. werden heute mit „natürlichen" und künstlichen Aromastoffen versehen. Vier Unternehmen (u. a. die beiden Unternehmen Givaudan und Firmenich in Genf) teilen sich den Weltmarkt und erwirtschaften bei der Verwendung von über 1 Million Tonnen an „Geschmacksaufbesserern" Milliardenumsätze. Ein Gang in den Bio-Laden genügt also nicht mehr, um sich der Nähe zur Natur zu versichern.

Der Lebensmittelmarkt ist heute weitgehend industrialisiert und globalisiert.. Das gilt nicht nur für den Transport. Der Trend zur Korrektur „der Natur" hat derart stark zugenommen, dass sich die Gesundheitsbehörden Europa- und weltweit mit der Art und der Menge der verwendeten Zutaten wie Aromen, Farbstoffe, Haltbarkeitszusätze regelnd und kontrollierend auseinandersetzen müssen. Kein Wunder, dass als Kehrseite des gewachsenen Gesundheitsbewusstseins die Unsicherheit über das „Innenleben" der Produkte stark im Anwachsen begriffen ist. Was es für die Esskultur bedeutet, dass sich durch das von fremder Hand produzierte und veränderte Endprodukt der Nahrung eine Entfremdung zwischen Produktion und Konsum einstellt (schon Simmel 1907), ist in seiner Tragweite noch offen. Jedenfalls ist Heindl nur zuzustimmen (1999:9), dass es ein lebenslanger, und immer wieder neu zu gestaltender Prozess ist, „herauszufinden, welche Nahrung „richtig" ist im Alltag zwischen Arbeit und Freizeit, Leistung und Erholung, Bewegung und Ruhe, positiven und negativen Gefühlen, Alleinsein und in Gemeinschaft sein…"

5. Der Weg aus dem Haus

Nachdem die Verrichtungen im Privatraum meist unter Zeitdruck erledigt wurden, kann der Weg nach außen, in die Welt, endlich angetreten werden. Bei genauem Hinsehen erkennen wir aber, dass dieser Weg schon lange beschritten ist. Die Außenwelt hatte unser privates „Innenleben" schon lange im Griff, ohne dass wir es gemerkt hätten. Es wird uns aber erst so richtig klar, wenn wir daran gehen, das Haus oder die Wohnung zu verlassen. Da ragt plötzlich die Außenwelt mit all ihren Anforderungen vor uns auf. Aber einer genaueren phänomenologischen Analyse hält auch diese Beobachtung nicht stand. Denn die Tatsache, dass wir nun aus dem Haus treten müssen, hat selbst wieder eine Feinstruktur, die ihre eigenen Anforderungen an uns stellt.

Schon die Tatsache, dass 1/3 der Menschen während des Frühstücks Zeitung lesen und ebenso viele Radio hören, macht uns darauf aufmerksam, dass es nun Zeit ist, die Außenwelt in Form von Nachrichten, Wettervorhersagen und Musik in das Innere des Privatraums hineinzulassen. Nachrichten sind ein guter Indikator für die Vernetzung mit der Welt. Von den Nachrichten und den Wetterprognosen kann man nicht genug bekommen. Auf manchen Sendern werden sie alle 15 Minuten mit leichten Variationen wiederholt. „In Ruhe" die Zeitung lesen kann an Werktagen kaum ein Berufstätiger. Oft beschränkt man sich auf die Überschriften, aufs Durchblättern und auf die „Sportseite" (die auch in den sog. seriösen Intelligenzblättern an Umfang zulegt). Bevor physisch der erste Schritt nach außen getan ist, nehmen wir schon „Witterung" auf, was die Welt heute Morgen für uns bereithalten könnte. Steht sie in den Grundfesten noch oder ist die Katastrophe los? Auf welche Neuigkeiten, einschließlich des Wetters, muss man sich heute einstellen? Welche „ thematischen Aufreger" werden heute der Gegenstand der Unterhaltung sein? Das Frühstücksfernsehen spielt für die morgendliche Information nur eine marginale Rolle (3%). Handy und Internet sind jedoch dabei, den Alltag schon am Morgen zu revolutionieren. Die jederzeitige Verfügbarkeit von „personalisierten" Informationen macht auch abhängig davon. Zugleich steigt die Erwartung, dass man schon vor Beginn der eigentlichen Arbeit alle (beruflich wichtigen) Mails „gecheckt" hat. Dadurch beginnt das Berufsleben auch hier seine langsame Invasion der Privatsphäre.

Andererseits kommen wir so einfach gar nicht aus dem Haus, es sei denn, wir würden kopflos handeln und nach dem Frühstücken einfach auf die Straße treten. Dann hätten wir aber wichtige Zwischenschritte wie beispielsweise die nötigen Kontrollen vor jedem Ortswechsel, vergessen. Wer allein lebt mag ausnahmsweise vielleicht so spontan handeln. Wer eine Familie hat, muss der „Interaktionsordnung" und damit auch beim Weg nach draußen ein bestimmtes Ordnungsbewusstsein an den Tag legen. Das Verlassen der „vier Wände" stellt selbst ein eigentliches Regelwerk „en miniature" dar.

Bevor das Haus oder die Wohnung verlassen werden kann, ist nämlich noch einiges in Ordnung zu bringen – und dies meist in großer Hektik, wenn man beim Frühstück etwas überzogen hat. Das ist kaum verwunderlich, denn in mehr als der Hälfte aller deutschen Haushalte lebt mindestens ein minderjähriges Kind (2011 waren das 8 Millionen Haushalte). Üblicherweise müssen die noch nicht ausgeschlafenen Kinder und Jugendlichen zur Eile angetrieben werden, da die Schule oder der Kindergarten rufen. Für Alleinerziehende ist das besonders Nerven aufreibend. Dann muss noch schnell, schnell alles auf die Reihe gebracht werden. Es gibt sich scheinbar planlos, beinhaltet aber ganz präzise Handlungen, die nacheinander abgehakt werden müssen. Das traditionelle, routinierte, „eingelebte" Tun camoufliert nur das soziologisch bedeutsame Faktum, dass die Menschen sich an Erwartungen orientieren. Unter Aufnahme dieser normativen Vorgaben (Konventionen, Bräuche und Sitten) sind sie bemüht, sich selbst als „normal" und „gesittet" zu inszenieren. Sie bilden dabei eine seelische Disposition (Habitus) aus, die den sozialen Kreislauf zwischen Verinnerlichung und Veräußerlichung gesellschaftlicher und moralischer Ordnung (Berger/Luckmann 1980: 56 ff.) schließt.

1.   Als erstes müssen das Frühstücksgeschirr versorgt und die Essensreste beseitigt werden. Die meisten Menschen wollen das morgendliche Schlachtfeld nicht am Abend wieder vorfinden und die abendliche Freizeit nicht dafür verwenden, die kalt, unappetitlich und „fremd" gewordenen Spuren des Aufstehens und Frühstückens zu beseitigen. Überdies muss die Wohnung einen passablen Eindruck hinterlassen für den Fall, dass sich unversehens Gäste ankündigen. Welchen Eindruck von meiner Persönlichkeit würden sie wohl gewinnen? Vor ihnen müsste man sich genieren, wenn die Wohnung nicht aufgeräumt wäre. Es wäre peinlich und gäbe zu allerlei Entschuldigungen Anlass, wenn man sich von seiner nicht aufgeräumten Seite gezeigt hätte. Die „Hinterbühne", da „wo der Anschein widerlegt wird" (Goffman 1985: 104 ff.:), ist nur besonders Berufenen vorbehalten. Aufräumen kann aber auch seine eigene Befriedigung in sich tragen. Die Schriftstellerin Christa Wolf hat das in ihrer Chronik eines einzigen, durchschnittlichen Tages, in dem „so viele Lebenslinien zusammenlaufen", folgendermaßen beschrieben: „Es ist fast zehn Uhr, als ich die Zeitung weglege, die Küche aufräume, die Wäsche aus der Waschmaschine nehme und im Bad aufhänge, alle die Handgriffe, die das Gewebe des Alltags ausmachen und, in ihrer Summe, das Gewebe der Zeit; die mich jeden Tag aufs Neue stören, da sie mich angeblich von der „eigentlichen" Arbeit abhalten, und die mich doch, je älter ich werde, jeden

Tag aufs Neue befriedigen: der kostbare Alltag. Nachdem ich die Betten gemacht habe, hocke ich mich auf den Bettrand und blättere in dem Docto-row, auf der Suche nach einem bestimmten Satz, der mir endlich auch ins Auge sticht: ‚Die wirkliche Konsistenz von gelebtem Leben', lese ich, ‚kann kein Schriftsteller wiedergeben' Direkt und lakonisch, wie man es sich nur wünschen kann" (2013:20).

In vielen Fällen wird dieses Problem in seinen Dimensionen klein ge-halten, da nicht mehr abgespült werden muss. Die Geschirrspülmaschine hilft, solche Ordnungsprobleme aus der Welt zu schaffen. Man kann das angeschmutzte Geschirr wenigstens in ein Gerät verstauen und es so dem eigenen und dem unbefugten Anblick entziehen. Dort kann es bis abends warten und mit den anderen Geschirrteilen in einem Arbeitsgang und unter Ausnutzung des billigeren Nachtstroms gewaschen werden. Die Maschine während des Tages bei Abwesenheit der Bewohner laufen zu lassen, erscheint als zu hohes Risiko, da man vom Hörensagen schon einiges über Maschinen- und Wasserschäden erfahren hat,

2. Obwohl Gäste nur ausnahmsweise Zutritt in die Schlafzimmer der Familie haben, muss auch dort einigermaßen für Ordnung gesorgt werden, um den Abend nicht zu belasten. Imagination und Antizipation haben einen hohen Gestaltungswert für die jeweilige Wirklichkeit. Deswegen müssen Badezim-mer und Toilette(n) auf Hochglanz gebracht werden. Wer seine Betten den ganzen Tag auf dem Balkon lüften und erst am Abend wieder hereinholen wollte, würde sich ebenfalls einer Ordnungsnorm entziehen, bei den Nach-barn Anstoß erregen und als unordentlich oder rücksichtslos sanktioniert werden. In vorauseilendem Gehorsam werden deswegen die Betten noch am Morgen gemacht. Gelegentlich wird auch noch der Staubsauger durch die Wohnung gefahren und abgestaubt. Sauber und aufgeräumt *muss* das Zuhause einfach sein. Sofern noch die klassische Arbeitsteilung vorherrscht, wird das der Hausfrau als Vormittagsarbeit überlassen. Bei Doppelkarrieren sieht das anders aus. Hier muss das alles in die Morgenstunde hineingepackt werden. Viele müssen deswegen früher aufstehen, um das ganze Programm des Reinemachens durchziehen zu können. So ist in der Gruppe, sei es die Primärgruppe oder sonst eine Bezugsgruppe, „das Prinzip ersichtlich, aus dem allein die soziale Welt ihre Ordnung" erfährt (König 1975:272).

Ist die Wohnung wenigstens fürs erste auf Vordermann gebracht, dann sind noch die elektrischen Apparat zu kontrollieren. Heute, da in vielen Haushaltungen. eine ganze Reihe von Haushaltsmaschinen Einzug gehalten habt, muss unbedingt überprüft werden, ob sie auch alle abgeschaltet sind, wenn man die Wohnung verlässt. Das gilt für den Gas- oder Elektroherd, für den Toaster, die Kaffeemaschine u. a. m. Viele dieser Maschinen sind mit Alarmleuchten ausgestattet, so dass die Kontrolle erleichtert wird. Dennoch bleibt eine gewisse Unruhe, ob man nicht doch etwas Wichtiges übersehen hat. Lichter, Radio, Herdplatte, Saftpresse, Mixer, Luftbefeuchter u. v. m. bedürfen der gesteigerten Aufmerksamkeit. Wenn man erst am Abend wiederkommt, könnte die Katastrophe des Zimmerbrands schon passiert sein. Nicht wenige entwickeln deswegen eine eigentliche Kontrollphobie, die darin gipfelt, dass die Bewohner, nachdem sie das Haus verlassen haben, noch einmal zurückkehren müssen, um einen zweiten Blick auf die potentiellen Gefahrenherde zu werfen. Eine Sorge nimmt heute der Induktionsherd ab, der sich automatisch abstellt, sofern kein Topf auf der Herdplatte steht.

3. Als nächstes müssen die Fenster geschlossen werden, sofern Zimmer und Betten vorher gelüftet wurden. Dann ist zu entscheiden, ob man doch einen Spalt offen lässt, um für die nötige Luftzirkulation zu sorgen. Das gilt besonders, wenn im Haushalt Tiere leben. Das ist in Deutschland bei 16,5 Millionen Haushalten der Fall. Rund 8 Millionen Menschen halten Katzen, 5 Millionen Hunde. Zu entscheiden ist auch, ob die Fensterläden zugezogen werden, um die Wohnung oder das Haus im Sommer vor zu starkem Lichteinfall zu schützen. Auf der anderen Seite signalisieren geschlossene Rollläden, dass niemand zu Hause ist, Das wirft das nächste Problem auf, ob man nicht den ungebetenen Gästen, die ja erfahrungsgemäß nicht nachts, sondern eher tagsüber aktiv sind, ein unerwünschtes Signal für freie Bahn hinterlässt. Diese Überlegungen gelten hauptsächlich für Häuser und ebenerdige Wohnungen. Vor Fassadenkletterern ist die Angst weniger virulent, dennoch aber vorhanden. Heute rät die Polizei dazu, auch tagsüber Lichter anzulassen, damit ein „Besetztzeichen" nach außen gesendet wird.

4. All diese Kontrollen kosten nochmals kostbare Zeit und zwingen den Tag unter Beschleunigungsdruck. Folglich muss man ständig auf die Uhr sehen, ob die Zeit noch reicht. Oder ob man die Reinigung und Inspektion doch abbrechen muss, um an die Arbeit zu eilen. Heute sind Wohnungen und Häuser mit so vielen Uhren bestückt, dass man sich diese Informationen jederzeit beschaffen kann. Anderseits muss man kontrollieren, ob die Uhren richtig gehen. Es könnte ja sein, dass die Armbanduhr mit der Wanduhr oder den offiziellen Zeitdurchsagen nicht synchron läuft. Auch hier gibt es allerlei Gelegenheit, Kontrollzwänge zu entwickeln (Rosa 2005). Versorgt mit Nachrichten, dem Wetterbericht und, wenn es hoch kommt, versehen mit dem besinnlichen Wort zum Tag, muss nun die Entscheidung darüber

getroffen werden, welche Schutzkleidung dem heutigen Tag angemessen ist. Bei Wind und Wetter sind Mantel, Jacke. feste Schuhe, Hut, oder Mütze, und Regenschirm ein Muss. Ohne Mantel könnten sich die Kinder ja erkälten. Oder getraut man sich, ohne solchen Schutz auf die Straße zu gehen? Es könnte ja sein, dass die Prognosen nicht stimmen und dass der strahlende Sommermorgen in einen Regentag umschlägt. In manchen Gegenden, am Meer und im Gebirge, muss man auch bei offensichtlich schönstem Wetter die nötige Skepsis walten lassen. Auf den britischen Inseln beispielsweise lehrt die Erfahrung, dass man den Schirm immer in Griffweite haben muss. Ein abschließender Blick in den Spiegel dient der Beurteilung, ob man, so wie man sich und die Kinder „hergerichtet" hat, auch „unter die Leute" gehen kann, ohne Anstoß zu erregen. Eine letzte Korrektur des Outfit lässt (bei manchen) eine gewisse Beruhigung eintreten.

5.   Dann aber beginnt vielleicht die Schlüsselsuche. Haus-, Auto- und Büroschlüssel sind unverzichtbar. Zuvor aber muss man sie finden. Wer kein ordentlicher Mensch ist, der für alles seinen festen Platz eingerichtet hat, muss nun auf die Suche gehen. Im günstigen Fall steckt der Schlüsselbund noch in der Manteltasche. Andernfalls – und nicht nur für vergesslich gewordene Senioren – sind das Momente der Panik. Wo habe ich den Schlüssel und das Portemonnaie gestern Abend hingelegt? Fragen an die Familienmitglieder führen oft nicht weiter. Also setzt ein hektisches Nachdenken, Rekonstruieren, Suchen und Schimpfen ein.

Auch hieran ist abzulesen, wie stark man den Alltag mit seinen Routinen normalerweise als eine in sich geordnete Wirklichkeit idealisiert. Nach Schütz/Luckmann (2003:628) leben wir weitgehend von der Vorstellung, dass alles pragmatisch geordnet („taken for granted") „immer weiter" läuft und „immer wieder" von neuem unternommen werden kann. Diese „natürliche Einstellung" „fließt in die kleineren Wichtigkeiten und Dringlichkeiten des Tagesablaufs ein".

Wie zerbrechlich dieses Konstrukt ist, zeigt sich beispielhaft an der – aus der Makroperspektive gesehen – zwar unbedeutenden, den Alltag aber oft besetzenden „Schlüsselfrage". Sie bringt die gewohnte Fraglosigkeit unseres Wirklichkeitsverständnisses schlagartig aus dem Gleichgewicht: Habe ich den Schlüssel verloren? Ist mir das Portemonnaie mit allen Kreditkarten entwendet worden? Was passiert, wenn das Konto in der Zwischenzeit geplündert wurde? Alle haben diese kleinen Dramen schon viele Male durchgestanden. Da geraten die Alltagssicherheiten schnell durcheinander, so dass der Haussegen schief hängt. Wie groß ist die Erleichterung, wenn die gesuchte Brille doch schon auf der Nase sitzt, wenn das Portemonnaie unter einem Stapel Zeitungen wieder auftaucht, und wenn das verschwundene eigene Handy durch das Handy der Kinder angerufen werden kann und einen Laut von sich gibt. Gottseidank muss man nicht zur Bank laufen, um alle Karten sperren zu lassen. Es ist ein Glücksgefühl eigener Art, wenn alles noch einmal gut gegangen ist.- und man sich nun erleichtert von seiner Familie verabschieden kann. Die Verabschiedungsrituale sind in unseren Gesellschaften auf bestimmte Formen festgelegt. Sie reichen vom Grüßen, Küssen, Ermahnen, Aufträge erteilen, Verabreden, Lachen (und Weinen), bis zum launigen Flachsen und Sprüche klopfen. Sie markieren Übergänge und „müssen sein", weil sonst die Interaktionen für alle Beteiligten nicht ordentlich zum Abschluss gebracht worden sind.

6. Sind Aktentasche, Akten, Computer, Handy, Brille, Kugelschreiber, Geldbörse und „schichtspezifisch" aussagekräftig: Pausenverpflegung und Flachmann nun endlich zusammengetragen, sind die Schulsachen der Kinder kontrolliert und ist auch die Zeitung für die lange Reise mit den öffentlichen Verkehrsmitteln (U-Bahn, Bus, Trambahn) mit eingepackt sind, dann kann man es endlich wagen, aus dem Haus zu treten und die Türe hinter sich zuzuziehen. Aber nein: Ohne zurückbleibende Mitbewohner, die vielleicht anderen Zeitvorgaben gehorchen, bleibt als letzte Pflicht, darauf zu achten, die Haustüre auch wirklich gegen Unbefugte abzusperren – und sei es nur, weil sonst die Versicherung bei Einbrüchen nicht zahlt. Auch muss ein Blick in den Briefkasten geworfen werden, um wenigstens die Zeitung an sich zu nehmen, falls man vorher keine Zeit dazu hatte.

Erst nach diesen vielen Arbeitsschritten der allmorgendlichen Einordnung in die komplexe gesellschaftliche Wirklichkeit kann man endlich auf die Straße treten, das Fahrrad nehmen oder das Auto aus der Garage „ziehen", die Kinder zur Schule oder zur Betreuung fahren (was wieder mit einer Reihe von Ablieferungs- und Verabschiedungsritualen verbunden ist), oder den Weg zur Straßenbahn einschlagen. Jetzt erst nimmt der eigentliche Berufsalltag seinen Lauf. Aber das ist eine andere Geschichte.

Die so oft besungene Morgenstunde entpuppte sich als ein sozial durchkonstruiertes, zeitaufwendiges, in sich vielfältig gegliedertes und im Goffman'schen Sinn „dramatisches" – oder wenigstens dramaturgisch angelegtes – Alltagsgeschehen. Dem ersten Anschein nach handelt es sich zwar um einen „rein" privaten Handlungsrahmen. Diese Fixierung auf den Innenraum des Alltagshandelns verstellt jedoch oft den Blick auf die dahinter liegenden Handlungsverkettungen. An ihnen manifestiert sich der „Konstruktionseifer" der gesellschaftlichen Interdependenzen. Das soll heißen, dass die sozialen Rituale, Normierungen und Regelungsverdichtungen schon auf vielfältige und subtile Weise in der Ausgestaltung des Tagesbeginns Einzug gehalten haben. Elias nannte das, die „Ausdehnung der Gesellschaft im Inneren" (1978,II: 58 ff.) – ins Innere des Hauses oder der Siedlung und ins Innere der sozio-psychischen Selbstzwang-Apparatur.

Literatur

Barlösius, Eva 1988) Soziale und historische Aspekte der deutschen Küche. In: Mennell, Stephen: Die Kultivierung des Appetits. Geschichte des Essens vom Mittelalter bis heute. Frankfurt Main , 423- 444

Berger, Peter L./ Luckmann, Thomas (1980): Die gesellschaftliche Konstruktion der Wirklichkeit. Eine Theorie der Wissenssoziologie. Frankfurt/Main

Bourdieu, Pierre (1984)::Die feinen Unterschiede. Frankfurt/Main, 3.Auflage

Borbely, Alexander (1984): Das Geheimnis des Schlafs. Stuttgart

Bundesamt für Arbeitsschutz (2013): Stressbericht der Bundesregierung vom 29. Januar 2013. Berlin

Der Hausbesitzer. Offizielles Organ des Hauseigentümerverbandes Basel-Stadt Nr.3,März (2013), Basel ,28-33

Dialego. Market Research Online. (2005): Frühstücksgewohnheiten. Eine Befragung. Aachen

Elias, Norbert (1978): Über den Prozess der Zivilisation 2 Bände, Frankfurt/Main , 6. Auflage

Esposito, Elena (2004): Die Verbindlichkeit des Vorübergehenden. Paradoxien der Mode. Frankfurt/Main

Frühstücksgewohnheiten. Umfrage der Gesellschaft für Erfahrungswissenschaftliche Sozialforschung, GEWIS (2008). Hamburg

Goffman, Erving (1967): Interaction Ritual: Essays on Face-to-Face Behavior. Garden City, NY

Goffman, Erving (1985): Wir alle spielen Theater. Die Selbstdarstellung im Alltag. München, 4. Auflage

Gontscharow, Iwan A.(1993): Oblomow. München, 7. Auflage (Orig. Petersburg 1859)

Guggenberger, Bernd (1999) Die Welt der Wochenenden. Auf dem Weg in die Freizeitgesellschaft. . In: Aus Politik und Zeitgeschichte 31/99: 25-31

Herrmann-Stojanov, Irmgard (2002): Samstag, Sonntag, Wochenende. Orientierungsmuster für das Verhalten zum Ende der Woche. Ergebnisse einer Befragung. Bochum

Huizinga, Johan (1956): Homo Ludens .Vom Ursprung der Kultur im Spiel. Reinbek b. Hamburg

Klein, Georg (2013):: Die Schuldner der Nacht. In: Neue Zürcher Zeitung nr.57, 9. März 2013, S. 55

Knijff, Melanie (2006): Hybride Sinnsysteme in Informationsnetzwerken. Moderne Identitäts-bildung und Heilssuche über den menschlichen Körper. . Frankfurt, Berlin, Bern

König, René 1998):Die Mode erfasst den ganzen Menschen. In: Klein, Michael/ König, Oliver (Hg.,1998): René König. Soziologe und Humanist. Texte aus 4 Jahrzehnten. Opladen:246-256

König, René (1975): Kritik der historisch-existentialistischen Soziologie. Ein Beitrag zur Begründung einer objektiven Soziologie. München

Lemke, Hans (2012): Politik des Essens. Wovon die Welt von morgen lebt. Bielefeld

Lévi-Strauss, Claude (1970): Mythologica I: Das Rohe und das Gekochte. Frankfurt/Main

Luhmann, Niklas (2010): Vertrauen. Ein Mechanismus zur Reduktion sozialer Komplexität. Stuttgart .4. Auflage

Mumford, Lewis (1978)): Mythos der Maschine. Kultur, Technik, Macht. Frankfurt/Main.

Neff, Thomas J. / Citrin, James M.(2001): Lessons from the Top. The 50 most succlssfull business leaders in America – and what you can learn from them. New York

Nowotny, Helga (1990): Eigenzeit. Entstehung und Strukturierung eines Zeitgefühls. Frankfurt/ Main , 3.Auflage

NVS, Nationale Verzehr Studie.(2008) Berlin

Raab, Jürgen (1998): Die soziale Konstruktion olfaktorischer Wahrnehmung. Eine Soziologie des Geruchs. Diss. Konstanz

Reheis, Fritz (1998) Die Kreativität der Langsamkeit. Neuer Wohlstand durch Entschleunigung. Darmstadt, 2. Auflage

Roenneberg, Till/ Merrow, Martha (1999): Die innere Uhr. In: Aus Politik und Zeitgeschichte B 31/99::11-17

Rosa, Hartmut (2005): Beschleunigung. Die Veränderung der Zeitstrukturen in der Moderne. Frankfurt/Main.

Schütz, Alfred (1972): Über die mannigfaltigen Wirklichkeiten. In: Ders.: Gesammelte Aufsätze, Bd. I: Das Problem der sozialen Wirklichkeit. Den Haag,237-298

Schütz, Alfred (1974): Der sinnhafte Aufbau der sozialen Welt. Eine Einleitung in die verstehende Soziologie. Frankfurt/Main

Schütz, Alfred /Luckmann, Thomas (2003): Strukturen der Lebenswelt. Konstanz

Setzwein, Monika (2004): Ernährung-Körper-Geschlecht. Zur sozialen Konstruktion von Geschlecht im kulinarischen Kontext. Wiesbaden

Simmel, Georg (1986): Zur Psychologie der Mode. Soziologische Studie (1895). In: Ders.: Schriften zur Soziologie. Eine Auswahl herausgegeben und eingeleitet von H.-J. Dahme und O. Rammstedt. Frankfurt/Main , 131-139

Simmel, Georg (1957) Soziologie der Mahlzeit. In: Landmann, Michael (Hg..) Brücke und Tür. Stuttgart:243-250

Spectra Marktforschung (2010): Die Frühstücksgewohnheiten der Österreicher – „fast food" an Werktagen, Schlemmen am Sonntag. Linz

Stichwort „Kleidermode" In: http:// wikipedia.org/wiki/Kleidermode

Watzlawick, Paul u. a. (1974): Menschliche Kommunikation. Formen, Störungen, Paradoxien. Bern, Stuttgart, Wien, 4.Auflage

Wendorff, Rudolf (1984): Zeit und Kultur. Geschichte des Zeitbewusstseins in Europa. Opladen, Wiesbaden, 2. Auflage

Weber, Max (1968): Asketischer Protestantismus und kapitalistischer Geist. In: Ders:. Soziologie, Weltgeschichtliche Analysen, Politik. (Hg. von J. Winckelmann.) Stuttgart 357-381

Williams, Simon J.(2005): Sleep and Society. Sociological Ventures into the (Un)Known. London

Windlin, Sabine (2013): Das große Gähnen. In: Neue Zürcher Zeitung Nr 92, vom 22. April 2013,S- 42

Wolf, Christa(2013): Ein Tag im Jahr im neuen Jahrhundert 2001-2011

Wouters, Cas (1999): Informalisierung. Norbert Elias' Zivilisationstheorie und Zivilisationsprozesse im 20.Jahrhundert. Opladen, Wiesbaden

Körperarbeit – Fitness, Gesundheit, Schönheit

Michael Meuser

Vor 20 Jahren hat Chris Shilling (1993: 9) die Weise, in der der Körper in der Soziologie thematisiert wird, mit der paradoxen Formulierung einer „abwesenden
Anwesenheit" („absent presence") gekennzeichnet. Auch bevor sich eine spezielle Körpersoziologie hat etablieren können, war der Körper in der Soziologie insofern nicht abwesend, als die soziologische Handlungstheorie auf der impliziten
ten Unterstellung beruhte, der Körper sei ein Instrument, über das ein rationaler
Akteur verfügt, um seine Intentionen umzusetzen (Joas 1992: 246). Der Körper
war aber kein explizites Thema soziologischer Forschung und Theoriebildung,
und körpersoziologische Ausführungen, die es bei einer Reihe von Klassikern der
Soziologie (Mauss, Simmel, Mead, Elias u. a.) in mehr oder minder ausgepräg-
ter Systematik gibt (vgl. Gugutzer 2004; Klein 2010; Meuser 2002; 2004; Shilling 1993), wurden in den einschlägigen Überblickswerken vernachlässigt. Dies
hat sich seit Beginn der 1990er Jahre gründlich geändert; die Körpersoziologie
hat sich zu einem boomenden Forschungsgebiet entwickelt. Die neue Aufmerksamkeit auf den Körper ist zudem kein Spezifikum der Soziologie; in den Kulturwissenschaften (Netzwerk Körper 2012) und der Geschichtswissenschaft (Lorenz 2000) ist der Körper ebenfalls ein prominenter Untersuchungsgegenstand.

Dieses neue Interesse für den Körper verdankt sich weniger einer innerso-
ziologischen Weiterentwicklung von Theoriedebatten und Forschungstraditionen;
die Soziologie hat vielmehr auf gesellschaftliche Entwicklungen reagiert, in denen der Körper auf unterschiedliche Weise einen zentralen Stellenwert hat. Dem
„body turn" (Gugutzer 2006) in der Soziologie korrespondiert eine Bedeutungsaufwertung des Körpers in der Gesellschaft. Von entscheidender Bedeutung waren und sind zum einen die Frauenbewegung, welche den weiblichen Körper in
den Fokus geschlechterpolitischer Auseinandersetzungen gerückt hat, und zum
anderen ein gesellschaftlicher Wandel, den die Soziologie mit Begriffen wie „Inszenierungsgesellschaft" (Willems/Jurga 1998), „Konsum"- bzw. „Konsumentengesellschaft" (Baumann 2005) oder „somatic society" (Turner 1996) zu fassen versucht. Diagnostiziert werden eine wachsende „Theatralisierung" der Gesellschaft,
eine Tendenz zur Bedeutungsaufwertung performativer Selbstdarstellungen der

Individuen und ein entsprechender Druck, sich optimal zu inszenieren. Dies rückt den Körper in den Fokus alltäglicher Aufmerksamkeit, macht ihn zu einer an Bedeutung gewinnenden Ressource im Bemühen um Distinktion und erfordert ein hohes Maß an reflexiver Zuwendung zum eigenen Körper bzw. an Körperarbeit.

1. Körperarbeit – begriffliche Differenzierungen

Körperarbeit ist ein Begriff, der unterschiedliche Konnotationen hat. Ein Streifzug durch die einschlägige Literatur fördert folgende Verwendungsweisen zu Tage. Körperarbeit steht sowohl für die Arbeit am Körper (dem eigenen wie dem fremden) als auch für die Arbeit mittels des Körpers. Letzteres hat z. B. die Arbeitswissenschaft im Blick, wenn sie die physiologische Beanspruchung untersucht, die mit körperlicher Arbeit einhergeht (vgl. z. B. Morfeld/Kampmann/Piekarski 1992). Tätigkeiten, die landläufig als (harte) körperliche Arbeit bezeichnet werden, erfahren bekanntlich einen Bedeutungsverlust im Zuge sowohl einer Automatisierung von Arbeitsvollzügen als auch des Übergangs von der Industrie- zur Dienstleistungsgesellschaft. Löst man sich von dem alltagsweltlichen Verständnis dessen, was körperliche Arbeit ist, zeigt sich allerdings, dass es so gut wie keine körperlosen Arbeitsvollzüge gibt. Robert Schmidt (2006) hat dies eindrücklich am Beispiel einer Tätigkeit gezeigt, die gewöhnlich als nachgerade exemplarisch für Körperferne gilt: das Programmieren am Computer. Zwar fließt hier in der Regel kein Schweiß – und wenn, dann nicht wegen der körperlichen Anstrengung, die die Bedienung der Tastatur erfordert, sondern wegen der Panik, die ein unerwarteter Absturz des Systems zu erzeugen vermag –, doch vollzieht sich, so Schmidt (2006: 312), das Programmieren „als eine Figuration ganz bestimmter, geformter feinmotorischer Bewegungen, die wiederholt werden und wiedererkannt werden können". Hierbei wird ein „körperlich-mentales, praktisches Wissen und Können mobilisiert" (ebd.). In körpersoziologischer Perspektive wird die gängige Unterscheidung von geistiger und körperlicher Arbeit der Komplexität von Arbeitsvollzügen nicht gerecht.[1]

---

1   Sehr eindrücklich zeigt sich dies in Knorr-Cetinas (1988) wissenschaftssoziologischer Analyse der Ordnung des naturwissenschaftlichen Labors. Auch das zu Recht als hochgradig rationale geistige Leistung geltende wissenschaftliche Experiment bedarf, so Knorr-Cetina (1988: 97; Herv. i. O.) des Körpers des Wissenschaftlers als „Informationsverarbeitungsinstrument", das „*anstelle von* verbalen – oder mentalen – (Re-)Konstruktionen eines Geschehens" zum Einsatz kommt. Dem Hantieren mit den Geräten komme eine „epistemische Relevanz" zu (ebd.: 98). Das Vertrauen in die Gültigkeit der experimentell erzeugten Ergebnisse erhöhe sich, wenn der Forscher das Reagenzglas selbst in die Hand genommen hat.

Eine engere Begriffsverwendung bezieht sich auf die Arbeit am Körper. Dieser kann ein fremder oder der eigene sein. In der angelsächsischen Literatur ist von Körperarbeit („body work" bzw. „interactive body work") in der Regel dann die Rede, wenn sie, zumeist in professionellen Kontexten, als Dienstleistungsarbeit am Körper anderer verrichtet wird (Shilling 2011; Wolkowitz 2006). Die hier anfallenden "professionelle[n] und ,institutionelle[n]' Berührungen" (Mahnke/Sielert 2012: 173) beinhalten „direct, hands-on activities, handling, assessing and manipulating bodies" (Twigg u. a. 2011: 172). Objekt dieser Arbeit sind gesunde wie kranke, lebendige wie tote Körper. Körperarbeit in diesem Sinne verrichten Friseure, Krankenpflegerinnen, Fußpflegerinnen, Leichenbestatter, Tätowierer, Physiotherapeutinnen, Chirurgen, Sexarbeiterinnen u. v. m. Die Körper derjenigen, die diese Körperarbeit leisten, sind in unterschiedlichem Maße in die Arbeit am Körper der anderen involviert; am stärksten wohl in der Prostitution, in der die Dienstleistende die Arbeit am Körper des anderen mittels eines hohen Einsatz des eigenen Körpers verrichtet und dieser ein Höchstmaß an Kommodifizierung erfährt (Wolkowitz 2006: 118ff.).[2] Die bei der Arbeit am Körper anderer anfallenden Körperberührungen bzw. -kontakte setzen üblicherweise geltende Distanzregeln mehr oder minder außer Kraft und werden deshalb oft als ambivalent erlebt. Sie verletzen, mit Goffman (1982: 54ff.) gesprochen, die „Territorien des Selbst".

In der deutschsprachigen körpersoziologischen Literatur wird Körperarbeit überwiegend als Arbeit am eigenen Körper verstanden: als die gezielte Bearbeitung des eigenen Körpers, als dessen an kulturellen, vornehmlich medial vermittelten Körpernormen orientierte Herrichtung, als Bemühen, den eigenen Körper gemäß einem wie auch immer definierten Ideal zu gestalten. Insofern ist Körperarbeit Teil der sozialen und kulturellen Formung des Körpers. Menschliche Körper existieren grundsätzlich nur als sozial und kulturell geformte. Die Formung des Körpers geschieht sowohl unintendiert, im Sinne der von Bourdieu (1987) beschriebenen Inkorporierung sozialer Strukturen, die einen z. B. klassenspezifischen Habitus erzeugt, als auch absichtsvoll, um die Zugehörigkeit zu bestimmten Milieus, Subkulturen und Szenen anzuzeigen. Dass Menschen ihren Körper nach den Vorgaben eines Idealkörpers zu gestalten versuchen, ist nichts Neues. Dies tat der Athlet in der Antike wie die sich in ein beengendes Korsett einschnürende bürgerliche Frau in der zweiten Hälfte des 19. Jahrhunderts. So, wie der Begriff der Körperarbeit im Sinne einer Arbeit am eigenen Körper gegenwärtig verwendet wird, umfasst er zwar solche Ausprägungen der gezielten Herrichtung

---

2   Eine Kommodifizierung des Körpers von (zumeist weiblichen) Dienstleistenden findet auch in anderen Berufen statt, insbesondere in solchen, die eine emotionale Zuwendung an die Kunden erfordern. Arlie Hochschild (1990) hat dies am Beispiel von Flugbegleiterinnen gezeigt.

des eigenen Körpers, zielt aber auf eine spezifisch neue Qualität, die Körperarbeit im Zuge reflexiver Modernisierung erlangt hat. In deren Folge gerät der Körper zunehmend in den Fokus selbstreflexiver Aufmerksamkeit, wird Körperarbeit zu einer zentralen Identitätsstrategie. „The presentation of self in everyday life" (Goffmann 1959) findet, so lautet eine zentrale These, vornehmlich über den Körper statt. Der Körper wird zum Repräsentanten des Ichs. Hierzu muss der Körper ständig beobachtet werden, und Abweichungen vom Ideal müssen möglichst unverzüglich korrigiert werden. Der Körper wird in einem umfassenden Sinne, d. h. in all seinen Teilen und unter Einsatz aller verfügbaren Mittel, auch solcher, die seine Unversehrtheit beeinträchtigen, zum Objekt der (vermeintlich) autonomen Gestaltung. Entsprechend boomt die Fitnessindustrie und wächst der Markt für kosmetische Chirurgie, wird gerannt, gedehnt, auf fetthaltige Nahrung und Alkohol verzichtet sowie mediterran gekocht, und wenn dies alles nicht reicht, gehungert, abgesaugt, geschnippelt, gespritzt, implantiert.

Die Arbeit am eigenen Körper bedarf nicht immer, aber häufig der von Dienstleistern verrichteten Arbeit am Körper anderer. Eine Diät kann ich ohne Hilfe anderer einhalten (abgesehen davon, dass ich mich vermutlich an einem ‚professionell' entwickelten Diätplan orientiere), auch ein Tattoo kann ich mir möglicherweise selbst stechen, zumindest auf solche Körperzonen, die meiner Hand und meinem Blick gleichermaßen zugänglich sind; schöner und den intendierten Effekt besser erzielend wird es allerdings, wenn ich dies in einem Tattoo-Studio machen lasse. Bei weitergehenden Körpermanipulationen wie Brustvergrößerungen und -verkleinerungen, Fettabsaugen, Haarimplantationen, dem Richten der Nase sind die Grenzen des do-it-yourself offensichtlich. Die Arbeit am eigenen Körper ist mithin häufig auf die Arbeit verwiesen, die andere an fremden Körpern verrichten.

Körperarbeit bezeichnet des Weiteren bestimmte therapeutische und pädagogische Strategien in der Arbeit mit Klienten. Im Sinne einer ganzheitlichen Gesundheitsförderung sollen Körperübungen therapeutische Behandlungen unterstützen bzw. optimieren (Hofmann 2010; Kuznik 1995). Bewegungserfahrungen sollen (z. B. geschlechtliche) Identitätsfindungsprozesse befördern (Beier 2006). Beispielsweise werden in der pädagogischen Jungen- und Männerarbeit rituelle Boxkämpfe als ein Mittel begriffen, mit dem die Teilnehmer entsprechender Seminare sich ihrer Männlichkeit vergewissern können (Haindorff 1997). In der Mädchen- und Frauenarbeit werden asiatische Kampfsportarten als Strategie eines female empowerment betrieben. In Kursen für Führungskräfte werden vermehrt körperliche Übungen praktiziert, um, so die Erwartung, Teambildungsprozesse zu befördern und neue Überzeugungen „im eigenen Organismus zu verankern" (Pichler 2012: 26). Die Grenzen zu der oben skizzierten Arbeit am Körper anderer sind fließend; die therapeutische oder pädagogische Körperarbeit zielt auf eine Aktivierung des Körpers der Klienten. Insofern es sich um eine Identitätsstrategie handelt, kann diese Körperarbeit in die zuvor beschriebene Arbeit am eigenen Körper eingebunden werden.

2. Arbeit am eigenen Körper: der Körper als Aufgabe und Projekt

Im Mittelpunkt dieses Beitrags steht die Arbeit, die Menschen am eigenen Körper verrichten und verrichten lassen, um ihn gemäß eines wie auch immer bestimmten Ideals zu optimieren. Das Ideal kann medizinisch als gesunder Körper oder ästhetisch als schöner Körper definiert sein. „Der *schöne* Körper generiert symbolisches Kapital, und der *gesunde* Körper fungiert als unverzichtbare Ressource einer gelungenen Lebensführung." (Gugutzer/Duttweiler 2012: 6; Herv. i. O.). Oft fällt beides zusammen; hierfür steht der Imperativ des fitten Körpers.[3] Dieser ist sowohl in medizinischer als auch in ästhetischer Hinsicht als makellos imaginiert. In der Inszenierungsgesellschaft ist der Körper, so Gabriele Klein (2010: 459) „zur Visitenkarte des Subjekts geworden". Fitness wird zur (moralischen) Verpflichtung, der Körper entsprechend diszipliniert. Wer es an Körperdisziplin fehlen lässt, läuft Gefahr, abgehängt zu werden – im Wettbewerb um Sexualpartner wie um berufliche Positionen. In Assessments wird in wachsendem Maße auf das körperliche Erscheinungsbild der Bewerberinnen und Bewerber geachtet; der Körper gilt als Indikator der Lebensführung. Wer seinen Körper nicht diszipliniert, hat, so die Annahme, sein Leben nicht im Griff, ist willensschwach und deshalb nicht geeignet, verantwortungsvolle berufliche Positionen zu übernehmen. Der Gang ins Fitnessstudio ist zum integralen Bestandteil von Managementkarrieren geworden. „Wer sich gerne bewegt, kann auch selbst mehr bewegen im Beruf und in der Freizeit", vermeldet das „manager magazin online" unter der Rubrik „Fitness" und gibt in einer Reihe von Artikeln Tipps, wie man sich richtig bewegt.[4] Laut Wirtschaftswoche reicht es, um Karriere zu machen, nicht mehr aus, gewandt, entscheidungsstark und kreativ zu sein, heute sei zudem Sportlichkeit erforderlich. Insbesondere jüngere Führungskräfte wollten „dynamisch, drahtig und ein bisschen asketisch wirken – wie es dem aktuellen Gardemaß des zeitge-

---

3   Eine andere Weise, wie beides in eins gesetzt wird, liegt vor, wenn Gesundheit gleichsam ‚inszenierungstheoretisch' gefasst wird. Dies ist z. B. bei der folgenden Beschreibung der Funktion von Zahnkorrekturen der Fall: „Strahlend weiße und gerade Zähne gelten als schön und gesund anzusehen." (http://www.zahnkorrektur-infos.de/zahnkorrektur/; Zugriff zuletzt am 6.1.2013)

4   http://www.manager-magazin.de/thema/fitness/; Zugriff zuletzt am 2.1.2013

nössischen Managers entspricht".[5] Sonja Bischoff (2010: 66f.), die seit 1986 in regelmäßigen Abständen Führungskräfte in der deutschen Wirtschaft befragt, hält
fest, dass in der jüngsten, 2008 durchgeführten Umfrage die „äußere Erscheinung" mit 32 Prozent als drittwichtigster Erfolgsfaktor für den Berufseinstieg
genannt wird, wichtiger als „persönliche Beziehungen", die mit einem Wert von
24 Prozent an fünfter Stelle rangieren. 1986 wurde die „äußere Erscheinung" lediglich von 6 Prozent der Befragten als relevant bezeichnet .

Zygmunt Baumann (1995: 16) bestimmt den Unterschied des postmodernen
zum modernen Körper folgendermaßen: Der moderne Körper, der seinen perfekten Ausdruck im Stil der Renaissance gefunden habe, sei ein Körper in einem
spannungslosen Zustand gewesen. Für den postmodernen Körper sei der Zustand
der Spannungslosigkeit hingegen ein „Alptraum", er müsse beständig in einem
gezielt dosierten Spannungszustand gehalten werden. Mithin hat die Arbeit am
eigenen Körper niemals ein Ende, nicht nur weil das Ideal kaum erreichbar und,
selbst wenn dies gelingen sollte, immer gefährdet ist, sondern auch, weil ein spannungsloser Zustand als unbefriedigend erlebt wird. „Jeder Schritt eröffnet die
Aussicht auf den nächsten Schritt und löst das Verlangen aus, ihn zu tun." (Baumann 2005: 201) Der Körper wird zu einer „ständige[n] Arbeitsaufgabe" (Hitzler 2002: 75). Dies gilt nicht nur für Schönheit und Fitness, sondern auch für Gesundheit. Wenn Gesundheit nicht mehr als Abwesenheit von Krankheit definiert
wird, sondern gemäß der Leitlinie der WHO als „ein Zustand *vollkommenen* körperlichen, geistigen und sozialen Wohlbefindens" (Herv.: M.M.), wird Gesundheit
zu einem niemals vollständig zu realisierendem Ziel (Gugutzer/Duttweiler 2012:
9). Man kann immer noch (ein wenig) schöner, fitter und gesünder sein. Dies hat
zur Konsequenz, dass der Körper einer Dauerbeobachtung und -überwachung
unterzogen und ein reflexives Körperwissen erzeugt wird, das der Beobachtung
die erforderlichen Kategorien liefert. Zur Erlangung dieses Wissens stehen dem
Individuum vielfältige Informationsquellen zur Verfügung: Zeitschriften von der
Apothekenumschau bis zu Lifestylezeitschriften wie „Fit for Fun" oder „Mens'
Health", Ratgeberliteratur, Internetportale wie „medizinauskunft.de", Fernsehsendungen wie „Germanys Next Top Model" oder „Extrem schön! Endlich ein
neues Leben", Volkshochschulkurse, Seminare freier Anbieter (Yoga-, Tai Chi-,
Bauchtanz-Kurse usw.), Bewegungscoaches, Personal Trainer, Weight Watchers
und sonstige Körperexperten. Dieses Wissen ist nicht nur deskriptiv, sondern hochgradig normativ, da es mit dem Weg immer auch das Ziel definiert: der ‚richtige'
Körper. Und wenn es mit dem Anspruch wissenschaftlicher „Objektivität" auftritt, wie dies bei Maßen wie dem „Body Mass Index" (BMI) oder der „Waist to

---

5   Wirtschaftswoche Nr. 33 vom 11.8.2008, S. 80.

Hip Ratio" (WHR) der Fall ist, steigert dies den normativen Druck auf die Individuen und stigmatisiert (allzu große) Abweichungen vom Normwert als Ausdruck einer unzulänglichen und unverantwortlichen Lebensführung.[6]

Der Körper ist von einer Vorgabe zu einer Aufgabe geworden. Die Arbeit an ihm wird jedoch nicht (nur) als (lästige) Pflicht erfahren, sondern auch als Spaß, in den man Geld und Zeit zu investieren bereit ist (Klein 2010: 460). Wenn Baumann (1995: 20) die Arbeit am Körper „von einer Angst geplagt [sieht], die sich nie ganz vertreiben läßt" – die Angst, das Ideal des fitten Körpers zu verfehlen –, dann vernachlässigt er den Aspekt der Lust, die diese Arbeit auch zu bereiten vermag. Die Arbeit am eigenen Körper wird zum – zwar niemals vollendeten, aber durchaus geschätzten – Projekt. Dies verbindet die unterschiedlichen Formen dieser Art von Körperarbeit. Es gilt für diejenigen, die regelmäßig ins Fitnessstudio gehen und dort den eigenen Körper (z. T. unter Anleitung) ‚tunen', wie für diejenigen, die – zwar nicht mit der gleichen Häufigkeit, aber möglicherweise auch in regelmäßigen Abständen – ihren Körper von kosmetischen Chirurgen optimieren lassen.

In beiden Fällen haben wir es mit expandierenden Märkten zu tun. Die Fitnessbranche verzeichnet laut den Eckdaten der deutschen Fitness-Wirtschaft Ende 2011 einen Bestand von ca. 7,6 Millionen Mitglieder; sie hat damit mehr Mitglieder als die DFB. 14,5 Prozent der Bevölkerung gehen ins Fitnessstudio, 2005 lag der Wert noch bei 9,5 Prozent.[7] Genaue Daten zur Häufigkeit von Schönheitsoperationen liegen nicht vor. Die Gesellschaft für Ästhetische Chirurgie Deutschland gibt an, dass im Jahr 2010 117.000 Schönheitsoperationen durch ihre Mitglieder durchgeführt wurden.[8] Da sie nicht die einzige Fachgesellschaft ist, ist die Zahl insgesamt größer. Schätzungen gehen von einer Zahl zwischen 300.000 und einer Million pro Jahr aus. Auch andere Formen der Arbeit am eigenen Körper expandieren. Zumindest zeigt die Alltagsbeobachtung, dass die Anzahl von Nagelstudios und Friseursalons größer wird, dass immer mehr Menschen Teile des Körpers und auch den gesamten Körper enthaaren sowie immer mehr Menschen immer mehr Partien ihres Körpers tätowieren und piercen lassen.

Ein gesunder Körper und ein schöner Körper können, müssen aber nicht identisch sein. Ob sie es sind oder nicht, hängt von den Kriterien ab, nach denen das eine wie das andere bestimmt wird. Schönheitschirurgen werden in der Ärzteschaft nicht selten als unseriös wahrgenommen, da viele ihrer Operationen nicht

---

6   Eine solche Lebensführung mit Aufschlägen bei den Krankenkassenbeiträgen zu sanktionieren, gehört zu den Überlegungen von Gesundheitspolitikern zur Reform des Gesundheitswesens.
7   http://www.dssv.de/index.php?id=73; Zugriff zuletzt am 3.1.2013.
8   Presseinformation vom 28.9.2011; http://www.gacd.de/fileadmin/user_upload/pdf/presse2011/Presseinformation_Jahresstatistik_Schoenheitsoperationen.pdf; Zugriff zuletzt am 3.1.2013.

medizinisch indiziert seien. Wird ein ästhetisch-chirurgischer Eingriff am Gesicht mit dem Ziel vorgenommen, dessen nach einem schweren Unfall entstelltes Aussehen wieder dem ‚ursprünglichen' Zustand anzunähern, steht die medizinische Notwendigkeit außer Frage; eine Nasenverkleinerung vorzunehmen, weil der Patient mit seinem ‚natürlichen' Aussehen unzufrieden ist, gilt als problematisch.[9] Der Schönheitschirurg, der dem Wunsch des Patienten folgt, kann jedoch auf den umfassenden Wert des „well being" verweisen und darauf, dass die Nasenkorrektur zu dessen Realisierung beiträgt. Legitimationsmuster, die auf der Scheidung von Natürlichkeit und Künstlichkeit beruhen und eine Manipulation des Körpers nur dann rechtfertigen, wenn damit seine ‚Natürlichkeit' bewahrt wird, verlieren in dem Maße, in dem der Körper als Projekt begriffen wird, an Bedeutung. Die „Differenz zwischen ‚Heilung' *(therapy)* und ‚Verbesserung' *(enhancement)*" verliert an Gewicht (Wehling u. a. 2007: 549).

Diejenigen, die Körperarbeit betreiben, werden oft danach unterschieden, in welchem Maße ihr Verhältnis zum eigenen Körper einen instrumentellen Charakter hat. Dieser ist nach landläufiger Ansicht bei Menschen, die Yoga betreiben oder in ihren Körper ‚hineinhorchen', geringer ausgeprägt, als bei solchen, die sich die Lippen mit Botox aufspritzen lassen. Von Cher, die zu den am häufigsten gelifteten Popstars zählt, wird die Aussage kolportiert: „Wenn noch irgend etwas an mir repariert werden muß, gehe ich in die Werkstatt" (zit. in: Franckenstein 1994: 119). Der eigene Körper erhält hier den Status eines technischen Geräts – mit dem einzigen Unterschied, dass man ihn nicht als Ganzen wegwerfen und durch einen neuen ersetzen kann, wenn weitere Reparaturbemühungen nicht den erhofften Effekt erzielen. Um die Grenzen der technischen Machbarkeit wissend betont Cher, dass sie zudem gesund lebe, weder Alkohol noch Drogen konsumiere.[10] Gesunde Lebensführung und Körpermanipulation nach Maßgabe des technisch Machbaren schließen einander nicht aus. Beides wird von einem Körperverständnis getragen, dass den Körper als eine Aufgabe bzw. als ein Projekt betrachtet. Die Unterscheidung von Natürlichkeit und Künstlichkeit wird hinfällig, „die Grenzen zwischen Körper und Technik […] sind nicht mehr klar zu ziehen" (Gugutzer/Duttweiler 2012: 6).

Und dieses Projekt fügt sich ein in andere Projekte, die das Individuum verfolgt, nicht zuletzt in berufliche Karriereprojekte und in Identitätsprojekte. Körperarbeit ist Arbeit am Selbst (Villa 2008a), sie wird zu einem wichtigen Bestandteil der Selbstsorge und Selbstoptimierung, welche den Individuen unter

---

9   Die Korrektur schief stehender Zähne ist hingegen selbstverständlich akzeptiert; sie wird eher
      als eine Notwendigkeit denn als ein Luxus gesehen. Entsprechend tragen die Krankenkassen
      bei Minderjährigen einen Teil der Kosten.
10   Focus, Nr. 1/2011

neoliberalen Vorzeichen abgefordert werden. Dies impliziert, dass die Individuen für den Zustand ihres Körpers verantwortlich gemacht werden. Gesundheit ist „nicht mehr biologisches Schicksal, sondern zu einer Sache von Wahl und kluger (Konsum-)Entscheidungen von Waren und Dienstleistungen geworden" (Gugutzer/Duttweiler 2012: 10). Für den, der hier die falschen Entscheidungen getroffen hat (indem er zu viel Alkohol getrunken, zu viel geraucht und sich zu wenig bewegt hat), gibt es kein Pardon; hingegen scheint derjenige, der die Möglichkeiten der kosmetischen Chirurgie nicht genutzt hat, (bislang noch) auf Nachsicht hoffen zu können. Insofern ist die Differenz von gesundheitlichen und ästhetischen Kriterien noch nicht gänzlich aufgelöst.

Der Anrufung zur Körperarbeit kann man nicht entrinnen. Baumann (1995: 16) spricht von einer „lebenslänglichen Belagerung" des Körpers. Altern und körperlicher Verfall sind kein Schicksal mehr, der gerontologische Imperativ des „successful aging" spart den Körper nicht aus. Er steht vielmehr im Mittelpunkt der Aufmerksamkeit und der Bemühungen. Das Gebot der Fitness ist nicht auf junge Lebensalter begrenzt. Ein im Jahr 2004 erschienener Ratgeber mit dem Titel „Fit in die Kiste" bringt dies – mit einer Prise möglicherweise nicht intendierten Zynismus – auf den Punkt (Sieper/Eisenmann 2004). Erfolg und Produktivität werden zu Leitwerten auch für das Alter, und auch hier fungiert der Körper als Indikator einer entsprechenden Lebensführung (Schroeter 2008).[11] Die Fortschritte der Medizin ermöglichen es, Alterungsprozesse zu verzögern. Die Individuen sind vor die Entscheidung gestellt, in welchem Maße sie davon Gebrauch machen, sich z. B. künstliche Hüften, Kniegelenke, Herzschrittmacher oder Stents einsetzen lassen. Sie tun es in hohem Maße, zumal diese Art von (medizinisch indizierten) Veränderungen des ‚natürlichen' Körpers eine hohe gesellschaftliche Legitimation besitzt.[12]

---

11   Für diejenigen, die über die nötigen finanziellen Mittel verfügen, stehen zahlreiche Angebote zur Verfügung: Schönheitsfarmen, Wellness-Urlaube, Operationssäle auf Kreuzfahrtschiffen zur Durchführung kosmetischer Eingriffe, und in jüngster Zeit vermehrt Hotels der gehobenen Kategorie, die einen direkten Zugang zu einer mit dem Hotel kooperierenden Privatklinik haben.

12   Dies ist allerdings nicht selbstverständlich, wie jüngere, vom Bundesvorsitzenden der Jungen Union, Philipp Mißfelder, angestoßene gesundheitspolitische Diskussionen darüber zeigen, ob es angesichts der Kostenexplosion im Gesundheitswesen vertretbar ist, dass die Krankenkassen die Kosten für den Einsatz einer künstlichen Hüfte auch bei über 85-Jährigen übernehmen.

3. Körperarbeiterinnen und Körperarbeiter:
Zur schwindenden Geschlechterdifferenz der Körperarbeit

Historisch betrachtet scheint die Befassung mit dem eigenen Körper in sehr viel höherem Maße eine Angelegenheit der Frauen als der Männer gewesen zu sein. Im Geschlechterdiskurs der bürgerlichen Gesellschaft wurde, dem Deutungsmuster einer essentiellen, in starken Polaritäten sich ausdrückenden Geschlechterdifferenz entsprechend, die Frau als das auf ihren Körper verwiesene Wesen, der Mann hingegen als Sachwalter einer universalen Vernunft konzipiert. Die Rede vom „schönen Geschlecht" verdeutlicht, dass traditionell zumindest der ästhetische Körper eng mit Weiblichkeit verknüpft war (Meuser 2003). Die geschlechtlich konnotierte Körper-Geist-Dichotomie hat(te) durchaus außerdiskursive Konsequenzen: eine höhere Aufmerksamkeit auf den eigenen Körper und ein stärker ausgeprägtes Körperwissen auf der Seite der Frauen, aber auch ein größeres Maß an Unzufriedenheit mit dem eigenen Körper. Diätpläne waren lange Zeit eines Domäne von Frauenzeitschriften. Die Gesundheitswissenschaft attestiert den Frauen ein größeres Körper- und Gesundheitsbewusstsein als den Männern – und fordert diese auf, es den Frauen gleich zu tun und mehr auf die eigene Gesundheit zu achten. Dass Männer ihrem Körper weniger Aufmerksamkeit widmen als Frauen, wird in wachsendem Maße als ein Problem gesehen (Meuser 2005).

Vermutlich nicht unabhängig vom Wandel der Geschlechterverhältnisse in den letzten Jahrzehnten gilt der Imperativ des fitten, gesunden und schönen Körpers inzwischen gleichermaßen für Frauen und für Männer. In der oben erwähnten Führungskräfte-Studie von Bischoff (2010: 66f.) ist der Anteil der Frauen, die die „äußere Erscheinung" als beruflichen Erfolgsfaktor angeben, zwar höher als bei den Männern (36 zu 29 Prozent), für beide Gruppen rangiert sie aber an dritter Stelle bei den Erfolgsfaktoren. Zwar wird kosmetische Chirurgie weiterhin überwiegend von Frauen nachgefragt, allerdings wird inzwischen jede fünfte bis sechste Operation an Männern vorgenommen.[13] Die Annahme, ein Mann, der sich einer kosmetischen Operation unterzieht, verletze die Norm der rationalen, entkörperten Männlichkeit und zeige ein Verhalten, das in unserer Kultur als weiblich gelte (Davis 2002), verliert an Plausibilität.

In zwei unterschiedlichen Diskursen wird der Männerkörper als Problemfall verhandelt: in der (Männer-)Gesundheitsforschung und in Lifestyle-Magazinen wie „Fit for Fun", „Men's Health", „GQ" und anderen (Meuser 2003; Ricciardelli/Clow/White 2010). Der erste Diskurs hat den gesunden Männerkörper zum Ziel, der zweite den schönen und beide den fitten. Männer werden in wach-

---

13   Die Angaben variieren je nach Studie bzw. Fachgesellschaft.

sendem Maße aufgefordert, auch solche Körperarbeit zu leisten, die vormals vornehmlich von Frauen praktiziert bzw. ihnen vorbehalten war. In geschlechtersoziologischer Hinsicht ist von besonderer Bedeutung, dass die Männer sich den Zumutungen eines ästhetisch perfekten Körpers immer weniger entziehen können. Um diesen nachzukommen, benötigen sie, so lässt sich der Erfolg der erwähnten Zeitschriften erklären, ein Wissen darüber, wie sie ihren Körper vorteilhaft herrichten, inszenieren und präsentieren können. Mit Hilfe des vermittelten Körperwissens lassen sich, so die Verheißungen, im täglichen Bemühen um eine vorteilhafte Selbstpräsentation Distinktionsgewinne gegenüber anderen Männern erzielen – in der Konkurrenz um Frauen (oder Männer) wie um berufliche Positionen. „Frauen, Geld, Karriere – so kriegen Sie, was Sie wollen" heißt es auf dem Titelblatt einer Ausgabe von „Men's Health" (Juli 2009), einer Zeitschrift, die ihren Lesern vor allem und in endlosen Variationen vermittelt, mit welchen Workouts sie den idealen (Sixpack-)Oberkörper formen können.

Sozialpsychologische Untersuchungen aus den 1970er Jahren, wie Männer und Frauen ihren Körper wahrnehmen, zeigen, dass Männer dies primär in den Dimensionen von Aktivität und Funktionalität tun und Frauen in einer ästhetischen Dimension (Mishkind u. a. 1987: 41). Dies hat sich geändert. Die Sorge des Mannes um seinen Körper richtet sich nicht mehr nur auf dessen Funktionieren. Männlichkeit erscheint nun auch als eine Frage des ‚richtigen' sowie des richtig präsentierten Körpers. Hierzu muss der Körper (bzw. müssen bestimmte Partien desselben) gezielt bearbeitet und gestaltet sowie mit den geeigneten Accessoires ausgestattet werden. Der Druck, dem propagierten Ideal eines schlanken und zugleich kräftigen Körpers zu entsprechen, wächst (Grogan/Richards 2002; Hofstadler/Buchinger 2001: 235ff.). Folglich expandiert der Markt für Männerkosmetika und lässt sich sowohl eine Zunahme von Schönheitsoperationen (Davis 2002; Klein 2010) als auch von Essstörungen bei Männern feststellen (Kagerer 2012). Körperarbeit ist auch für Männer zu einem zentralen Mittel im Bemühen um soziale Anerkennung geworden, um Anerkennung von Frauen (hier vor allem im Sinne des Begehrt-Werdens) wie von anderen Männern. Beate Hofstadler und Birgit Buchinger halten als ein Ergebnis einer Studie über die Bedeutung von Körpernormen für Männer fest, dass der Wettbewerb von Männern untereinander, der Pierre Bourdieu (1997) zufolge eine zentrale Männlichkeitspraxis ist, den Vergleich der Körper einbezieht. „Dieses permanente Messen und Vergleichen dient vor allem dazu, sich der eigenen Männlichkeit zu versichern" (Hofstadler/Buchinger 2001: 239). Der männliche Körper sei zu einem Status- und Leistungssymbol sowie „in einem sehr umfassenden Sinne Schauplatz der Rangordnungskämpfe und Machtverteilungen zwischen Männern geworden" (ebd.: 248).

4. Fazit: Selbstdisziplinierung und Selbstermächtigung

Die Arbeit am eigenen Körper, dessen Optimierung in gesundheitlicher wie in ästhetischer Hinsicht, ist der Teil der Selbstsorge des Individuums. Verantwortlich für den Zustand des eigenen Körpers zu sein beinhaltet eine strukturelle Ambivalenz. Es macht den Einzelnen zum Gestalter seines Körpers, indem er diesen einer strengen Disziplin unterwirft. Selbstdisziplinierung und Selbstermächtigung sind unauflöslich ineinander verwoben. Und beides ist eingebunden in einen kulturellen Körperdiskurs, dem sich die Individuen nicht entziehen können, da er ihnen die Deutungsmuster liefert, in denen sie ihre Körper erfahren, und die Vorlagen, nach denen sie ihn gestalten. Dies normiert die Körperarbeit, allerdings in Gestalt eines „flexiblen Normalismus", der Jürgen Link zufolge die okzidentalen Gesellschaften der Gegenwart bestimmt und durch „die Errungenschaft möglichst breiter Übergangszonen zwischen Normalität und Anormalität" (Link 1999: 171) gekennzeichnet ist. Dies lässt sich sowohl im Fitnessstudio als auch auf dem Operationstisch des kosmetischen Chirurgen beobachten. Die Grenzen zwischen dem, was als ‚gesunde' sportliche Betätigung (z. B. die Ausbildung eines kräftigen Oberkörpers), und dem, was als ‚übertrieben' und damit als ‚ungesund' gilt (z. B. die Produktion von ‚Muskelbergen' bei Bodybuildern), sind unscharf und umstritten, und sie verschieben sich beständig. In gleicher Weise sind die Grenzen zwischen als ‚normal' und ‚berechtigt' geltenden (z. B. Korrektur abstehender Ohren) und umstrittenen chirurgischen Eingriffen (z. B. Intimchirurgie) fließend. Die Grenze zwischen dem ‚Normalen' und damit ‚Legitimen' und dem ‚Unnormalen' oder ‚nicht mehr Normalen' und damit ‚Illegitimen' ist Gegenstand andauernder Aushandlungen.

Die Unschärfe der Grenzen verschafft den Individuen Optionen der Körpergestaltung. Dies ist die individualisierungstheoretische Sicht. Die postmodernen „Existenzbastler" haben den Körper als einen bevorzugten Gegenstand der Gestaltung entdeckt (Hitzler 2002). Diese hat den Charakter einer ‚bricolage'. Die Individuen haben sich gleichsam das Recht genommen, den eigenen Körper so zu gestalten, wie es ihnen gefällt – frei von traditionellen Vorgaben und sozialen Schranken, sich der Mittel bedienend, welche die Körperindustrie im Supermarkt der Lebensstile offeriert. Dass immer mehr Menschen mit akademischen Abschlüssen ihren Körper mit Tattoos verzieren und damit eine Praxis adaptieren, die vormals Angehörigen der Arbeiterklasse vorbehalten war, lässt sich in dieser Weise lesen; ebenfalls, dass in Fitnessstudios die Universitätsprofessorin und der Türsteher einer Diskothek Seite an Seite an Kraftmaschinen trainieren. Gleichwohl bleiben sowohl klassen- als auch geschlechtstypische Unterschiede hinsichtlich dessen wirksam, was jeweils als schöner Körper angesehen wird (Penz 2010).

Die Unschärfe der Grenzen bürdet den Individuen allerdings auch auf, selbst für das Management ihrer Körper zu sorgen (Baumann 2005: 211). Dies betonen gouvernementalitätstheoretisch orientierte Analysen. Michel Foucault hat in „Überwachen und Strafen" (1977) sowie in „Der Wille zum Wissen" (1983) gezeigt, wie in der modernen Gesellschaft die Kontrolle und Disziplinierung des Körpers sowohl durch Überwachung als auch durch Stimulation erfolgt und der Körper dadurch zum Objekt von Machtstrategien wird. Die Disziplinierung des Körpers, die nicht nur im Gefängnis (dem Hauptuntersuchungsgegenstand in „Überwachen und Strafen"), sondern auch im Militär, in der Fabrik, im Sport und in der Schule erfolgt, diene dazu, den Willen und das Denken der Menschen so zu formen, dass sie sich reibungslos in die Maschinerie der modernen Produktionsbedingungen einfügen. Der Körper wird als Maschine entdeckt, als praktisch „ausnutzbarer" und wissenschaftlich „durchschaubarer Körper". Er wird „gelehrig", kann „umgeformt und vervollkommnet werden" (Foucault 1977: 174f.) In diesem Sinne spricht Foucault (1977: 34, 36) von einer „politischen Technologie" und „politischen Ökonomie" des Körpers: der Körper als Teil einer Machtmaschinerie. Die Disziplinierung der Körper ermöglicht, dass der einzelne Körper zu einem Element wird, das an die anderen Körper angeschlossen ist. So konstituiert er sich „als Element einer vielgliedrigen Maschinerie" (ebd.: 212). Der Körper avanciert „zu einem wichtigen, wenn nicht *dem* wichtigsten Element einer modernen Disziplinarmacht" (Reuter 2011: 72; Herv. i. O.).

Im Zuge der Entwicklung der modernen Gesellschaft wird die Repression tendenziell durch eine Stimulation des Körpers ersetzt (Shilling 1993: 78). Die schon in Foucaults Analysen der Disziplinierung des Körpers sichtbar werdende Dialektik, dass die Disziplinierung nicht nur Normierung und Unterdrückung bedeutet, sondern zugleich gelehrige, mithin „*produktive, effektive* und *nützliche* Körper"* (Gugutzer 2004: 66; Herv. i. O.) hervorbringt, radikalisiert sich in einer individualisierten Gesellschaft. In der gegenwärtigen Körperarbeit gehen Selbstermächtigung und Selbstunterwerfung eine unauflösliche Liaison ein. Körperarbeit wird zum wesentlichen Bestandteil der Selbstführung. Die Individuen sind aufgerufen, selbst die Gestaltung ihrer Körper in die Hand zu nehmen, sie zu den produktiven Körpern zu formen, die dem „unternehmerischen Selbst" (Bröckling 2007) zum Erfolg verhelfen. Der „flexible Mensch", der Richard Sennett (1998) zufolge die „Kultur des neuen Kapitalismus" kennzeichnet, muss seinen Körper selbst so gestalten, dass er den wechselnden, nur schwer antizipierbaren Anforderungen auf den verschiedenen Märkten (dem Arbeits- wie dem Heiratsmarkt) gerecht wird. Er muss selbst hoch aufmerksam die Trends der Körperkultur beobachten und angemessen darauf reagieren. Das unterscheidet den postfordistischen, von Projekt zu Projekt wechselnden „Arbeitskraftunternehmer" (Voß/Pongratz 1998) vom fordistischen Industriearbeiter, dessen Körper an die Geschwindigkeit und den Rhythmus des Fließbands angepasst werden musste.

Die im Neoliberalismus an die Individuen ergehende Aufforderung, „ihre Freiheit auszubauen und dazu zu nutzen, für sich selbst Verantwortung zu übernehmen" (Gugutzer/Duttweiler 2012: 7), schließt den Körper ein. In gouvernementalitätstheoretischer Sicht sind die sich damit eröffnenden Optionen der Körperarbeit Teil einer (post-)modernen, auf Selbstführung statt Zwang basierenden Herrschaftsform. Dies macht es schwierig zu entscheiden, ob bzw. inwieweit eine bestimmte Form von Körperarbeit als Selbstermächtigung des Subjekts oder als fremdbestimmte Selbstunterwerfung unter eine gesellschaftliche Norm zu begreifen ist. Erweitert eine Frau, die sich unter das Messer des Schönheitschirurgen begibt, um sich einen Busen formen zu lassen, der bestimmten, in den Medien propagierten Idealformen entspricht, ihre Handlungsautonomie in einer radikalen Weise, indem sie die ‚natürlichen' Grenzen ihres Körpers transzendiert und ihn den eigenen Wünschen entsprechend verändern lässt, oder ist sie das Opfer einer den freien Willen manipulierenden ‚Körperindustrie', die ein Frauenbild reproduziert, das die Frau auf einen Status als verfügbares Sexualobjekt reduziert? Oder trifft beides zu? Selbstermächtigung und Unterwerfung unter soziale Normen stellen keinen Gegensatz dar, sie sind nicht voneinander zu trennen (Villa 2008b: 250). Bei demjenigen, der regelmäßig ins Fitnessstudio geht, mag dies auf den ersten Blick plausibler erscheinen als bei derjenigen, die sich den Busen vergrößern lässt, da jener aktiv etwas tut (läuft, Gewichte stemmt usw.) und dadurch fitter wird (was sich anhand objektivierter Messwerte feststellen lässt), während diese passiv ihren Körper verändern lässt und es arbiträr ist, ob sie anschließend schöner ist. Doch orientieren sich beide an bestimmten kulturellen Normen und erleben beide ihr Tun als ein vom eigenen Willen getragenes Überschreiten von Grenzen (der Trägheit bzw. der Vorgegebenheit des Körpers). Allerdings ist das eine, der Wert der Fitness, allgemein anerkannt, während das andere (der Wert eines großen Busen) hochgradig umstritten ist. Doch dies sind gesellschaftliche Wertvorstellungen, und die Soziologie wäre schlecht beraten, sie zum Maßstab ihrer Analyse zu machen.

Literatur

Baumann, Zygmunt (1995): Zeit des Recycling: Das Vermeiden des Festgelegt-Seins. Fitneß als Ziel. In: Psychologie und Gesellschaftskritik 19, 2/3, S. 7-23.

Baumann, Zygmunt (2005): Politischer Körper und Staatskörper in der flüssig-modernen Konsumentengesellschaft. In: Schroer, Markus (Hg.): Soziologie des Körpers. Frankfurt a. M.: Suhrkamp, S. 189-214.

Beier, Stefan (2006): Männerkörper vergesellschaftet. Bewegungserfahrung als Körperkonstruktion als Bewegungserfahrung. In: Gugutzer, Robert (Hg): body turn. Perspektiven der Soziologie des Körpers und des Sports. Bielefeld: transcript, S. 163-186.

Bischoff, Sonja (2010): Wer führt in (die) Zukunft? Männer und Frauen in Führungspositionen der Wirtschaft in Deutschland – die 5. Studie. Bielefeld: Bertelsmann.

Bourdieu, Pierre (1987): Die feinen Unterschiede. Frankfurt a. M.: Suhrkamp.

Bourdieu, Pierre (1997): Die männliche Herrschaft. In: Dölling, Irene/Krais, Beate (Hg.), Ein alltägliches Spiel. Geschlechterkonstruktion in der sozialen Praxis. Frankfurt a. M.: Suhrkamp, S. 153-217.

Bröckling, Ulrich (2007): Das unternehmerische Selbst. Soziologie einer Subjektivierungsform. Frankfurt a. M.: Suhrkamp.

Davis, Kathy, 2002. ‚A Dubious Equality': Men, Women and Cosmetic Surgery. In: Body & Society 8, S. 49-65.

Foucault, Michel (1977): Überwachen und Strafen. Frankfurt a. M.: Suhrkamp.

Foucault, Michel (1983): Der Wille zum Wissen. Sexualität und Wahrheit I. Frankfurt a. M.: Suhrkamp.

Franckenstein, Frauke (1994): Cher – eine zwielichtige Ikone der Schönheitschirurgie. Eine medizinethnologische Betrachtung der Politik am Frauenkörper. In: Zeitschrift für Frauenforschung 12, 4, S. 115-124.

Goffman, Erving (1982): Das Individuum im öffentlichen Austausch. Mikrostudien zur öffentlichen Ordnung. Frankfurt a. M.: Suhrkamp.

Goffmann, Erving (1959): The Presentation of Self in Everyday Life. New York: Doubleday & Co.

Grogan, Sarah/Richards, Helen (2002): Body Image. Focus Groups with Boys and Men. In: Men and Masculinities 4, S. 219-232.

Gugutzer, Robert (2004): Soziologie des Körpers. Bielefeld: transcript.

Gugutzer, Robert (Hg) (2006): body turn. Perspektiven der Soziologie des Körpers und des Sports. Bielefeld: transcript.

Gugutzer, Robert/Duttweiler, Stefanie (2012): Körper – Gesundheit – Sport. Selbsttechnologien in der Gesundheits- und Sportgesellschaft. In: Sozialwissenschaften und Berufspraxis 35, 1, S. 5-19.

Haindorff, Götz (1997): Auf der Suche nach dem Feuervogel. Junge Männer zwischen Aggression, Eros und Autorität. In: Möller, Kurt (Hg.): Nur Macher und Macho? Geschlechtsreflektierende Jungen- und Männerarbeit. Weinheim/München: Juventa, S. 109-146.

Hitzler, Ronald (2002): Der Körper als Gegenstand der Gestaltung. Über physische Konsequenzen der Bastelexistenz. In: Hahn, Kornelia/Meuser, Michael (Hg.): Körperrepräsentationen. Die Ordnung des Sozialen und der Körper. Konstanz: UVK, S. 71-85.

Hochschild, Arlie Russell (1990): Das gekaufte Herz. Zur Kommerzialisierung der Gefühle. Frankfurt a. M./New York: Campus.

Hofmann Heike (2010): Embodiment – Körpererfahrungen für Entwicklungsprozesse in der Paarberatung nutzen. In: Verhaltenstherapie & psychosoziale Praxis 42, S. 919-924.

Hofstadler, Beate/Buchinger, Birgit (2001): KörperNormen – KörperFormen. Männer über Körper, Geschlecht und Sexualität. Wien: Turia & Kant.

Joas, Hans (1992): Die Kreativität des Handelns. Frankfurt a. M.: Suhrkamp.

Kagerer, Peter (2012): Anexoria/Bulimia nervosa bei Männern. In: Praxis Klinische Verhaltensmedizin und Rehabilitation. Heft 90, S. 20-28.

Klein, Gabriele (2010): Soziologie des Körpers. In: Kneer, Georg/Schroer, Markus (Hg.): Handbuch Spezielle Soziologien. Wiesbaden: VS-Verlag, S. 457-473.

Knorr-Cetina, Karin (1988): Das naturwissenschaftliche Labor als Ort der „Verdichtung" von Gesellschaft. In: Zeitschrift für Soziologie 17, S. 85-101.

Kuznik, Rainer (1995): Wahrnehmen – Bewegen – Begegnen. Körperarbeit, Bewegung und Tanz als Möglichkeiten ganzheitlicher Gesundheitsförderung. In: Pflege aktuell 49, 1, S. 16-19.

Link, Jürgen, 1999: Wenn das Kügelchen fällt und das Auto rollt. Zum Anteil des Normalismus an der Identitätsproblematik in der Moderne. In: Willems, Herbert/Hahn, Alois (Hg.): Identität und Moderne. Frankfurt a. M.: Suhrkamp-Verlag, S. 164-179.

Lorenz, Maren (2000): Leibhaftige Vergangenheit. Einführung in die Körpergeschichte. Tübingen: edition diskord.

Mahnke, Elke/Sielert, Uwe (2012): Körperkontakt im Alter. In: Schmidt, Renate-Berenike/Schetsche, Michael (Hg.): Körperkontakt. Interdisziplinäre Erkundungen. Gießen: Psychosozial-Verlag, S. 161-179.

Meuser, Michael (2002): Körper und Sozialität. Zur handlungstheoretischen Fundierung einer Soziologie des Körpers. In: Hahn, Kornelia/Meuser, Michael (Hg.): Körperrepräsentationen. Die Ordnung des Sozialen und der Körper. Konstanz: UVK, S. 19-43.

Meuser, Michael (2003): Bekommt der Mann einen Körper? Geschlechtersoziologische und modernisierungstheoretische Aspekte der Körperaufwertung in aktuellen Männlichkeitsdiskursen. In: Alkemeyer, Thomas/Boschert, Bernhard/Schmidt, Robert/Gebauer, Gunter (Hg.): Aufs Spiel gesetzte Körper. Aufführungen des Sozialen in Sport und populärer Kultur. Konstanz: UVK, S. 169-185.

Meuser, Michael (2004): Zwischen „Leibvergessenheit" und „Körperboom". Die Soziologie und der Körper. In: Sport und Gesellschaft 1, S. 197-218.

Meuser, Michael (2005): Frauenkörper – Männerkörper. Somatische Kulturen der Geschlechterdifferenz. In: Schroer, Markus (Hg.): Soziologie des Körpers. Frankfurt a. M.: Suhrkamp, S. 271-294.

Mishkind, Marc E./Rodin, Judith/Silberstein, Lisa R./Striegel-Moore, Ruth H. (1987): The Embodiment of Masculinity: Cultural, Psychological, and Behavioral Dimensions. In: Kimmel, Michael S. (Hg.): Changing Men. New Directions in Research on Men and Masculinity. Newbury Park: Sage Publications, S. 37-52.

Morfeld, Peter/Kampmann, Bernhard/Piekarski, Claus (1992): Zur physiologischen Beanspruchung von Bergleuten im Streckenvortrieb am Beispiel eines modernen Vortriebssystems. In: Zeitschrift für Arbeitswissenschaft 46, S. 224-232.

Netzwerk Körper (Hg.) (2012): What Can a Body Do? Praktiken und Figurationen des Körpers in den Kulturwissenschaften. Frankfurt a. M./New York: Campus.

Penz, Otto (2010): Schönheit als Praxis. Über klassen- und geschlechtsspezifische Körperlichkeit. Frankfurt a. M./New York: Campus.

Pichler, Martin (2012): So lernen Frauen für den Aufstieg an die Spitze. In: wirtschaft + weiterbildung 6/2012, S. 24-27.

Reuter, Julia (2011): Geschlecht und Körper. Studien zur Materialität und Inszenierung gesellschaftlicher Wirklichkeit. Bielefeld: transcript.

Ricciardelli, Rosemary/Clow, Kimberly A./White, Philip (2010): Investigating Hegemonic Masculinity: Portrayals of Masculinity in Men's Lifestyle Magazines. In: Sex Roles 63, S. 64-78.

Schmidt, Robert (2006): „Geistige Arbeit" als körperlicher Vollzug. Zur Perspektive einer vom Sport ausgehenden praxeologischen Sozialanalyse. In: Gugutzer, Robert (Hg): body turn. Perspektiven der Soziologie des Körpers und des Sports. Bielefeld: transcript, S. 297-319.

Schroeter, Klaus R. (2008): Korporales Kapital und korporale Performanzen im Alter: Der alternde Körper im Fokus der „consumer culture" und Biopolitik. In: Rehberg, Karl-Siegbert (Hg.): Die Natur der Gesellschaft. Bd. 2. Frankfurt a. M./New York: Campus, S. 961-973.

Sennett, Richard (1998): Der flexible Mensch. Die Kultur des neuen Kapitalismus. Berlin: Berlin Verlag.

Shilling, Chris (1993): The Body and Social Theory. London: Sage.

Shilling, Chris (2011): Afterword: Body Work and the Sociological Tradition. In: Sociology of Health & Illness 33, S. 336-340.

Sieper, Burkhard/Eisenmann, Michael (2004): Fit in die Kiste. Die Basismethode. Lörrach: Sieper & Eisenmann GbR.

Turner, Bryan S. (1996): The Body and Society. 2. Aufl. London: Sage.

Twigg, Julia/Wolkowitz, Carol/Cohen, Rachel Lara/Nettleton, Sarah (2011): Conceptualising Body Work in Health and Social Care. In: Sociology of Health & Illness 33, S. 171-188.

Villa, Paula (2008a): Einleitung – Wider die Rede vom Äußerlichen. In: Dies. (Hg.): schön normal. Manipulationen am Körper als Technologien des Selbst. Bielefeld: transcript, S. 7-19.

Villa, Paula (2008b): Habe den Mut, Dich Deines Körpers zu bedienen! Thesen zur Körperarbeit in der Gegenwart zwischen Selbstermächtigung und Selbstunterwerfung. In: Dies. (Hg.): schön normal. Manipulationen am Körper als Technologien des Selbst. Bielefeld: transcript, S. 245-272.

Voß, G. Günter/Pongratz, Hans J. (1998): Der Arbeitskraftunternehmer. Eine neue Grundform der „Ware Arbeitskraft"? In: Kölner Zeitschrift für Soziologie und Sozialpsychologie 50, S. 131-158.

Wehling, Peter/Viehöfer, Willy/Keller, Reiner/Lau, Christoph (2007): Zwischen Biologisierung des Sozialen und neuer Biosozialität: Dynamiken der biopolitischen Grenzüberschreitung. In: Berliner Journal für Soziologie 17, S. 547-567.

Willems, Herbert/Jurga, Martin (Hg.) (1998): Inszenierungsgesellschaft. Ein einführendes Handbuch. Opladen: Westdeutscher Verlag.

Wolkowitz, Carol (2006): Bodies at Work. London: Sage.

II
Die Organisation von Begegnungen –
Nähe und Distanz

Reichweiten alltäglicher Gespräche. Über den kommunikativen Gebrauch alter und neuer Medien

Angela Keppler

Es kann schon lange kein Zweifel mehr daran bestehen, dass ‚die Medien' zu einem integralen Bestandteil der heutigen Kultur geworden sind. Was dies aber im sozialen und individuellen Leben bedeutet, hierüber besteht weit weniger Einigkeit. Einerseits haben die verschiedenen Kommunikationsmedien – Buch, Zeitung, Radio, Telefon, Fernsehen, Computer, einschließlich des Trends zu ‚konvergenten' digitalen Geräten, die Fernsehen und Computer vereinen – eine *eigene Logik* der Weltdarbietung oder Welterzeugung entwickelt. Andererseits aber, so liegt es für Soziologen auf der Hand, hat sich die technische und kulturelle ‚Logik' der verschiedenen Medien weder in einem luftleeren Raum herausgebildet, noch trifft sie in ihrer sozialen Wirksamkeit auf einen sinnleeren Raum. Dies macht sich vor allem in dem Prozess des Wandels der Medien und ihres Gebrauchs bemerkbar. Die alten und neuen Medien *verändern* nicht allein die soziale und symbolische Weltaneignung, sie *unterliegen* zugleich einer permanenten, sozial wie symbolisch gesteuerten Aneignung. Ihre *interne* Logik, die Konfiguration ihrer spezifischen Hardware und Software, trifft in allen Kontexten des Mediengebrauchs auf eine *soziale* Logik, das heißt auf unterschiedliche Konstellationen der Ausnutzung der von den jeweiligen Medien eröffneten Möglichkeiten. In diesem Zusammentreffen gewinnen sie öffentliche Wirkung und gesellschaftliche Macht. Will man diese Entwicklung erforschen, ist es zunächst einmal notwendig, die Annahme zu überwinden, dass die elektronischen Medien entweder den Tod oder aber die Auferstehung zwischenmenschlicher Kommunikation bedeuten. Wir müssen aus den archetypischen Wandelszenarien aussteigen, wenn wir ernsthaft verstehen wollen, wie die neuen und neuesten Kommunikationsmedien den Orientierungshaushalt unserer Gesellschaften verändern. Dass die modernen Massenmedien – allen voran Radio, Film und Fernsehen, aber genauso später die Einführung des WWW und aller damit verbundenen technischen Möglichkeiten – ein integraler Teil der zwischenmenschlichen Verständigung und damit jeder Form der menschlichen Kultur sein könnten, war in der Diskussion, die ihr Ent-

stehen begleitet hat, *alles andere* als selbstverständlich. Auf breiter Front wurde
– und wird heute immer noch – in der soziologischen, philosophischen und kul-
turkritischen Zeitdiagnose das Gegenteil vertreten: Radio, Film und Fernsehen,
Computer und Internet – mitsamt ihrer kommerziellen Nutzung – stellten ein
Ende des kulturellen Lebens dar, jedenfalls einer Kultur im eigentlichen Sinn.
In Beiträgen, die weit über ihr Erscheinungsdatum hinaus einflussreich blieben,
haben Autoren wie *Max Horkheimer* und *Theodor W. Adorno, Günther Anders*
oder *Arnold Gehlen* die zu ihrer Zeit neuen Medien als eine Bedrohung nicht allein der hergebrachten kulturellen Identität, sondern auch der Möglichkeiten ihrer künftigen Entwicklung gedeutet (vgl. Horkheimer und Adorno 1986, bes. S.
173-176; Anders 1956, bes. S. 104-116; Gehlen 1957, bes. S. 44-56). Dieser ästhetischen, moralischen und politischen Kritik der medialen Massenkultur standen
auf der anderen Seite stets nicht minder entschiedene Apologien gegenüber, allen
voran die klassischen Beiträge von *Walter Benjamin* aus den 30er- und *Marshall
McLuhan* aus den 60er-Jahren (vgl. Benjamin 1974; McLuhan 1992). Dieser Wi-
derstreit zwischen Apokalyptikern und Enthusiasmierten setzt sich bis in unsere
Tage fort. Man muss sich nur ein paar neuere Bestsellertitel wie *Vorsicht Internet*
(Grandt 2009), *Privat war gestern – wie Medien und Internet unsere Werte zerstören* (Schertz und Höch 2011) oder *Falsche Freundschaft – Gefahr aus dem Internet* (Blobel 2012) zu Gemüt führen, oder in dem Buch *Next* der Kommunika-
tionswissenschaftlerin Miriam Meckel (2011) blättern, um dort zu erfahren, wie
das Internet (im Unterschied zum guten alten Fernsehen) die Grenzlinie zwischen
ontologischen und digitalen Selbst auflöst und damit eine feindliche Übernahme des Menschen durch seine Maschinen bewirkt. Auf der anderen Seite werden Mobilfunk und Internet als Wegbereiter der politischen Erneuerung im Widerstand gegen autoritäre Regime gefeiert, zuletzt anlässlich der Erhebungen in
einigen nordafrikanischen Ländern. Gestern wie heute, mit einem Wort, werden
das Auftreten und der Einfluss der jeweils neuesten Kommunikationsmedien als
Zeichen entweder eines Endes oder aber eines Anfangs einer freien ästhetischen
und politischen Kultur gedeutet.[1]
    Es ist nicht zu übersehen, dass bei diesem Pro und Contra immer wieder die-
selben Topoi bemüht werden – Topoi, die spätestens seit Platons Schriftkritik in
seinem Dialog *Phaidros* im Umlauf sind. Die Schrift, das neue Medium, so lässt
Platon dort den Sokrates argumentieren, entzieht den Menschen das Wissen, dass
sie ihnen zu verschaffen verspricht. Sie stellt ihnen lediglich einen Erkenntnisspei-

---

1   Eine informative Übersicht über die Argumente beider Seiten gibt Carroll (1998, Kap. 1-2);
     kritische Fallstudien zur Kulturindustrie-These der „Dialektik der Aufklärung" bieten Keppler
     und Seel (1991) und Steinert (1998).

cher zur Verfügung, der jedoch solange nur ein totes Wissen enthält, als es nicht aus jeweils eigener Überlegung und Einsicht aktualisiert werden kann.[2] Zugleich aber zeichnet der von Platon seinerseits schriftlich niedergelegte Dialog ein Bild zumindest der *Möglichkeit*, auch das geschriebene Wort in Prozessen der kommunikativen Interaktion lebendig und also wirksam werden zu lassen. Die Erinnerung an diese doppelbödige Einschätzung der Kulturtechnik des Schreibens gibt Anlass zur Skepsis gegenüber der immer wieder aufkommenden medientheoretischen Schwarzweißmalerei. Das Alles oder Nichts der alternativen Deutungen nämlich führt gestern wie heute an der tatsächlichen Situation vorbei. Man wird einem neuen Typus der kulturellen Erfahrung empirisch weder gerecht, wenn man ihn einfach an einem alten misst, noch, wenn man ihm eine unvergleichliche Neuheit attestiert. In einer solchen polarisierenden Zurechtlegung können vielmehr die entscheidenden Fragen überhaupt nicht gestellt werden: Fragen danach zum Beispiel, was das Kennzeichen ‚medialer Erfahrung' ist, wie sich diese zu anderen Formen der menschlichen Erfahrung verhält; welche Orientierungen im Mediengebrauch gewonnen werden und wie sie in die soziale und alltägliche Orientierung der Menschen eingehen; wie sich mediale Wissensvermittlung im Unterschied zu anderen Formen der Ausbildung und Weitergabe von Wissen ereignet.[3] Das immer wieder auflebende kulturkritische Für und Wider muss daher durchbrochen werden, wenn es zu einer sachgerechten empirischen Forschung kommen soll – und es *ist* seit den 50er-Jahren des vorigen Jahrhunderts Schritt um Schritt aufgebrochen worden: überall dort, wo die Rezipienten der modernen technischen Medien nicht lediglich als manipulierte Opfer einer neuen kulturellen, ökonomischen und politischen Strategie und nicht lediglich als Agenten einer imaginierten Zukunft, sondern als Akteure ihres alltäglichen Lebens ernst genommen wurden und werden.

Diese Forschungsperspektive möchte ich in drei Schritten verdeutlichen. Ich werde zunächst den inneren Zusammenhang zwischen der konstruktiven Leistung der modernen Kommunikationsmedien und den Konstruktionen ihrer Nut-

---

2 Sokrates zitiert eine Sage (von der vermutet wird, dass Platon sie erfunden hat) nach der König Tamus (von Theben) dem Gott Teuth, der die Schrift erfunden hat, folgendes zu bedenken gibt: „Denn diese Erfindung wird der Lernenden Seelen vielmehr Vergessenheit einflößen aus Vernachlässigung des Gedächtnisses, weil sie im Vertrauen auf die Schrift sich nur von außen vermittels fremder Zeichen, nicht aber innerlich sich selbst und unmittelbar erinnern werden. Nicht also für das Gedächtnis, sondern nur für die Erinnerung hast du ein Mittel erfunden. Und von der Weisheit bringst du deinen Lehrlingen nur den Schein bei, nicht die Sache selbst. Denn indem sie nun vieles gehört haben ohne Unterricht, werden sie sich auch vielwissend zu sein dünken, obwohl sie doch unwissend größtenteils sind und schwer zu behandeln, nachdem sie dünkelweise geworden sind statt weise." (Phaidros, 275a-b)

3 Auf die Stellung der medialen Erfahrung bin ich näher eingegangen in Keppler (1999).

zer hervorheben. Anschließend beleuchte ich das alltägliche Gespräch als eine zentrale Schaltstelle *sozialer Orientierungen* gerade unter Bedingungen einer avancierten Medientechnik. Der dritte Teil stellt exemplarisch einige Varianten der Einbettung von Smartphones in den alltäglichen Verlauf tatsächlicher Face-to-Face-Kommunikationen vor.

1.

Als Akteure ihres alltäglichen Lebens sind die Menschen immer auch in den Horizont einer weitreichenden historischen Gegenwart eingebunden. Und es ist eben diese ausgreifende Gegenwart, deren Reichweite durch die modernen Medien hergestellt und immer wieder auf veränderte Weise entworfen wird. Das ist eine ihrer zentralen Leistungen für das Bestehen komplexer Gesellschaften in den Zeiten der Globalisierung. Nach einer Bestimmung von Niklas Luhmann (die sich ähnlich auch bei anderen Autoren findet) sind die modernen technischen Medien gerade dort unentbehrlich, wo es um die weite Verbreitung und „um die Möglichkeit anonymer und damit unvorhersehbarer Kenntnisnahme geht." (1996, S. 183) Diese ‚weite', ‚anonyme' und eben darin ‚unvorhersehbare' Verbreitung von Informationen stellt für die Mitglieder einer Gesellschaft – und mehr noch: für die Mitglieder miteinander vernetzter Gesellschaf*ten* – eine *gemeinsame Gegenwart* her. Die Massenmedien, und dabei auch und gerade unter heutigen Bedingungen das Internet, machen einen Bereich von Objekten, Ereignissen und Problemen allgemein zugänglich, indem sie ihnen eine vorübergehende Aktualität verleihen, durch die sie von allem Vergangenen ebenso unterschieden sind wie von den noch gar nicht konturierten Ereignissen der Zukunft.

Dies darf jedoch nicht als ein eindimensionaler Vorgang verstanden werden. Denn die Medien versorgen die Gesellschaft zwar mit einer *gemeinsamen Lage*, diese muss jedoch von ihren Angehörigen *je verschieden* bewältigt werden. Denn je nach der Zugehörigkeit der Adressaten zu einer bestimmten Kultur, Nationalität, Gruppe oder sozialen Position treffen die massenmedial erzeugten Aktualitäten auf einen anderen Erfahrungshorizont, so dass bei der Erneuerung der sozialen Orientierung jeweils andere Interpretationsleistungen verlangt sind. „Where the global meets the local", um einen bekannten Aufsatztitel von *David Morley* (1991) zu zitieren, da ist die *individuelle* Aneignung einer *kollektiven* Situation verlangt. Die medial generierten und generalisierten Zeithorizonte müssen in die jeweils partikularen Zeitökonomien von einzelnen oder gesellschaftlichen Gruppen integriert werden. Die nach Vergangenheit und Gegenwart hin offene *allgemeine* Gegenwart einer Gesellschaft existiert nur in einer permanenten Verschränkung mit den *partikularen*, aus lokalen Erfahrungen gespeisten Zeithorizonten, die die gesellschaftliche Praxis individueller Akteure und Gruppen beherrschen. Diese Verschränkung ist aber nichts, was einfach besteht, sie ist eine Verbindung sozialer Orientierungen, die immer wieder von neuem geleistet werden muss und daher in einem ständigen Wandel begriffen ist. Die technischen Medien, so könnte man sagen, fungieren als *Generatoren* einer gesellschaftlichen Wirklichkeit, indem sie den Horizont einer geteilten Gegenwart bereitstellen. Damit verbunden ist stets die Erzeugung von Möglichkeiten eines generalisierten Bezugs auf Vergangenheit und Zukunft, und somit eines kollektiven Raum der Erinnerung und der Erwartung. Auf diesem Weg etablieren die Medien eine *gemeinsame gesellschaftliche Zeit*.

Diese ist jedoch nicht als eine kulturell *homogene* Zeit aufzufassen. Film und Fernsehen etwa sind Medien einer transkulturellen Kulturindustrie, deren soziale und kulturelle Bedeutung als Instrumente der Kommunikation und Wissensvermittlung diejenige der Literatur deutlich in den Schatten gestellt hat. Insofern sind sie Träger von Globalisierung und kultureller Homogenisierung. Durch ihre breit gestreute Distribution aber können sie zugleich zu Manifestationen kultureller *Differenzen* werden, indem sie mit lokalen Traditionen in Verbindung treten, wobei es zu einer mehr oder weniger drastischen *Anverwandlung* der globalen Bezugsgrößen kommt. Dennoch stellt die übergreifende Gegenwart, wie sie von den Medien eröffnet wird, ein gemeinsames *Bezugsfeld* für Orientierungen bereit, ohne jedoch notwendigerweise gemeinsame *Orientierungen* auf Seiten ihrer Nutzer hervorzurufen. Denn Orientierung gleich welcher Art und gleich welcher Reichweite ergibt sich allein aus der *Anbindung* von Informationen an das Wissen und die Deutungen, die die Praxis der Menschen bis dahin bestimmt haben. Diese Anbindung kann sich also nur wiederum aus der *Aneignung* der medialen Inhalte ergeben; sie müssen als sinnhafte Bestände in das kulturelle Selbstverständnis der Adressaten integriert werden können. Die mediale Kommunikation eröffnet somit ein prinzipiell unbegrenztes Forum, auf dem kulturelle Orientierungen unter Bedingungen einer globalisierten Ökonomie tradiert und erneuert, generalisiert und vermischt, aber auch konkretisiert und spezifiziert werden können.

Ganz in diesem Sinn sprechen Horace M. Newcomb und Paul Hirsch mit Blick auf das Fernsehen von einem „kulturellen Forum", in dem *Stile der Behandlung* von Problemen vorgeführt werden, nicht hingegen Strategien zur Lösung von Problemen. „Das Fernsehen", so schreiben sie, „vertritt, auch wo es Handlungen mit formal eindeutigem Schluss zeigt, keine klare weltanschauliche Position, sondern bietet Kommentierungen gesellschaftspolitischer Streitfragen." (1986, S. 183) Die mediale Präsenz von Ereignissen vermittelt teilbare Formen der Verar-

beitung von Erfahrungen, indem sie teilbare – von jedermann wahrnehmbare –
Modi der Strukturierung lebensweltlicher Problembereiche vorgibt. „Vor Nach-
richtensendungen, Papstbesuchen, Raumfahrtexpeditionen und Gipfeltreffen
sowie in den kleinen Dramen unserer alltäglichen medial vermittelten Erfahrungen kommen wir zusammen, um Augenblicke und Motive zu teilen, die uns als
Leute miteinander verbinden", schreibt Michael Real in seiner Abhandlung *Super Media*.[4] In Bezug auf mediale Ereignisse oder in ihrer gemeinsamen Verfolgung zusammenzukommen und sich über deren Relevanz zu verständigen, darin liegt ein entscheidendes Moment ihrer sozialen Wirkung.

2.

Diese Perspektive auf die Dynamik medial induzierter Veränderungen führt mich
direkt zu meinem zweiten Schritt. Wenn wir die Denkblockade auflösen wollen,
die darin besteht, stets die jeweils neuesten Kommunikationsmedien im Vergleich mit den älteren entweder zu verteufeln oder heiligzusprechen, ob das nun
(wie bei Platon) die Schrift ist, im 18. Jahrhundert der Roman, im 19. die Zeitung,
oder seit dem 20. Jahrhundert die in immer schnellerer Folge entwickelten technischen Apparate sind, müssen wir das Augenmerk auf die Formen ihres alltäglichen Gebrauchs und das heißt: ihrer alltäglichen Aneignung legen. Das herge-
brachte Forum dieser Aneignung aber ist das direkte mündliche Gespräch. Dass
Gespräche ein wichtiges Medium der sozialen Kohäsion darstellen, ist eine klassische Einsicht innerhalb der Wissenschaften vom Menschen.[5] Wie wann worüber – und mit wem – in privaten wie öffentlichen Kontexten gesprochen werden kann und gesprochen wird, ist konstitutiv für die Gemeinschaftsbildung in
unterschiedlichen sozialen Bereichen ebenso wie für Gesellschaften als Ganze.
Denn hier werden intersubjektive Einstellungen überliefert und modifiziert, erprobt und erzeugt, auf die die Beteiligten in ihrem individuellen wie gemeinsamen Handeln zurückgreifen können.
  In seinem Aufsatz *The Problem of Meaning in Primitive Languages* aus dem
Jahr 1923 beschreibt Bronislaw Malinowski eine „Atmosphäre der Geselligkeit",

---

4   „In news broadcast, papal visits, space launchings, and summit meetings, and in the little
     dramas of our everyday mediated experiences, we come together to share moments and motifs,
     that bind us together as a people." (1989, S. 198).
5   Der Soziololinguist Stephen Levinson, Direktor am Nimwegener MPI, an dem seit dem letz-
     ten Jahr ein großangelegtes Forschungsprojekt zur Untersuchung universell gültiger Regeln
     stattfindet, nach denen alltägliche Gespräche auf der ganzen Welt ablaufen (untersucht werden
     20 verschiedene Kulturen und Sprachen), vertritt keineswegs als einziger die These, dass
     beiläufige Wortwechsel aller Art die Wurzel des menschlichen Geselligkeitstriebs sind.

die entsteht, „wenn eine Anzahl Leute ziellos miteinander plaudert" (1974, S. 351). Malinowski klassifiziert diese Art des Gesprächsverhaltens als eine *phatic communion*, bei der es einzig und allein darum geht, miteinander ins Gespräch zu kommen und im Gespräch zu bleiben – und so ein Gemeinschaftsgefühl herzustellen, das von inhaltlicher Übereinstimmung in Bezug auf viele konkrete Themen weitgehend unabhängig bleibt oder doch bleiben kann. Vorrang hat das Flechten eines sozialen Bands zwischen Leuten, die ansonsten oft kaum etwas miteinander verbindet.

Unter „Geselligkeit" versteht Georg Simmel in der gleichnamigen Abhandlung in seinen *Grundfragen der Soziologie* von 1917 eine „Spielform der Vergesellschaftung", die in ihren Praktiken „keinen Inhalt und kein Resultat [hat], das sozusagen außerhalb des geselligen Augenblicks als solchen läge" (1984, S. 53). Auch für ihn geht es dabei „um die Lebendigkeit, das Sich-Verstehen, das Gemeinsamkeitsbewusstsein des Kreises", die für eine Weile zu einem Selbstzweck des interaktiven Austauschs werden (ebd., S. 64).

Das zentrale Medium solcher Geselligkeit ist das Gespräch. Dieses *verbindet* ganz unterschiedliche Formate der Kommunikation auf eine eigentümliche und eigenständige Weise. Simmel schränkt seine Analyse in der genannten Abhandlung nicht zufällig auf das von konkreten Handlungszwängen *entlastete* Gespräch ein; aus diesem Spezialfall, wie er etwa in vielen Gelegenheiten des beiläufigen Sprechens vorliegt, lassen sich aber durchaus allgemeinere Konsequenzen ziehen. Dass wir es hier mit einer „selbstzweckhaften" Form des Redens zu tun haben, wie Simmel sagt, bedeutet freilich nicht, dass wir es hier mit einer soziologisch gesehen funktions- oder substanzlosen Art der Kommunikation zu tun hätten. Denn es ist gerade ihre Leistung, eine Art des Miteinanders zu erzeugen, bei der man einander nicht zu nahe kommt. Für die Dauer dieser Konversation kommt und bleibt man miteinander in Kontakt, ohne sich darüber hinaus auf ein gemeinsames Anliegen festzulegen. Der Zweck ist der Erhalt von Geselligkeit selbst – diesseits der Auseinandersetzung um was auch immer, diesseits aber auch von der Beziehungslosigkeit und oft Peinlichkeit eines gemeinsamen Schweigens.

Ein Blick auf die gegenwärtige Gesellschaft könnte freilich die Vermutung nahelegen, dass die modernen Kommunikationsmedien die sozialbildende Kraft des Gesprächs unterhöhlt haben oder zumindest dabei sind, sie zu unterhöhlen. Im Zeitalter eines rapiden kommunikationstechnischen Wandels, würde dies bedeuten, kommt dem direkten interpersonalen Gespräch die Macht einer Aus- und Umbildung sozialer Orientierungen mehr und mehr abhanden. Wie jedoch verschiedene Studien aus jüngerer und jüngster Zeit belegen, spielen nicht nur Medieninhalte eine große Rolle in alltäglichen Unterhaltungen, auch die Hardware

einer technisch gestützten Kommunikation ist zu einem wesentlichen Bezugspunkt und Bestandteil der alltäglichen Konversation geworden, und dies gerade
in ihren eher beiläufigen Formen. Beispielsweise hat eine quantitativ angelegte
repräsentative Befragungsstudie von Gehrau und Goetz aus dem Jahr 2010 den
Nachweis erbracht, dass sich alltägliche Gespräche häufig auf mediale Angebote der unterschiedlichsten Art beziehen und deren Präsentationen dabei auf je eigene Weise in ihrem Kontext behandeln. ‚Die Medien', so zeigt sich hier, spielen
in alltäglichen Situationen nicht die Rolle von Gesprächsverhinderern, sondern
weit eher die von Gesprächsförderern. Die Erhebungen von Gehrau und Goertz
knüpfen dabei explizit an meine eigene Untersuchung der konstitutiven Rolle von
Medienthemen im Rahmen familiärer Tischgespräche aus dem Jahr 1994 an. Allerdings geht es bei Gehrau und Goertz ähnlich wie in meiner damaligen Studie
primär darum, Gespräche über Medien*themen* als integralen Faktor der Medien-
nutzungs- und Medienwirkungsforschung zu berücksichtigen. Was hier jedoch
nicht eigens untersucht wurde, ist die Frage, wie Medienangebote die *Formen* der
alltäglichen Kommunikation *modifizieren* oder gar grundlegend *verändern*. Will
man dieser Frage empirisch nachgehen, so muss man das Augenmerk zugleich auf
die zunehmende Präsenz der *Hardware* von Kommunikationsmedien innerhalb
der alltäglichen Verständigung richten. Schließlich greifen Handys, Smartphones,
iPods, iPads und Laptops nicht nur bei der jüngeren Generation häufig direkt in
das Geschehen der mündlichen Kommunikation ein. Nur auf diesem Weg wird
sich erkennen lassen, welche Prägung und Transformation die Alltagskommunikation durch die Wirksamkeit der neuen und neuesten Kommunikationsmedien
erfahren hat und erfährt.

Unter dem Stichwort der ‚Mediatisierung' oder ‚Medialisierung' sind zahlreiche Wissenschaftler seit vielen Jahren damit beschäftigt zu zeigen, wie die
Medien Transformationen der zeitlichen, räumlichen und sozialen Koordinaten
der gesellschaftlichen Praxis bewirken. Wenig oder gar nicht beachtet wird jedoch in diesen Forschungen bisher die Frage, ob – und wenn ja, in welchen Formen – das beiläufige Gespräch seine Funktion der Erzeugung und Transformation geteilten Wissens und teilbarer normativer Einstellungen weiterhin erfüllen
kann. Neuere Untersuchungen zum Small Talk etwa verdeutlichen, dass dieser
zwar „funktional vielseitig" ist, aber gerade deshalb „für die soziale Interaktion im Ganzen zentral" ist und dass seine Hauptfunktion in der Herstellung von
„Soziabilität und sozialem Zusammenhalt" liegt (Coupland 2000, S. IX). Andere Studien zeigen, wie beiläufige Gespräche dazu geeignet sind, in kleineren sozialen Gruppen moralische Grenzen auszuloten oder neue Formen der Intimität, des Zusammenhalts und der Zugehörigkeit herzustellen (bspw. Fix 2008).

Eine Untersuchung über die Kommunikation in öffentlichen Verkehrsmitteln beispielsweise kommt zu dem Ergebnis, dass hier Gespräche weniger zum Informationsaustausch, sondern vielmehr als Mittel zur Kontaktherstellung, zur Weitergabe von Erfahrungen und Erlebnissen und damit zur Etablierung eines Gemeinschaftsgefühls dienen (Züger 1998). Eine andere analysiert Gespräche im öffentlichen Raum heute vor allem im Hinblick darauf, wie bei Gesprächen unter einander Unbekannten der Übergang von einer höflichen Gleichgültigkeit zu einer Orientierung auf einen gemeinsamen Fokus hin erfolgt (De Stefani und Mondada 2010).

Hier wird in ersten Ansätzen deutlich, dass es auch heute noch tatsächlich die ‚kleinen' Gattungen der Kommunikation sind, die eine Hauptlast der Aneignung handlungsleitenden Wissens und vor allem der Regelung sozialer Zugehörigkeiten tragen. Es sind nicht allein und oft gar nicht so sehr die vergleichsweise ‚erhabenen' Gesprächsformen wie z.B. der argumentative Dialog, an dem sich Platon orientiert, der öffentliche Disput, die therapeutische Redekur oder selbst das ‚Beziehungsgespräch' unter Paaren, die eine Koordination und Transformation kultureller Orientierungen leisten, sondern wesentlich auch heute noch die Gattungen des vergleichsweise beiläufigen Redens. Diese vermeintlich marginalen Praktiken stellen eine eigene Form des kommunikativen Handelns dar. In sie greift das mediale Geschehen ein; und vor allem hier, in der kommunikativen Verarbeitung *innerhalb* des lebensweltlichen Handelns, entfaltet es seine entscheidenden Wirkungen. Mit „entscheidenden" Wirkungen sind dabei jene gemeint, die über den Moment hinaus einen Einfluss auf den Orientierungshaushalt einer Gesellschaft haben, da sie gerade in den unaufwendigen alltäglichen Interaktionen ihrer Mitglieder eine konturierende Rolle spielen.

Um der Faktizität von Gesprächen ganz unterschiedlicher Spielart theoretisch wie empirisch gerecht werden zu können, hat Thomas Luckmann in den 1980er Jahren die Konzepte der „kommunikativen Gattungen" und des „kommunikativen Haushalts einer Gesellschaft" entwickelt, die darauf zugeschnitten sind, die von den Teilnehmern an Verständigungsprozessen jeweils zu bewältigenden Orientierungsleistungen unverkürzt begreifen zu können. In der Untersuchung solcher Repertoires der Kommunikation, so Luckmanns zentrale These, lässt sich erforschen, „wie die soziale Vermittlung allgemeiner und individueller Orientierungen tatsächlich geschieht" (1986, S. 206). Wie Gespräche der Herstellung sozialer Kohäsion dienen, steht so im Fokus diverser soziologischer Arbeiten, die im Forschungskontext Thomas Luckmanns entstanden sind.

Die Theorie kommunikativer Gattungen ist dabei von Anfang an mit einem bestimmten methodischen Programm verbunden: Es geht darum Kontexte, Struk-

turelemente und Muster kommunikativer Vorgänge systematisch zu erheben und
zu analysieren, um dann auf der Grundlage struktureller Gemeinsamkeiten Muster kommunikativer Problemlösungsstrategien, denn eben das sind „kommunikative Gattungen", beschreiben zu können. (Luckmann 1986; Bergmann 1987).[6]
Wie meine eigenen Forschungen in diesem Rahmen zeigen konnten, sind es
bestimmte alltägliche Gesprächsgattungen wie der Klatsch oder das Frotzeln, aber
auch Belehrungen, Beispielerzählungen oder Lebensweisheiten, die dazu dienen,
Gruppenidentitäten herzustellen und zu festigen (vgl. Keppler 1987, 1988, 1989
und 1994; Keppler und Luckmann 1992), aber auch zu Medienrekonstruktionen
beitragen (Keppler 1993, 1994), wie sie nicht selten im Kontext alltäglicher Gespräche stattfinden.

Diese Linie gilt es systematisch weiterzuverfolgen und zu ergänzen, gerade
im Blick auf die radikalen Veränderungen, die sich in den letzten Jahren in der
alltäglichen Nutzung von technischen Kommunikationsmedien ergeben haben.
Immerhin gibt auch hier die aktuelle Forschungslage bereits wichtige Hinweise.
Untersuchungen zur Rolle des Mobiltelefons etwa, die sich ethnografischer Methoden bedienen, zeigen beispielsweise, dass das Telefonieren in der Öffentlichkeit, abhängig von den spezifischen örtlichen Gegebenheiten, einer bestimmten
Choreografie unterliegt (vgl. hierzu Ling 2004; Höflich und Gebhardt 2005; Höflich 2006; Humphreys 2006, Katz 2006a, 2006b). Hier kann man ansetzen, um zu
einer empirischen Bestimmung dessen zu gelangen, wie technische Kommunikationsmedien – Handys, Smartphones, iPads sowie das allgegenwärtige Internet
– in die alltäglichen Formen des diskursiven Geschehens systematisch integriert
werden und zu welchen Veränderungen des interaktiven Verhaltens dies führt.[7]

3.

In meinen aktuellen empirischen Untersuchungen[8] zu diesem Thema lassen sich
zwei Varianten der Einbettung von technischen Kommunikationsmedien in alltägliche Gespräche heute finden: Dies sind einerseits gesprächsweise Bezugnah-

---

6   Die „Gattungsanalyse" nimmt hier wichtige Anregungen aus der Interaktionsanalyse Erving
     Goffmans (1981), der von Harold Garfinkel entwickelten Ethnomethodologie (Garfinkel 1967)
     sowie der daran anknüpfenden Konversationsanalyse (vgl. Schegloff und Sacks 1973; Sacks
     et al. 1974; Schenkein 1978; Levinson 1983; Bergmann 1994) auf.
7   Einen aufschlussreichen Hinweis, den es weiter zu verfolgen lohnt, gibt auch die Studie von
     Höflich (2010) zur SMS-Kommunikation, die zeigt, dass in der Öffentlichkeit bzw. während
     der Anwesenheit Dritter SMS-Botschaften gerne auch gemeinsam (laut) gelesen werden.
8   DFG-Projekt: „Alltagskommunikation unter mediatisierten Bedingungen", Laufzeit 2012-2014.

men auf die in der Situation gegenwärtigen Geräte selbst und andererseits Bezugnahmen auf Inhalte oder Themen, die medial vermittelt wurden.

Im Folgenden stelle ich exemplarisch einige Szenen vor, die jede und jeder von uns vermutlich so oder so ähnlich aus dem eigenen Alltag kennt:

Erstes Beispiel:

Vier junge Männer verfolgen gemeinsam ein Fußballspiel im Fernsehen: ein Gesprächsteilnehmer ruft auf seinem Smartphone Informationen zu einem anderen parallel laufenden Spiel ab – eine Situation die heute für viele von uns ganz alltäglich sein dürfte.

Wie wir am folgenden Gesprächsausschnitt erkennen können, hat die kommunikative Integration des Smartphones in das Interaktionsgeschehen einen unmittelbaren Einfluss sowohl auf den Verlauf als auch die Themenwahl der Unterhaltung.

Hier zeigt es sich, dass nicht nur eine durch den Einsatz des Smartphones mögliche in situ-Aktualisierung eines Medieninhalts eine thematische Ressource für Gespräche darstellt, sondern dass die Präsenz des Geräts selbst auch einen Einfluss auf die Gesprächsstruktur hat. Die Einbettung des Smartphones in das interaktive Geschehen stattet in aller Regel den Inhaber des Geräts mit exklusiven kommunikativen Rechten aus und hat dadurch einen stark gesprächsstrukturierenden Charakter. Auf der inhaltlichen Ebene zeigt es sich hier, dass die häufig anzutreffende Praxis, dass über ein Smartphone abgerufene Informationen den anderen Gesprächsteilnehmern laut vorgelesen werden, dazu führt, dass die jeweiligen Inhalte daraufhin gemeinsam kommentiert und damit aktiv angeeignet werden.

Beispiel 1: („kobiaschwilli")[9]

```
19   D:   o:::h man(---)le_levan kobiaschwili ROT.

20   C:   (--) ((lacht))

21   B:   JA? (--) hehehe;

22   D:   glatt rot GLATT rot,

23   B:   heHEHEhe
```

---

9   Die Transkriptionskonventionen orientieren sich an den GAT 2-Richtlinien. Groß- und Kleinschreibung dienen der Notation von Akzentuierungen, Satzzeichen als Intonationsmarkierungen. Vgl. hierzu Selting et al. (2009). Die Sprecher sind durch fortlaufende Buchstaben gekennzeichnet, Namen wurden anonymisiert und an diese angepasst (bspw. Dieter für D).

```
24   A:   oh shit eh;

25   B:   schade dieter oder?

(...)

34   D:   wart isch kann dir sagen was_a hat (--)

35        was er gemacht hat,

36   B:   ((kichert))(--) schade (--) tut mir escht leid dieter.

37        (6.0)

38   B:   ((atmet laut nasal))

39        ((stöhnt leise)) <<pp >o::h>

40   D:   (--) LIVE tigger (--)

41        GANZ bidder für herda kobiashvili soll im

42        strafraum DERdioyk von den beinen geholt haben

43        und sieht dafür

44        die rote karde [sehr ZWEIFELhafte entscheidung,]

45   A:                  [((stöhnt))]

46   C:                  [((stöhnt))]

47   B:                  [((lacht))]

48   C:   da kriggt er trotzdem seine=

49   D:   =JA,

50   A:   =JA JA,

51        scheiße er is also auch ah=im,

52        (2.0)

53   A:   weißte wie viel steht_s dann? (--)

54   D:   (-) zwei eins, (---)
```

Zweites Beispiel:

Eine andere uns aus dem Alltag heute ebenso vertraute Situation: Zwei junge Frauen stehen beieinander irgendwo in der Stadt vor einem Geschäft oder sitzen in einem Café. Sie unterhalten sich und dabei zückt die eine ihr Handy, tippt schnell eine SMS oder liest eine E-Mail; das Gespräch geht dabei weiter, der Betrachter hat den Eindruck, dass dies als eine völlig ‚normale' Aktivität und damit als ein Teil der Unterhaltung behandelt wird:

Beispiel 2: („mac donalds")

```
01   A:   wieso lachst du so?

02        (12.0)

03   B:   ich hab das noch nie so extrem gesehn

04   A:   was denn?

05   B:   das so extrem

06   A:   was

07   B:   ja (-)

08   A:   ja

09   B:   das hab ich noch nie so extrem gesehn

10   A:   mhmh… warte mal kurz

11        (30.0)

12   B:   Anabelle ((B stupst A an, dass sie von ihrem

13        Handy aufschaut))

14        süüß…

15        ((beide kichern laut))

16        (30.0) ((A schaut auf ihr Handy B schaut

17        sich im McDonalds um))

18   B:   meine mutter hat letztens mit Nik geredet gell

19        voll ernst also ich finds gut

20   A:   mh

21   B:   ja aber (-) die wollt ja früher immer alles wissen

22        weißt du auch

23        egal ob tochter oder sohn irgendwie

24        und sie hat ihn entdeckt und der stand da und sie

25        ((lacht)) setzt sich hin
```

```
26   A:   ((lacht))

27   B:   sagt so ja sie will äh

28        wenn Nik irgendjemand erreichen will (-)

29        sie erzählt jetzt mit was für menschen mein bruder

30        abhängt und so und sie hat gesagt dass er sich (-)

31        das wär also toll du weißt ja (-) du weißt ja,

32   A:   jaja ich hör dir zu ich hör dir zu

33   B:   und sie hat mit ihm geredet und so

34        und wenn irgendjemand
```

Während bei unserem Fußballbeispiel der durch das Smartphone eingeholte Medieninhalt für die anderen Gesprächsteilnehmer laut zitiert und damit zum Teil der gemeinsamen Unterhaltung gemacht wird, gibt es, wie wir es in diesem Beispiel sehen, durchaus die Möglichkeit, dass selbst in einer intimen Unterhaltung unter Freundinnen, Handy-Aktivitäten und Face-to-Face-Gespräch parallel laufen; allerdings scheint es hier doch auch so etwas wie eine Schmerzgrenze zu geben, denn wie wir in diesem Beispiel sehen, wird ein zu langes oder zu intensives Betrachten des Bildschirms zumindest in einem Zweiergespräch dann doch auch kommunikativ hinterfragt (Satzwiederholung in den Zeilen 27-31 oben und vermehrte Pausen der Sprecherin) bzw. entschuldigt (Zeile 32: „ich hör dir zu").

Drittes Beispiel:

Nicht selten sieht man zwei Personen oder auch kleine Grüppchen von Menschen, in einer Cafeteria sitzen oder auf einem Pausenhof stehen, die gemeinsam auf das Display eines Handys schauen. Das Smartphone fungiert hier als ein gemeinsam geteilter Wahrnehmungsraum, der es den Interaktionsteilnehmern nicht nur ermöglicht, sich auf einen Medieninhalt zu beziehen oder ein mediales Geschehen zu rekonstruieren, sondern ein (medial vermitteltes) soziales Geschehen quasi im Originalzustand in ein laufendes Gespräch zu integrieren. Auf diese Weise ist es nicht nur möglich, dass auch höchst persönliche Botschaften in spezifischen Kontexten aktualisiert, auf einem Display abgebildet und damit auf nonverbalem Weg (mit-)geteilt werden können. Im Unterschied zu bloß gesprächsweisen Rekonstruktionen kann hier der wechselseitige Entstehungsprozess des (eigentlich bereits zurückliegenden) Ereignisses für Dritte transparent und nachvollziehbar gemacht werden. Dadurch werden kommunikative Ereignisse stets auch in ihrem originalen Kontext abgebildet, so dass man davon sprechen könnte, dass hier ein Medieninhalt allein durch seine Präsenz im Medium Smartphone mit einer hohen Glaubwürdigkeit ausgestattet wird. Das Smartphone stellt ein Archiv des ‚sozialen Originals' eines Geschehens dar, das jederzeit an jedem Ort in einem beliebigen Kontext aufgerufen werden kann.

Beispiel 3: („des hasch DU geschrieben")

```
40    B:   des kann isch dir jetz nicht erZÄHlen du=musst=du=musst

41         des LEsen tut mir leid;

42    A:   (oh ne::)

(...)

91    B:   << all >un immer> MONtags (.) weil er weiß dass isch da

92         ZEIT habe und dann hab ISCH:

93         (2.0)

94         ja hier montag morgen DAS geschrieben,

95    A:   des hasch DU geschrieben?

96    B:   ja.

97         (4.5)

(...)

123   B:   mh kay:

124        (--) okay un=danACH hat er mir im whatsAPP geschriebn,

(...)

130        (---) so da gibts nämlich GROßes DRAma,

131   A:   <<p >ja?>

132   B:   (--) ACHter oktober so (.) ER wieder-

133        (2.5)

134        kanns ruhig lEsen-

135        (3.5)
```

Viertes Beispiel:

Auch hier geht es um Medieninhalte, die in anderen interaktiven Kontexten produziert wurden – hier Facebook, SMS und WhatsApp – und von den Beteiligten nacherzählt und kommunikativ aufgegriffen werden. An diesem Beispiel wird deutlich, dass bestimmte Praktiken des Umgangs mit Medien und Medieninhalten in Alltagsgesprächen fast immer hinterfragt, ausgelotet, erneuert und als Orientierungsgröße herangezogen werden.

Eine Gruppe von mehreren Personen sitzt in einem Park beisammen. Thema der Unterhaltung ist der Umgang mit eigener Privatsphäre auf SNS (Social Network Sites). In diesem Beispiel geht es um das Ausloten von Grenzen, im Hinblick darauf was bei Facebook veröffentlicht werden soll und was nicht. Wie die Meinung der anderen Anwesenden zum ‚richtigen' Umgang damit, bzw. zu einer vernünftigen Grenzziehung zwischen Privatem und öffentlich zugänglichen Informationen ist, wird nicht direkt, sondern quasi über Umwege, nämlich wird eine Abgrenzung zu dritten, nicht anwesenden, Personen diskutiert:

Beispiel 4: (Im Park „wie dUMM kann=man=denn SEIN?")

```
29   A:   mh von MIR ne

30        Fr_frEUndin hat heut gepostet

31        hAb ne wohnung in MÜNchen,

32        postet den (.) de:n link von ihrm=von=dem

33        gogoogleMÄPS DING

34        [wo ihre WOHnung    ] is,

35   B:   [(XX)nich dein ernst.]

36   A:   und sagt

37        ich lad schon mal zum oktOberfest ein.

38        (-) ja=dann muss die sich auch nich wundern

39        wenn die polizei dann AUCH

40        vor der tür steht

41        weil hunderttausend leute

42        bei der <<lachend>(.) RUMstehn, ne?>

43   B:   wie hOhl;

44   A:   wie dUMM kann=man=denn SEIN?
```

Interessant daran ist, dass sich auch an diesem ‚kleinen' und völlig unspektakulären Beispiel zeigt, was in früheren Untersuchungen zum Thema Medienrekonstruktionen festgestellt wurde. Es wird hier deutlich, dass in Bezug auf die neuesten Medien gerade heute und gerade auch unter den ‚ganz jungen' Menschen immer auch über den angemessenen Umgang mit Medien gesprochen und dabei nicht selten durchaus medienreflexiv argumentiert wird. Dies geschieht völlig unabhängig davon, wie simpel der eigentliche Gesprächsgegenstand sein oder erscheinen mag.

Die angeführten Beispiele weisen allesamt auf eines hin: Es existiert ein sozial geteiltes Routine-Wissen darüber, wie Medienhardware und Medienthemen in Alltagsgesprächen so eingebettet werden können, dass ihre Integration nicht zu einen kommunikativen Problem führt. Medientechnologien und Medieninhalte (egal welcher technischen Medien, sei es der ‚klassischen Massemedien' oder der neuen Netzmedien) erfüllen im Zweifelsfall die Funktionen von Gesprächsförderern und nicht von Gesprächsverhinderern.

Sie werden als Gesprächsressourcen genutzt, das soziale Geschehen wird belebt, Prozesse der Vergemeinschaftung werden eher gefördert denn blockiert und vor allem nicht zu vergessen: die besonderen Eigenschaften des jeweiligen Mediums werden stets im Hinblick auf den Stellenwert der ‚gelieferten Informationen' mitbedacht und explizit oder implizit berücksichtigt.

Die Beispiele aber zeigen nicht nur, dass in der von technischen Medien unterstützen Face-to-Face-Kommunikation immer auch über den (sinnvollen, angemessenen) Gebrauch dieser Medien gesprochen wird. Dieser medienreflexive Aspekt ist vielmehr selbst ein Teil der „phatischen", einen zwanglosen, oft sprunghaften und darin, wie Simmel sagt, selbstzweckhaften Austausch befördernden Dimension dieser Gespräche. Die durch die mobilen Geräte eingespielten Informationen – und damit diese Geräte selbst – fungieren als Schmieröl eines unterhaltsamen Beisammenseins, das nicht – oder doch nicht vorrangig – auf die Behandlung und Bewältigung bestimmter Themen und Probleme, sondern vor allem auf die Belebung der jeweiligen interaktiven Abläufe selbst gerichtet ist.

Bei dem aktuellen Forschungsstand spricht jedenfalls vieles für die Auffassung, dass sich auch und gerade in Zeiten einer expandierenden Medientechnologie verlässliche soziale Praktiken vor allem in den beiläufig(er)en alltäglichen Gesprächsformen ausbilden. Der Wandel der Verständigungsverhältnisse, in dem wir dieser Tage so unübersehbar stehen, so meine These, vollzieht sich nach wie vor wesentlich innerhalb der alltäglichen Face-to-Face-Kommunikation, in der diese zwar ein zunehmend verändertes Gesicht gewinnt, ohne aber damit ihre Bedeutung für die Erzeugung individueller wie gemeinschaftlicher Orientierungen zu verlieren.

Literatur

Anders, G. (1956). Die Antiquiertheit des Menschen. Über die Seele im Zeitalter der zweiten industriellen Revolution. München: Beck.

Benjamin, W. (1974). Das Kunstwerk im Zeitalter seiner technischen Reproduzierbarkeit, In R. Tiedemann & H. Schweppenhäuser (Hg.), Gesammelte Schriften (S. 431-469). Band 1.2. Frankfurt a. M.: Suhrkamp.

Bergmann, J. (1987). Klatsch: zur Sozialform der diskreten Indiskretion. Berlin u. a.: de Gruyter.

Bergmann, J. (1994). Ethnomethodologische Konversationsanalyse. In G. Fritz & F. Hundsnurscher (Hg.), Handbuch der Dialoganalyse (S. 3-16). Tübingen: Niemeyer.

Blobel, Brigitte (2012) Falsche Freundschaft – Gefahr aus dem Internet, Würzburg: Arena-Taschenbuch.

Carroll, N. (1998). A philosophy of mass art. Oxford: Clarendon Press.

Coupland, J. (2000). Small talk. Harlow u. a.: Longman.

De Stefani, E., & Mondada, L. (2010), Die Eröffnung sozialer Begegnungen im öffentlichen Raum: Die emergente Koordination räumlicher, visueller und verbaler Handlungsweisen. In L. Mondada & R. Schmitt (Hg.), Situationseröffnungen. Zur multimodalen Herstellung fokussierter Interaktion (S. 103-170). Tübingen: Narr.

Fix, U. (2008). Die Gattung „Moralisierender Spruch". Zur Form und Funktion von gereimten moralischen Appellen. In dies., Texte und Textsorten – sprachliche, kommunikative und kulturelle Phänomene (S. 215-228). Berlin: Frank & Timme.

Garfinkel, H. (1967). Studies in ethnomethodology. Englewood Cliffs: Prentice-Hall.

Gehlen, A. (1957). Sozialpsychologische Befunde. In E. Grassl (Hg.), Die Seele im technischen Zeitalter. Sozialpsychologische Probleme in der industriellen Gesellschaft (S. 39-56). Hamburg: Rowohlt.

Gehrau, V., & Goertz, L. (2010). Gespräche über Medien unter veränderten medialen Bedingungen. Publizistik, 55, 153-172.

Goffman, E. (1981). Strategische Interaktion. München, Wien: Hanser.

Grandt, Guido (2009) Vorsicht Internet. Rottenburg: Kopp

Höflich, J. R. (2006). Das Mobiltelefon im Spannungsfeld zwischen privater und öffentlicher Kommunikation: Ergebnisse einer internationalen explorativen Studie. In P. Glotz, S. Bertschi & C. Locke (Hg.), Daumenkultur. Das Mobiltelefon in der Gesellschaft (S. 143-157). Bielefeld: transcript.

Höflich, J. R. (2010). „Gott - es klingelt!" Studien zur Mediatisierung des öffentlichen Raums: Das Mobiltelefon. In M. Hartmann & A. Hepp (Hg.), Die Mediatisierung der Alltagswelt (S. 97-110). Wiesbaden: VS Verlag für Sozialwissenschaften.

Höflich, J. R., & Gebhardt, J. (Hg.) (2005). Mobile Kommunikation: Perspektiven und Forschungsfelder. Frankfurt a. M. u. a.: Lang.

Horkheimer, M., & Adorno, T. W. (1986). Dialektik der Aufklärung. Frankfurt a. M.: S. Fischer.

Humphreys, L. (2006). Fotos and Fieldwork: Capturing Norms for Mobile Phone Use in the US. In J. R. Höflich & M. Hartmann (Hg.), Mobile communication in everday life: Ethnographic views, observations and reflections (S. 55-78). Berlin: Frank & Timme.

Katz, J. E. (2006a). Magic in the Air: Mobile communication and the transformation of social life. New Brunswick u. a.: Transaction Publ.

Katz, J. E. (2006b). Mobile communication and the transformation of daily life: The next phase of research on mobiles. Knowledge, Technology & Policy, 19(1), 63–71.

Keppler, A. (1987). Der Verlauf von Klatschgesprächen. Zeitschrift für Soziologie, 16(4), 288-302.

Keppler, A. (1988). Beispiele in Gesprächen. Zu Form und Funktion exemplarischer Geschichten. Zeitschrift für Volkskunde, 84(1), 39-57.

Keppler, A. (1989). Schritt für Schritt. Das Verfahren alltäglicher Belehrungen. Soziale Welt, 40(4), 538-556.

Keppler, A. (1993). Fernsehunterhaltung aus Zuschauersicht. In W. Holly & U. Püschel (Hg.), Medienrezeption als Aneignung: Methoden und Perspektiven qualitativer Medienforschung (S. 103-113). Opladen: Westdeutscher Verlag.

Keppler, A. (1994). Der Gesprächsstoff der Medien. In dies., Tischgespräche. Über Formen kommunikativer Vergemeinschaftung am Beispiel der Konversation in Familien (S. 211-267). Frankfurt a. M.: Suhrkamp.

Keppler, A. (1999). Mediale Erfahrung, Kunsterfahrung, religiöse Erfahrung. Über den Ort von Kunst und Religion in der Mediengesellschaft. In A. Honer, R. Kurt & J. Reichertz (Hg.), Diesseitsreligion. Zur Deutung der Bedeutung moderner Kultur (S. 183-199). Konstanz: Universitätsverlag.

Keppler, A., & Luckmann, T. (1992). „Teaching": Conversational Transmission of Knowledge. In I. Markova & K. Foppa (Hg.), Asymmetries in Dialogue (S. 143-165). Hempstead: Harvester Wheatsheaf.

Keppler, A., & Seel, M. (1991). Zwischen Vereinnahmung und Distanzierung. Vier Fallstudien zur Massenkultur. Merkur Sonderheft: Kultur? Über Kunst, Film und Musik, 45(9/10), 877-889.

Levinson, S. C. (1983). Pragmatics. Cambridge u. a.: Cambridge University Press.

Ling, R. S. (2004). The mobile connection: the cell phone's impact on society. San Francisco: Morgan Kaufmann.

Luckmann, T. (1986). Grundformen der gesellschaftlichen Vermittlung des Wissens: Kommunikative Gattungen. KZfSS, 27, 191-211.

Luhmann, N. (1996). Die Realität der Massenmedien. Opladen: Westdeutscher Verlag.

Malinowski, B. (1974). Das Problem der Bedeutung in primitiven Sprachen. In C. K. Ogden & I. A. Richards (Hg.), Die Bedeutung der Bedeutung. Eine Untersuchung über den Einfluss der Sprache auf das Denken und über die Wissenschaft des Symbolismus (S. 323-384). Frankfurt a. M.: Suhrkamp.

McLuhan, M. (1992). Die magischen Kanäle. Düsseldorf: Econ.

Meckel, M. (2011) Next: Erinnerungen an eine Zukunft ohne uns. Reinbek bei Hamburg: Rowohlt

Morley, D. (1991). Where the global meets the local – notes from the sitting room. Screen, 32(1), 1-15.

Newcomb, H. M., & Hirsch, P. (1986). Fernsehen als kulturelles Forum. Neue Perspektiven für die Medienforschung. Rundfunk und Fernsehen, 34, 177-190.

Platon (1983), Phaidros. In ders., Werke in acht Bänden, Band 5: Phaidros. Parmenides. Briefe (S. 1-193). Darmstadt: Wissenschaftliche Buchgesellschaft.

Real, M. (1989). Super Media: a cultural studies approach. Newbury Park u. a.: Sage.

Sacks, H., Schegloff, E. A., & Jefferson, G. (1974). A simplest systematics for the organization of turn-taking for conversation. Language, 50(4), 696-735.

Schegloff, E. A., & Sacks, H. (1973). Opening up closings. Semiotica, 8(4), 289-327.

Schenkein, J. (Hg.) (1978). Studies in the organization of conversational interaction. New York u. a.: Academic Press.

Schertz, C., & Höch, D. (2011). Privat war gestern – wie Medien und Internet unsere Werte zerstören. Berlin: Ullstein.

Selting, M. et al. (2009). Gesprächsanalytisches Transkriptionssystem 2 (GAT 2). Gesprächsforschung – Online-Zeitschrift zur verbalen Interaktion, 10, 353-402.

Simmel, G. (1984). Grundfragen der Soziologie: Individuum und Gesellschaft. Berlin u. a.: de Gruyter.

Steinert, H. (1998): Kulturindustrie. Münster: Westfälisches Dampfboot.

Züger, K. (1998) Säg öppis! – Phatische Sprachverwendung. Eine linguistische Untersuchung anhand von schweizerdeutschen Gesprächen in öffentliche Verkehrsmitteln. Berlin: Lang.

Zuwendungen aus Neigung und Pflicht.
Geschenke als Kommunikationsmedien

Gerhard Schmied

Die Verknüpfung von Geschenk und Neigung indiziert deutlich die positiv getönte emotionale Grundierung des Phänomens „Geschenk". Es soll mit Freude gegeben und empfangen werden. Diese Freude ist erwünscht. Sie ist oft ausgesprochen ein Ziel, wenn jemand statt „Ich habe X dies oder jenes geschenkt" sagt: „Ich habe X eine Freude gemacht". Die Übergabe, die in unserer Kultur meist wenig förmlich vor sich geht, soll Wohlwollen ausdrücken; ein missmutiges Gesicht passt nicht dazu.

Neigung wird meist eher in Richtung der Zuneigung verstanden, so gut wie nie im Sinne der Abneigung. Dennoch kann auch in dieser Gemütslage geschenkt werden, besonders wenn eine starke Verpflichtung vorliegt. Dann mag das Geschenk mit einem gewissen Groll verbunden sein, und es mag eine gedankliche Tendenz vorhanden sein, den Geschenkaustausch abzubrechen oder zumindest auf das noch tolerierbare Mindestmaß zu beschränken. Hier wird es sehr auf die Reaktion des Beschenkten ankommen, ob diese Tendenz verstärkt oder abgemildert wird.

Aus Berichten über Naturvolkgesellschaften geht hervor, dass erste Kontakte zu benachbarten Gruppen in der Weise getätigt werden, dass Gegenstände so platziert werden, dass diese den Nachbarn auffallen müssen.[1] Dabei wird davon ausgegangen, dass die Sachen für den, der sie finden soll, wertvoll sind, d. h., dass sie es wert sind, in Besitz genommen zu werden. Nimmt er sie, weil er sie als für ihn gedacht sieht, hat er damit eine Botschaft empfangen: Jemand hat ihn wahrgenommen und möchte einen Kontakt mit ihm. Was er mit diesem Geschenk – so müssen wir diese Gegenstände, die in seine Verfügung übergegangen sind, nun nennen – weiter tut, soll zunächst offen bleiben.

Das Geschenk ist eine massive Botschaft: Anders als das Wort, auch das geschriebene, ist das Geschenk – der Großteil der Geschenke ist materieller Natur

---

1   Vgl. Laum, S. 88f.

– visuell präsent, es ist unübersehbar und meist dauerhaft. Es ist ein Memento, das an den Geber erinnert.

1. Basisdimensionen: sachlich, zeitlich, sozial

Für den Soziologen Niklas Luhmann ist die Aufspaltung vieler Phänomene in drei Aspekte typisch. Er hat schon in seiner Schaffensperiode vor der „autopoeitischen Wende"[2] für die Analyse von beliebigen Sachverhalten eine solche Aufteilung in drei Ebenen vorgeschlagen: Er unterscheidet eine sachliche, eine zeitliche und eine soziale Ebene.[3]

Die Stärke der *sachlichen* Ebene bei Geschenken haben wir zuletzt betont. Diese sachliche Ebene hebt Geschenke von anderen Formen der Kommunikation ab. Meist sind Geschenke dinglich, nur in Fällen, die im Alltag seltener vorkommen, wird davon abgewichen. Ein Beispiel wäre das Sich Zeit-Nehmen. Schon dieser Fall zeigt, wie vielfältig auch solche nichtdinglichen Geschenke sein können. Ein Rendez-vous von Verliebten, ein Krankenbesuch beim Nachbarn, eine huldvoll gewährte Audienz bei einer in der Öffentlichkeit bekannten Persönlichkeit sind Beispiele von vielen denkbaren. Die Möglichkeiten sind bei dinglichen Geschenken um ein Vielfaches größer. In dem modernen unübersehbar großen Warenmarkt können die meisten Gegenstände zum Geschenk werden. Das reicht von dem Apfel, dem man dem Kind schenkt, über die Flasche Wein, die man aufgrund einer erwiesenen Gefälligkeit dem gibt, der einem die Gefälligkeit erwiesen hat, bis zum Brillantcollier, das der begüterte Ehemann seiner Frau umlegt.

Eine auch im Alltag wichtige Unterscheidung bei den materiellen Geschenken ist die Unterscheidung in persönliche oder individuelle und konventionelle Geschenke.[4] Konventionelle Geschenke werden bevorzugt an Personen gegeben, die relativ fremd sind und deren Vorlieben man nicht kennt. Da konventionelle Geschenke Gegenstände sind, über deren Geschenkcharakter soziale Übereinstimmung besteht, kann man nur schwer etwas „falsch" machen. Typische konventionelle Geschenke sind Süßigkeiten wie Pralinen und Schokoladen, Blumen und Topfpflanzen sowie Alkoholika. Konventionelle Geschenke sind relativ frei einsetzbar. Dennoch muss die Eigenart des zu Beschenkenden bei der Auswahl des Geschenks prinzipiell berücksichtigt werden. Alkoholika etwa sind für bestimmte Personengruppen (zum Beispiel Kinder, Muslime, Alkoholiker in der Entwöhnungsphase) als Geschenke ungeeignet. Um bei dem Beispiel der Alkoholika zu

---

2   Vgl. Luhmann, Soziale Systeme, S. 15ff.
3   Vgl. Luhmann, Soziologie, S. 121f., aber auch ders. Soziale Systeme, S. 125f.
4   Vgl. Schmied, S. 117f.

bleiben: Kennt man die Vorlieben des zu Beschenkenden (zum Beispiel für eine bestimmte Weinsorte) und nimmt man bei der Geschenkauswahl darauf Rücksicht, so kann auch ein konventionelles Geschenk ein gelungenes Zeichen der Zuneigung sein. An nahe stehende Personen werden konventionelle Geschenke nur gegeben, wenn die Geschenkphantasie ausgegangen ist oder wenn man annehmen kann, mit einem bestimmten konventionellen Geschenk die persönlichen Vorlieben des zu Beschenkenden zu treffen, zum Beispiel die bestimmte Marke eines alkoholischen Getränks. Hier tangiert man die Grenze zum persönlichen oder individuellen Geschenk, das ganz an der zu beschenkenden Person ausgerichtet ist.

Unter den persönlichen Geschenken nehmen selbst hergestellte Gegenstände, besonders nach Ansicht ihrer Produzenten, einen besonderen Rang ein. Schon im Erziehungsprogramm von Kindergärten wird das Herstellen von Geschenken, etwa zum Muttertag, als eine wertvolle Tätigkeit herausgestellt. Die aufgewendete Zeit und die Einzigartigkeit des Geschenks, wenn es ein Unikat ist, sollen die Besonderheit der Beziehung zum Beschenkten ausdrücken, die von einem gekauften Gegenstand nicht erreicht wird. Aber das Können des Schenkenden muss den Ansprüchen genügen, die man von einem Geschenk erwartet. Oft wird ein solcher Standard nicht erreicht. Dennoch ist diese Art des Geschenks weit verbreitet, besonders zur Weihnachtszeit. Nach einer Sample-Umfrage von 1992 lag in 15 Prozent der Haushalte Selbstgebasteltes unter dem Weihnachtsbaum.[5]

Quasi auf der anderen Seite der Skala bei der Beschaffung von Geschenken ist der Platz von Geld als Geschenk. Gilt ein selbst hergestelltes Geschenk als ein warmer und herzlicher Erweis der Zuneigung, so gelten Geldgeschenke als kalt und herzlos. In der Praxis folgt man dieser Maxime keineswegs. Geld kann ein konventionelles und ein besonders persönliches Geschenk sein. Geld darf man nur schenken, entweder wenn man sich sehr gut kennt oder die Beziehung, menschlich gesehen, weitgehend bedeutungslos oder sehr formell ist. Nur im letzteren Fall ist man sich sicher, dass die Beziehung unter dieser Gabe nicht leidet. Ohne Probleme kann man dem Zeitungsausträger oder den Müllmännern Geld geben. Aber auch zwischen Großeltern und Enkeln, zwischen denen oft ein besonders herzliches Verhältnis besteht, werden von ersteren Geldgeschenke praktiziert, weil diese sich nicht trauen, ein konkretes Geschenk für die Jüngeren auszuwählen oder sie nicht mehr in der Lage sind, es zu beschaffen. Man braucht hier nur an die vielen Gegenstände aus Elektronikbranche zu denken, die oft auf die junge Generation eine große Faszination ausüben, während diese Welt ihren Großeltern fremd bleibt. Jüngere Leute sind daher eher bereit, Geldgeschenke gut zu

---

5   Vgl. Sample.

finden, wie man in einer Allensbach-Umfrage festgestellt hat.[6] In der Eltern-Kind-Beziehung kann Geld ein Indiz für Selbständigkeit sein. In Irland hat man aufgewiesen, dass Töchter ab einem gewissen Alter Kleidergeschenke ihrer Mütter nicht mehr akzeptieren.[7] Die Mütter, die sich bemüht hatten, den Geschmack ihrer Töchter zu treffen, gingen daraufhin zu Geldgeschenken über.

Um bei unserem in der Ethnologie angesiedelten Eingangsbeispiel zu bleiben: Die *zeitliche* Ebene ist in diesem Fall durch den Beginn einer Kommunikation über Geschenke markiert. Doch die zeitlichen Bezüge des Schenkens sind überaus komplex. Sie betreffen die Zeit vor der Geschenkauswahl, sozusagen die Reifung der Geschenkidee. Man kann hier bezüglich des Zeitaufwands idealtypisch Grübler und spontan Entscheidende differenzieren. Weiter ist die Übergabe vorzubereiten. Etwa durch Verpackung wird ein ausgewählter Gegenstand zum Geschenk. Obwohl es in unserem Kulturbereich nur wenige Vorschriften zur Übergabe von Geschenken existieren, merken wir doch, dass sie vorhanden sind, vor allem dann, wenn wir gegen sie verstoßen. Das betrifft zum Beispiel den richtigen Zeitpunkt der Übergabe; es gilt etwa, einen Moment zu finden, in dem die Aufmerksamkeit des zu Beschenkenden nicht anderweitig in Anspruch genommen wird. Auch längere Zeiträume müssen bedacht werden. Im Falle eines Gegengeschenkes darf der Zeitpunkt nicht zu früh liegen, das könnte als Bezahlung empfunden werden. Bleibt das Geschenk zu lange aus, wird dies noch als gravierender empfunden, worauf eine Reihe von Sprichwörtern hinweist. „Schnelle Gabe. doppelte Labe" ist nur eines von viele möglichen Beispielen. Im Italienischen findet man folgende Redensart: „Ein Geschenk, auf das man lange warten muss, ist halb bezahlt".

Eine prekäre Situation kann immer dann eintreten, wenn verschiedene Beschenkte bei der Übergabe präsent sind und ihre Gaben vergleichen können. Dann tritt eine ganze Reihe von anderen Regeln in Kraft. Theodore Caplow beschreibt so genannte Ausgewogenheitsregeln (scaling rules).[8] Die wertvollsten Geschenke sollten sich Eheleute oder Paare gegenseitig machen, wobei der Mann mehr ausgeben darf als die Frau. Ein Grund könnte sein, dass die Gattenbeziehung normalerweise die am längsten überdauernde unter den wichtigen sozialen Beziehungen ist. Dann folgen die Kinder, wobei die Eltern mehr schenken, als sie von den Kindern erhalten. Eltern sollten jedes ihrer Kinder nach Möglichkeit in gleicher Weise bedenken. Je jünger die Kinder sind, umso strikter ist diese Regel einzuhalten. Die Ehepartner der Kinder sollten in gleicher Weise beschenkt werden

---

6   Vgl. Institut.
7   Vgl. Corrigan, S. 521ff.
8   Vgl. Caplow, S. 1313f.

wie die eigenen Kinder. Aber es ist kaum möglich, einem Neffen ein größeres Geschenk zu überreichen als einem der Kinder. Zwar sind diese Regeln kulturspezifisch, also auf die USA bezogen. Aber die Nichtbeachtung der Distanz der Verwandtschaftsbeziehungen wird wahrscheinlich auch vor einem anderen kulturellen Hintergrund zu Neid und lang wirkenden Konflikten führen.

Schenken sind Ereignisse in der *Zeit*, und bestimmte Zeiten werden durch Geschenke markiert. Der Lebenslauf wird von Geschenken begleitet. Kulturell weit verbreitet sind Geschenke anlässlich der Geburt und zu Gelegenheiten, die als Stufe zunehmender Reife begriffen werden. Letztere liegen meist zwischen dem 10. und 14. Lebensjahr. Oft stehen sie in einem religiösen Kontext wie Erstkommunion und Firmung bei Katholiken, Konfirmation im Protestantismus und Bar Mitzwa im Judentum. Völlig säkularisiert sind die Jugendweihen, wie sie vor allem im real existierenden Sozialismus propagiert wurden und besonders im Osten Deutschlands immer noch durchgeführt werden. Ein Fest mit vielen Geschenken sind Hochzeiten, weil das Paar von beiden Seiten bedacht wird. Auch im späteren Leben gibt es Anlässe mit hohem Geschenkaufwand. Dies sind so genannte „runde" Geburtstage und Jubiläen. Die hier genannten Anlässe stehen für viele andere, die im Alltag vorkommen.

Neben den Geschenken, die quasi linear den Lebenslauf begleiten, gibt es wiederkehrende, also zyklische Anlässe für Geschenke. Zwei sind in ihrer Bedeutung überragend. Das ist zum einen der Geburtstag, in einigen Regionen der Namenstag. Hier steht ein Individuum im Mittelpunkt, das gewürdigt werden soll. Zum anderen ist da Weihnachten als das allgemeine Geschenkfest, in dem möglichst viele zu bedenken sind. Seine heutige Form und Bedeutung erlangte dieses Fest mit dem Aufstieg des Bürgertums. Dabei ist die religiöse Dimension zweitrangig; schon große Teile des Bürgertums waren religiös gleichgültig. Die Feier von Weihnachten, wie sie sich nach und nach entwickelte, passte zu neuen Sozialformen wie der scharfen Trennung von privatem und öffentlichem Raum, wobei der erstere von einem intensiven Gefühlsleben geprägt ist, das von der Hausfrau und Mutter getragen wurde. Weihnachten hat etwas vom Goldenen Zeitalter an sich, das im antiken Mythos wie in der biblischen Paradieserzählung beschrieben wird, und das man für kurze Zeit realisieren will. Die Beziehungen werden bewusst und friedvoll gestaltet. Dazu kommt noch, dass auf der nördlichen Halbkugel Winter ist, der Dunkelheit und Kälte mit sich bringt, die das Gemüt belasten und die Menschen zwingen, in den Häusern zu verbleiben. Die damit verbundene Gefahr der Vereinzelung wird durch ein Fest durchbrochen; die Einzelnen wenden sich einander zu, kommen zusammen, kontaktieren sich schriftlich und fernmündlich. Zu diesen Kommunikationsakten gehören wie selbstverständlich Geschenke, mit Hilfe derer in einer spezifischen Weise kommuniziert wird. „Stell dir vor, es ist Weihnachten und keiner kauft ein". Dieser saloppe, in Anlehnung an Spontisprüche formulierte Satz verweist auf die ökonomische Seite des Schenkens. Zwar muss das Schenken selbst aus der Sicht der sich Beschenkenden von Handel und Warenmarkt getrennt gesehen werden. In der Marktökonomie geht es darum, möglichst viele Waren oder Dienstleistungen zu einem möglichst niedrigen Preis zu erwerben. Ein solches Bestreben ist bei Geschenken bestenfalls sekundär. Aber der Erwerb von Artikeln zu Geschenkzwecken ist ein Thema der Ökonomie, das die Anbieter von Artikeln, die bevorzugt als Geschenke gegeben werden, „irritiert", im Sinne von „antreibt". Bevorzugtes Mittel ist heutzutage eine mehr oder weniger aggressive Reklame. Schon Vorschulkinder schneiden sich Bilder von Gegenständen aus den Geschenkbeilagen der Tageszeitungen aus, um ihren Geschenkwunsch zu demonstrieren. Weihnachten ist eine Zeit, in der Menschen, übrigens fast überall auf der Welt, angeregt werden, sich über Geschenke und zu Beschenkende Gedanken zu machen. Das ökonomische Ergebnis dieses Nachdenkens wurde für 1993, also kurz nach der Vereinigung der beiden Teile Deutschlands, auf 25 Milliarden DM geschätzt.

Um die darauf folgende Zeit, in der kein allgemeiner Austausch von Geschenken vorgesehen ist, zu überbrücken, hat man seitens der Geschenkanbieter versucht, in Anlehnung an US-amerikanische Vorbilder, den 14. Februar, den Valentinstag als Geschenktag zu installieren. Der heilige Valentin ist der Patron der Liebenden. Aber nicht nur Liebende bedenken sich an diesem Tag mit Blumen- und Kartengrüßen. In den USA sollen 1994 nach einem dpa-Bericht über eine Milliarde Grußkarten versandt worden sein. Da es nicht so viel Liebende geben dürfte, werden viele dieser Karten einfach ein Lebenszeichen sein. Es müsste beobachtet werden, in wie weit der Valentinstag als Geschenktag der jüngeren Kohorten sich durchsetzt. Ostern ist vielfach ein Kinderfest, in dem Eier, in Form einer Naturalie oder als Süßigkeit, Hasen und Lämmer verschenkt werden. In einem gewissen Abstand zu Ostern (Ostern findet zu einem jährlich wechselnden Termin statt) ist der Muttertag platziert. Blumen, Süßigkeiten und Kosmetika sind gängige Geschenke zu diesem Tag, der sich trotz seiner Propagierung in der NS-Ideologie durchgesetzt hat, weil er die engste Verbindung betrifft, die Menschen seit der frühesten Kindheit prägt.

Damit sind wir auf der *sozialen* Ebene unseres Untersuchungsgegenstandes angelangt. Denn alle diese Zeitpunkte können als Merkzeichen verstanden werden. Als Merkzeichen für was? Sie erinnern daran, dass es soziale Beziehungen gibt, die gewürdigt und bekräftigt werden müssen, sei es zu einer einzelnen Person wie der Mutter oder vielen wie die Empfänger der Grußkarten und Blumengrüße zum Valentinstag. Geschenke sind ein Ausdruck solcher Würdigung und Bekräftigung. Hier wird deutlich die soziale Ebene tangiert, die in unserem Zusammenhang von zentraler Bedeutung ist. Soziale Beziehungen sind m. E. der eigentliche Bezugspunkt für das Phänomen „Geschenk". Der renommierte Soziologe Erving Goffman bezeichnet Geschenke als Beziehungszeichen (tie-signs)[9], und die Philosophen Maria Fasching und Werner Woschnak formulieren, „dass ein Geschenk zwischen Menschen notwendig einen Ausdruck ihrer Beziehungen darstellt"[10]. Im Falle, dass es sich bei den Geschenken um materielle Gegenstände handelt, werden die Beziehungen quasi materialisiert, so dass sie im wahrsten Sinne der Wörter „erfasst" und „begriffen" werden können. Und all das, was wir zur zeitlichen Dimension festgestellt haben, lässt sich problemlos auf die soziale Ebene projizieren. Nur zwei Beispiele sollen das belegen. Geschenke anlässlich der Geburt thematisieren die Beziehungen zu den Eltern und Großeltern wie – in der Zukunftsperspektive gesehen – dem Neugeborenen. Geburtstagsgeschenke dienen der Bekräftigung der Beziehungen zu dem „Geburtstagskind".

Die zentrale soziale Ebene ist die zwischen dem Geber und dem Empfänger eines Geschenks. Aber für beide Seiten ist nochmals eine soziale Unterteilung möglich, vor allem nach der Größe der Einheit, die schenkt oder beschenkt wird. Es geht um die grobe Einteilung in Einzel- oder Kollektivgeschenke.[11]

Kollektivgeschenke können in drei Formen auftreten. Kollektive können Einzelnen schenken.

Aus dem von Cheal in Kanada gesammelten Material geht hervor, dass 60 Prozent aller von ihm erfassten Geschenke im Namen mehrerer Personen gegeben wurden.[12] Diese hohe Rate ist damit zu erklären, dass Ehepaare oft gemeinsam schenken. Beim Kollektivgeschenk handelt es sich heute in der Regel um das Geschenk eines Kollektivs an einen Einzelnen, auch von Geschwistern an ein Elternteil, von Kollegen an einen Jubilar, von einer Schulklasse an einen Lehrer. Dann können Einzelne an Kollektive schenken, was allerdings seltener vorzukommen scheint. Bei Cheal waren nur 11 Prozent aller Geschenke für mehrere Personen bestimmt. In diesem Zusammenhang kann auf den so genannten Einstand bei Antritt einer neuen Arbeitsstelle hingewiesen werden. Das ist auch ein gutes Beispiel dafür, wie durch ein Geschenk eine neu begonnene soziale Beziehung intensiviert werden kann. Und dann gibt es noch die Gabe von Kollektiv

---

9   Goffman, S. 262ff.
10   Fasching/Woschnak, S. 88.
11   Vgl. Eichler, S. 47f.
12   Vgl. Cheal, S. 114.

zu Kollektiv. Das reicht vom Geschenk mehrerer Kinder an ihre Eltern bis zum Wimpelaustausch zwischen zwei Fußballmannschaften.

Bei Cheal[13] ist auch die Abneigung dokumentiert, sich an einem Gemeinschaftsgeschenk (z. B. für einen ausscheidenden Kollegen) zu beteiligen, unter anderem weil durch eine solche Beteiligung der soziale Bezug des Einzelnen zu dem zu Beschenkenden verwischt wird. Und der Gruppendruck, sich am Geschenk zu beteiligen, zieht ferner die Freiwilligkeit ab, die viele mit einem Geschenk verbinden und die es in ihren Augen wertvoll macht. Allerdings soll hier die Präsentation solcher Überlegungen nicht in dem Sinne missverstanden werden, als sei das Kollektivgeschenk etwas Zweitrangiges oder gar Minderwertiges. Gerade die Herstellung eines Gruppenkonsens ist etwas gegenüber dem Einzelgeschenk Zusätzliches. Im Kollektivgeschenk materialisieren sich nicht nur die Beziehungen zwischen Kollektiv und Einzelnem, sondern auch die Beziehungen in der Gruppe, die ja gegenüber dem selbstständig existierenden Individuum durch Kollektivakte immer wieder hervorgebracht werden müssen, Und natürlich partizipieren sie an der allen Mitgliedern gemeinsamen Gefühlslage.

2. Ein Desiderat: die Emotionen

Was offensichtlich in unserer Kategorisierung fehlt, ist die Berücksichtigung des emotionalen Anteils, der bei Geschenken bedeutsam ist und nicht durch die sachliche und nur ansatzweise durch die soziale Ebene abgedeckt werden kann. Er klingt schon im Wort „Zuwendung" an, das in der Überschrift dieses Beitrags verwendet wird. Dieses Wenden zum Anderen ist freundlicher Natur. Sicher gibt es Geschenke, die so zerstörerisch wirken wie das Trojanische Pferd. Das germanische Wort „gift" ist im Englischen als eine Bezeichnung für Geschenk erhalten und im Deutschen noch als Mitgift geläufig. Gift weist auf den zwiespältigen Charakter des Geschenkes hin[14]. Der Aberglaube weiß von dem Gift, das in Geschenken enthalten sein kann und rät zur Vorsicht: Man soll beispielsweise nichts Spitzes oder Scharfes wegschenken, um nicht die Freundschaft zu zerschneiden oder gar den Lebensfaden abzutrennen. Aber das sind Ausnahmen, und im Normalfall können wir davon ausgehen, dass Geschenke keine Fallen sind, die uns gestellt werden sollen. Das ist ein Beleg des Vertrauens in unsere Umwelt, der das Existieren in ihr erleichtert.

Die emotionale Komponente wird noch deutlicher, wenn wir Schenken wie der Kultursoziologe Georg Simmel mit Raub und Tausch kontrastieren, die er als

---

13   Vgl. ebd. 48f.
14   Vgl. Mauss, S. 150.

die beiden anderen „äußerlichen Wechselwirkungsformen, die sich unmittelbar
an die Besitzfrage knüpfen"[15], bezeichnet. Über die Emotionen, die mit Raub verbunden sind, kann man durchaus spekulieren, aber auf jeden Fall werden sie nicht
positiv getönt sein. Und der Tausch gilt gemeinhin als der rationale Akt schlechthin, der idealtypisch ohne emotionalen Beigeschmack vollzogen werden soll.

Einer der wenigen soziologischen Ansätze, in dem die Emotionalität explizit
berücksichtigt wird, ist der von George Caspar Homans in seiner Schrift „Theorie
der sozialen Gruppe" Sein theoretisches Gerüst mit den Basiskategorien „Handeln", „Interaktion" und „Gefühl" lässt sich mühelos auf Schenken anwenden. Die
einfache Übergabe ist ein Beispiel für Handeln. Die Akzeptanz des Geschenks ist
bereits eine Interaktion, denn nur im übertragenen Sinne kann man sagen, dass
man sich selbst etwas schenkt. Und wenn gar das Geschenk durch ein Gegengeschenk erwidert wird, wird das interaktive Moment überdeutlich.

Homans' Thesen über den Zusammenhang von Interaktion und Gefühl lassen
sich ohne weiteres auf Schenken beziehen, obwohl er dieses nicht explizit thematisiert. Prinzipiell stellt er in einer ersten These fest: „Wenn sich die Häufigkeit der
Interaktion zwischen zwei oder mehr Personen erhöht, so wird auch das Ausmaß
ihrer Neigung füreinander zunehmen, und vice versa"[16]. Homans greift bei der Ex-
plikation seiner Thesen auf empirisches Material zurück, in diesem Fall auf eine
Arbeit über die Verhältnisse in einer Firma, die Fernsprechanschlüsse montiert.
Hier wird für Interaktionen die Entwicklung positiver Gefühle („Neigung füreinander") angenommen. Wenn das generell zutrifft, so wird dies beim Schenken,
das eine starke Form der Interaktion darstellt, auf jeden Fall eintreten. Für eine
andere, noch stärker differenzierte zweite Annahme von Homans bieten sich Beobachtungen aus meinem eigenen Lebensbereich an. Die These lautet: „Wenn die
Interaktionen zwischen den Mitgliedern einer Gruppe im äußeren System häufig sind, werden Gefühle der Neigung zwischen ihnen entstehen, und diese Gefühle führen dann ihrerseits wiederum über die Interaktionen des äußeren Systems hinaus zu neuen Interaktionen"[17]. Homans unterscheidet hier äußeres und
inneres System. Unter dem äußeren System versteht man die in einer Position zu
erledigenden Aufgaben, während das innere System das sich entwickelnde konkrete Gruppenleben meint. Man könnte hier vielleicht auch das Gegensatzpaar:
formell-informell verwenden. In dem von mir beobachteten Fall ging es um die
Sekretärinnen eines Universitätsinstituts, die jeweils individuell ihre Aufgaben
zu bearbeiten hatten. Sie mussten aber auch immer wieder zusammenkommen,

---

15   Simmel, S. 370.
16   Homans, S. 126 (im Original kursiv).
17   Ebd.

um ihre Aktivitäten zu koordinieren (äußeres System). Ich beobachtete, dass die Damen sich nicht nur regelmäßig trafen, sondern ab und zu auch gemeinsam ausgingen und sich zu Geburtstagen einander beschenkten (inneres System).

Nach diesem Aufweis der prinzipiellen Affinität von Geschenk und Gefühl soll auf einzelne Gefühle eingegangen werden. Denn Geschenke und Schenken sind mit einer Vielzahl von Gefühlen verbunden. Sie sind als Motive beim Schenken wirksam. In einer Schrift aus dem indischen Kulturkreis, auf die der Durkheim-Schüler Marcel Mauss in seiner klassischen Arbeit „Essai sur le don" verweist, werden folgende Motive des Schenkens genannt: „Pflicht, wenn man dem Brahmanen spontan gibt; Eigennutz (,Er gibt mir, er hat mir gegeben, er wird mir geben'), Furcht (,ich bin nicht sein, er ist nicht mein, er könnte mir Böses tun'); Liebe (,er ist mir teuer, ich bin ihm teuer – er gibt mir ohne Zögern'); Mitleid (,er ist arm und mit wenigem zufrieden')[18]. Unter den Motiven ist lediglich der Eigennutz eindeutig eine Attitüde der aktiven Berechnung und damit weitgehend dem Gefühlsbereich entzogen; ähnliches gilt, jedoch mit viel geringerem Nachdruck, für die Pflicht, die gerade bezüglich der Gegengeschenke eine wichtige Rolle spielt und die das gegenseitige Schenken „am Laufen" hält.

Mauss kann nur eine begrenzte Auswahl aus der Palette der möglichen Geschenkmotive aufführen. Die Gefühle, die den gesamten Akt des Schenkens durchwalten sollen, sind Zuneigung, Solidarität und Wohlwollen. Unter den Gefühlen, die bei Schenkenden häufig vorkommen, sollen weiter Vorfreude und innere Spannung über die Aufnahme des Geschenks genannt werden. Das erstgenannte Gefühl kann auch beim Empfänger entstehen, wenn ein Geschenk erwartet wird.

Das Gros der Gefühlsarbeit ist auf Seiten des Beschenkten zu leisten. Man fühlt sich an den Spruch aus der Apostelgeschichte (Apg 20,35) erinnert, nach dem Geben seliger ist denn Nehmen. Der Beschenkte hat Überraschung und Freude zu signalisieren, auch wenn beide wissen, dass ein Geschenk „fällig" ist; aber pro forma muss er das Geschenk zurückweisen, d. h. das Gefühl der Unwürdigkeit produzieren.

Wenn der Beschenkte ein Mehr an Gefühlen zu demonstrieren hat, bezieht sich das nicht nur auf den Umfang der Gefühle, sondern auch auf ihre Qualität. Er wird Freude und Überraschung mit viel Intensität und sogar Spontaneität zeigen. Und all das ist stark normiert, denn beispielsweise gedämpfte Freude wird genau registriert. Die diesbezüglichen Pflichten sind uns in Fleisch und Blut übergegangen. Von daher ist auch das Ergebnis einer empirischen Studie zum Thema „Lügen" aus dem Jahre 1992 in sich plausibel, das besagt, dass am häufigsten gelogen wird, wenn man sagt, man freue ich über ein Geschenk. 89 Prozent der

---

18   Mauss, S. 148, Anmerkung 92.

Befragten gaben Lügen dieser Art zu. Die nächsthäufige Nennung (87 Prozent) bezog sich auf die Vertuschung von Fehlern bei der Arbeit.[19]

Dankbarkeit ist das wichtigste Gefühl im Zusammenhang mit Schenken. Als Reaktion auf ein Geschenk gehört sie genuin zum Akt des Schenkens. Sie enthält immer die Komponente des Wohlwollens. Dankbarkeit ist aber auch ein Wechsel auf die Zukunft von Seiten des Beschenkten. Sie setzt Vertrauen beim Schenkenden voraus; der Andere wird loyal zu mir stehen, wenn ich es brauchen sollte. Dankbarkeit enthält so das Versprechen, in Zukunft eine Gegenleistung zu erbringen, und zwar ist diese Leistung noch nicht spezifiziert. Verbitterung über Undankbarkeit bezieht sich oft auf enttäuschte Erwartungen. Wie gravierend solche Situationen empfunden werden, zeigt die auch in westlichen Rechtssystemen vorkommende Möglichkeit des Widerrufs einer Schenkung wegen Undankbarkeit, die schon im römischen Recht vorgesehen ist.

Geschenke sind mit vielen positiv getönten Gefühlen verbunden, denen Ausdruck zu verleihen ist. Darüber aber sind Gefühle nicht zu übersehen, die eindeutig belastend sind. Exemplarisch soll das an einigen Punkten demonstriert werden. Ist durch Unachtsamkeit ein unpassendes Geschenk ausgewählt worden oder der Umfang des Geschenks verfehlt, in einer unpassenden Situation ein Geschenk gegeben oder in einer zwingenden Situation keines gegeben worden, so bedeutet das für den Schenkenden wie für den eigentlich zu Beschenkenden mehr als eine missglückte Handlung. Denn mit dem unpassenden oder fehlenden Geschenk hat man eine negative Seite von sich selbst offenbart. Man spürt, dass das Bild des eigenen Selbst beim Anderen nicht mehr das gleiche wie zuvor ist. Und das ist eine typische Situation, in der das eindeutig belastende Gefühl der Scham entsteht. „Im Schamgefühl vergegenwärtigt sich eine Person, in einer Verfassung zu sein, in der sie sich selbst als defizitär, als mangelhaft und auch als entwürdigend empfindet. Darin ist Scham normativ; sie setzt ein Idealbild des eigenen Selbst voraus, gegen das die Person dann beschämend abfallen kann".[20] Scham hat noch andere gravierende soziale Folgen: "Scham isoliert: sich schämen macht einsam".[21]

Eine wichtige allgemeine Voraussetzung für eine zufrieden stellende Situation bezüglich des Schenkens ist die übereinstimmende Interpretation des Geschenks. Mit der Wahrnehmung des Verhaltens des Anderen können die Fragen gestellt werden: ‚Warum tut er oder sie das?' oder ‚Warum schenkt er mir nichts, obwohl ich ein Geschenk erwarte?' Im ersten Falle, der Frage nach den Gründen

19   GEWIS.
20   Neckel, S. 16.
21   Ebd., S. 17.

für ein Geschenk, können zwei Fehldeutungen auftreten, die beide die sozialen Beziehungen beeinflussen können. So kann ein Geschenk ohne Hintergedanken gegeben worden sein, aber vom Empfänger als Bestechung ausgelegt werden. Es kann aber auch ein Geschenk arglos angenommen werden, mit Hilfe dessen sich der Geber sich in Wirklichkeit einen ungerechtfertigten Vorteil verschaffen will, Jedes Mal täuschen sich die Empfänger bezüglich der tatsächlichen Beziehungen. Besonders beim Zusammentreffen von zwei Kulturen in Gestalt von zwei Personen, von denen mindestens eine schenkt, können Unsicherheiten und Fehldeutungen auftreten. So wird in manchen Kulturen ein Geschenk als legitimes Mittel angesehen, dass anderwärts als Bestechung gewertet wird. Ähnliche Probleme können innerhalb einer Kultur auftreten, wenn die Motive nicht eindeutig sind. Ist ein konkretes Geschenk Ausdruck der persönlichen Sympathie, der geschlechtlichen Attraktion oder einer Konvention? Etwa: Die Sekretärin wird zu Weihnachten vom Vorgesetzten beschenkt. Wenn das Geschenk aus der Parfümerie stammt, kann sie sich fragen, ob das noch Konvention ist. Welche Botschaft lässt sich aus dem Geschenk herauslesen? War das Geschenk ungeschickt gewählt, weil es nicht eindeutig bewertet werden kann? Um es zusammenzufassen: Unsicherheit ist oft eine Begleiterin beim Schenken,

Mit den vorangegangenen Anmerkungen soll der Gefahr begegnet werden, das Schenken in allzu rosigem Licht zu sehen.

3. Der Gender-Faktor

Es ist kein Zufall, dass sich für die Veranschaulichung der zweiten These von Homans zum Zusammenhang der Entstehung von Gefühlen im inneren und äußeren System ein Beispiel nahe legte, in dem Frauen die Akteure waren. Denn Frauen gelten generell als besonders schenkfreudig. Sie sind meist diejenigen, die im Familienleben für Geschenke und damit für das Florieren der Beziehungen zu Verwandten, einschließlich der Kinder, sowie zu Freunden zuständig sind. Sie erwerben den als Geschenk ausgewählten Gegenstand und machen ihn durch sorgfältige Verpackung zu einem Geschenk. Es scheint nicht nur eine Affinität zwischen Geschenk und Gefühl, sondern auch zwischen „Frau" und „Geschenk" zu bestehen. Jenseits der Tatsache, dass nur Frauen Leben schenken können, treten aus der engen Verbindung zwischen Mutter und Kind Bezüge zum Geschenk zutage. Dabei ist die Mutterrolle ein Ausgangspunkt für feministische Erwägungen zu dem Komplex: Frau und Geschenk. Autorinnen wie Nancy C. M. Hartsock gehen davon aus, dass Männer oft die Neigung zeigten, die Geschenke in den Rahmen der Marktökonomie zu stellen, indem sie Geschenke und Gegengeschenke wie sonstige Tauschobjekte sähen.[22] Solche Vorstellungen seien dem Leben in der Mutter-Kind-Dyade fremd, in der eine Person bedingungslos und ohne Gegenerwartung die Wünsche einer anderen erfülle und damit die Basis lege für das spätere Schenken, das freies und bedingungsloses Geben sei. Wie immer man zu dieser These steht (danach würden nur Töchter das mütterliche Verhalten nachahmen), so erklärt das zumindest, dass oft das Eigeninteresse der Mütter durch Empathie gegenüber dem Kind niedergehalten wird.

In traditionellen Gesellschaften gelten Frauen als Geschenk, das ein Familienoberhaupt dem Mitglied einer anderen Familie übergibt. Ein Nachklang auf diese weit verbreitete Sitte findet sich noch, vor allem im angelsächsischen Bereich, wenn im Rahmen der Hochzeitszeremonie der Brautvater seine Tochter ihrem künftigen Ehemann übergibt. Hier wird aus feministischer Sicht eine durch und durch von männlicher Erfahrung imprägnierte Sicht reklamiert.

Frauen schenken häufiger als Männer und werden auch häufiger beschenkt. Kleidung samt Accessoires wie Tücher und Halsschmuck sind typische Geschenke von Frauen an Frauen. Schenken hingegen Frauen Kleidung an Männer, so kann dem Mann signalisiert werden: ‚So sollst du aussehen.‘, ‚So möchte ich dich haben‘. Hier spielen Machtaspekte eine Rolle, die möglicherweise nicht bewusst sind. Auch Goldketten als Geschenk eines Mannes können ebenfalls in dieser Weise als unrühmlich gesehen werden. Denn schließlich lassen sich Ketten trefflich als Fesseln verwenden.

4. Der klassische Dreischritt

Marcel Mauss' Schrift „Essai sur le don" aus dem Jahre 1925, der Titel der deutschen Übersetzung lautet „Die Gabe", ist das klassische Werk über das Schenken, und meist auch das einzige, das genannt wird, wenn man Kollegen zu diesem auch im Alltag relativ häufig vorkommenden Akt des Schenkens befragt. Dabei basiert das Buch vor allem auf anthropologischen Befunden; es thematisiert das Schenken in modernen Gesellschaften nur beiläufig, als Kontrastfolie für das Geschenkverhalten in – wie er sie nennt – archaischen Gesellschaften, wobei die Spannweite des Archaischen von Materialien zu Naturvolkgesellschaften bis zu Zitaten aus dem Hindu- und dem römischen Recht und der altgermanischen Edda reicht.

---

22   Vgl. Hartsock, S. 57.

Mauss bezeichnet das Schenken als totalen sozialen Vorgang, der aus drei Komponenten besteht: aus dem Geben eines Geschenks, aus dem Annehmen des Geschenks und aus dem Erwidern des Geschenks.[23]

Relativ problemlos ist in modernen Gesellschaften das Geben, obwohl auch hier schon die Pflichtkomponente eine wichtige Antriebskraft sein kann. Bestimmte Anlässe in der Biographie, die gewürdigt sein wollen, bestimmte Daten im Jahreslauf werden oft traditionell mit einem Geschenk verbunden, wie bereits oben ausgeführt. Dabei kann eine bestehende Beziehung bekräftigt oder eine neue begründet werden. Die Art des Geschenks fließt in die Beziehung ein beziehungsweise die Art der Beziehung fließt in das Geschenk ein. Die Welt der Geschenke ist unermesslich.

Viel problematischer als Geben ist das Nehmen, und zwar in der Gestalt der Verweigerung. Mauss schreibt an einer Stelle: „... es ablehnen, etwas anzunehmen, kommt einer Kriegserklärung gleich; es bedeutet, die Freundschaft und Gemeinschaft verweigern".[24] Denn mit dem Geschenk lehnt man auch den Geber ab. Zwar gehört es zum Anstand, pro forma ein angebotenes Geschenk abzulehnen. Aber das Insistieren auf der Ablehnung kann zu peinlichen Situationen führen, die Beziehungen zerrütten können, und es bedarf viel Geschick, um die Situation zu retten.

Mit der Akzeptanz eines Gegengeschenks ist ein Geschenkzyklus eingeleitet. Er wird sich, egal wie diese Periode von beiden Seiten realisiert wird, periodisch realisieren. Man hat damit eine Pflicht übernommen. Und wenn eine der beiden Seiten den Wunsch hat, diesen Zyklus nicht mehr fortzusetzen, dann tritt ein der Verweigerung der Geschenkannahme analoges Problem auf. Es ist nicht einfach, den Kreislauf der Geschenke zu durchbrechen. Das ist am ehesten möglich, wenn eine Beziehung durch ein tief greifendes Zerwürfnis abgebrochen ist. Auch der Umzug in einen entfernten Wohnort kann ein Anlass sein, den Geschenkaustausch aufzugeben. Es gibt aber auch eine Reihe von Fällen, in denen das Ausbleiben eines Gegengeschenks üblich ist. Von Kleinkindern wird keine Gegengabe erwartet, obwohl das Erziehungsprogramm mancher Kindergärten die Einübung in das Schenken (zum Beispiel anlässlich des Muttertags) enthält. Von Müllmännern und Zeitungsausträgern erwartet man ebenfalls keine Gegengaben. Das gilt auch für Pflegepersonal und Erzieher, wenn das Geschenk Dank Ausdruck des Dankes für eine über die Dienstpflicht hinausgehende Leistung ist.

---

23   Mauss, S. 36.
24   Ebd., S. 37.

Ansonsten ist es schwierig, den Geschenkaustausch abzubrechen. Ein offenes Wort ist meist peinlich. Oft ist es deshalb so, dass man das Schenken, das man nicht fortsetzen will, einfach „einschlafen" lässt.

.Bei Geschenken von Höher- an Niedrigergestellte kann eine Erwartung wirksam sein, dass das Gegengeschenk der ersteren besonders großzügig ausfallen wird. Der Volksmund spricht hier von „mit der Wurst nach dem Schinken werfen" und im Chinesischen heißt es „mit Ziegeln nach Jade werfen".

In traditionellen Gesellschaften waren Geschenke von oben nach unten noch weitgehend unproblematisch. Heute ist Gleichheit ein die meisten Lebensbereiche dominierender Zug. Das gilt auch für das Schenkverhalten. Auch bei unterschiedlichen Vermögensverhältnissen wird meist darauf geachtet, Gleiches mit Gleichem zu vergelten. Vorstellungen von Achtung und Ehre wollen berücksichtigt sein. Keinesfalls soll der Andere beschämt werden, das Geschenk als Almosen betrachtet werden können.

5. Kommunikation als Zentralkategorie

Die in der Überschrift enthaltene Annahme: ‚Geschenke sind Kommunikationsmedien' soll endlich an einer Theorie erprobt werden, in der der Kommunikationsbegriff zu einem Schlüsselbegriff der Soziologie und zum bevorzugten Gegenstand geworden ist, in der Theorie Niklas Luhmanns.

In seinem umfangreichen Oeuvre hat der Soziologe Niklas Luhmann ein gewaltiges „Beiwerk" mit zahlreichen Verästelungen seiner Theorie und zahlreichen Umdeutungen herkömmlicher Begriffe entwickelt. Das trifft auch für den Kommunikationsbegriff zu. Wenn es nahe liegt, sollen Luhmanns Konzept und auch sein Vokabular herangezogen werden, ohne dass es dogmatisch Geltung erlangen soll. Das gilt auch für den Begriff „Kommunikationsmedium", der bei Luhmann meist als „symbolisch generalisiert" näher charakterisiert wird. Konkret werden darunter bei Luhmann Phänomene wie Macht, Liebe und Geld verstanden. Das ist natürlich im Falle des Geschenks nicht nahe liegend (wenn auch prinzipiell möglich). Daher soll ein näher am Alltagsverständnis gelagerter Begriff des Kommunikationsmediums im Sinne von „Medium" als „Mittel" Verwendung finden.

Der Kommunikationsbegriff ist deshalb für die Sozialwissenschaften so wichtig, weil durch Kommunikation und nur durch Kommunikation nach Luhmann soziale Systeme erzeugt und erhalten werden. Für Luhmann ist das meiste menschliche Agieren Selektion aus verschiedenen Möglichkeiten. Selektion ist die typisch menschliche Reaktion auf eine verwirrend mannigfaltige Wirklichkeit. Nur so kann der Mensch, der nach Arnold Gehlen „weltoffen" ist und durch

„Reizüberflutung"[25] bedroht ist. bestehen. Eine der unzähligen Selektionsformen ist die Kommunikation als eine Selektion, die aus den drei Elementen „Information", „Mitteilung" und „Verstehen" besteht.[26] Die Information fokussiert einen bestimmten Inhalt und blendet die übrige Welt aus. Die Information kann, um die Überschrift dieses Essays aufzugreifen, sein: „Ich mag dich" oder „Es bleibt mir nichts anderes übrig", also „Zuneigung" oder „Pflicht", oder aber auch „Sieh, was ich mir leisten kann" und „Da staunst du". Das Geschenk ist eine Form der Mitteilung. Die Mitteilung bezieht den Anderen mit ein. Die Mitteilung „Ich mag dich" hätte auf ganz verschiedene Weise mitgeteilt werden können, etwa durch ein Gedicht oder eine beiläufige Bemerkung. Unser Beispielmensch, ein im Beziehungsmarkt offener junger Mann, hat sich aber für einen Strauß roter Rosen entschieden, den er dem überaus geschätzten Gegenüber, einer hübschen und charmanten ebenfalls jungen Dame, schenkt. Damit hat er den dritten Selektionsschritt erleichtert, das Verstehen, die in einer beiläufigen, vielleicht schüchtern vorgebrachten Bemerkung „untergegangen" wäre. Verstehen ist eine Selektion des Mitgeteilten, eine Art Bewertung, die die Fortsetzung der Kommunikation nach sich zieht. Diese Fortsetzung resultiert aus der Anschlussfähigkeit der Kommunikation, die neue Kommunikation ermöglicht. Im Falle der beiläufigen Bemerkung wäre die Kommunikation wahrscheinlich zu einer anderen Information übergeleitet worden, die nicht mehr im Rahmen der ursprünglichen Information. verblieben wäre. Bei Komödien werden in diesem Fall im Zuschauer den fatalen Eindruck einer verpassten Chance hervorrufen, die aber später mit einer erneuten Information, die eine veränderte Mitteilung und ein verändertes Verstehen mit sich bringen, zur Genugtuung des Publikums fundamental geändert, so dass das Happy End eingeläutet werden kann.

Das Beispiel zeigt, dass Schenken und Geschenke mühelos mit dem von Luhmann bereitgestellten Repertoire bearbeitet werden können. Zwei andere Möglichkeiten der Luhnannschen Gedankenwelt sollen ansatzweise auf unser Thema bezogen werden.

Dem sozialen System, das aus Kommunikation besteht, ist das psychische vorgängig, das aus Gedanken besteht, die aber nicht in Kommunikation münden müssen, sondern unkommuniziert bleiben können. Denn das psychische System ist wie das soziale ein autarkes System, aber kein autonomes, es kann aber das soziale System „irritieren". Das bedeutet, dass Geschenke bedacht werden können. Es

---

25 Vgl. Gehlen, S. 57.
26 Vgl. Luhmann, Soziale Systeme, S. 194ff., eine gelungene, leicht fassliche Einführung in die Systemtheorie Luhmanns bietet Kneer/Nassehi, vgl.dort S. 81.

geht also auch hier ein Selektionsprozess voraus, der allerdings nicht im sozialen System erscheinen muss, wenn er ein einsames, folgenloses Gedankenspiel bleibt.

Eine weitere der unzählig vielen Anwendungsmöglichkeiten aus Luhmanns Begriffsrepertoire ist beispielsweise seine Unterscheidung von Erleben und Handeln.[27] Es geht hier wieder um einen Selektionsprozess, der im psychischen wie im sozialen System vor sich gehen kann. Luhmann geht hier immer von geschlossenen Systemen aus, die einer Umwelt gegenüberstehen. Es sind im vorliegenden Fall Sinnsysteme, in denen das Aktuelle im Vordergrund steht, ohne dass das Mögliche aus dem Blick gerät. In einer Begegnung wird ein Geschenk überreicht. Das Geschenk kommt von einem Verwandten und damit aus der Umwelt. Für den Geber hat sich damit ein Handeln realisiert, denn er rechnet das Schenken seinem von ihm gemeinten Sinn zu; derselbe Akt wird aber, da er aus der Umwelt kommt, vom anderen psychischen System als Erleben wahrgenommen. Diese Unterscheidung hat auch Bestand, wenn das Geschenk erwartet war.

Auf diese Weise ließe sich das gesamte systemtheoretische Begriffsgeflecht durchbuchstabieren. Bei dem immensen Umfang dieser Gedankenwelt würde eine weitere Ausfaltung in Bezug auf unser Thema den Schwerpunkt der Darlegungen unangemessen verschieben, Aber die vorgestellten Beispiele zeigen, dass ihre Anwendung ohne weiteres möglich ist.

6. Fazit

Was sich an der Systemtheorie Luhmanns zeigen lässt, gilt auch für die anderen in diesem Beitrag referierten Ansätze. Mit Ausnahme der Überlegungen von Marcel Mauss mussten aber alle erst im Nachhinein auf Schenken hin „getrimmt" werden. Es handelt sich also um eine Verschiebung des Handlungs- und Sinnmodus. Der Sinn ist deswegen so bedeutsam, weil er auf den Anderen und seine Bedeutsamkeit für mich gerichtet ist. Wir haben dafür die Vokabel „Beziehung" verwendet. Nicht das Was, sondern der Stellenwert des Wer oder des Wen definiert einen Akt als Schenken, egal ob es sich um Neigung oder Pflicht handelt. Wenn aber das Was, wenn das genuin Ökonomische im Vordergrund steht, wenn nach Luhmann Geld das generalisierte, und damit das alles durchdringende Kommunikationsmedium ist, verblasst im Bewusstsein die alltägliche Bedeutsamkeit des Schenkens. Dabei kann jeder diese Präsenz für sich selbst nachprüfen. Allein der Kalender wird viele daran erinnern, dass sie an einen Geburtstag oder einen Namenstag samt dem dazu gehörenden Geschenk zu denken haben. Da steht noch

---

27   Vgl. ebd., S. 124.

ein Dankeschön für eine Gefälligkeit an, man soll sich an einem Geschenk für einen Jubilar beteiligen, man muss etwas anlässlich eines Besuchs mitnehmen oder etwas von einer Reise mitbringen. Die Liste lässt sich beliebig verlängern. Und immer stehen hinter jedem Punkt der Liste konkrete Personen, mit denen man in Kontakt steht. Und für Personen, die nicht über Geschenke mit anderen in Kontakt stehen, die niemanden haben, dem sie etwas schenken können, besteht die Gefahr der Vereinzelung, wenn nicht gar der Einsamkeit. Das sollten auch die Verächter des Weihnachtsschenkens bedenken, die stolz darauf sind, dass sie sich nicht am Weihnachtsrummel beteiligen, sondern in exotische Fernen enteilen. Jedes Geschenk ist ein Faden, der mit anderen verbindet. Im Schenken konstituiert sich meist Gesellschaft face to face.

So gesehen ist dieser Beitrag auch ein Plädoyer dafür, neben dem Ökonomischen noch etwas anderes zuzulassen, nämlich – und hier zitiere ich Cheal, den Autor des nach meinem Ermessen wichtigsten Buches über das Schenken in den modernen Gesellschaften – neben der Marktökonomie die „gift economy", Ihr und damit den zwischenmenschlichen Beziehungen sollte damit ein gebührender Platz in den Sozialwissenschaften, wie im sozialen Leben generell, freigehalten werden. Das sah schon Marcel Mauss, als er in seinen „Schlussfolgerungen" schrieb: „Ein großer Teil ... unseres Lebens schlechthin steht noch immer in jener Atmosphäre der Verpflichtung und Freiheit zur Gabe. Zum Glück ist noch nicht alles in Begriffen des Kaufs und Verkaufs klassifiziert. Die Dinge haben neben ihrem materiellen auch einen Gefühlswert."[28]

Literatur

Caplow, Theodore, Rule Enforcement without Visible Means, in: The American Journal of Sociology 89 (1984), S. 1306-1323
Cheal, David,, The Gift Economy, London – New York 1988
Corrigan, Peter, Gender and the Gift: The Case of the Family Clothing Economy, in: Sociology 23 (1989), S. 513-534
Eichler, Hans-Volker, Besonderheiten der Geschenksituation und ihre Auswirkungen auf das Konsumverhalten, Frankfurt/M. u. a. 1991
Fasching, Maria und Werner Woschnak, Phänomenologie des Geschenkes, in: Wiener Jahrbuch für Philosophie 11 (1978), S. 64-97

---

28   Mauss, S. 157.

Gehlen, Arnold, Anthropologische Forschung, Reinbek 1961
GEWIS (Gesellschaft für erfahrungswissenschaftliche Sozialforschung), Umfrage im Auftrag der
    Illustrierten „Neue Revue" vom Mai 1982
Goffman, Erving: Das Individuum im öffentlichen Austausch, Frankfurt/M. 1974
Hartsock, Nancy C.M., Exchange Theory, in: McNall, S. G. (Hrsg.), Current Perspectives in Social
    Theory, Bd.6, Greenwood/Ct, 1985, S. 57-70
Homans, George Caspar, Theorie der sozialen Gruppe, 2. Aufl., Köln und Opladen 1965
Institut für Demoskopie Allensbach: Scheine zur Bescherung? Allensbacher Berichte 25/1992
Kneer, Georg und Armin Nassehi, Niklas Luhmanns Theorie sozialer Systeme, 2. Aufl., München 1994
Laum, Bernhard, Schenkende Wirtschaft, Frankfurt/M. 1960
Luhmann, Niklas, Soziale Systeme, Frankfurt 1984
Luhmann, Niklas. Soziologie als Theorie sozialer Systeme, in: Soziologische Aufklärung, Aufl.,
    Opladen 1971, S. 113-136
Mauss, Marcel, Die Gabe, Frankfurt/Main 1990
Neckel, Sighard, Status und Scham, Frankfurt/Main und New York 1991
Sample, Pressemitteilung zur Untersuchung: Weihnachten 1992, Mölln 1992
Schmied, Gerhard, Schenken, Opladen 1996
Simmel, Georg, Soziologie, 5. Aufl. Berlin 1968

Der Takt im Alltag und in der Theorie. Beschreibungen und Verortungen

Arnold Zingerle

1. Einleitung

Außerordentlich selten schreibt oder spricht man über Takt, obwohl Taktlosigkeiten jeder Art zum Alltag der Gesellschaft gehören. In den Kulturwissenschaften führen Schriften zu diesem Thema ein kaum beachtetes Dasein am Rande, und obwohl Takt und Taktlosigkeiten Phänomene des zwischenmenschlichen Umgangs sind, mit spürbaren positiven und negativen Auswirkungen, kann nur mit Staunen festgestellt werden, dass sie im Themenrepertoire der Soziologie so gut wie vollständig fehlen. Vielleicht gibt es zu wenig Anreize dazu, sofern sie aus gesellschaftlichen und kulturellen Trends der Zeit kommen; man kann davon ausgehen, dass für verhältnismäßig viele Bewohner deutschsprachiger Länder, aber auch anderer Länder Europas, „Takt" als hochgeschätzte Qualität des Verhaltens kein Begriff ist. Viele Soziologen und Soziologinnen mögen sich von vornherein nur für Themen interessieren, die sie als repräsentativ für „das Ganze" ansehen oder für Mehrheiten irgendwelcher Art; nicht wenige mögen auch den Takt für eine abgestandene Thematik konservativer Kultursoziologie halten, die sich, wie man zu wissen glaubt, gerne mit den Absonderlichkeiten gehobener Gesellschaftsschichten befasst. Tatsächlich ist auch bei Kultursoziologen der Takt ein völlig randseitiges Thema, was vielleicht auch daran liegen mag, dass er als eine unauffällige Begleiterscheinung der in den Kulturwissenschaften generell ebenfalls vernachlässigten Höflichkeit empfunden wird. Dies ist wohl zu einem guten Teil rein sachlich bedingt. Der Takt lässt sich nicht so leicht wie Höflichkeit in Regeln fassen, sodass er außerhalb von Denkweisen und -Richtungen der Soziologie liegt, deren gegenständliches Interesse dort endet, wo sich keine Gesetzmäßigkeiten mehr (re)konstruieren lassen, und sei es auch „nur" in Gestalt von systemischen Zusammenhängen. Anders als Höflichkeit realisiert er sich in unvergleichlich-individuellen Handlungssituationen, die je für sich, „angemessen", jenes einfühlende Tun oder Unterlassen erfordern, welches ihn vor allem ausmacht. Doch sind Takt und Höflichkeit in der allgemeinen Wahrnehmung auch aus einem

anderen Grund oft schwer voneinander zu unterscheiden. Wenn die Formkom-
ponenten der Höflichkeit in den Hintergrund treten und das höfliche Verhalten
von einer „Höflichkeit des Herzens" (wie eine vergangene Epoche unserer Sprache sie nannte) getragen ist, kann es zugleich Takt einschließen, auch wenn dieser grundsätzlich eine von Höflichkeit unabhängige, überdies von bloßer Freund-
lichkeit, „Herzenswärme" zu unterscheidende Verhaltensqualität ist. So ist auch
das Chaos, die Hilflosigkeit der Ratgeberliteratur zum „guten Benehmen" überall
dort, wo es um Fragen des Takts im Verhältnis zur Höflichkeit geht, verständlich.
      Soziologische Aufklärung ist schon angesichts dieser Gegebenheiten in der
Welt des Alltagswissens oder vielmehr -Meinens angebracht, nötig und durchaus
möglich; aber zu fragen ist, innerhalb welcher Grenzen dies geschehen kann. Den
soziologischen Blick, das soziologische Denken fordert das Thema „Takt" jedenfalls schon wegen seiner Vielschichtigkeit heraus. Zunächst ist es angesiedelt in
einer Phänomenologie des Sozialen, weil jeder Fall von "Takt" ebenso wie von
„taktlosem" Verhalten sich *zwischen* Menschen ereignet, so sehr auch die darunter verstandenen Realitäten in erster Linie *individual*psychisch wahrgenommen,
praktiziert, beherrscht, als wohltuend oder „defizitär" erfahren und immer wieder auch erlitten werden. Einer Phänomenologie des Sozialen, die hier ansetzt,
bieten sich beim Takt bevorzugt Kategorien des sozialen Handelns, der Interaktion und der Kommunikation an, bei denen die Gebundenheit an bestimmte, als
„typisch" darstellbare Situationen eine besondere Rolle spielt. Die soziologische
Perspektive, in der „Takt" im Folgenden erschlossen werden soll, erfasst somit
„naturgemäß" vor allem die Zusammenhänge auf dieser mikrosozialen Ebene.
Soweit makrosoziale Gegebenheiten – situationsübergreifende Normen, kulturelle Werte, Machtverteilungen, gesellschaftlich-strukturelle Determinanten, politische und institutionelle Verhältnisse – in sie hineinragen, wird die Art und Weise
ihres Einflusses im Rahmen der folgenden Ausführungen lediglich angedeutet,
nicht aber systematisch vertieft werden können. Ihre systematische Fragestellung
ist jedoch entstanden aus der Überprüfung soziologischer Theorien, in denen
Klärungen über den Zusammenhang von Takt und Situation zu vermuten waren.
      Die daran geknüpften Erwartungen wurden – abgesehen von zwei Ausnah-
men – enttäuscht. In der der Literatur seit dem Zweiten Weltkrieg gibt es zwar
hin und wieder, doch selten genug, Bemerkungen über den Begriff des Taktes –
bevorzugt in seinem Verhältnis zur Höflichkeit[1] – oder zu funktionalen Aspekten des Taktes, deren situationale Bandbreite dann aber außerordentlich groß ist

---

1   Siehe z.B. Bellebaum 1984.

[2]. Für eine Situationstypik, die dabei für die theoretische Deutung des Taktes als soziales Phänomen hätte fruchtbar gemacht werden können, gibt es hier zu wenig Anhaltspunkte. Spiegelt sich darin der tiefe Epochenwandel in Gesellschaft und Kultur, wenn im Vergleich zur neueren Literatur die ältere, namentlich die aus den ersten Jahrzehnten des 20. Jahrhunderts, viel mehr theoretische Ideen zu einer Soziologie des Taktes liefert? Nicht zufällig entstand in dieser Epoche eine so große Vielfalt neuer soziologischer Ideen, dass sich in ihr die Soziologie als wissenschaftliche Disziplin formierte; es gab damals aber auch noch eine intensive Auseinandersetzung mit den neuen soziologischen Ideen auf dem Boden der Fachkenntnisse etablierter Disziplinen (wie Philosophie, Rechtswissenschaften, Geschichte, usw.), mit günstigen Rückwirkungen auf das neue Fach.

Hier, im Grenzbereich von soziologischem und philosophischem Denken, der für die Epoche charakteristisch war, wird man fündig. Zwei Texte von „klassischem" Rang – Georg Simmels Essay „Soziologie der Geselligkeit" und Helmuth Plessners „Grenzen der Gemeinschaft" enthalten ergiebige Aussagen über einen „systemischen" Zusammenhang zwischen „Takt" und einem bestimmten Typus strukturierter Interaktion: er wurde in einer lange geübten, heute freilich verfallenden deutschen Sprachkonvention „Geselligkeit" genannt. Beide Texte enthalten in ihrer inhaltlichen Überschneidung Wesentliches, genauer: Modellhaftes über die Eigenart und die Funktionsweise von „Takt" und zugleich von „Geselligkeit". Auch wenn die konventionelle Bezeichnung „Geselligkeit" aus dem Sprachgebrauch fast ganz verschwunden ist: das gemeinte Phänomen selbst existiert zweifellos nach wie vor als Teil des gesellschaftlichen Alltags. So erscheint es plausibel genug, zur Aufklärung des Zusammenhangs von „Takt" und Gesellschaft jene beiden dafür so aussagekräftigen Stützpunkte aus der Ideengeschichte des 20. Jahrhunderts wieder in Erinnerung zu rufen[3]. Dies wird im Folgenden unter Punkt 3 unternommen. Da die Aussagen über den Takt bei Plessner ausführlicher sind als bei Simmel, liegt hier zunächst der Schwerpunkt auf Plessner (3.1), bis die Darstellung Plessners zum Geltungsbereich des Takts kommt. Von da an (3.2) konzentriert sich der Gedankengang auf die These der Konvergenz von Plessners Geltungsbereich mit der Struktur des mikrosozialen Systems „Geselligkeit", wie es in Simmels Essay analysiert und interpretiert wird. Diese

---

2   Dies gilt z.B. für Goffmans Arbeiten aus der Mitte der 50iger Jahre(1955, 1956) und deren Aufnahme beim frühen Luhmann (1965, bes. S.65ff.), sowie Goffmans Buch über das Stigma (Orig. 1963, dt.1967) – Arbeiten, in denen der Takt als Funktion der Herstellung und Erhaltung der personalen Identität bzw. der darauf bezogenen Selbstdarstellung behandelt wird. Zur Rolle, die dabei das Verschweigen spielt vgl. die Aufnahme Goffmans bei Bellebaum (1992, S.125f.).

3   Die Rezeptionslücke, die heute in dieser Hinsicht gegenüber dem Werk Simmels wie Plessners klafft, erscheint unverständlich bei dem Rang, der in vielerlei anderer Hinsicht und zu Recht dem Werk dieser beiden Autoren zugemessen wird.

These ist die Grundlage für eine zweite: da Simmels „Geselligkeit" einer „idealtypischen" Konstruktion i. S. Max Webers entspricht und Simmel den Takt als zentral für das Gelingen dieses Typus strukturierter Interaktion einbaut, stellt sie ein bis heute bedeutsames Modell für die Leistung des Taktes auch in anderen sozialen Situationen dar.

Teil 2 ist ein Vorspiel, in dem es um die Frage geht: was wird heute unter „Takt" verstanden, und welche Alltagssituationen geben Anlass, ihn zu thematisieren? Es findet statt in Form eines Erfahrungsberichts, der eigene Erfahrungen des Autors und Erfahrungen anderer beschreibt, zu denen er über eine Reihe intensiver Gespräche Zugang erhielt. Sein berufsbedingtes Vorverständnis zum Gegenstand „Takt" wurde dabei soweit wie möglich zurückgestellt.

2. „Takt", „Taktlosigkeit" im Alltag – Fragmente reflektierter Erfahrung

An den Anfang sei eine eigene Erinnerung gesetzt, die sich mir immer dann zuerst aufdrängt, wenn ich an Taktlosigkeiten zurückdenke, die ich von anderen erdulden musste. Die Episode ereignete sich bereits vor vielen Jahren – lange bevor „Takt" Thema eigener, fachbezogener Reflexionen werden konnte. Die Erinnerung an sie hat sich meinem Gedächtnis so tief eingeprägt, dass ihr in meinem späteren Nachdenken über das Thema die Rolle eines exemplarischen Falls zuwuchs.

Zusammen mit anderen Hochschullehrern einer nordwestdeutschen Universität nahm ich regelmäßig an Gymnastik-Übungen teil. Mit drei Mitgliedern der Gruppe (A, B, C) war ich näher bekannt – das Verhältnis, das ich zu ihnen entwickelt hatte, war vertraulich-freundschaftlich. Noch verhalten hatte eine solche Qualität auch meine Beziehung zu zwei weiteren Mitgliedern der Übungsgruppe (D, E) angenommen. Die Episode fand am Ende eines der Gymnastiktermine statt. Im Umkleideraum wandte sich C (zwischen ihm und mir standen zwei, drei andere Teilnehmer) unvermittelt mit einer Frage an mich – laut, vernehmbar für alle: „Wann beginnt nochmal die Einladung am Freitag bei Euch? Ich habe die Uhrzeit vergessen". Dass die Frage in der „Öffentlichkeit" dieses Personenkreises gestellt wurde, im Beisein von D und E, die mir erstaunt-fragende Blicke zuwarfen, ließ in mir sofort ein peinliches Gefühl hochkommen, das sich auch als „Bloßstellung" beschreiben lässt, vermischt mit einem Gefühl der Verlegenheit gegenüber den Anwesenden, denn ich hatte zwar A, B und C mit dessen Frau eingeladen, nicht jedoch D und E. Mit diesen beiden hatten meine Frau und ich bereits die gegenseitige Erwartung bekräftigt, unsere Bekanntschaft zu vertiefen. Wir wollten sie bei anderer Gelegenheit, in passenderer Kombination mit anderen Gästen, einladen – die Einladung dazu war aber bisher noch nicht erfolgt.

Zwar nicht Peinlichkeit, doch in gewissem Grade Verlegenheit mag daher wohl auch bei D und E als Reaktion auf die Frage von C entstanden sein. Es war mir nicht möglich, in diesem Augenblick, in der „Öffentlichkeit" der Gymnastikteilnehmer, missverständliche, sensible Fragen der „Exklusion und Inklusion" klarzustellen. Distanzlos, ja taktlos empfand ich sein Drauflosreden. Warum nur war C nicht auf den Gedanken gekommen, mit seinem Anliegen bis zu dem Augenblick zu warten, wo am Parkplatz jeder sein Auto aufsuchen würde, wo es also unkompliziert unter vier Augen hätte besprochen werden können? Takt hätte erfordert, die in der Situation liegenden Möglichkeiten der Irritation durch jene Frage vorausschauend zu erspüren und den Frageimpuls vor allem zurückzuhalten, weil er nicht wissen konnte, wer von den Anwesenden eingeladen war und wer nicht. Aus heutiger Sicht muss ich freilich einwenden: gibt es nicht viele – mit dieser vergleichbaren – Handlungssituationen, in denen das Maß von Bewusstheit, welches eine derartige, in Sekunden ablaufende Erkenntnisleistung erfordert, kaum zu erwarten ist? Daraus folgt die praktische Frage: inwieweit hat man sich in Taktsituationen „in der Hand", inwieweit „unterlaufen" sie den Handelnden, so dass sie oft erst hinterher reflektiert, korrigiert werden können?

Bei der Erschließung des Themas für den vorliegenden Sammelband war es mir wichtig, die Spuren aufzusuchen, die es in meinem persönlichen Umfeld, in meinem „Netzwerk" von Freunden und Bekannten, hinterlassen hat. Die Einschränkung auf diesen Kreis war durch den sensiblen Gegenstand geboten. Methodisch war mir dabei das Wichtigste, spontane Äußerungen, vor allem Erzählungen über taktloses Verhalten und die Situationen, in denen es vorkam, zu erhalten – Erzählungen, die geeignet waren, meine eigenen Ansichten zum Gegenstand zu korrigieren und zu erweitern.

Im Vergleich zum oben berichteten Vorfall in der Gymnastikgruppe waren die Fälle, von denen mir meine Gesprächspartner berichteten, in der Mehrzahl buchstäblich schwerwiegender, weil die Taktlosigkeiten größere psychische Belastungen zur Folge hatten. Unabhängig von der Situation und der Zahl der beteiligten Personen sahen sich die Betroffenen oft einer Beschämung ausgesetzt. In den schwerwiegendsten Fällen bestand diese in einer Form von Herabsetzung, mit der verdeutlicht wurde, dass der bzw. die andere nicht gesellschaftlich „standardisierten" Erwartungen entsprach, die an das körperliche Erscheinungsbild, die Kleidung, an soziale Kategorien wie Geschlecht, Alter, an Gruppenzugehörigkeit, an Prestige generierende Leistungen, Bildungspatente usf. geknüpft waren. Die darin bestehende Gemeinsamkeit dieser Fälle gibt Anlass, sie zu einem eigenen Typus von Taktlosigkeit zusammenzufassen.

Über ein bedrückendes, auf den Körper bezogenes Beispiel für diesen Typus berichtete eine junge Frau, deren Freundin an einer chronischen Erkrankung litt, die als Ursache für eine unangenehme, äußerlich sichtbare Begleiterscheinung – Adipositas – nicht erkennbar war. Ihr verschaffte die eigene Mutter zusätzlich ein psychisches Dauerproblem, indem sie jedes Mal, wenn die beiden mit (außerfamiliären) Dritten zusammen waren, in herabsetzendem Ton die Körperlichkeit ihrer Tochter kommentierte.

Ein anderes Beispiel für den Typus bestand in einer ebenfalls zur Dauereinstellung gewordenen Taktlosigkeit, die aber anders veranlasst war, und deren Folgen einen Kunstlehrer zwangen, sich in therapeutische Behandlung zu begeben. Seine Schulleiterin – eine Naturwissenschaftlerin – ließ im Lehrerkollegium keine Gelegenheit aus, sein Fach als minderwertig, da nutzlos hinzustellen und ihn durch Blicke, Gesten oder schlichtes Negieren in der „Öffentlichkeit" der Schule zu desavouieren.

Ein Gesprächspartner meinte, Jugendliche entwickelten unter dem Leistungsdruck des Bildungssystems besondere Sensibilitäten und müssten vielerlei Taktlosigkeiten durch Erwachsene und im Berufsleben Angekommene erleiden. Ihm selbst sei eine schwerwiegende Taktlosigkeit gegenüber seinem Sohn und dessen Freundin unterlaufen. Als diese zusammen mit einigen Schulkameraden aus seinem Gymnasium im elterlichen Wohnzimmer eine Unterhaltungssendung von RTL ansahen und er hinzukam, kommentierte er spontan: „da sind wir also sprachlich wohl aufs Hauptschulniveau heruntergekommen!" – er hatte in dem Augenblick die Tatsache verdrängt, dass die Freundin seines Sohnes „nur" den Hauptschulabschluss hatte. Er gestand mir: „als mir bewusst wurde, was ich angerichtet hatte mit diesem Wort, ist mir ein Schamgefühl vom Kopf bis zu den Zehen durch den Körper gelaufen". Seine daran anschließenden Versuche, die Folgen des Vorfalls auszugleichen, empfand er als mühsam: die innere Kluft, die sich zu seinem Sohn und dessen Freundin plötzlich aufgetan hatte, war nicht im Handumdrehen zu überwinden. Wir erörterten daraufhin das Problem unbewusst begangener Taktlosigkeiten, die in der Folge ohne Selbsterkenntnis und „Schadensbegrenzung" blieben. Absurd wirke sich dabei oft die Tatsache aus, dass „Dritte", Zeugen des Vorfalls, die dem Taktlosen persönlich verbunden sind und sich besonders dazu aufgefordert fühlen, ihm die Angelegenheit bewusst zu machen, sich daran gehindert fühlten, weil sie ihrerseits ihm – taktvoll – Peinlichkeit, Beschämung ersparen möchten. Einen sehr verbreiteten anderen Typus von Taktlosigkeit – vielleicht den am meisten verbreiteten –, der allerdings im Vergleich zum soeben geschilderten den Betroffenen weniger tiefgreifende Probleme verschafft, stellt eine Reihe von Fällen dar, deren gemeinsames Merkmal die Grenzüberschreitung ist. Es ist nicht die Grenze zwischen Privatheit und Öffentlichkeit, die hier nicht respektiert wird, sondern, wie eine Gesprächspartnerin sich ausdrückte, „die Grenze, die um jeden Menschen unsichtbar gezogen ist, so etwas wie eine Sphäre, die man erspüren muss und die uns sagt: bis hierher und nicht weiter". Diese Grenze kann überschritten werden sowohl durch verbal Kommuniziertes als auch durch Gesten und Handlungen – vor allem bei zu großer körperlicher Nähe sowie bei Eingriffen am Körper.

Schon vor langer Zeit hatte Edward T. Hall mit seinen Untersuchungen zur „Proxemik" (Hall 1963, 1969) auf Grundformen von „unsichtbaren" Regeln der körperlichen Distanz aufmerksam gemacht. Sie können sowohl situationsabhängig sein (z. B. in Europa Wahrung mindestens eines handtuchbreiten Abstands in Badeanstalten, dagegen Toleranz buchstäblicher „Tuchfühlung" in überfüllten Aufzügen oder U-Bahnen) als auch gesellschaftlich-kulturell bestimmt (wie z. B. die Körpernähe zwischen befreundeten Männern in Mitteleuropa im Gegensatz zu Maghreb-Ländern). Das Abweichen von solchen Standards ist in der Regel keine Angelegenheit von Takt, sondern eine der Respektierung der Sitten bzw. des „Anstands". „In der Regel": denn – so der Erfahrungsbericht einer Gesprächspartnerin – z. B. die taktneutrale Verletzung der Abstandsnorm für Geschlechtsverschiedene in einer öffentlichen Sauna in Deutschland, die sich nicht persönlich kennen, verwandelt sich in „Taktlosigkeit", wenn die Regelverletzenden „Bekannte oder gute Bekannte" sind. Was die kulturabhängigen Normen betrifft, so war die Äußerung einer seit achtzehn Jahren in Deutschland ansässigen Japanerin von besonderem Interesse. Sie empfand die Deutschen sehr oft als „übergriffig-taktlos", weil sie ihr körperlich zu nahe kamen, sie zu häufig mit „Du" statt „Sie" anredeten (weswegen, nachdem sie dies im Kreis deutscher Bekannter einmal zur Sprache gebracht hatte, das Urteil „hochnäsig" auf sie fiel) und weil sie in Gesprächen mit Deutschen zu oft das Gefühl hatte, man wolle „in sie eindringen"[4].

Der Normalfall des Alltags, der Berührungen und Eingriffe am Körper durch Personen vorsieht, mit denen man nicht im privaten Raum zusammenlebt, ist die ärztliche Behandlung. Diese Situation war es denn auch, die eine Psychotherapeutin spontan als erste nannte, als ich sie nach den Erfahrungen ihrer Klienten mit Taktlosigkeit befragte. So sachgeboten-unentbehrlich der Umgang mit dem Körper in diesen Fällen auch immer gewesen sein mochte: durch die Art und Weise,

---

4   Auf eine in unserer gegenwärtigen Zivilisation außerordentlich stark verbreitete Form der Taktlosigkeit, die ebenfalls „Übergriffigkeit" in die persönliche Sphäre des Menschen darstellt, und die in den Gesprächen unerwähnt blieb, sei hier nur kurz hingewiesen: die Zumutung, in öffentlichen Verkehrsmitteln und an vergleichbaren anderen öffentlichen Orten den Handygesprächen anderer ausgesetzt zu sein, ohne dass man die Möglichkeit hätte, ihnen auszuweichen.

wie der Internist, der Allgemeinmediziner, der Orthopäde, ja auch der Zahnarzt (gerade auch dieser, wie ein Klient meiner Gesprächspartnerin betonte, indem er den Mund als besonders „ persönlichen Zugang" zu ihm bezeichnete) mit der immateriellen Sphäre umging, die den Körper umgibt und die grundgelegt ist in der Person und deren „Würde" (wie jener Klient ausdrücklich betonte), war jedes Mal – so stellte ich zusammen mit meiner Gesprächspartnerin fest – stillschweigend eine positive oder negative Entscheidung über den subtilen, einfühlsamen Handlungsmodus getroffen, für den es keine zutreffendere Bezeichnung gibt als eben „Takt". Die Einfühlsamkeit auf der Seite des Arztes oder der Ärztin ist besonders gefordert durch die schon in der Patientenrolle verankerte Passivität der behandelten Personen. Als „taktlos" bezeichnet wurden in diesem Zusammenhang auch „Übergriffe", die freilich jenseits der subtilen Sphäre des Taktbegriffs zu verorten sind: die Grenzüberschreitung wird dann zu organisierter, systematisch schon angelegter Entwürdigung unter den vorgeblich – aus ökonomischen Gründen – unverzichtbaren Zwängen von „Organisation" und „Rationalisierung", insbesondere bei halbanonymen, hochtechnisierten Untersuchungen mit spezialisiertem Bedienungspersonal, das die Patientenkörper ohne Achtung der Person seriell behandelt und „vorführt".

Schließlich tauchte in den Gesprächen auch als eine typische Einbruchstelle der Taktlosigkeit in soziale Abläufe die Art und Weise auf, wie Menschen sich bei Zusammenkünften mit mehreren anderen – sie können wenige Personen umfassen oder eine Gruppenkonstellation wie bei Festgesellschaften – ins Gespräch einbringen und worüber sie sprechen. Auch dass überhaupt gesprochen wird, statt zu schweigen, kann taktlos sein. Taktlos können nur wenige Worte sein, aber auch umfangreichere und mehr Zeit beanspruchende Gesprächsbeteiligungen, z. B. als Teil von Konversation. Deutlich wurde ein Unterschied zwischen der Verletzung „bloß" von Höflichkeitsregeln der Gesprächsführung (wie: den anderen nicht zu unterbrechen) und Taktlosigkeiten festgestellt: deren gemeinsamer Nenner sei die Missachtung oder auch Negation der – auch nur potentiellen – Beitragsfähigkeit und damit der Individualität der anderen Gesprächsteilnehmer.

Die hier zusammengestellten Berichte decken natürlich nur einen schmalen Bereich aus der Breite der Möglichkeiten ab, das Phänomen „Takt" vor dem Hintergrund negativer Alltagserfahrungen zu umreißen. Erst systematisch angelegte, mit einem komplexen Methodenansatz arbeitende Erhebungen könnten das Phänomen von der empirischen Seite her einigermaßen zufriedenstellend aufschließen. Verallgemeinernde Schlussfolgerungen zum Thema sind daher aus den oben beschriebenen Fragmenten reflektierter Erfahrungen nicht angebracht – immerhin können einige Aspekte daraus die Richtung bestimmen helfen, in der dies erfolgen könnte. Auch können ihnen Gesichtspunkte für weiterführende Fragestellungen entnommen werden. So müsste im Hinblick auf die Situationstypik die Frage weiter vertieft werden, wie intim oder „privat", wie „öffentlich" die Begegnungen sind, in deren Rahmen Taktlosigkeiten bestimmter Art festgestellt werden: ist die Wahrscheinlichkeit ihres Vorkommens gleichsam vorprogrammiert durch die „Bezirke", „Räume" der Interaktion? Und welche Rolle spielt deren Struktur? Wie viele Personen nehmen an ihnen teil? Offensichtlich gibt es auffallend häufig Taktlosigkeit im Beisein „Dritter", innerhalb überschaubarer Formen eines „Publikums" außerhalb der privaten Sphäre, doch ereignet sich Taktlosigkeit oft genug auch im Raum der Familie oder im privatesten der Zweierbeziehung. Die Berichte lassen auch erahnen, "wie viel Gesellschaft" in Gestalt sozialer und kultureller Normen, Selbstverständlichkeiten bei Taktfragen im Spiel ist.

In diesem Zusammenhang drängt sich auch die Frage nach der moralischen Dimension des Taktes auf. Wer von „Takt", von „Taktlosigkeit" spricht, *bewertet* menschliche Handlung und Kommunikation anhand bestimmter Kriterien. Können Humanwissenschaften mit ihrem objektivierten Wissen über die *Bedingungen* dieses Bewertungsakts Gesichtspunkte zu einer normativ-praktischen Theorie des Takts liefern? Diese Frage müsste auch gestellt werden angesichts spürbarer Unsicherheiten im gegenwärtig feststellbaren journalistischen Gebrauch des Wortes „Takt". Wenn „Takt" ausschließlich eine Qualität sensiblen Verhaltens in einmaligen Personenkonstellationen von „Face-to-Face-Begegnungen" ist, registrierbar nur anhand ausgesprochener wie unterlassener Worte, Handlungen und Gesten – wie kann er dann als (fehlende oder vorhandene) Eigenschaft „öffentlicher Personen" überhaupt ernsthaft zur Debatte stehen, wenn diese Handlungen und Kommunikationselemente „nur" als mediales Konstrukt zur Verfügung stehen?[5]

Mit den Ausführungen des folgenden Abschnitts III, die auf die Takttheorie zuerst bei Plessner und später bei Simmel eingehen, werden die gestellten Fragen annäherungsweise beantwortet, aber auch darüber hinausreichende Aspekte des Takts und seiner Situationen erörtert.

---

5   So bewertete eine Rundfunkjournalistin die bloße Tatsache, dass der damalige Bundespräsident Wulff im November 2011 Angehörige von Opfern der NSU-Mordserie empfing, als „taktvolle Geste". Natürlich ist es jedem unbenommen, Sprachkonventionen weiter oder enger anzuwenden. Wegen des Einflusses, den die Mediensprache auf den allgemeinen Sprachgebrauch hat, kommt jedoch das Kriterium der Exaktheit und Angemessenheit ins Spiel. Muss nicht im angegebenen Fall dem Urteil, Wulff habe Takt bewiesen, ein genaues Wissen über den Ablauf des Ereignisses vorangehen, bezogen auf die Frage: wie respektvoll war, konkret, der Umgang des Präsidenten mit jenen Opferangehörigen, welche Worte sind dabei (nicht) gefallen, worin bestand die nichtverbale Kommunikation in dieser Begegnung?

3. Takt – theoretisch: das Phänomen und seine Modellsituation

3.1 Die „erste und letzte Tugend des Herzens": der Takt in Plessners „Grenzen der Gemeinschaft"

Mit guten Gründen findet in neuester Zeit unter Soziologen wieder Helmuth Plessner Beachtung, genauer seine 1924 unter dem Titel „Grenzen der Gemeinschaft. Eine Kritik des sozialen Radikalismus" veröffentlichte Schrift. Als Reaktion auf Orientierungen, Denkweisen, Menschen- und Weltbilder seiner Zeit, die eine radikale, an „Gemeinschaft" appellierende Direktheit im Denken, Kommunizieren, Handeln und Zusammenleben gegenüber jeder realistischen, das heißt vielfältig vermittelten „Gesellschaftlichkeit" bevorzugten und sich in kultureller Hinsicht ebenso problematisch wie in politischer Hinsicht gefährlich erwiesen, ist diese Schrift von „klassischem" Rang, unentbehrlich für die Ideengeschichte und Kultursoziologie des beginnenden 20. Jahrhunderts. Darüber hinaus ist sie auch von Bedeutung, weil in ihr anhand der von Plessner aufgegriffenen, zeitgebundenen Gegenstände der Polemik eine Argumentation entfaltet wird, in die Schritt für Schritt zugleich eine Sicht des Menschen einfließt, die epochenübergreifend-allgemeine Geltung beansprucht: in der Zeit, in der die Schrift entstand, reifte zugleich Plessners Plan, seine denkerische Position als „philosophische Anthropologie" zu begründen[6]. Abgesehen davon besitzt die Schrift auch heute noch ungebrochene Aktualität für eine kritische Erörterung der Folgen und Fernwirkungen von Ferdinand Tönnies' „Gemeinschaft und Gesellschaft" (1887) – so ist auch unsere Gegenwart alles andere als gefeit gegen Versuchungen, gegen die „Kälte" des Kapitalismus, seine anonymen Strukturen, Macht- und Konfliktlagen ideologisch auf die „Wärme", Intimität und vermeintliche Macht- und Konfliktfreiheit „gemeinschaftlicher" Lebensformen zu rekurrieren[7].

Für das hier zu besprechende Thema, den Takt und seinen gesellschaftlichen Ort, ist dessen zweifache Verknüpfung mit der argumentativen Hauptlinie der Schrift über die „Grenzen der Gemeinschaft" von Bedeutung. Die erste: innerhalb seiner Argumentation, die sich gegen den (von antibürgerlichen Affekten getriebenen) Gemeinschaftsradikalismus der Direktheit wendet, ist Plessners Plädoyer für die sensibel-verhaltene bürgerliche Tugend des Takts ein unentbehrliches Element, bewusst platziert als Steigerung des Arguments im vorletzten Abschnitt der Schrift, der die Überschrift „Die Logik der Diplomatie. Die Hygiene des Taktes" trägt. Die zweite: wie in allen übrigen Abschnitten der Schrift, so sind

---

6 In den Jahren 1924 verfasste Plessner diese Grundlagenschrift, „Die Stufen des Organischen und der Mensch. Einleitung in die philosophische Anthropologie" (zuerst 1928, 2.Aufl. Berlin 1965).
7 Vgl. dazu: W. Gebhardt (1999)

auch in dem über den Takt deutliche Konturen der Vorkonzeption von Plessners späterer Anthropologie zu finden. Durch beides erhält der Takt auch als Gegenstand theoretischer Entschlüsselung und Erkenntnis einen Rang. Dem entspricht jedoch in keiner Weise – nur mit Erstaunen kann die Tatsache festgestellt werden – ein Echo in der wissenschaftlichen Literatur, das dem Stellenwert, den er bei Plessner erhielt, angemessen wäre[8].

Plessners Text über den Takt im vorletzten Abschnitt der "Grenzen der Gemeinschaft" ist der zweite Teil einer emphatischen Hervorhebung distanzwahrender Einstellungen menschlichen Handelns zum Schutz der „Seele", deren Ort „Gesellschaft" ist und nicht „Gemeinschaft". Paradigmatisch sind ihm dafür einmal „Diplomatie" in den Beziehungen des öffentlichen Lebens, die der „Logik des Geschäfts" gehorchen, und zum andern „Takt" im Bereich „aller spielenden Beziehungen", die jener Logik nicht gehorchen und über deren Ordnung der Takt „unmeßbar, unberechenbar ... entscheidet" (105)[9]. Diesen Bereich konkretisiert er nun als „Geselligkeit". Es ist der Ausschnitt aus der sozialen Realität, in dem die „starren Funktionen der Ämter und Berufe, die Rüstungen der Öffentlichkeit" nicht in die Waagschale fallen, in dem nicht das strenge Formspiel herrscht, das nötig ist, damit im Kampf der Interessen die Person mit ihren inneren Bedürfnissen – vor allem der Erhaltung ihres Selbstwerts und ihrer Würde – bestehen kann. Hier, in der Geselligkeit, sieht sich der Mensch zu „anderen Spielen leichteren Stiles aufgefordert, zu einer unhörbaren Diplomatie der alles und nichts sagenden Liebenswürdigkeit, die besänftigt und doch die Spannung nie ganz löst, weil sie im Ungewissen läßt" (105f.). Es ist charakteristisch für Plessners Text, dass er hier wie an zahlreichen anderen Stellen der Schrift den Gegenstand, den er gerade ausführt, unterlegt mit anthropologischen Bemerkungen – an dieser Stelle, an der er den Gedanken fortführt mit einem Hinweis auf die Geselligkeit als „Anwendungsbereich einer *Kultiviertheit der Andeutung*, einer *Kultur der Verhaltenheit*", nimmt er die Forderung der Gemeinschaftsideologie nach Direktheit und Echtheit des Verhaltens in jeder Situation auf, um festzustellen: „Direkt und echt

---

8   Von besonderem Wert ist ein von W. Eßbach, J. Fischer und H. Lethen (2002) herausgegebener Sammelband, der eine thematisch verzweigte Debatte um die „Grenzen der Gemeinschaft" dokumentiert. Da sein Fokus auf ideengeschichtlicher Kontextualisierung liegt, spielt das Thema „Takt" eine nur untergeordnete Rolle. In dem vor kurzem veröffentlichten Symposion über „Takt und Taktlosigkeit" (s. Gödde/Zirfas 2012), an dem eine Auswahl kulturwissenschaftlicher Fächer (Pädagogik, Psychologie und Psychotherapie, Philosophie, Literaturwissenschaft, Ethnographie, Musikwissenschaft, Kunsttherapie – es fehlte die Soziologie) beteiligt war, wird dagegen Plessner wiederholt mit einigen markanten Aussagen über den Takt zitiert; dabei bleiben jedoch der Kontext von „Grenzen der Gemeinschaft" und die daraus stammenden Akzentsetzungen Plessners beim Thema „Takt" unberücksichtigt.

9   In Klammer stehende Seitenzahlen ohne weitere Angaben beziehen sich auf die mit einem Nachwort von Joachim Fischer versehene Textausgabe v. J. 2002(Plessner 2002.)

im Ausdruck ist schließlich auch das Tier; käme es auf nicht mehr als Expression
an, so bliebe die Natur besser bei den elementaren Lebewesen und ersparte sich
die Gebrochenheit des Menschen ...Lachen und Weinen erschüttern erst da, wo
sie die Eindeutigkeit der Natur und des Geistes hinter sich gelassen haben und
von jener Unfaßlichkeit umwittert sind, die den Abgrund ahnen läßt, ohne ihn
zu öffnen. *Im Indirekten zeigt sich das Unnachahmliche des Menschen*" (106)[10].

Die Distanz zu sich selbst und zur Umwelt, zur sozialen Mitwelt, das Indi-
rekte des Menschen – wenige Jahre später wird er dieses im Rahmen seines phi-
losophisch-anthropologischen Theorems von der „exzentrischen Positionalität"
des Menschen präzisieren – bilden für Plessner den grundlegenden Zusammenhang, aus dem sich die Qualitäten, die Einstellungen des Takts als notwendig für
das Funktionieren der Geselligkeit ergeben[11]. „Geselligkeit" ist für Plessner ein
Zusammensein von Personen, die einander nicht persönlich verbunden sind(106),
oder – wie er an anderer Stelle sagt – die nicht oder kaum miteinander bekannt
sind, „in einer Atmosphäre ohne Vertrautheit" (106f.). Die Plausibilität dieser
Abgrenzung des Begriffs „Geselligkeit" ist nicht unproblematisch – sie wird im
Folgenden, beim Vergleich mit Simmel, noch kommentiert. An dieser Stelle ist
einzig Plessners Frage zentral: wie kann der Mensch im Rahmen der Geselligkeit die Entlastung, „Erholung", die er in ihr sucht, finden „ohne eine *Kunst des
Nichtzunahetretens, des Nichtzuoffenseins?*" (106)[12]. Plessner hält vor Augen, wie
Unterhaltungen in Gesellschaft z. B. dadurch misslingen können, wenn Redebe-
teiligungen und Themen nicht ausbalanciert werden. Konventionale Konversati-
onsregeln genügten nicht, komme nicht "der sichere Takt hinzu, der jeden Menschen auf individuelle Weise zu nehmen und gewissermaßen im Dunkeln seinen
Weg zu finden weiß" (107).

Plessners lange Passage über den Takt in seinem Buch über die „Grenzen" ist
nicht leicht überschaubar. Unter immer neuen Aspekten werden Begriffsumschrei-
bungen für den Takt variiert und dabei verflochten mit a) dem durch den gesamten
Band gezogenen Faden der polemischen Kontrastierung gegen den Gemeinschafts-

---

10   Hervorh. in den beiden letzten Zitaten durch d. Verf.
11   Hans Redeker (1993, S.227) geht noch weiter, indem er diesen Zusammenhang ausweitet auf
     einen viel umfassenderen Bereich zwischenmenschlicher Beziehungen. Gegen Ende seiner
     Plessner-Gesamtinterpretation stellt er fest, Plessners Gesellschaftsphilosophie erreiche im
     Takt einen ihrer „spezifischsten Höhepunkte". Takt sei für Plessner „die höchste Form des
     Umgangs, zu der der Mensch auf gesellschaftlicher Ebene als ‚reale' Person, d. h. außerhalb
     von zeremoniell, Rolle und Funktion in der Lage ist...Takt ist auf Grund der menschlichen
     Offenheit die Fähigkeit, auch innerhalb des Distanzierten und Indirekt-Direkten der gesell-
     schaftlichen Beziehungen den anderen als anderen zur Geltung kommen zu lassen..."(1993,
     S.227).
12   Hervorh. durch d. Verf.

radikalismus und seine mentalen Begleiterscheinungen, b) mit Bemerkungen zu seinem ethischen Gehalt , c) mit der Beschreibungen von Wahrnehmungs- und Erkenntnisqualitäten des Takts, und d) mit Elementen einer soziologischen Abgrenzung seiner Geltungssphäre, der Gesellschaft bzw. Geselligkeit. Im Folgenden soll dieses gedankliche Kondensat zunächst ein wenig entflochten werden. Dies erleichtert es, die Eigentümlichkeiten von Plessners Taktauffassung zu konturieren, zu interpretieren und zu kommentieren. Weil Punkt (d) sich überschneidet mit dem eingangs genannten Interaktionsmodell der „Geselligkeit" von Simmel, wird er in den nächsten Abschnitt (III.2) übernommen.

Polemische Kontrastierung. Das polemische Gegenüber der „Kultiviertheit der Andeutung" und „Kultur der Verhaltenheit", die vor allem die gesellige Konversation auszeichnen, wurde bereits erwähnt; das dazugehörende „Nichtzunahetreten, Nichtzuoffensein" ist deutlich gemünzt auf das Gemeinschaftsideal vollständiger gegenseitiger Offenbarung subjektiver Wahrheiten und Emotionen. Wenn der Taktvolle im Zusammensein unterschiedlicher Personen jede individuell beachtet (s. o.) und dabei „im Dunkeln seinen Weg zu finden weiß", so kontrastiert Plessner implizit damit die Wahrheitsverkündigenden des Gemeinschaftsradikalen, in deren grellem Licht jede Individualität untergeht. Und wenn Plessner bald darauf die mit der Achtung der Individualität gegebene „Zartheit" als spezifisches Mittel des Takts herausstellt, den anderen „nie zu nahe noch auch zu ferne kommen" und alles „Ausdrückliche, jede eruptive Echtheit" zu vermeiden, so setzt er solchem Streben nach „Authentizität" (wie man es heute nennen würde) eine Sentenz für den geselligen Umgang entgegen, die der Form und dem Inhalt nach aus Graciáns „Handorakel" stammen könnte: „Unwahrheit, die schont, ist immer noch besser als Wahrheit, die verletzt. Verbindlichkeit, die nicht bindet, aber das Beste" (107)[13]. Aus dem medizinischen Hygienebegriff, die in der Verletzlichkeit des Physischen gründet und mit der Unabsehbarkeit der physischen Umwelten rechnet, in die der Mensch geraten kann, leitet Plessner die Metapher der „Hygienewerte des Taktes" ab, „begründet in der Verletzlichkeit des Psychischen, abgestimmt auf die Unabsehbarkeit individueller Differenzen im sozialen Milieu" (108). Vorbedingung dieser Hygiene ist aber „die vollendete Unmerklichkeit ihrer Anwendung. Nirgends hat das Tassowort mehr Wahrheit: man merkt die Absicht und man wird verstimmt" (ebd.). Der gemeinschaftsbezogene Radi-

---

13 Auf die Verhaltenslehren des Spaniers ist man beim oben genannten Symposion zu „Grenzen der Gemeinschaft" mehrfach zu sprechen gekommen, hervorzuheben ist dabei der Aufsatz von Bruno Accarino (2002). Gracián als Quelle für Plessner zu betrachten, scheint eher auf Vermutungen, auf exakt nicht ableitbaren Extrapolationen zu beruhen. Man sollte sie m. E. nicht übertreiben, vor allem nicht im Zusammenhang mit dem problematischen Versuch, Plessner und Carl Schmitt als Geistesverwandte zu deuten. Zu Accarinos Beitrag insgesamt vgl. Fn.17.

kalismus dagegen stürzt nicht nur ohne Umstände auf das Wesentliche los (110), überakzentuiert nicht nur seine Botschaften pathetisch, sondern trägt seine Absichten jederzeit demonstrativ, d. h. merklich-sichtbar[14] vor sich her. Und wenn er seinerseits jener Kultur der Verhaltenheit und Indirektheit, auf „Natur" pochend, „Künstlichkeit" vorwirft , so sieht Plessner das Unmerkliche des Takts in einem Zusammenhang mit dessen „Zartheit" und „Natürlichkeit" im Sinne von „echter Grazie", einer „aus dem Herzen kommende(n) Ursprünglichkeit und Wärme" (108). Deshalb reiht Plessner die Gemeinschaftsideologie auch mit dem Verdikt einer „Kultur der Seelenlosigkeit" unter die Gründe ein,   die ihn dazu veranlassen, sie als „Ethik der Taktlosigkeit" anzugreifen (110). Umgekehrt ist diese polemische Etikettierung ein deutlicher Hinweis darauf, dass Plessner absichtsvoll den Takt auch als eine ethische Tatsache hervorheben will. Weil der Takt Bestandteil des Alltags ist, weil seine Attribute unauffällig, innenorientiert sind und nichts Heroisches an sich haben, wendet er sich damit nebenbei auch gegen die oberflächliche Neigung seiner Zeit, in der Ethik nur die „großen" Angelegenheiten des Menschenlebens abzuhandeln.

Ethischer Gehalt. Bereits am Ende des dritten Absatzes seiner Passage über den Takt (107) lässt Plessner keinen Zweifel darüber aufkommen, dass es sich beim Takt um einen Gegenstand der Verhaltensmoral handelt, der ethisch reflektierter Kriterien bedarf: er identifiziert den Takt dort geradezu mit der „...willige(n) Geöffnetheit, andere zu sehen und sich selber dabei aus dem Blickfeld auszuschalten, andere nach ihrem Maßstab und nicht nach dem eigenen zu messen", mit dem „ewig(en) wache(n) *Respekt vor der anderen Seele*", um daran die spektakuläre Formel anzuschließen: „...und damit *die erste und letzte Tugend des Herzens*"[15]. Fast jeder der dann folgenden Absätze enthält Ableitungen aus diesem Grundsatz (auf seine Formulierung kommen wir noch zurück), auch wenn er im ersten in logisch erweiterter und präzisierter Gestalt auftritt: als „Fremd- und Selbstachtung der Individualität" (107). „Nur die Werte des Wohltuns, die Hygiene größtmöglicher Schonung" solle es in der Sphäre des geselligen Verkehrs geben, nicht das Trennende von Gut und Böse, von Wahr und Falsch (ebd.)[16]. Von hier wendet sich

---

14   Der metaphorische Einschluss des Gesichtssinns orientiert sich am Vorteil des englischen Attributs „conspicuous": vgl. die Übersetzung von Veblens berühmtem Ausdruck „conspicuous consumption" als „demonstrativer Konsum" (Veblen 1971).
15   Beide Hervorh. durch den Verf.
16   Als „Weisheit des Taktes" deklariert Plessner an anderer Stelle (109) in der Tradition der Goldenen Regel: *„Schonung des anderen um meiner selbst willen, Schonung meiner selbst um des anderen willen"*. Es ist das zentrale Motiv des Taktes, in seiner Praxis eher erfühlt als reflektiert, und daher auch kein „Grund" im logischen Sinne. Entsprechend ist „Grundlosigkeit" für Plessner „Wesensmoment des Taktes"; es gebe keine andere sittliche Maxime angesichts „der wertäquivalenten Situationen der Alltäglichkeit,…die nicht nach Gründen alternativ be-

Plessner einigen – für sich genommen ethisch-neutralen – Begleiterscheinungen und Bedingungen des spezifischen Taktethos zu. Es setzt Kontrolle des eigenen Verhaltens voraus: „tastend" bewegt sich der Taktvolle in dieser Sphäre, „sein Gesicht wahrend, …ohne Überheblichkeit, …ohne Aufdringlichkeit, offen, doch nie ohne Reserve, bestimmt, doch biegsam, liebenswürdig, doch nie kriechend" (108). Plessner unterstellt, jeder kenne „diese Oszillationen, deren Schwingungsweite über die Würde, das Ansehen, den Wert des Menschen in der Geselligkeit entscheidet" (ebd.). Leider hat Plessner an dieser Stelle keine Reflexionen über die in der bürgerlichen Kultur anzusiedelnden sozialisatorischen, mit Bildung und z.T. Herkunft gegebenen Voraussetzungen angestellt, die zur Befähigung führen, in den oszillierenden Kommunikationserfordernissen der Geselligkeit die nötige Balance zu halten. Doch nach einem Einschub zum Geltungsbereich der Geselligkeit (auf diesen wird im Folgenden noch eingegangen) sowie zur bereits erwähnten „Unmerklichkeit" taktvollen Handelns kommt Plessner zunächst auf eine andere Voraussetzung des Takts zu sprechen, die im vorhergehenden Abschnitt anlässlich des polemischen Gehalts bereits erwähnt wurde – auf „Natürlichkeit", „Zartheit", „echte Grazie", wobei letztere wegen der Attribute zu beachten ist, die Plessner ihr zur Erläuterung beifügt: sie sei eine „Ursprünglichkeit und Wärme", die mit Notwendigkeit (und deshalb: ungekünstelt) „aus dem Herzen" kommt und allein „den adäquaten Untergrund für die Heilwirkung taktvollen Benehmens" gibt(108)[17].

Die Metapher des Herzens ist Anlass, nochmals zu dem Satz zurückzukehren, der wie kein anderer in der Grenzschrift Plessners Aussageintention zum Thema „Takt" sentenzartig zusammenfasst: „Takt ist der ewig wache Respekt vor der anderen Seele und damit die erste und letzte Tugend des menschlichen Herzens" (107). Plessner – ein Denker seiner Zeit und doch über ihr stehend, nicht rückwärts-, vielmehr dem Künftigen zugewandt und dennoch in der Geschich-

---

handelt werden können"(111).In Accarinos Aufsatz über Plessner gibt es einen Abschnitt, der den Titel trägt: "Die Grundlosigkeit des Taktes". Er befasst sich allerdings nicht mit Plessner, sondern mit Jherings Takttheorie (Accarino 2002, S.147ff.).

17   Über Stellen wie diese gehen Interpretationen von „Grenzen der Gemeinschaft", die Plessner allein subsumieren unter die „Kälte" zeitgenössischer Reaktionen auf Gemeinschafts-„Wärme", hinweg. Zu der in dieser Hinsicht komplexen, vor allem vom Literaturwissenschaftler Helmut Lethen (s.Lethen 1994) angestoßenen Diskussion um Plessner, auf die hier nicht detailliert eingegangen werden kann, s. das Vorwort zu Eßbach/Fischer/Lethen (2002) und dort veröffentlichten Beitrag von Joachim Fischer, dessen klärender Kritik gegenüber Lethen ich zustimme. Zu „Grazie" als Bestandteil höfischer Vorbilder s. Accarino (ebd.) mit seinem interessanten Beitrag zur Geschichte der Verhaltenskultivierung im neuzeitlichen Adel, die dort zu findende Literatur in ihrem Einfluss auf Plessner allerdings überbewertet. Zu den auch bei Accarino kurz erwähnten deutschen Quellen Schiller und Kleist vgl. (ausführlicher) Oberthür 2012.

te verankert – verweist hier mit dem „Herzen" implizit auf einen bedeutungsrei-
che metaphorische Tradition innerhalb des neuzeitlichen Diskurses von Ästhe-
tiktheorie und Morallehre hin, mit „Seele" und „Tugend" aber auf alteuropäische
Begriffe aus dem ethischen Kernbestand der „Philosophia perennis", die – mögen sie heutigen Plausibilitätsgewohnheiten noch so fremdartig erscheinen – in
den Jahrzehnten vor und nach Plessner gerade auch bei Denkern noch ungebrochene Aktualität besaßen, denen auch in der heutigen Philosophie und Soziologie ein unangefochtener Klassikerrang zukommt: so der Begriff „Seele" z. B. bei
Edmund Husserl und Georg Simmel. Mit einer derartigen Formel verleiht Plessner dem Takt einen unerwartet starken Wertakzent. Sie spricht mit dem Takt als
„ewig wachen Respekt vor der anderen Seele" etwas im Textzusammenhang völlig Evidentes an, doch der Grund, weshalb Plessner den Takt als *erste* und *letzte* Tugend des menschlichen Herzens" bezeichnet, ist von besonderem Interesse.
Takt ist nicht nur, wie der vorhergehende Satz besagt, Beachtung der anderen; er
bedeutet nicht nur, die anderen an ihren Maßstäben statt den eigenen zu messen,
sondern darüber hinaus, sie zu achten, zu respektieren[18]. Wenn Plessners Formel
– in der Konsequenz auf den „ganzen" Menschen bezogen – den Respekt vor der
„Seele" fordert, so kann damit nur das unverfügbar-individuelle Innerste unseres Selbstbewusstseins gemeint sein, der „Ort", an dem wir am empfindlichsten
spüren, ob wir in unserer *Würde* geachtet werden oder nicht . Aus der *daraus* sich
ergebenden Konsequenz („…und damit …") wird verständlich, warum dem Takt
der Rang „der ersten und letzten Tugend des Herzens" zukommt: einem „Alpha
und Omega" gleich, das einen Bogen schlägt über alle psychischen Unergründ-
barkeiten und Unerwartbarkeiten innerhalb menschlicher Begegnungen, gibt er
an, was stets, von Beginn an, aber ebenso „zu guter Letzt" bedacht, berücksichtigt werden muss, was immer sonst auch geschehen mag. Durch den deutlichen
ethischen Akzent, den Plessner dem Takt auf diese Weise verleiht, verschafft er
ihm einen unabhängigen Stellenwert, einen Eigenwert gegenüber der „äußeren"
Welt der Konventionen und der menschlichen Dispositionen und Zwänge, ihnen
Folge zu leisten. Darin wird, nebenbei bemerkt, auch ein deutlicher Unterschied
zu Adorno sichtbar, der den Takt fast drei Jahrzehnte später lediglich als funk-
tionellen Ersatz für die in der modernen Zivilisation fortgefallenen Konventionen betrachten wird [19].

---

18 Die in den deutschen Sprachkonventionen vorhandene Differenz von „Respekt" und „Achtung"
    kann m. E. an dieser Stelle vernachlässigt werden.
19 Minima Moralia zuerst 1951): s .Adorno 1980, S. 38-41 .Bereits in den Achtzigerjahren des
    19.Jh. hatte der Rechtstheoretiker Rudolph v. Jhering den Begriff des Takts in Abhängigkeit
    von „Anstand" und „Schicklichkeit" bestimmt: er ergänze und bilde deren Regeln, wenn sie
    versagen, fort (Jhering 1970, Bd.II, S.36). Daher versteht Jhering unter „Takt" „…den sicheren

Wahrnehmungs- und Erkenntnisqualitäten. Das oben zitierte Wort, der Takt wisse „jeden Menschen auf individuelle Weise zu nehmen und gewissermaßen im Dunkeln seinen Weg zu finden", ist, obgleich paradox, nachvollziehbar: auch die Situationen, in denen Takt sich realisiert – Plessner nennt sie „Taktsituation" – sind von Mal zu Mal individuell-unvergleichbar, nicht typisierbar, somit auch anhand von Regeln, die aus der Erfahrung abgeleitet sein könnten, weder als solche identifizierbar noch im („taktvollen") Handeln auf bestimmte Weise gestaltbar und deswegen *zunächst* „im Dunkeln". Angesichts dieser Tatsache gilt, so Plessner: „Der Takt *ist* das Vermögen der Wahrnehmung unwägbarer Verschiedenheiten, die Fähigkeit, jene unübersetzbare Sprache der Erscheinungen zu begreifen, welche die Situationen, die Personen ohne Worte in ihrer Konstellation, in ihrem Benehmen, ihrer Physiognomie nach unergründlichen Symbolen des Lebens reden"[20]. Hier geht es nicht nur um Wahrnehmung, sondern auch Erkenntnis von symbolischer Realität, die Plessner an dieser Stelle nicht weiter erläutert. Das ist bedauerlich, denn so bleibt unerklärt, wie der zum Takt befähigte Mensch einer unübersetzbaren Sprache gegenübersteht und sie gleichwohl „begreifen" kann: muss er sie dazu nicht entschlüsseln können mit einem Schlüssel, der nur entstanden sein kann in vorgängigen Erfahrungen, so dass die Summierung solcher Erfahrungen mit noch so unvergleichlichen Taktsituationen doch noch am Ende auf „Takterfahrung", auf eine mit der Zeit herangereifte „Befähigung zum Takt"[21] hinausläuft? Schon Jhering hatte lange vor Plessner gemeint, der Takt werfe, als "Treffer des Gefühls" in jenen unvergleichlichen Situationen, „nichts für eine künftige Regel ab"[22], und Accarino folgt ihm mit der Feststellung, der Takt sei „eine sittliche Maxime, die sich jeweils aus dem Nichts regeneriert", er lasse „keine normativen Spuren hinter sich"[23]. Es ist zu vermuten, dass Plessner auf dieses Problem mit einem „sic et non" eingegangen wäre, unter Abwägung rationaler und irrationaler Momente, die in die Handlungs- und Kommunikationswege des Taktes stets gleichermaßen einfließen. Er hätte die Kreativität des

---

Treffer des Gefühls in Dingen des Anstands, ...eine Potenzierung des Schicklichkeits- und Anstandsgefühls" (ebd., S.32).

20 S.107 (Hervorh. durch den Verf.)

21 Andreas Brenner hat neuerdings im Rahmen des o. a. Symposions über „Takt und Taktlosigkeit" (ohne spezielle Bezugnahme auf die Position Plessners in dieser Hinsicht) dabei auf eine Analogie bei Aristoteles aufmerksam gemacht: das „Problem, erst im tugendhaften Handeln tugendhaft werden zu können und doch zugleich einer Vorstellung der Tugend zu bedürfen, ohne welche man nicht tugendhaft handeln kann" (Brenner 2012, S.156).

22 Jhering (1970,Bd.II,S.574). Merkwürdigerweise bezeichnet Jhering den „Treffer des Gefühls"- weil er nicht Regeln mechanisch, schablonenmäßig anwenden kann – als „Divination in Dingen des Anstands", womit er ein magisches Verfahren zum Vergleich heranzieht, das in den meisten bekannten Fällen mehr regelgebunden als ungeregelt ist.

23 Accarino (2002), S.150.

Taktes, die Accarino am Takt hervorhebt, grundsätzlich bejaht, aber nicht aus jenem „Nichts" abgeleitet.

3.2 „Geselligkeit" – die Modellsituation des Taktes bei Plessner und Simmel

Als „Geltungssphäre" für den Takt gilt Plessner – so mag aus den bisherigen Ausführungen zur Schrift „Grenzen der Gemeinschaft" deutlich geworden sein – die
„Geselligkeit", die er bewusst der Seite von „Gesellschaft", nicht der von „Gemeinschaft" zuordnet. Mehrmals enthielten die dabei zitierten Passagen auch
Hinweise darauf, wie „Geselligkeit" von anderen sozialen Situationen oder Ge-
bilden zu unterscheiden sei; solche Hinweise sind auch an verschiedenen Stellen
außerhalb der der längeren Passage über den Takt (105-112) zu finden. Am Ende
dieser Passage werden Diplomatie und Takt zusammengefasst als „Weisen des
Verhaltens des Menschen in der Öffentlichkeit", je nachdem, ob sie in ihr „Ge-
schäften" nachgehen oder ob es gilt, „nur einfachen Verkehr ohne Zweck, Unterhaltung um der Entspannung und Erhöhung des Lebens willen zu pflegen" (112).
Wie sind die Teilnehmer an solchen Begegnungen einzugrenzen? Der Mensch,
der „in Gesellschaft geht", will sich „erholen unter Menschen, die er nicht kennt,
entspannen in einer Atmosphäre ohne Vertrautheit" (106 – es ist die Stelle, an der
Plessner erklärt: dies sei nicht möglich ohne den Takt, die „Kunst des Nichtzunahetretens, des Nichtzuoffenseins"). In derart weiter Auslegung müsste „Geselligkeit" ebenso die Zufallsnachbarschaft auf den Rängen eines Sportstadions oder im
Parkett eines Theaters umfassen wie Begegnungen innerhalb der Teilöffentlich-
keit eines Empfangs aus Anlass von Feiern, ganz gleich ob von öffentlicher oder
privater Hand veranstaltet. Sind aber die damit gemeinten Geltungsbereiche des
Taktes nicht zu ungenau umschrieben, wenn man an Plessners ethisch-substan-
tielle Hervorhebungen der Taktqualitäten denkt: an den „ewig wachen Respekt
vor der anderen Seele", an die Beachtung ihrer Verletzlichkeit, an den Grundsatz
des Taktes „Schonung des anderen um meiner selbst willen, Schonung meiner
selbst um des anderen willen"? Wenn man sämtliche Bemerkungen Plessners zur
Geltungssphäre des Takts überschaut, kristallisiert sich jedoch ein Bereich von
Interaktionssituationen heraus, der zwischen den Extremen der Begegnung mit
(völlig) Unbekannten einerseits und andererseits dem Zusammensein mit Menschen liegt, denen man dauerhaft emotional (durch Partnerschaft, Verwandtschaft,
Freundschaft) oder sachlich (durch geteilte materielle, berufliche oder ideelle Interessen) verbunden ist. Diese weit gefasste Umgrenzung bringt den Vorteil mit
sich, dass als „Grenzfälle" von Taktbeziehungen gemäß Plessner auch vorüberge-
hend-anonyme oder dauerhaft-persönliche zwischen nur zwei Beteiligten in Frage kommen. Doch gleichzeitig betrachtet Plessner als den Kernbereich innerhalb

der Geltungssphäre des Taktes eindeutig die „Geselligkeit": in „ihrer unbestimmt weiten Sphäre, die in alle sozialen Beziehungen hineinreicht und gewissermaßen *in besonderer Verdichtung* als geselliges Beisammensein erscheint, gelten allein die Hygienewerte des Taktes"[24].

Was „Geselligkeit" für Plessner eigentlich meint, wird freilich erst klar, wenn er die Modalitäten des Zusammenseins genauer beschreibt. Dies geschieht wohl am deutlichsten an einer Stelle außerhalb der Passagen über den Takt. Mit ihr möchte Plessner die Aufmerksamkeit auf ein „unendlich differenzierbare(s) Zwischenreich zwischen Familiarität und Objektivität" hinlenken, in dem Situationen „moralisch wertäquivalent", d. h. „nicht nach Alternativen so oder so" entschieden werden, in denen vielmehr „Seele mit Seele in unvermittelten, d. h. liebefreien und sachfreien, weder durch Sympathie noch durch Überzeugungen regulierbaren Kontakt gerät" (80). Wir kennen aus dem oben Dargestellten dieses Regulativ: den Takt; Plessner nennt ihn an dieser Stelle noch nicht. Das Merkmal „liebefrei und sachfrei" impliziert natürlich die Differenzierung von der emotionalen Überlastung der Beziehungen, wie sie Gemeinschaftsideologie zur Folge hat (oder, mit Richard Sennett: von der „Tyrannei der Intimität") – zugleich ist es hier aber auch der geeignete Ausgangspunkt für einen ersten Brückenschlag zur Geselligkeitskonzeption von Georg Simmel[25]: in ihr markiert auf analoge Weise „Liebefreiheit" und „Sachfreiheit" das zentrale Funktionsprinzip. Simmel spricht von einer „oberen und unteren ,*Geselligkeitsschwelle*'- oberhalb welcher Geselligkeit an einem Zuviel von objektiven Themen, und unterhalb welcher sie an einem Zuviel von eingebrachten Subjektivitäten scheitert.

Plessner setzt die Beschreibung der gemeinten Modalitäten des Zusammenseins bald nach den soeben zitierten Sätzen auf eine Weise fort, die stärker als andere, vergleichbare Stellen den Geist bürgerlicher Kultur atmen. Man muss schon entsprechende Erfahrungen gemacht haben, um Zusammenkünfte von Menschen, die sich kaum kennen, nicht tiefer miteinander verbunden sind, mit derartiger Wertschätzung und Hochgestimmtheit darstellen zu können. Er hebt den „tänzerischen Geist" der Situation hervor, „dieses Ethos der Grazie: das gesellschaftliche Benehmen, die Beherrschung nicht nur der geschriebenen und gesatzten Konvention, die virtuose Handhabung der Spielformen, mit denen sich die Menschen nahe kommen, ohne sich zu treffen, mit denen sie sich voneinander entfernen, ohne sich durch Gleichgültigkeit zu verletzen. Die Liebenswürdigkeit ist ihre Atmosphäre, nicht die Eindringlichkeit; das Spiel und die Beobachtung seiner Re-

---

24 S.108 (Hervorh. durch den Verf.)
25 Georg Simmel, Soziologie der Geselligkeit (2001 – künftig zit. als SG). Ursprünglich Eröffnungsvortrag anlässlich des Gründungskongresses der Deutschen Gesellschaft für Soziologie im Oktober 1910.

geln, nicht der Ernst ist ihr Sittengesetz. Die erzwungene Ferne von Mensch zu
Mensch wird zur Distanz geadelt, die beleidigende Indifferenz, Kälte und Roh-
heit des Aneinandervorbeilebens durch die Formen der Höflichkeit, Ehrerbietung
und Aufmerksamkeit unwirksam gemacht und einer zu großen Nähe durch Re-
serviertheit entgegengewirkt" (80).

Diese Sätze könnten ebenso gut auch in Simmels großem Essay „Die Geselligkeit" stehen – freilich nur inhaltlich, nicht versehen mit Plessners leicht verklä-
rendem Akzent . Ein Unterschied, der aber die Gültigkeit von Plessners Intentionen verstärkt, liegt darin, dass Simmel das Interaktionssystem der Geselligkeit
– ein eigenständiges, eigenwertiges Interaktionssystem – als Ganzes unter dem
Gesichtspunkt des Spiels betrachtet, nämlich als eine „Spielform der Gesellschaft".
Sie schafft Distanz zu den gesellschaftlichen Realitäten, aus denen ihre Teilnehmer kommen, und lässt sie in sich „spielen" – in Formen, die die Teilnehmer von
den Reibungswiderständen der sozialen Realität entlasten. Da Geselligkeit in ihren „reinen" Gestaltungen, so Simmel, "keinen sachlichen Zweck hat, keinen Inhalt und kein Resultat, das sozusagen außerhalb des geselligen Augenblicks als
solchen läge, ist sie gänzlich auf die Persönlichkeiten gestellt" (SG 180), die sie
bilden, und so entscheiden über den Charakter des rein geselligen Beisammenseins „die persönlichen Eigenschaften der Liebenswürdigkeit, Bildung, Herzlich-
keit, Anziehungskräfte jeder Art" (ebd.). Wegen dieser entscheidenden Rolle der
Persönlichkeiten dürfen sich diese nicht zu individuell betonen. „Darum ist in der
Gesellschaft das *Taktgefühl* von so besonderer Bedeutung, weil dies die Selbstre-
gulierung des Individuums in seinem persönlichen Verhältnis zu anderen leitet,
wo keine äußeren oder unmittelbar egoistischen Interessen die Regulative übernehmen. Und vielleicht ist es die spezifischste Leistung des Taktes, den individuellen Impulsivitäten, Betonungen des Ich, geistigen und äußeren Ansprüchen
die Grenze zu ziehen, die das Recht des anderen fordert" (SG 180f., Herv. i. O.).
Unmittelbar auf den Takt führt Simmel dann jenes zentrale Prinzip seiner Konzeption zurück, welches er (wie oben bereits angedeutet), als spezifische „Geselligkeitsschwelle für die Individuen" bezeichnet: er verlangt von ihnen, aus dem
„sozialen Kunstgebilde der Geselligkeit" einerseits alles Objektive, das die Person umgibt (beruflich Erfolge, Gelehrsamkeit, Ruhm usw.), und andererseits alles zutiefst Persönliche („persönliche Stimmung und Verstimmung, Aufgeregt-
heiten und Depressionen, Licht und Dunkelheit des tiefsten Lebens ...", SG 181)
auszuscheiden. Die Konvergenz Simmels mit Plessner in diesem zentralen Aspekt der Geselligkeit, der zugleich dem Takt eine unentbehrliche Rolle zuweist,
ist nicht zu übersehen, zumal wenn man noch den Aspekt der Wechselseitigkeit

hinzunimmt, ohne dessen Voraussetzung das „Schwellen"-Prinzip nicht funktionieren kann[26].

Beide Konzeptionen konvergieren auch in einer wichtigen anderen Hinsicht:
beide sind – ohne dass die beiden Autoren diese Tatsache ausdrücklich reflektieren – in ihrer Konstruktionsweise „Idealtypen" im Sinne der Methodologie Max
Webers: Konstrukte also, die nicht mit der Realität oder deren Abbild verwechselt werden sollten. Sie sind – wie Weber sich ausgedrückt hat – „durch einseitige
Steigerung bestimmter Gesichtspunkte" strukturierte „Modelle" der Wirklichkeit. Anhand solcher Modelle können komplexe Ausschnitte aus der Wirklichkeit
analysiert und differenzierend verglichen werden. Dieser methodologische Status
gibt Plessners Taktbegriff ebenso wie Simmels Modell einen relativen Abstand zu
den historisch relativen Verhältnissen, in denen beide entstanden sind, und Aussagekraft auch für andere Epochen und Verhältnisse. Auch wenn insbesondere
Simmels Modell erkennbare Spuren der Prägung durch die bürgerliche Kultur
um 1900 trägt, kann „Geselligkeit" in Formen, die in der gesellschaftlichen Realität nach wie vor existieren, als ein privilegiertes Einübungs- und Bewährungsfeld für die „erste und letzte Tugend des Herzens", den Takt, betrachtet werden.

Es wäre aber unangebracht, wollte man nun *sämtliche* Überlegungen zum Takt
mit dem besonderen Interaktionssystem des Simmelschen Modells verknüpfen.
Der Takt als solcher ist in den tausendfachen Weisen, in denen er sich im Alltag
der Gesellschaft realisiert, nicht auf „Geselligkeit" beschränkt. Allerdings bündelt das Modell in seiner idealtypischen Verdichtung wichtige Dimensionen des
Takts, und jede einzelne von ihnen kann ihm entnommen und in andere Situationen eingesetzt werden: so die Grundorientierung , die darauf gerichtet ist, andere zu schonen; so die Wahrnehmungs- und Erkenntnisqualität der wachen Aufmerksamkeit gegenüber den besonderen Umständen von Person und Situation; so
die Zurückstellung und Kontrolle selbstbezogener Emotionen und sachbezogener
Interessen in der Kommunikation; die Balance-Erfordernisse des Nichtzunahetretens und Nichtzuoffenseins. Auch wenn die „Kultiviertheit der Andeutung",
die „Kultur der Verhaltenheit" (Plessner) vor allem den Situationen der „Geselligkeit", die Simmel meint, zugutekommt, weil diese es besonders erfordern, die
von Simmels postulierte Geselligkeitsschwelle zu beachten, so sind diese Aspekte des Takts nicht in geringerem Maße wesentlich auch für jeden „guten", alle
Beteiligten zufriedenstellenden Umgang, den Menschen in einem kleineren, vertrauteren Kreis miteinander pflegen. Ganz besonders trifft dies auf Begegnungen
zu, in denen soziale Asymmetrien gleichsam „im Raum schweben": sie können,
müssen aber auch nicht angesprochen, ja auch nur angedeutet werden – besonders

---

26   Zu weiteren Details von Simmels Geselligkeitskonzeption s. Zingerle 1990

auf sie bezieht sich ja Simmels „obere" Geselligkeitsschwelle, die jedes „zu Objektive" auszuklammern mahnt. Das Gewicht solcher „Objektivitäten" wird den Menschen auch im intimsten Kommunikationsraum (so: der Partnerschaft, der Familie) zur Last – wie im eingangs geschilderten Fall des Vaters, der nur für Sekunden das Prestigegefälle zwischen Gymnasium und Hauptschule bei einem Satz vergaß, den er vor seinem Sohn und dessen Freundin fallen ließ, als sie mit einigen Mitschülern um den häuslichen Fernseher versammelt waren. „Taktlos ist", so Plessner, „wer nach vorgefassten Meinungen, irgendwie zurechtgemachten Bildern andere Menschen behandelt und beurteilt..." (109) – und an derselben Stelle weist er auf eine ähnlich schwerwiegende psychische Belastung hin, die aus der Nichtbeachtung jener „oberen Schwelle" folgt: „Taktlos ist, wer seine Macht, seine Überlegenheit fühlen lässt". Unter diesem Gesichtspunkt ist Takt besonders unentbehrlich, als eine Einstellung und eine Praxis moralischer Sensibilität gegenüber Kindern und Jugendlichen, gegenüber Menschen, deren berufliche und/oder soziale Stellung im Vergleich zur eigenen „niedriger" bewertet wird, und ganz besonders gegenüber Menschen mit „beschädigter" (Goffman) oder auf sonstige Weise von „der Gesellschaft" als problematisch definierter sozialer Identität.

Besonders an dieser Seite des Takts lässt sich erkennen, dass – wie bereits hervorgehoben – seine Geltungssphäre nicht nur öffentliche und halböffentliche Bezirke des Verhaltens umfasst, sondern sich auch in die privaten erstreckt, ja bis hinein in den privatesten Raum von Partnerbeziehungen, die nur dem Ideal nach sich immer und überall „auf Augenhöhe" und in gegenseitiger Achtung realisieren; diese Tatsache wird – soweit ersichtlich – in Plessners Abzirkelung der Geltungssphäre für den Takt übersehen. Erweitert man die Perspektive von hier aus auf die makrosozialen Lebensbedingungen in einer Epoche gesteigerter Globalisierung, fasst man ferner Ungleichheit nicht nur in der Differenz von „oben" und „unten", sondern auch horizontal auf, als Differenz zwischen dem „Eigenen" und dem „Anderen" und dabei insbesondere dem kulturell „Fremden", so gerät die volle Tragweite derjenigen (und von Plessner besonders hervorgehobenen) Dimension des Takts in den Blick, die mit seiner Sensibilität und seinem Schonungsvermögen die Leistung der *Differenzierung* verbindet : in den stetig sich vermehrenden Situationen, in denen wir uns mit Unbekannten, mit Fremden in Kontakt begeben, wissen wir sehr oft nicht, worin genau sie sich von uns unterscheiden. Die Tugend des Takts sollte daher ebenso wie die Höflichkeit auch als Kern einer spezifischen Kultur der Differenzbewältigung[27] angesehen werden –

---

27 Zum Verhältnis von sozialer Differenz und *Höflichkeit* s. Zingerle (2010), wo Zusammenhänge zwischen einerseits der „Globalisierung" und andererseits der Ausbreitung von Verhaltensformen erörtert werden, die – wie „Höflichkeit" – eine Affinität zum Ideal der demokratischen „Zivilgesellschaft" (in mancherlei Hinsicht einer Erbin der „bürgerlichen Gesellschaft")

als Element einer universal gültigen Ethik, das, so unscheinbar es auch sein mag, heute mehr noch als zu anderen Zeiten unentbehrlich ist.

Literaturverzeichnis

Accarino, Bruno(2002): Spuren des Hofstaats in Plessners „Grenzen der Gemeinschaft", in: Eßbach/ Fischer/Lethen (2002),S.131-159.

Adorno, Theodor W.(1980): Minima Moralia. Zur Dialektik des Takts, in: Reflexionen aus dem beschädigten Leben, Frankfurt am Main (Ges. Schriften, Bd.4), S.38-41.

Bellebaum, Alfred (1984): Tugenden. Ein Beitrag zur Soziologie persönlicher Beziehungen, in: Hans Braun/Alois Hahn (Hrsg.), Kultur im Zeitalter der Sozialwissenschaften. Friedrich H. Tenbruck zum 65. Geburtstag, Berlin, S.73-92.

Bellebaum, Alfred (1992): Schweigen und Verschweigen. Bedeutungen und Erscheinungsvielfalt einer Kommunikationsform, Opladen.

Brenner, Andreas (2012): Der richtige Abstand. Takt trumpft Ethik, in: Gödde/Zirfas (2012), S.147-163.

Eßbach, Wolfgang/Joachim Fischer/Helmut Lethen (Hrsg.) (2002): Plessners „Grenzen der Gemeinschaft". Eine Debatte, Frankfurt am Main

Fischer, Joachim (2002): Panzer oder Maske. >Verhaltenslehre der Kälte< oder Sozialtheorie der >Grenze<, in: Eßbach/Fischer/Lethen (2002), S.80-102.

Gebhardt, Winfried (1999): „Warme Gemeinschaft" und „kalte Gesellschaft". Zur Kontinuität einer deutschen Denkfigur, in: Günter Meuter und Henrique Ricardo Otten (Hrsg.), Der Aufstand gegen den Bürger. Antibürgerliches Denken im 20. Jahrhundert, Würzburg, S.165-184.

Gödde, Günter und Jörg Zirfas (Hrsg.) (2012): Takt und Taktlosigkeit. Über Ordnungen und Unordnungen in Kunst, Kultur und Therapie, Bielefeld (Reihe: Ästhetik und Bildung, Bd.6)

Goffman, Erving (1955): On Face Work, Psychiatry 18, S.213-231.

Goffman, Erving (1956): Embarrassment and Social Organization, in: The American Journal of Sociology 62, S.264-271.

Goffman, Erving(1967): Stigma. Über Techniken der Bewältigung beschädigter Identität, Frankfurt am Main (amerik. Orig. 1963).

Hall, Edward T. (1963): Proxemics: The Study of Man's Spatial Relations, in: Iago Galdstoul (Hrsg.), Man's Image in Medicine and Anthropology, New York, S.422-445.

Hall, Edward T. (1969): The Hidden Dimension, London (dt.: Die Sprache des Raumes, Düsseldorf 1976).

Jhering, Rudolph von (1970): Der Zweck im Recht (urspr. Leipzig 1877-1884), Nachdruck Hildesheim/New York, 2Bde.

---

aufweisen. Obwohl der Takt, die „erste und letzte Tugend des Herzens", auch *diesen* Zusammenhängen des globalen Kulturwandels zuzuordnen ist, sollte er grundsätzlich auch hier von der Höflichkeit unterschieden werden: der Takt beruht auf Dispositionen des Menschen, bei denen eine universelle Ethik der Achtung und Menschenwürde leichter anknüpfen kann als bei den ebenfalls universell angelegten, jedoch in viel stärkeren Maß kulturabhängig gedeuteten und praktizierten Formen der Höflichkeit.

Luhmann, Niklas (1965): Grundrechte als Institution. Ein Beitrag zur politischen Soziologie, Berlin.

Oberthür, Johannes: Intaktheit. Schiller, das Schöne und die Menschheit des Menschen, in: Gödde/Zirfas (2012), S.69-94.

Plessner, Helmuth (2002): Grenzen der Gemeinschaft. Eine Kritik des sozialen Radikalismus. Mit einem Nachwort von Joachim Fischer, Frankfurt am Main (Erstausgabe Bonn 1924).

Redeker, Hans (1993): Helmuth Plessner oder Die verkörperte Philosophie, Berlin (Sozialwiss. Abh. der Görres-Gesellschaft, Bd.20).

Simmel, Georg (2001): Soziologie der Geselligkeit (1911), in: Georg Simmel Gesamtausgabe 12 : Aufsätze und Abhandlungen 1909-1918, Bd. I, Frankfurt am Main, S.177-193.

Veblen, Thorstein (1971): Theorie der feinen Leute, München (Orig.: Theory of the Leisure Class, 1899).

Zingerle, Arnold (1990): Bürgerliche Geselligkeit als Antinaturalismus. Ein Paradigma der Soziologie Georg Simmels, in: Jahrbuch für Volkskunde N.F.13, S.22-36.

Zingerle, Arnold (2010): Höflichkeit als Wertbegriff einer Kultur der Differenz, in: Gabriele Cappai/Shingo Shimada/Jürgen Straub (Hrsg.): Interpretative Sozialforschung und Kulturanalyse. Hermeneutik und die komparative Analyse kulturellen Handelns, Bielefeld, S.177-199.

III
Die soziale Kontrolle
riskanter Selbstentäußerungen

Schweigen, Verschweigen, Wegschauen und Verhüllen[1]

Alois Hahn

Vorrede

> *Ach hätt' ich doch übers Schweigen geschwiegen!*
> *Ich könnt' mich jetzt in dem Glauben wiegen,*
> *Ich sei ein großer Philosoph.*
> *Jetzt hält mich jeder bloß für doof.*

1. Schweigen als paradoxe Kommunikation

Warum ist das Schweigen eine paradoxe Kommunikation? Wer redet, braucht nicht zusätzlich zu betonen, er rede. Aber wenn das Schweigen verschwiege, dass es Schweigen ist, würde man es dann als Schweigen erkennen? Wir würden ja von jemandem, der zufällig nichts sagt oder nichts schreibt, z. B. weil er schläft, nicht sagen, er schweige. Schweigen als Kommunikation setzt wie alle andere Kommunikation voraus, dass sich etwas zwischen „ego" und „alter" abspielt. „Ego" muss, so wollen wir mit Luhmann sagen, „alter" als jemanden verstehen, der etwas (eine Information) mitteilt. „Alter" muss also als Selektionszentrum erscheinen, das sich auch anders hätte entscheiden können, z. B. über anderes zu reden oder zwar über dasselbe, aber in anderer Form oder eben zum Schweigen.[2] Von

---

1   Der vorliegende Text knüpft an verschiedene ältere Arbeiten zur Soziologie des Schweigens und zur Soziologie des Geheimnisses an, die z. T. im Kontext der Tagungen des von Aleida und Jan Assmann gegründeten Arbeitskreises „Archäologie der literarischen Kommunikation" entstanden und publiziert worden sind. Beiden verdanken meine Überlegungen sehr viel. Besonders stark lehnt sich der hier vorgelegte Text an meinen Beitrag in der Festschrift für Peter von Moos an: Alois Hahn: „Schweigen als Kommunikation und die Paradoxien der Inkommunikabilität", in: Alois Hahn, Gert Melville und Werner Röcke (Hg.): Norm und Krise von Kommunikation. Inszenierungen literarischer und sozialer Interaktion im Mittelalter. Festschrift für Peter von Moos. Bd. 24 von Geschichte. Forschung und Wissenschaft. Berlin (Lit Verlag) 2006, S.93-114. Im übrigen entspringen zahlreiche wichtige Einsichten der inzwischen viele Jahre währenden Freundschaft und Anregung von Peter von Moos.

2   Dabei ist mitzubedenken, dass „ego" „alter" als *ein* anderes „ego" konstruiert. Allerdings nicht in dem Sinne , wie man umgangssprachlich, aber auch in der literarischen Tradition von jemandem als „*mein* alter Ego" spricht, wenn man etwa Kastor als das „alter Ego" von Pollux bezeichnet. Es geht überhaupt nicht um zwillingshafte Verdoppelung. Eher ist das Gegenteil gemeint: Der kommunikative Partner, also „alter", wird als permanentes Zentrum

Schweigen kann man also nur reden, wenn es in einem Erwartungshorizont auftaucht, in dem auch Reden möglich gewesen wäre. Es muss also als kommunikative Option verstehbar sein, als Mitteilung eben. Zwar gilt immer: Wer schweigt,
redet nicht. Aber keinesfalls gilt: Wer nicht redet, schweigt.

Keineswegs ist es immer notwendig, den gemeinten Sinn einer Mitteilung
als solcher *richtig* zu erfassen. Missverständnisse (entdeckte und unentdeckte)
dürften schon rein quantitativ den Löwenanteil aller empirisch ablaufenden Kommunikationen ausmachen. Damit Kommunikation zustande kommt, reicht „Dassverstehen", wenn auch das „Was-verstehen" typischerweise intendiert ist. So verstehe ich (d. h. ich unterstelle, dass ich das verstehe. Aber diese *Unterstellung* ist
mir häufig nicht als solche bewusst. Dass es sich um eine Unterstellung handelt,
ist eventuell nur eine Unterstellung eines Beobachters) in vielen Situationen, dass
mir jemand, dessen Sprache ich nicht verstehe, eine Frage gestellt hat, obwohl
ich nicht weiß, welche. Ich bin mir also darüber im Klaren, dass hier eine Mitteilung an mich gerichtet wurde, wenn ich auch ihren Inhalt nicht erfasse. Beim
Schweigen von „alter" kommt ein zusätzliches Problem hinzu. Nicht nur ist ungewiss, *was* es bedeuten soll, sondern auch, *ob* es *überhaupt* etwas bedeutet, ja
bereits, ob es überhaupt eine Kommunikation darstellt, ob es also Schweigen ist

---

von Überraschungen empfunden, dem die *Wahl* von alternativen Optionen zugeschrieben wird.
Kommunikation als Prozess wird insofern als ständiger „switch" zwischen von Moment zu
Moment wechselnder Einnahme von Positionen in der kommunikativen Dynamik aufgefasst.
Wer jetzt „ego" ist", ist gleich danach „alter": „alter" ist also nicht *mein* „alter Ego", sondern
ein „alter Ego", und zwar auch dann, wenn es ein mir völlig unbekanntes Wesen ist. Es ist
nicht einmal erforderlich, dass es sich um eine Person handelt. Auch eine Organisation kann
in diesem Sinne sowohl als „ego" als auch als „alter" fungieren. Dabei sollte man sich vor
Augen führen, dass die Unterstellung von Watzlawick, Personen könnten, wenn sie einander
beobachten können, nicht nicht kommunizieren, vermutlich so nicht stimmt. Wir sind sehr wohl
in der Lage, Informationen aus dem Verhalten von Alter Ego oder seinen Zuständlichkeiten
und deren Veränderungen abzuleiten, ohne dass dieser sie uns mitteilen wollte. Die informative
Relevanz vieler dieser Beobachtungen basiert geradezu darauf, dass wir annehmen, dass man
sie uns *nicht* mitteilen, womöglich gar verbergen wollte. Kommunikation in der hier verwendeten
Sinne unterscheidet sich also vom Watzlawickschen Begriff insofern, als nur das als Kommunikation zählt, was von Ego, dem Verstehenden, als Mitteilung gedeutet wird. Rumpelstilzchen
hat zwar geredet, aber ohne zu wissen, dass die Prinzessin ihn belauschte. Deshalb konnte
diese mit gutem Grund davon ausgehen, dass ihr nicht etwas mitgeteilt wurde. Die Logik des
Märchens basiert also darauf, dass es möglich ist, nicht zu kommunizieren, selbst wenn man
beobachtbar ist. Das gilt sogar für wechselseitige Beobachtbarkeit.

Vgl. Dazu ausführlicher: Alois Hahn: „Warum Sprache in der Luhmannschen Systemtheorie
ein Medium und kein System ist", in: Peter von Moos (Hg.): Zwischen Babel und Pfingsten.
Sprachdifferenzen und Gesprächsverständigung in der Vormoderne (8.-16.Jahrhundert. Akten der 3. deutsch-französischen Tagung des Arbeitskreises „Gesellschaft und individuelle
Kommunikation in der Vormoderne (GIK) in Verbindung mit dem Historischen Seminar der
Universität Luzern. Höhnscheid (Kassel) 16.11.-19.11.2006. Wien und Berlin (Lit Verlag) 2008,
S.123-136

oder Nicht-Kommunikation. Das ist freilich nicht nur ein Problem für Ego und sein Verstehen. Es kann auch eine Kalamität für den Schweigenden selbst darstellen. Die Anweisung Catos: „Sage nicht dass du schweigst, schweige!"[3] verkennt also das Problem.

Die Angst vor dem Nichtverstehen des Schweigens als Schweigen führt zu einer Fülle rhetorischer Anstrengungen, *alter* plausibel zu machen, dass Antwortverweigerungen, scheinbares Aussetzen sonst üblicher Reziprozität eben bewusstes und beabsichtigtes und selbstredend legitimes Schweigen ist. Dazu bedient man sich bisweilen des Sprechens. Man muss dann *sagen*, man spreche nicht. Um den paradoxen Effekt etwas zu kaschieren, kann man natürlich einen anderen für einen auftreten lassen, der selber nicht schweigt. Der muss dann sagen: „Bruder Alois hat ein Schweigegelübde abgelegt. Bitte stören Sie ihn nicht".

Deshalb ergeben sich eigentümliche Handlungshemmungen, wenn im raumzeitlichen Separatreich des Schweigens Störungen auftreten, die eigentlich nur durch sprechende Eingriffe beseitigt werden können: Man muss dann das Schweigen unterbrechen, damit das Schweigen nicht (weiter) unterbrochen werden muss. Was soll der arme Tamino machen, wenn sein Gefährte immer wieder losplaudert? Zunächst gibt es auch hier wieder Ersatzkommunikationen: „Psst!" z.B. oder gar stumme Schweigekommandos, etwa wenn man sich den Finger auf den Mund legt, um einem anderen zu bedeuten, er solle schweigen. In Mozarts „Zauberflöte" wird dieses Dilemma in einer komischen und in einer (fast) tragischen Variante vorgeführt. Tamino darf nicht über sein Schweigen sprechen und riskiert dabei die Verzweiflung und den Selbstmord der Geliebten[4]. Bei Papageno geht alles am Ende harmloser ab. Dennoch liegt in beiden Fällen das Problem darin, dass keine Annoncen erlaubt sind, die das Schweigen als Schweigen identifizieren könnten. Das Schweigen kann sich nicht selbst entparadoxieren. Es ist als es selbst nur von außen und durch Nicht-Schweigen als es selbst identifizierbar. Die Möglichkeit der Selbstenthüllung durch Bekenntnis: „Ich schweige", ist verbaut. Die Verwendung alternativer Zeichensysteme nicht verbaler Art sind deshalb auch eigentlich als Ausflüchte aus dem Dilemma leicht durchschaubar. Man stelle sich vor, Tamino hätte zwar nicht mit Pamina sprechen dürfen, ihr aber mittels einer Zeichensprache alles erklären können. Die tragische Szene wäre sofort entschärft worden. Im Falle von Orpheus und Eurydike geht es, wenn man den Mythos „schweigetheoretisch" analysiert, genau darum. Hätte Orpheus seine Frau darüber sprechend aufklären können, warum er sich nicht umwenden darf,

---

3   Den Hinweis auf das Zitat verdanke ich Peter von Moos (Brief vom 16.3.2006)
4   Vgl. hierzu Jan Assmann: Die Zauberflöte. Oper und Mysterium. München und Wien (Hanser) 2005, S.190ff.

wäre es nicht zur tragischen Situation gekommen. Der Sinn seines Schweigens bleibt notwendig verborgen.

Tote können in unserer Gesellschaft deshalb nicht schweigen, weil sie nicht reden können, ihnen jedenfalls offiziell diese Möglichkeit nicht zugestanden wird. Privat mag man sich nach wie vor mit seinem verstorbenen Großvater unterhalten. In anderen Gesellschaften (darunter natürlich auch der des Mittelalters) verhält es sich anders. Hier können Tote schweigen, weil sie auch als Redende vorkommen. Eine große theologische Energie kann deshalb – seit dem Besuch des Odysseus oder des Äneas in der Unterwelt – darauf gerichtet sein, sie zum Sprechen zu veranlassen. Oder umgekehrt: wenn sie spuken, sie zum Schweigen zu bringen. Im hier vorgeschlagenen Sinne können auch die ewigen Räume, deren Schweigen Pascal so erschreckte, nicht schweigen.[5] Denkbar wäre gewiss, dass Pascal die Stille der ewigen Räume als Schweigen, als Antwortverweigerung Gottes empfindet, der nicht mehr zu uns aus der Natur spricht.

Das Schweigen Gottes[6] ist zumindest im Christentum für die Epochen kanonisch, für welche die Offenbarung als abgeschlossen gilt. Gott *hat* sich allerdings offenbart. Er hat nicht immer geschwiegen. Das unterscheidet ihn offenbar von Gottheiten oder unpersönlicher Divinität in manchen anderen Religionen.[7] Entscheidend aber ist , dass der Kanon abgeschlossen ist. Sprechen können hier und jetzt also nur die autorisierten Ausleger oder aber, wenn man bestreitet, dass diese stellvertretend für Gott sprechen, nur das eigene Herz des Einzelnen, das aber für alle anderen, selbst wenn es sich äußerte, unverpflichtend und keineswegs generalisierbar ist. „Sobald man aber annimmt, dass Gott *alles* beobachtet (ihm entgeht nichts) und er sich deshalb *von allem unterscheiden muß,* kann er in der Welt nicht mehr beobachtet werden[8]" Die Frage stellt sich dann: „wie kann der Mensch den Beobachtergott beobachten, und soziologisch zugespitzt: wie geht man mit Meinungsverschiedenheiten um, die beim Vollzug der Beobachtung des

---

5   „Le silence éternel de ces espaces infinis m'effraie", Blaise Pascal : Pensées. Nouvelle édition (Ed. Sellier) Paris 1976, S. 134. Die Frage wäre freilich, ob hier „silence" eher mit „Stille" oder eher mit „Schweigen" zu übersetzen wäre. Ohnehin ist es merkwürdig, dass das Französische, ähnlich wie das Lateinische zwischen Stille und Schweigen semantisch nicht eindeutig unterscheidet.

6   Vgl. hierzu : Alfred Bellebaum: Schweigen und Verschweigen Bedeutungen und Erscheinungsvielfalt einer Kommunikationsform. Opladen (Westdeutscher Verlag) 1992; S.34-40.

7   Vgl. für den Fall des Taoismus: Raymond M. Smullyan: The Tao is Silent. New York 1977. Allerdings kann ich als Nicht-Spezialist die Triftigkeit des Argumentation nicht kompetent abschätzen.

8   Niklas Luhmann: Die Religion der Gesellschaft. Hg.: André Kieserling. Frankfurt am Main (Suhrkamp) 2000, S. 163.

Unbeobachtbaren zu erwarten sind".[9] Die in unserem Kontext wichtige Antwort der Religionen wird von Niklas Luhmann so formuliert: „Es gibt die Lösung der Paradoxie, der wirren Rede, des Schweigens, des ‚ich weiß es, weil ich es nicht weiß‘, die spekulative Fusion (‚Gottes Auge ist mein Auge‘ – die Lösung des Nikolaus von Kues, die Lösung der Mystik".[10] Die Antwort liegt also in der „kommunizierten Unkommunizierbarkeit Gottes"[11], sie wird also vom Schweigen Gottes in eine Schweigeverpflichtung des Menschen verwandelt.

Doch Paradoxien dieser Art finden sich nicht nur, wenn man sich in die Sphäre des Theologischen begibt. Sie sind auch alltäglich im menschlichen Verkehr zu beobachten.

Räumliche Trennungen oder Abwesenheiten sind generell eine der einschlägigsten Formen des Schweigens, können jedenfalls als solche interpretiert werden, wenn nämlich der Absenz absichtliches Sich-Entziehen unterstellt wird. Nicht jede Abwesenheit als solche lässt sich freilich als Schweigen deuten. Der Selbstmord schon. Hier schweigt zwar nicht der Tote. Aber der Gestorbene hat durch seinen Tod „gesagt", dass er hinfort schweigt. Und doch ist die Trennung oder dass man jemandem aus dem Wege geht, eine der radikalsten Formen des Schweigens. In der Weltflucht des Einsiedlers bezieht sich das Schweigen virtuell auf Kontakt zu Menschen überhaupt, bei der Trennung zwischen Liebenden auf den jeweiligen Partner. Hier ermöglicht gerade Absenz ein Schweigen, das bei beiderseitiger Präsenz schwer durchzuhalten wäre. Natürlich kann, falls es die Möglichkeit brieflichen (oder telephonischen) Verkehrs gibt, der Abwesende kommunikativ präsent bleiben, wenn er schreibt oder anruft. Aber das Ausbleiben einer Nachricht ist stets zweideutig. Es können äußere Umstände sein, die daran hindern zu schreiben. Der Andere war krank, überarbeitet, die Telephonleitung war unterbrochen etc.. Der bereits geschriebene Brief kann verloren gegangen sein. Das E-Mail kann versehentlich gelöscht werden. Ein großer Teil von Metakommunikation versucht deshalb zu klären, ob das Ausbleiben eines Briefes, einer Antwort Schweigen, Verstummen, Antwortverweigerung ist. „Habe

---

9 ebd.. Die grundsätzlichen Überlegungen der Luhmannschen Position zur Schweigeproblematik finden sich in: Niklas Luhmann und Peter Fuchs: Reden und Schweigen. Frankfurt am Main (Suhrkamp) 1989, S.7-20.

10 ebd. Die Problematik des Schweigen Gottes kann hier natürlich nicht mit der dem Thema angemessenen Ausführlichkeit diskutiert werden. Ich verweise vorläufig auf: Alois Hahn: „Glaube und Schrift. Anmerkungen zu einigen Selbstthematisierungsformen von Hochreligionen mit besonderer Berücksichtigung des Christentums", in: Hartmann Tyrell, Volkhard Krech und Hubert Knoblauch:(Hg.): Religion als Kommunikation (Religion und Gesellschaft, Bd. 4). Würzburg 1998, S.323-356.

11 ebd., S. 255ff und Niklas Luhmann und Peter Fuchs: Von der Beobachtung des Unbeobachtbaren: Ist Mystik ein Fall von Inkommunikabilität? in:Dies.: a.a.O., S.70-100.

ich Dich mit meinem letzten Brief gekränkt, dass Du mir nicht mehr schreibst?"
Hier will sich das (briefliche) Reden gerade der Tatsache versichern, dass der
nicht eingetroffene Brief gerade kein Schweigen ist. Oder eben umgekehrt: Der
zum Reden Verpflichtete wird des Schweigens beschuldigt. Nachträgliche Aus-
reden werden u. U. nicht akzeptiert: „Du schwiegst, obwohl du hättest antworten
müssen, wenn du mich denn geliebt hättest". Oder weniger dramatisch: „Sie hätten mir schreiben müssen, wenn Sie nicht so ein unhöflicher Mensch wären, der
Briefe einfach nicht beantwortet".

Immerhin reicht es nicht, dass mein Partner sich zum Schweigen entschließt.
Ob er schweigt oder nicht, entscheide ich. Denn eine Kommunikation kommt immer nur zustande, wenn Ego sie als solche versteht. Das gilt auch für die Kommunikation mit Gott.

2. Schweigeordnungen

Soziologisch bedeutsam ist in jedem Falle, dass alle Gesellschaften über Regelungen verfügen, die mehr oder weniger verbindlich bestimmen, wer, wann, wo und
gegenüber wem schweigen muss oder umgekehrt nicht schweigen darf. Es gibt
etablierte Rede- und Schweigetabus. Es existieren also immer spezifische Rechte
oder Verbote zu schweigen, die mit Situationen verknüpft sind oder als Ausstat-
tungen von sozialen Rollen institutionalisiert sind und typischerweise im Kontext
von Rangordnungen gelten. Oft sind solche Privilegien z. B. als Auskunftsverwei-
gerungsrechte z. B. für Beichtväter, Anwälte, Richter oder Journalisten rechtlich
verankert, bisweilen handelt es sich eher um Anstands- oder Klugheitsregeln, die
vorschreiben, wer wann eher schweigen sollte oder eben nicht schweigen darf.[12]

Der elementare Hintergrund für die Notwendigkeit von Schweigeordnungen
ergibt sich dadurch, dass Reden als geordnetes Mitteilen erst möglich wird, wenn
dem Mitteilenden ein schweigender Zuhörer korrespondiert. Das ist so evident,
dass man fast versucht ist, das Zuhören gar nicht als Schweigen zu deuten. Erst
bei Störungen wird einem bewusst, dass es sich anders verhält: Der Zuhörende
verzichtet auf eine ihm permanent offenstehende Möglichkeit des Kommunizie-
rens. Das wird sofort sichtbar, wenn der geregelte Fluss abwechselnden Redens
und Zuhörens durch einen Kampf ums Wort unterbrochen wird oder wenn gar
mehrere Gesprächsteilnehmer gleichzeitig drauflosreden. Die übliche Abfolge von
„Turn and take" erweist sich dann als höchst voraussetzungsvolle Ordnung von
Rede- und Schweigerechten bzw. -pflichten. Dass es eine zivilisatorische Leistung

---

12   vgl. hierzu ausführlich: Alois Hahn, „Rede- und Schweigeverbote", in:. Kölner Zeitschrift für
      Soziologie und Sozialpsychologie, 43 (1991),S. 86–105.

ist, die bisweilen ausdrücklicher Disziplinierung bedarf, wird jeder Diskussions-
leiter schmerzlich erfahren haben. Geschäftsordnungen und Regelungen, die vorschreiben, wer wann zu reden oder zu schweigen hat, bezeugen allein durch ihre
Existenz, dass hier ein Problem vorliegt, das man mittels solcher Regularien zu
lösen sucht. Der *Kampf ums Wort* [13]wird dann durch zeitliche Dosierungen oder
Vorfahrtsregeln kanalisiert. Schweigen und Reden werden gleichsam mittels eines kommunikativen „Ampelsystems" verteilt. Bisweilen hat aber eben auch nur
ein einziger für die Zeit eines längeren sozialen Ereignisses das Wort, der Redner, der Prediger oder der Vorleser. In der Benediktsregel etwa wird deshalb unterstrichen, dass bei der Lesung, die das Klostermahl begleitet, strenges Stillschweigen zu herrschen habe: „Et summum fiat silentium, ut nullius musitatio vel
vox nisi solius legentis ibi audiatur".[14] Wer selbst das Vergnügen hatte, bei solchen Mahlzeiten Gast sein zu dürfen, wird nachfühlen können, wie schwer selbst
frommen Mönchen diese Selbstdisziplin oft wird[15]. Trotzdem wird man normalerweise dieses Stillesen nicht als Schweigen empfinden, weil es nicht als solches
wahrgenommen wird. Erst wenn der Zuhörende auch dann in seinem Stumm-
sein verharrt, wenn es nun an ihm wäre, am Gespräch teilzunehmen, wird er als
Schweigender sichtbar. Anders sieht es aber aus der Perspektive dessen aus, der
nicht zu Wort kommt oder den es jedenfalls vorzeitig zum Sprechen drängt. Er
empfindet of schmerzlich seine „Schweigepflicht" als Qual, der er sich eventuell
durch Murren oder Zwischenrufe Luft zu machen versucht.

Ulrich Schulz-Buschhaus verweist in seiner Analyse des *Galateo von Gio-
vanni Della Casa*[16] auf selbstredend auch in anderen Anstandsbüchern vorfindli-
che Empfehlungen, nicht zu viel zu reden, sondern eben schweigend zuzuhören:

---

13 Die Schweigeordnungen müssen eben den nie völlig aufzuhebenden „Kampf ums Wort" zu
    bändigen versuchen. Weitere Details dazu in Hahn, „Rede-und Schweigeverbote, aaO..
14 Die Benediktusregel. Hg. P.Basilius Steidle OSB. Beuron Beuroner Kunstverlag), 3. Auflage,
    1978; (38,5) S. 128: Es soll tiefstes Schweigen herrschen, so daß man kein Flüstern und keine
    Stimme außer der Stimme des Lesers allein", ebd. S.129.
15 Die Gäste freilich sind ohnehin Anlass zur Aufweichung der strengen Schweigeregel. Sogar
    nach der Komplet, wo ansonsten (bei strenger Strafe) absolutes Stillschweigen angesagt ist:
    „(...) exeuntes a Completoriis nulla sit licentia denuo cuiquam loqui aliquid. Quod si inventus
    fuerit quisquam praevaricare hanc taciturnitatis regulam, gravi vindictae subiaceat, excepto si
    necessitas hospitum supervenerit aut forte abbas alicui aliquid iusserit" (Benediktsregel, wie Fn
    10), (42,8 und 9): „Wenn sie aus der Komplet kommen, ist es niemand mehr erlaubt, mit irgend
    jemand über irgend etwas zu sprechen. Findet sich einer, der diese Regel des Stillschweigens
    übertritt, so verfalle er schwerer Strafe, außer es sei der Gäste wegen notwendig oder der Abt
    gebe einem einen Auftrag", ebd.S.137
16 Ulrich Schulz-Buschhaus: „Das Paradox des Galateo", in Ders.: Das Aufsatzwerk. Institut für
    Romanistik | Karl-Franzens-Universität Graz. Permalink: http://gams.uni-graz.at/o:usb-067-183,
    S.10; zuerst in: Romanische Forschungen, 105, 1993, S.51-66. Im Anschluss an die von mir
    aaO. erwähnte Problematik des „Kampfs ums Wort" fügt Schulz-Buschhaus in Bezug auf

Es wird also im Galateo getadelt „(...) das Vitium, im Gespräch allzu viel – und allzu unüberlegt – zu reden. Von dieser Unsitte,dem „troppo favellare", sollen die Menschen vor allem aus zwei Gründen Abstand nehmen: „non solo perché egli è gran fatto che alcuno parli molto senza errar molto, ma perché ancora pare che colui che favella soprastia in un certo modo a coloro che odono, come maestro a' discepoli" (XXIV, S. 58). (Frei übersetzt: "Nicht nur deshalb, weil es häufig so ist, dass, wer viel spricht, sich auch oft irrt, sondern auch deshalb, weil man die anderen in die Rolle des Schülers versetzt, dem die anderen zuhören müssen" A.H.). An dieser Stelle geht es nicht mehr vorrangig (oder jedenfalls nur noch sehr indirekt) um Distinktion, sondern eher um die Vermeidung brutaler kommunikativer Machtanmaßung. Das „troppo favellare" gehört sich nicht, da derjenige, der abundant redet, eben wie ein „maestro" Autorität beansprucht und die anderen in ihrem Mitteilungsbedürfnis und Ausdruckswillen autoritär behindert: „perciò non istà bene di appropriarsi maggior parte di questa maggioranza che non ci si conviene" (XXIV, S. 58). (Frei übersetzt: „Es gehört sich einfach nicht, dass man sich man sich mehr von der knappen Redezeit aneignet, als einem gebührt" (A.H.)) Worauf es dabei (...) ankommt, ist demnach die Sorge um eine gleiche Verteilung der Redechancen: eine Ordnung, in welcher der Gesprächspartner nicht zur subalternen Rolle des Zuhörers gezwungen wird, sondern seinerseits Gelegenheit zu spontaner Selbstdarstellung erhält." Dabei spricht für die Schärfe von Della Casas Beobachtungsgabe, daß er neben dem Phänomen der ‚Redeverbote', die den „Kampf ums Wort" in geregelte Bahnen lenken sollen, durchaus auch schon das komplementäre Phänomen von ‚Schweigeverboten' (vgl. ebd. S. 101ff.) thematisiert, welche ihrerseits Eindrücken von Peinlichkeit oder hochmütiger Absonderung entgegenwirken sollen".[17]

3. Schweigen als Selbstzweck

Schweigen kann also als Ordnung des Redens fungieren: Es ermöglicht sogar erst das Reden, insofern es dessen physische Voraussetzung darstellt. Das gilt zunächst schon im rein technischen Sinne, indem es eine Differenz zwischen Sprechenden und Schweigenden, zwischen Mitteilung und Zuhören etabliert. Typischerweise mit Zusicherungen derart: Wer jetzt zuhört, bekommt danach das Recht, selbst

---

den Galateo an: „Dabei spricht für die Schärfe von Della Casas Beobachtungsgabe, daß er neben dem Phänomen der ‚Redeverbote', die den „Kampf ums Wort" in geregelte Bahnen lenken sollen, durchaus auch schon das komplementäre Phänomen von ‚Schweigeverboten' thematisiert, welche ihrerseits Eindrücken von Peinlichkeit oder hochmütiger Absonderung entgegenwirken sollen". ebd.

17   Ebd.

reden zu dürfen. Aber Schweigegebote ermöglichen das Reden auch noch in einem tieferen Sinne: In vielen Situationen würde man über bestimmte Dinge nicht sprechen, wenn einem nicht zugesichert würde, dass der Adressat unserer Rede über das, was er zu hören bekommt, schweigt. Der klassische Fall wäre etwa das Beichtgeheimnis. Hier wirkt das Schweigeversprechen als Enthüllungsgenerator. Zwar darf auch hier der Beichtvater antworten, aber Dritten gegenüber muss er schweigen. Nur weil der Bekennende darauf vertraut, wird ihm die Zunge gelöst.[18]

Vielfach aber ist das Schweigen nicht bloß das Einhalten des Versprechens, nichts auszuplaudern. Es ist vielmehr Selbstzweck einer Kommunikation: Es ist nicht eine Phase im Take-Turn-Prozess, wo sich Reden und Schweigen abwechseln. Man trifft sich oder lebt jahrelang zusammen, um gemeinsam zu schweigen. Das ist etwas völlig anderes, als sich zu treffen, um unter dem Siegel der Verschwiegenheit über etwas zu sprechen. Schweigen wird dann zur asketischen Übung, die etwa im Falle der Kartäuser zur lebenslangen Selbstverpflichtung wird. Die *Zugehörigkeit* zum Orden ist dann die zentrale Kommunikation. Sie kommuniziert im Idealfall, dass man auf immer schweigt. Eine der Legitimationen für einen solchen Status ist im Kontext des Mönchstums gewiss: Man schweigt, um sich der Stimme Gottes zu öffnen.[19]

Diese Disziplin wird umso schwieriger zu beherrschen, wenn man gleichwohl die Gelegenheit hätte zu reden, also in zönobitischen Formen des Mönchstums. Die radikale Form des sich Versenkens ins Schweigen wäre die Eremitage. Die Kartäuserregel (die aber hier selbstredend der Benediktsregel folgt) stellt insofern eine „stabilisierte Spannung" dar. Schweigen in der Gemeinschaft.[20]

---

18   Vgl. hierzu: Alois Hahn: „Zur Soziologie der Beichte und anderer Formen institutionalisierter Bekenntnisse: Selbstthematisierung und Zivilisationsprozeß, in: Kölner Zeitschrift für Soziologie und Sozialpsychologie 34, (1982), H.3, S.407-434
19   vgl. hierzu: Niklas Luhmann und Peter Fuchs: „Die Weltflucht der Mönche. Anmerkungen zur Funktion des monastisch-aszetischen Schweigens", in: Dies.: a.a.O. S.21-25 und Alfred Bellebaum: Schweigen und Verschweigen Bedeutungen und Erscheinungsvielfalt einer Kommunikationsform. Opladen (Westdeutscher Verlag) 1992; S. 44-55.
20   Für die generelle Entwicklung der Spannung zwischen klösterlichem und eremitischem Religiosentum vgl.: Gert Melville: Die Welt der mittelalterlichen Klöster. Geschichte und Lebensformen. München (C.H. Beck) 2012. Speziell zum *Schweigen* im Mittelalter vgl. Volker Roloff: Reden und Schweigen: Zur Tradition und Gestaltung eines mittelalterlichen Themas. Münchner Romanistische Arbeiten, 34, München (Fink) 1973 und Uwe Ruberg: Beredtes Schweigen in lehrhafter und erzählender deutscher Literatur des Mittelalters. Mit kommentierenden Ersteditionen über das Schweigen. München (Fink) 1978

4. Schweigen durch Reden: Aposiopese und Verrätselung

Eine der auch soziologisch spannenden Formen des Schweigens besteht nicht im Verzicht auf das Reden. Vielmehr wird das Schweigen gleichsam in den Text eingetragen. Die Rhetorik hat als besonders eindrucksvolle Form dieser Technik die Aposiopese identifiziert.

Ich schließe mich hier Überlegungen von Peter von Moos an: „Überhaupt dient die Aposiopese meist dazu, die Sprache da stillzulegen, wo schwierige oder erhabene Themen leichtfertig beredet werdet könnten. Sie kombiniert einen Schluss-topos mit einem Bescheidenheitstopos und erhöht so durch die Unfähigkeitsbeteuerung des Autors die Würde des Übergangenen. Bekanntlich begegnet sie im Mittelalter vor allem am häufigsten in der religiösen Form des Unsagbaren".[21]

Fraglich bleibt immer, ob man tatsächlich auf etwas Unaussprechliches anspielt, oder ob etwas an sich sehr wohl Benennbares nur im präsenten Fall nicht ausgesprochen werden darf[22], ob es sich also um Unausgesprochenes[23] oder Unaussprechliches handelt. Aber auch das Unaussprechliche wird in der normalen Aposiopese zumindest eben als Unaussprechliches sehr wohl beschworen. Man sagt nicht einfach nichts, sondern sagt, dass man nichts sagen kann. Das Ineffable wird paradoxerweise dadurch, dass es als unnennbar beschrieben wird, eben doch benannt, wenn auch jede weitere Konkretisierung unterbleiben muss. Es gibt in diesem Sinne zwei Arten von Geheimnissen, solche, die man nicht verraten *darf* und solche, die man nicht verraten *kann*. In beiden Fällen ist Schweigen die adäquate kommunikative Form, mit ihnen umzugehen. Aber die prinzipiell enthüllbaren Geheimnisse sind nicht per se im Jenseits des Sagbaren beheimatet. Gerade weil man sie ausplaudern könnte, ist es verboten, diese Möglichkeit zu nutzen. Das auf sie bezogene Schweigeverbot betrifft deshalb auch meistens

---

21   Peter von Moos: Abaelard und Heloise. Gesammelte Studien zum Mittelalter, Bd.I , hrsg. von Gert Melville. Münster (LIT Verlag) 2005, S.36

22   Das wäre wohl beim „umschreibenden Verschweigen" der Fall. Hartmut Köhler verwendet diese Formel, um die Funktion des berühmten Schreis der Seligen in Dantes Commedia (Par, XXI,: „e fero un grido…nè io lo'ntesi; si mi vinse il tuono": „Was sie schrien, verstand ich nicht, so sehr betäubte mich der Lärm") zu interpretieren: „ Wir müssen es also so verstehen , dass der Schrei (…), der den Seligen wie aus einem Munde kam, eine höchst unchristliche- Bitte enthielt (….), dass es besser für den Sterblichen war, dass er sie nicht verstand. Eine besonders geschickte Form des umschreibenden Verschweigens, die den Effekt nur noch verstärkt." Dante Alighieri. La Commedia. Die Göttliche Komödie. III. Paradiso/. In Prosa übersetzt von Hartmut Köhler. Stuttgart (Reclam) 2012, S.481 Fn.

23   Dass nicht nur Unaussprechliches, sondern auch Unausgesprochenes der Logik der Aposiopese folgt, ließe sich gut auch bei Proust zeigen. Vgl. hierzu: Alois Hahn: Mißverständnisse und Irreführungen – oder die Logik des Unausgesprochenen bei Marcel Proust. In: Karl Hölz (Hg.): Marcel Proust. Sprache und Sprechen. 6. Publikation der Marcel Proust Gesellschaft. Frankfurt am Main und Leipzig (Insel Verlag) 1991, S.84-100.

nicht alle potentiellen Informanden. Die Eingeweihten sind gerade dadurch definiert, dass man in ihrem Kreis über die entsprechenden Geheimnisse reden darf oder sogar muss. Das Schweigen wirkt also gruppenbildend. Um etwas völlig anderes handelt es sich aber, wenn die Rede ist von einem durch Rede gar nicht Erfassbaren. Dass dazu Gottes Gedanken gehören, ist für einen Frommen keines weiteren Kommentars bedürftig. Aber auch das Innere der Menschen partizipiert für mittelalterliche Autoren an dieser Unbeschreiblichkeit. Von Moos zitiert eine Fülle von Quellen, um das zu belegen. Dabei erscheint einem modernen Systemtheoretiker als besonders eindrucksvoll (ein „preadaptive advantage" im Sinne von Talcott Parsons), dass das nicht nur für fremdes Bewusstsein, sondern auch für eigenes angenommen wird. Verstehen wird von daher selbst als Wunder aufgefasst. Von Moos zitiert in diesem Zusammenhang einen geradezu überwältigenden Passus von Guibert von Nogent aus dessen Vorrede zu den „Gesta dei per Francos": „Quid enim mirum si fallimur, dum aliena facta referimus, cum nos ne nostras ipsorum quidem cogitationes ac opera, non dico verbis exprimere, sed ne colligere tacita saltem mente possimus ? Quid de intentionibus loquar, quae adeo latere probantur, ut vix ab interiore hominis acumine discernantur".[24] (Frei übersetzt: „Es ist deshalb nicht verwunderlich, dass wir uns täuschen, wenn wir über fremde Taten berichten, da wir ja nicht einmal unsere eigenen Gedanken und Werke in Worte fassen können. Ja wir können nicht einmal Unausgedrücktes und Verschwiegenes uns selbst im Geiste klarmachen. Was soll ich da erst von den Absichten sagen, die doch nachweislich so sehr verborgen sind, dass sie sich selbst bei allem Scharfsinn nicht einmal von unserem eigenen Inneren deutlich unterschieden werden können" A.H.).

Von Moos bezeichnet hier als „psychologischen Agnostizismus" was aus moderner soziologischer Sicht als Folge der Geschlossenheit psychischer Systeme resultierender Sachverhalt behandelt würde. Die von Guibert de Nogent unterstrichene Tatsache, dass psychische Systeme auch für sich selbst intransparent bleiben, stellt (nicht nur für psychische Systeme) ein kardinales Theoriestück der Luhmannschen Systemtheorie dar. Allerdings sind die Begründungen dafür möglicherweise anders als bei Guibert.

Das Schweigen im Text ist bedeutungsvoll: Der gemeinte Sinn lässt sich nur erschließen oder erahnen, nämlich als das verschwiegene Signifikat, für welche die Leerstellen des Textes als Signifikanten einstehen.

Noch entschlossener wird freilich das Schweigen als Diskursintention verfochten, wo die Signifikanten sich jeder Bindung an Signifikate verweigern. Herkömmlicherweise waren vor allem mystische Texte ein Beispiel für diese Ten-

---

24   V. Moos, ibid., S.37, Fn., Zitat aus: Guibert de Nogent: Gesta dei per Francos (PL,156,683 A)

denz, und zwar nicht nur in westlichen, sondern auch und gerade in östlichen Religionen. Für die Gegenwart übernimmt aber auch die Kunst diese Funktion.[25] Gerade in ihren avangardistischen Fraktionen tritt als Schweigeäquivalent Referenzlosigkeit der Kunst auf die Szene. Ob die Kunst, zumal die Literatur, je die beanspruchte Unabhängigkeit erreicht oder eine lediglich programmatische Fiktion einer Avantgarde ist, kann hier ganz offen bleiben. Es geht zunächst um den Anspruch als solchen.

Ein solcher findet sich etwa in Roland Barthes' Überlegungen, über ein „Zerplatzen" der lyrischen Wörter in reine asyntaktische Entbindung aus Zusammenhängen Referenzlosigkeit herzustellen: „L'éclatement du mot poétique institue alors un objet absolu (...).Ces mots-objets sans liaison (...) dont la vibration purement mécanique touche étrangement le mot suivant mais s'éteint aussitôt, ces mots poétiques excluent les hommes" [26]. Dabei wird hier das Programm der Abkoppelung von Bezügen so weit radikalisiert, dass es sich auch auf die im künstlerischen Kontext selbst ergebenden Anschlüsse bezieht.

Wie aber vor allem die philologische Zunft belegt, sind selbst die schweigsamsten Texte der Lyriker nicht vor der Beredsamkeit der Deuter sicher. Vielleicht gibt es ja kein Geheimnis hinter den Texten, und ihr Geheimnis besteht darin, dass das niemand weiß. Immerhin hat die herkömmliche, hermeneutische Philologie, immer wieder versucht, das Äußerste an Anstrengung aufzuwenden, um scheinbar Unentschlüsselbares dennoch verstehbar zu machen. Sie sind mir insofern immer als Modell jener wunderbaren Wesen erschienen, als die Hofmannsthals Tod den Menschen schlechthin sieht: „Wie wunderbar sind diese Wesen, die nie Geschriebnes dennoch lesen und Wege selbst im ewig Dunklen finden." Eine neu-

---

25   Für diese Tendenz der paradoxen Kommunikation durch Kommunikation des Inkommunikablen zeugt bereits die Zusammenstellung der Kapitel im oben zitierten Werk von Luhmann und Fuchs: „Vom Zweitlosen: Paradoxe Kommunikation im Zen-Buddhismus", „Von der Beobachtung des Unbeobachtbaren: Ist Mystik ein Fall von Inkommunikabilität?" und „Vom schweigenden Aufflug ins Abstrakte: Zur Ausdifferenzierung der modernen Lyrik".

26   Roland Barthes: Le degré zéro de l'écriture. Paris 1972. S. 39. Vgl. hierzu: Ulrich Schulz-Buschhaus: „Die Geburt einer Avantgarde aus der Apotheose des Kriegs. Zu Marinettis Poetik der ‚parole in libertà'", in: Romanische Forschungen, 104, 1992, S.132-151. Dort findet sich auch der Hinweis auf eine Deutung der futuristischen Lyrik von Octavio Paz, in der ebenfalls diese Tendenz zur Konzentration auf den „bindungslosen" Signifikanten unterstrichen wird, also auf eine Lyrik, von der man sagen könnte, das ihre Elemente sich auf die „basale Selbstreferenz"(Luhmann) zurückziehen: „El poema futurista no se encaminaba hacia el futuro sino que se precipitaba por el agujero del instante o se immobilizaba en una serie inconexa de instantes fijos. Eliminación del tiempo como sucesión y como cambio." Los hijos del limo. Barcelona, Caracas, Mexico ³1981, S.171; zitiert nach Schulz-Buschhaus, a. a. O., S. 148. Schulz-Buschhaus argumentiert sehr einleuchtend, dass die poetologischen Programme sowohl Barthes' als auch Marinettis eine besondere Form der Distinktionsstrategie der Avantgarde seien.

ere Tendenz in der Philologie freilich hat der Hermeneutik als solcher den Krieg erklärt. Sie sieht gerade ihre Aufgabe darin, das Schweigen der Texte nicht aufzulichten. Zwar bleiben auch sie nicht stumm. Aber ihr Bestreben ist es, die Leser für die Stimmungsvaleurs des Textschweigens zu öffnen. Nicht Verstehen ist dann das Ziel, sondern das Genießen des raunenden Unverstehbaren: „Zweifelsfrei aber ist, daß die Produkte moderner Lyrik das Kontingenzbewußtsein der Moderne in Hinblick auf sprachliche Artistik, ihr Problembewußtsein im Hinblick auf scheinbar unmögliche Kommunikation entschieden gesteigert haben. Am faszinierenden Beispiel moderner Lyrik war zu lernen, daß Inkommunikabilität , welche Folgen sie für psychische Systeme immer haben mag, Kommunikation nicht daran hindert zu kommunizieren."[27]

5. Inkommunikabilität und die Occulta cordis

Soziologen gehen typischerweise (ich schließe mich ein) von der radikalen Modernität des Bewusstseins des letztlich unaufhebbar inkommunikablen Moments der Innerlichkeit von Alter aus. Dass dabei die eigentümliche Modernität der mittelalterlichen Theorien unterschätzt wird, zeigen die Analysen von Peter von Moos.

Die üblicherweise dominante Perspektive geht davon aus, dass das Hauptinteresse eines „Geheimnisträgers" darin liegt, sein Geheimnis zu verbergen und es gegen unerwünschte Lauscher oder Voyeure zu schützen. Durch Schweigsamkeit, durch Vorsicht, Diskretion oder auch durch Raffinesse und Täuschung. Die Entdeckung fremder Geheimnisse wird dann eher wie ein Akt der Kriegführung dargestellt: Man entreißt dem anderen etwas gegen dessen Widerstand. Dass man den anderen nicht durchschaut, liegt daran, dass er sich geschickt verbirgt oder uns elegant hinters Licht zu führen weiß. Die Undurchschaubarkeit des anderen ist Folge seiner strategischen Kunst zu simulieren und zu dissimulieren. Er tut dies, weil er ein Interesse daran hat, ein politisches, militärisches, ökonomisches, religiöses oder erotisches. Der andere erscheint nicht als grundsätzlich rätselhaft oder geheimnisvoll. Gerade dass er undurchschaubar sein möchte, ist keinesfalls geheimnisvoll, sondern höchst verständlich.

Für diese Art von Analyse ergibt sich das zentrale Problem kommunikativer Intransparenz nicht daraus, dass man sich nicht verständlich machen könnte, sondern daraus, dass man nicht durchschaut werden möchte. Dem korrespondieren dann entsprechende Strategien. Der Dissimulator heuchelt Ehrlichkeit, die die Moral als zentrale Tugend empfiehlt. Der Adressat von Ehrlichkeitsbeteuerungen

---

27 Luhmann und Fuchs, a.a.O., S.177

bleibt skeptisch, weil echte Ehrlichkeit von bloß gut dargestellter nicht zu unterscheiden ist. Die daraus entspringende Paradoxie wird dann selbst bemerkt und kommentiert, so etwa wenn La Rochefoucauld formuliert: „La sincérité est une ouverture de cœur. On la trouve en fort peu de gens; et celle que l'on voit d'ordinaire n'est qu'une fine dissimulation pour attirer la confiance des autres."[28] Oder in der daran anschließenden Gedankenführung des Fräuleins von Scudéry: „Ceux qui sont les plus dissimulez se revestent du moins de sincérité: car sans cela leur dissimulation seroit inutile".[29] Wenn es in diesem Kontext zu einer Differenz zwischen Empfindung und Ausdruck kommt, so liegt das nicht an der grundsätzlichen Schwierigkeit, dass alle Äußerungen gegenüber dem, was sie ausdrücken wollen, ohnmächtig und inadäquat sind, sondern an der zwischen beide tretenden absichtlichen Unehrlichkeit der gelungenen Selbstinszenierung.

Nun fehlen solche gleichsam alteuropäischen Formen des Verbergens existentieller Geheimnisse weder in der Wirklichkeit des modernen Lebens noch in der Literatur. Überleben oder doch die Rettung einer geheimen Identität vor Beschädigung und Diffamierung ist auch in der Gegenwart immer wieder nur aufgrund von Täuschungen, Simulationen und Dissimulationen zu bewerkstelligen. Besonders eindrucksvolle Beispiele dafür finden sich etwa im Werk Prousts. Schon die Tatsache, dass ein großer Teil des Personals durch die sozial stigmatisierte Homosexualität gezwungen ist, eine falsche sexuelle Identität zu affichieren, führt laufend zu bewussten Dissimulationen. Diese werden dadurch besonders erschwert, dass man ja gleichzeitig den „Normalen" gegenüber die Fiktion der Normalität aufrechterhalten muss, während man sich zum Zwecke der Kontaktsuche, also zur Aufrechterhaltung der wahren Identität, gerade demaskieren muss. So missverstehen die „Normalen" den der homosexuellen „drague" dienenden Langzeitaufenthalt des Barons Charlus im Rambuteau-Häuschen als Beleg für ein Blasenleiden, und dieser tarnt sich als „homme à femmes", um nicht für das gehalten zu werden, was er ist:

> „Unaufhörlich wiederholte der Diener: ‚Sicher hat der Herr Baron sich eine Krankheit zugezogen, daß er so lange in einer ‚Retorte' bleiben muß. Das kommt davon, wenn man ein alter Schürzenjäger ist, er hat auch ganz die Hosen danach. Diesen Morgen hat Madame mich auf einen Gang nach Neuilly geschickt. Ich habe gerade gesehen, wie der Herr Baron die ‚Retor-

---

28   La Rochefoucauld: Maximes. Ed. Truchet. Paris 1967, S.20. (Maxime 62 der Ausgabe von 1678).
29   Madeleine de Scudéry: Mathilde (d'Aguilar). Slatkine Reprints. Genf 1979, S. 156. (Nachdruck der Ausgabe von 1667). Zur gesamten Problematik vgl. Margot Kruse: Justification et critique du concept de la dissimulation dans l'oeuvre du moraliste du XVIIe siècle, in: Manfred Tietz und Volker Kapp (Hg.): La Pensée religieuse dans la littérature et la civilisation du XVIIe siècle en France. Actes du Colloque de Bamberg 1983. Papers on French Seventeeth Century Literature. Paris, Seattle, Tübingen 1984, S.147-170.

te' an der Rue de Bourgogne betrat. Als ich eine gute Stunde später von Neuilly zurückkam, habe ich seine gelben Hosen immer noch in der gleichen ‚Retorte' und an derselben Stelle in der Mitte bemerkt, wo er sich immer hinstellt, damit ihn keiner sieht."[30]

Solche Stellen ließen sich beliebig vermehren. Aber sie könnten – wie gesagt – durchaus mit inszenierten Dissimulationen verglichen werden, wie wir sie aus der Literatur des 17. Jahrhunderts kennen. Ich denke etwa an die berühmte Stelle in den Memoiren des Cardinal de Retz, wo er beschließt, weil er schon nicht fromm leben kann, doch so zu scheinen, um der Lächerlichkeit zu entgehen:

> „Je pris, après six jours de réflexion, le parti de faire le mal par dessein, ce qui est sans comparaison le plus criminel devant Dieu, mais ce qui est sans doute le plus sage devant le monde: et parce qu'en le faisant ainsi l'on y met toujours les préalables, qui en couvrent une partie; et parce que l'on évite, par ce moyen, le plus dangereux ridicule qui se puisse rencontrer dans notre profession, qui est celui de mêler à contretemps le péché dans la confession."[31]

Das Geheimnis der Identität ist in diesen und ähnlichen Fällen ist sozusagen kein essentielles, sondern ein existentielles. Das hier erforderliche Schweigen ist strategisch, eine Kunst. Man schweigt nicht über das, worüber man nicht reden *kann* (im Sinne Wittgensteins), sondern über das, wovon man nicht reden *darf.*

Das, was eigentlich zumindest seit dem 19. Jahrhundert als viel schlimmeres Dilemma empfunden wird, ist nicht das durch Täuschung absichtlich herbeigeführte Missverstehen, sondern die für Menschen konstitutive wechselseitige Unverständlichkeit, die den Handelnden zunächst nicht sichtbar wird, sondern sich nur dem beobachtenden Blick des Romanciers und seiner Leser zeigt. Sie verstehen dann, dass die Figuren des Romans sich nicht verstehen können, und zwar nicht, weil sie einander täuschen wollen, sondern weil die wechselseitige Fremdheit Verstehen überhaupt nahezu unmöglich macht. Das Geheimnis muss nicht verschwiegen werden. Es entzieht sich vielmehr tragischerweise durch Unkommunizierbarkeit jeder intersubjektiven Enthüllung. Wenn ich Peter von Moos richtig verstehe, lässt sich an seinem Material zeigen, dass das, was man für das

---

30   Marcel Proust: Die Gefangene 1. In: Auf der Suche nach der verlorenen Zeit (Übers. Eva Rechel-Mertens), 13 Bände. Frankfurt am Main 1967 (Suhrkamp), Band 9, S. 251. Die Übersetzung von „pistière" mit „Retorte" scheint mir nicht besonders glücklich. Besser wäre vielleicht „Bedarfsanstalt". „Constamment le maître d'hôtel disait: Certainement M. le baron de Charlus a pris une maladie pour rester si longtemps dans une pistière. Voilà ce que c'est que d'être un vieux coureur de femmes. Il en a tous les pantalons. Ce matin, Madame m'a envoyé faire une course à Neuilly. A la pistière de la rue de Bourgogne, j'ai vu entrer M. le baron de Charlus. En revenant de Neuilly, bien une heure après, j'ai vu ses pantalons jaunes dans la même pistière, à la même place, au milieu, où il se met toujours pour que'on ne le voie pas". Marcel Proust: La Prisonnière. In: A la recherche du temps perdu. 3 Bände. Paris 1959 (Ed. Pléiade), Band 3, S. 190.
31   Cardinal de Retz: Oeuvres. Edition Hipp und Pernot, Paris (Pléiade) 1984, S.173.

19.Jahrhundert als neu empfunden hat, sich bereits in den Texten des 12. Jahrhunderts findet. Immerhin wird man eine Steigerung in der Dramatisierung dieser Erfahrungen kaum übersehen können.

Tritt dieses Ereignis der Unkommunzierbarkeit auf, wird nicht mehr Simulation oder Dissimulation zur Quelle von Missverständnissen, sondern es wird – umgekehrt – die unterstellte Unmöglichkeit, verstanden zu werden, zum Motiv für Dissimulationen. Man sagt dann bestimmte Dinge gar nicht erst mehr, weil mit Verstehen ohnehin nicht mehr zu rechnen ist. Eine berühmte Romanpassage, in der diese Inversion sichtbar wird, findet sich in der „Éducation sentimentale" von Flaubert:

> „On découvre chez l'autre ou dans soi-même des précipices ou des fanges qui empêchent de poursuivre; on sent, d'ailleurs, que l'on ne serait pas compris; il est difficile d'exprimer exactement quoi que ce soit, aussi les unions complètes sont rares."[32]

Die Pointe schon dieser Stelle bei Flaubert liegt – ähnlich wie später bei Proust – darin, dass die Undurchdringlichkeit des Geheimnisses nicht zwischen einander Fremden herrscht, sondern gerade Menschen in Situationen trifft, wo sie einander ganz nah zu sein scheinen. Nicht weil man kein Verständnis füreinander hat, bleibt einem der andere ein Rätsel. Gerade wenn das Optimum an Verstehbarkeit erreicht ist, wird die Verborgenheit seines Inneren offenkundig.

Bei Proust wird diese Erfahrung indessen ungleich intensiver als bei Flaubert dargestellt. Sie wird auch unmittelbar in Verbindung gebracht mit der Jemeinigkeit der Konstitution von Welt. „L'univers est vrai pour nous tous et dissemblable pour chacun".[33] Und diese Unähnlichkeit der verschiedenen Weltsichten ist so groß, dass man fast sagen kann, jedes Individuum konstruiere sich seine Welt je für sich: „Ce n'est pas un univers, c'est des millions, presque autant qu'ils existent de prunelles et d'intelligences humaines(...)."[34] Wir schweigen über uns, selbst wenn wir über uns reden, und zwar nicht deshalb, weil wir etwas verschweigen wollen, sondern weil wir über etwas über etwas reden, über das man nicht reden kann.

In der vormodernen Welt Europas war primär Gott ein schlechterdings unverständliches Mysterium. Zumindest für die Theologia Negativa stand fest, dass wir von Gott allenfalls sagen können, was er nicht ist, aber kein positives Wissen von ihm erlangen können. Die Kühnheit der Theorie von den Occulta cordis

---

32   Gustave Flaubert: L'éducation sentimentale. Ed. Vernière. Paris (Colin) 1957, p. 355.
33   Proust: La Prisonniére, a.a.O., S. 191. „Die Welt ist wahr für uns alle, doch verschieden für jeden einzelnen." Proust: Die Gefangene, a.a.O., S. 252.
34   Proust: La Prisonniére, a.a.O., S. 191; „denn nicht eine Welt, sondern tausend Welten, fast ebenso viele wie es Augenpaare und denkende Hirne gibt". Proust: Die Gefangene, a.a.O., S. 252.

besteht darin, dass auch der Mensch an diesem Mysterium partizipiert. Zumindest im Kontext der Religion und des Heils verrät alles, was wir über ihn wissen können, nichts Definitives über ihn. Seine Erlösung oder Verdammnis bleibt uns verbogen. Gott schweigt sich darüber ebenso sehr aus, wie über sich selbst. Seit dem 19.Jahrhundert generalisiert sich diese Erfahrung indessen, und sie säkularisiert sich gleichzeitig: Die Menschen werden einander zu Transzendenzen. Der Mensch wird also an die Stelle Gottes gesetzt. Zuerst sind es wohl die Dichter, die derartige Erfahrungen zum Ausdruck bringen. Aber gleichzeitig mit Proust formuliert auch Husserl die These von der Transzendenz alter egos. Und die Heideggersche Dramatisierung der Jemeinigkeit des Daseins unterstreicht zwar eher den Charakter der existentiellen Unvertretbarkeit als den der kognitiven Intransparenz. Die beiden Positionen hängen aber eng miteinander zusammen. Schließlich lässt sich auch empirisch zeigen, dass selbst bei länger zusammen lebendenden Ehepaaren lediglich fiktive Transparenzen eine wechselseitige Opakheit oft nur oberflächlich kaschieren[35]. Vielleicht verstünden sie einander sogar besser, wenn sie schweigen.

6. Schweigen als Verweigerung einer Antwort

Eine höchst eindrucksvolle Form des Schweigens besteht darin, dass man auf eine Frage nicht antwortet. Die Verweigerung kann explizit sein, sie kann auch durch Ausweichen oder bisweilen höchst komplexe verbale Manöver kaschiert werden. Gerade die mediale öffentliche Rede wimmelt von einschlägigen Beispielen Die direkte Verweigerung einer Antwort kann allerdings auch die Inanspruchnahme eines Rechts darstellen. Die Entwicklung des europäischen Prozessrechts lässt sich auch als Ausdehnung der Schweigeprivilegien der Beschuldigten oder Angeklagten lesen bzw. als Einschränkung legitimer Fragerechte.

Ein besonders interessanter Fall für diese Einschränkung ist das Prinzip „nemo tenetur seipsum prodere" bzw. „nemo tenetur seipsum accusare". Damit ist der strafprozessrechtliche Grundsatz gemeint, dass niemand verpflichtet ist, sich durch belastende Auskünfte zum Beweismittel gegen sich selbst zu machen[36] Er entstammt dem angelsächsischen Rechtskreis. In England bürgert er sich – unter

---

35   Vgl.: Alois Hahn: : Konsensfiktionen in Kleingruppen. Dargestellt am Beispiel von jungen Ehen, in: Friedhelm Neidhardt (Hg.): Gruppensoziologie. Perspektiven und Materialien. Sonderheft 25 der Kölner Zeitschrift für Soziologie und Sozialpsychologie. Köln 1983, S. 210-232.
36   vgl.:Martin Nothelfer, Martin: Die Freiheit vom Selbstbezichtigungszwang. 1989. Dort auch eine Fülle weiterer Literatur. Den Hinweis auf die Problematik des Nemo-tenetur-Konzepts, die einschlägige juristische Literatur und zahlreiche brillante rechtshistorische und rechtssoziologische Gedanken zum Thema verdanke ich Knut Amelung: Informationsbeherrschungsrechte

problematischer Berufung auf die Magna Charta – seit dem 16 Jahrhundert als
Prinzip des Common Law mehr und mehr ein und setzt sich um die Mitte des 17.
Jahrhunderts schließlich in der Gerichtspraxis durch. Im 18. Jahrhundert wird er
im amerikanischen Recht wirksam. Seine Verankerung in der Verfassung bringt
das V. Amendment. In Deutschland ist der Grundsatz in der Reichstrafprozeß-
ordnung von 1877 kodifiziert. Der gegenwärtig geltende Wortlaut stammt aus der
sog. Kleinen Strafprozeßreform von 1964. Während für das kontinentale Recht
bis ins 19. Jahrhundert gilt, dass der Angeklagte auskunftspflichtig ist, für Lügen bestraft werden kann, setzt der „nemo-tenetur" – Grundsatz das gegenteilige Recht fest. Für Kontinentaleuropa wurde der Selbstbezichtigungszwang historisch wesentlich mitbegründet durch den im Vierten Laterankonzil festgelegten
Offizialeid „De veritate dicenda", den der Angeklagte vor Beginn des Verhörs
leisten musste. Auch unabhängig von Folterungen, die ihn zur Preisgabe von Geheimnissen zwingen konnten, setzte er sich damit der Gefahr aus, im Falle des
Verschweigens von belastenden Tatsachen meineidig zu werden und damit ewige Jenseitsstrafen auf sich zu ziehen. In Preußen gilt auch nach der Aufhebung
der Folter 1740 durch Friedrich den Großen, die Ungehorsams-oder Lügenstrafe.
Und noch in der Preußischen Criminalordnung vom 11.12.1805 wird das richterli-
che Collegium befugt, den Beschuldigten, der nicht gestehen will, der Prügelstra-
fe zu unterziehen, damit „… der halsstarrige und verschlagene Verbrecher durch
freche Lügen und Erdichtungen oder durch verstocktes Leugnen oder gänzliches
Schweigen sich nicht der verdienten Strafe entziehen möge…" (§292 der PrCrim
O.). Die gegenwärtige Rechtssituation sieht, wie gesagt anders aus. Nicht nur der
verdächtige Beschuldigte, sondern erst recht der „normale" Bürger darf Geheimnisse vor dem Staat haben. Er darf dem Staat sagen: „nie sollst Du mich befragen".
    Was Elsa nicht durfte, darf der Staat erst recht nicht. Freilich war Lohengrin
ein besonderer Fall. Er bewertete als Verstoß, was eigentlich als legitim gilt. Er
richtete ein Tabu auf, wo Freiheit herrschen sollte. In einem tieferen Sinne allerdings erweist sich die Fabel als wahr: wer kein Geheimnis mehr voreinander hat,
kann gleich den Schwan bestellen. Im Falle Wagners scheint überdies das Fra-
getabu die besondere Pointe zu haben, dass man dem rettenden Künstler keine
Auskunft abverlangen soll. Der Zauber wirkt nur bei fragloser Gläubigkeit. Damit nähert sich die künstlerische Autorität der göttlichen und der aus ihr oft ab-
geleiteten herrschaftlichen: Sie verträgt nicht nur keine Kritik, schon die Frage
nach der Identität kann die Aura zerstören. Die Frage entblößt und zeigt den Kai-
ser nackter als ihm guttut.

---

im Strafprozeß. Dogmatische Grundlagen individualrechtlicher Beweisverbote.(Schriften zum
Prozessrecht Bd.97) Berlin 1990

7. Verschweigen

Vom Schweigen möchte ich das Verschweigen unterscheiden. Verschweigen impliziert keinesfalls immer Redeverzicht. Im Gegenteil! Der bevorzugte Ort des Verschweigens ist die Rede. In gewisser Weise lässt sich nun sagen, dass eine bestimmte Form des Verschweigens mit jeder Rede verbunden ist. Nicht nur im Sinne der Selbstverständlichkeit, dass man, wenn man von etwas spricht, eben dadurch über etwas anderes nicht sprechen kann, jedenfalls nicht gleichzeitig. Aber diese Selbstverständlichkeit ist hier nicht gemeint. Es geht darum, dass man etwas, das eigentlich hätte gesagt werden müssen, nicht thematisiert, übergeht, unterschlägt oder ausblendet. Es handelt sich also nicht um einen Redeverzicht, sondern um einen Thematisierungsverzicht. Oder vielleicht müsste man genauer sagen, es geht darum, dass man etwas, das zum Thema gehört, nicht erwähnt, vor allem darum, dass man das absichtlich tut. Es wird also eine Darstellung eines Sachverhalts vorgetragen, die den Zuhörer über wichtige Momente nicht informiert. Die aber hätte er kennen müssen, um die Lage angemessen beurteilen zu können. Er wird zwar nicht direkt belogen. Man sagt nicht ausdrücklich die Unwahrheit. Das Resultat ist aber dasselbe. Der Zuhörer kommt zu Auffassungen, von denen derjenige, der etwas verschweigt, im Voraus weiß, dass sie falsch sind. Ja, es liegt gerade in dessen Intention (und meist auch Interesse) dass der andere nicht erfährt, wie es wirklich ist.

Bisweilen ist solches Verschweigen sogar im rechtlichen Sinne ein Betrug, nämlich wenn der Verschwiegene eine Informationspflicht gehabt hätte. Das zeigt sich natürlich besonders deutlich im Falle von Verbrechen, die jemand beobachtet hat und zu deren Anzeige er verpflichtet gewesen wäre. Aber auch ein Anlageberater z. B. darf einem Klienten Sachverhalte nicht verschweigen, die etwa für die Einschätzung von dessen Kreditfähigkeit wichtig wären. Die Liste der Beispiele ließe sich beliebig verlängern. Ein Journalist, der etwas über einen Bauskandal weiß und darüber nicht berichtet, verstößt gegen seine deontologischen Pflichten. Aber gerade dieses Exempel verweist bereits auf die moralische Ambivalenz des Verschweigens. Informationen sollte er, Informanten darf er u. U. nicht preisgeben. Nahe Angehörige haben in unserer Rechtsordnung sogar das Recht, schwere Verbrechen zu verschweigen, wenn ihre Anzeige zur Verhaftung z. B. des Vaters oder Ehemanns führen könnte.

Die Soziologie des Verschweigens und die Soziologie des Geheimnisses berühren sich hier. Geheimnisse bestehen immer aus selektiven Mitteilungsverboten. Selektiv deshalb, weil Geheimnisse immer auch institutioneller kommunikativer Besitz von Gruppen, Organisationen oder Institutionen sind. Dort müssen ihre Inhalte keinesfalls verschwiegen werden. Im Gegenteil! Die Gruppen definieren sich oft gerade dadurch, dass die Grenze der Verschwiegenheitspflicht ihre Identität konstituiert.

Im allgemeinen hat das Verschweigen die Funktion, den der schweigt, zu schützen. Der untreue Ehemann verschweigt seinen Seitensprung, der Informant der STASI oder der Politiker mit Nazi-Vergangenheit verschweigt seine Zugehörigkeit zu entsprechenden Organisationen, der Verbrecher seine Taten. Es handelt sich gleichsam um eine private „damnatio memoriae" im Dienste einer neuen Identität oder der Aufrechterhaltung der offiziellen Identität gegenüber einer geheimen zweiten, aber gleichzeitigen Alternatividentität: Dr. Jekyll verschweigt, dass er auch Mr. Hyde ist. Auch hier kann das Verschweigen u. U. nur dann erfolgreich sein, wenn entsprechende Fiktionen aktiv konstruiert werden. Das Verschweigen bedarf auch hier also des Redens, nicht um als Verschweigen erkannt, sondern gerade umgekehrt, um *nicht* als solches durchschaut zu werden. In Kellers Novelle „Kleider machen Leute" lügt der Schneider zwar nicht. Er widerspricht nur der Unterstellung nicht, er sei ein polnischer Graf. In manchen Affären reicht es allerdings nicht, bloß zu verschweigen, wer man früher war. Ein neuer Name, eine neue Biographie: Erfindungen also, gestützt auf getürkte Dokumente, müssen das Verschweigen unterstützen. Aber auch das bloße Verschweigen nimmt bisweilen den Charakter der Lüge an. Das Schweigen ist also nicht nur wegen seiner generellen Vieldeutigkeit verdächtig. Moralisch und bisweilen auch juristisch gibt es kriminelles Schweigen. Nichts gesagt zu haben kann dann Anlass für schwerste Schuldvorwürfe sein. Das gilt für Taten, für Unterlassungen, aber auch für Beziehungen: Die aktive Variante. „Ich kenne diesen Menschen nicht" und die passive ergänzen sich. Leugnen und Verleugnen, ganz generell: das Bestreiten von Tatsachen sind Varianten der Schweigekommunikation.

8. Wegschauen als Verschweigen

Oben war von Absenz als Metapher für Schweigen die Rede. Gibt es auch für Verschweigen ein solches Analogon? Ich meine ja. Es handelt sich um das, was man vielleicht am besten mit „Wegschauen" bezeichnen könnte. Viele Deutsche haben während der Nazizeit nicht aktiv an der Judenverfolgung teilgenommen. Sie haben niemanden denunziert. Sie haben „lediglich" geschwiegen. Es geht mir hier nicht um die Frage, was jemand von Auschwitz wusste oder hätte wissen können, sondern um die elementare Dimension des Nicht-Wissen-Wollens, Schweigen als Sich-Dumm-Stellen. Dabei liegt die moralische Ambivalenz des Wegschauens auf der Hand. Sie ist andererseits nämlich auch eine Wurzel aller zivilen Kommunikation, insofern diese immer auch auf Diskretion beruht. Takt ist ohne Wegschauen fast unmöglich. Denn nur so lässt sich auf Dauer die Würde der Selbstdarstellung eines Menschen erhalten. Dass man nicht denunziert, nicht petzt, nicht über alles redet, von dem man durch Beobachtung Kenntnis hat, jene urbane Spielart humaner Toleranz ist auch die Voraussetzung brutalster Grausamkeit gegen Schutzlose. Bisweilen ergänzen sich beide Seiten der Inhumanität: Die einen denunzieren, und die anderen schauen weg und schweigen. Das Nazi-Regime der Verfolgung setzte offenbar beides voraus. Diejenigen, die sich die Augen zuhielten und die anderen, die „Schnüffler", die als Denunzianten wirkten, womit wir die optische noch durch eine olfaktorische Metapher ergänzen.

Verschweigen schützt also nicht nur die, welche verschweigen. Manchmal ist das Verschweigen auch eine heroische oder moralisch zweideutige Strategie zum Schutz anderer. Die positive Variante: Man verschweigt, dass man den Aufenthaltsort des unschuldig Verfolgten kennt. Man erwähnt nicht, dass jemand Jude, Christ, Nicht-Arier usw. ist, und rettet ihm so eventuell das Leben. Die negative: Man verhält sich wie ein Komplize und schützt aus „Ganovenehre" oder „Nibelungentreue" die Verbrecher: „Omertá". Eine vor allem im Kontext von Herrschaft nicht unübliche Selbstschutztechnik besteht darin, Untergebenen zu befehlen oder nahezulegen, Entscheidungen zu treffen, ohne den Chef über Details zu informieren. Die Verantwortlichen wussten dann nichts. So hat der „Wirtschaftsstaatsekretär Bernd Pfaffenbach nach eigenem Bekunden den damaligen Kanzler Gerhard Schröder ‚bewusst' nicht über die anstehende Genehmigung der milliardenschweren Bürgschaft zu Gunsten des russischen Energieriesen Gasprom informiert. Die Begründung, mit der der politische Spitzenbeamte sein Stillschweigen rechtfertigt, ist originell: Es sei das Interesse der beteiligten Banken gewesen, diesen Vorgang ‚nicht zu politisieren'".[37] Nun wäre es naiv, die offizielle Verschwiegenheit des Beamten gegenüber seinem Vorgesetzten so zu deuten, als habe dieser von allem nichts gewusst: „Auch Pfaffenbach täte man Unrecht, würde man ihm eine solche Naivität auch nur versuchsweise abkaufen wollen. Die seltsame Verschwiegenheitserklärung hat allerdings für den einstigen Kanzler-Intimus Pfaffenbach den Charme, dass er Schröders öffentlich deklarierte Sachverhalts-Unkenntnis bestätigt, ohne gleich das ganze Wirtschaftsministerium dafür in Mithaftung zu nehmen".[38] Der Vorgang ist systematisch aufschlussreich, insofern auch hier wieder strategisch die Differenz zwischen Schweigen und Nicht-Kommunikation im Dunkeln gehalten wird: Hätte der Kanzler den Verdacht gehegt, ihm werde etwas verschwiegen, hätte er selbstverständlich diesem Verdacht nachgehen

---

37   Ewald B. Schulte: „Schweigen ist oberstes (Beamten-)Gebot", in Berliner Zeitung, 7.4.2006, Nr.83, S.4
38   Ibidem.

müssen. Aus seiner Perspektive lag aber gar kein Verschweigen vor. Genau diesen Eindruck musste der Staatssekretär inszenieren. Zumindest musste er vor der
Öffentlichkeit glaubwürdig den Eindruck erwecken, als habe er dem Kanzler gegenüber diesen Eindruck glaubwürdig erweckt. Der Kanzler seinerseits hätte öffentlich verschweigen müssen, dass er ein Verschweigen als solches durchschaut
hätte, wenn er seine diesbezügliche Naivität glaubwürdig hätte kommunizieren
wollen. Verschweigen des Verschweigens ist aber bloß die erste Stufe der einschlägigen Strategien. Sie ist indessen die Basis dafür, dass das Verschweigen überhaupt funktioniert. Spannend wird es erst, wenn das Schweigen gebrochen wird,
wenn also das Verschweigen als Verschweigen denunziert wird, wenn nicht mehr
verschwiegen wird, dass man bislang verschwiegen hat, dass etwas verschwiegen wurde. Wer legt die Karten auf den Tisch, wann, warum, in Kenntnis oder
Unkenntnis welcher Folgen? Hat man ihm verschwiegen, was ihm blüht, wenn
er das Verschweigen des Verschweigens nicht länger verschweigt? Oder kann er
es sich leisten, alle Dunkelmänner zu entlarven? Mir fällt in diesem Zusammenhang die Rede Chrustschows auf dem 20. Parteitag der KPDSU ein. Als er die
Verbrechen Stalins und das kollektive Verschweigen dessen, was viele wussten,
angeprangert hatte, kam aus dem Publikum die Frage: „Und Sie Genosse Chrust-
schov, warum haben Sie so lange verschwiegen, was Sie wussten?" Der nunmehr
mächtige Gefragte donnerte zurück: „Wer war das!?" Der Rest war Schweigen.
Erst einmal. Dann aber soll der Parteivorsitzende gesagt haben: „Aus dem gleichen Grunde wie dem, dass Sie sich jetzt nicht melden".

Man kann Reden und Schweigen analysieren, als handle es sich um unschul-
dige Varianten von Kommunikation. Und man kann die Formen und die Strategien beschreiben, die sich mit den jeweiligen Optionen verbinden. Soziologisch
naiv verhält sich freilich, wer nicht berücksichtigt, dass die Optionen zu schweigen oder zu reden, nicht einfach der persönlichen Neigung entspringen, sich für
diese oder jene Alternative zu entscheiden. Ob geredet oder geschwiegen wird,
von wem und worüber, das wird einerseits im Kontext von Normen und institutionellen Ordnungen, andererseits nach den Logiken von Macht und Einfluss
vorstrukturiert. In den Nischen dieser Freiräume siedeln sich dann die kommunikativen Innovationen an, die sich des Schweigens und des Redens und ihrer reflexiven Verschachtelungen (z. B. Reden über Schweigen, Schweigen über Gere-
detes, Verschweigen des Schweigens usw.) bedienen. Auch hier freilich gibt es
eine Asymmetrie. Es ist zwar fast immer möglich, jemanden zum Reden zu bringen. Aber eben nur fast immer. Schweigen ist eine letzte Rückzugsmöglichkeit.
Umgekehrt scheint die Möglichkeit, jemanden zum Schweigen zu bringen, zumindest dann stets zu bestehen, wenn man ihn definitiv daran hindert zu kom-

munizieren. Das wäre aber nur zu erreichen, wenn man ihn dazu physisch außer Stand setzt, z. B. dadurch, dass man ihn tötet. Aber Tote können eben weil sie nicht mehr reden können, auch nicht mehr schweigen. Ihr Verstummen sagt nur etwas über die, die sie verstummen ließen.

9. Optische Metaphern

Sowohl Schweigen als auch Verschweigen werden typischerweise als Modifikationen von Rede behandelt. Selbst Simmel, der als soziologischer „founding father" der Geheimnisforschung[39] Grundsätzliches zum Thema gesagt hat und der in seiner „Soziologie de Sinne" die spezifischen Leistungen und Defizite von Hören und Sehen beschrieben hat, hat diese beiden Ansätze nicht verknüpft. Das aber wäre ein Desiderat. Ich beschränke mich auf einige Andeutungen. Die gesamte Sphäre des Geheimnisses und des Geheimhaltens ist mit optischen Metaphern besetzt. Man verhüllt etwas oder lässt es ans Licht kommen. Man macht Verborgenes sichtbar. Man verschleiert etwas und entzieht es den Blicken. Man vertuscht etwas. Vor allem aber: Man schaut weg. Man leugnet Zeugenschaft. Gerade die gegenwärtigen Berichte von Skandalen, die sich um Missbrauch von Kindern und Jugendlichen drehen, wimmeln von optischen Metaphern. Man hat nichts gesehen. Oder gar: man konnte gar nichts sehen, weil man ja nicht dabei war. Absenz als unüberbietbare Form der Entschuldigung.

Natürlich gibt es auch hier machtgestützte Formen der „Absentierung" im Sinne des Unsichtbarmachens, die Tilgung von Spuren und Quellen. Die Invisibilisierung nicht nur des Präsens, sondern auch des Präteritums: Man denke an die stalinistische Praxis, aus den Bildern, die die Helden der Oktoberrevolution zeigen, sukzessiv die unterdessen in Ungnade Gefallenen oder Liquidierten zu eliminieren: das Verschweigen als optische Tat. Die optische Alternative dieser Art des Verschweigens wäre – auf den Einzelnen bezogen: Hinschauen, Nicht Wegsehen, sozial aber: Zeigen. Aber die moralische Zweideutigkeit bleibt nicht nur beim optischen Verschweigen, sondern auch beim optischen Entschleiern unauf-

---

39   Vgl. hierzu u. a.: Alois Hahn „Soziologische Aspekte von Geheimnissen und ihren Äquivalenten", in: Aleida und Jan Assmann (Hg.): Schleier und Schwelle. Geheimnis und Öffentlichkeit. Archäologie der literarischen Kommunikation V,1. München (Fink) 1997, S.23-40 ; Alois Hahn: „Schuld und Fehltritt, Geheimhaltung und Diskretion", in Peter von Moos (Hg.): Der Fehltritt. Vergehen und Versehen in der Vormoderne. Köln, Weimar, Wien (Böhlau) (Reihe: Norm und Struktur, Bd. 15) 2001, S. 177-202, Alois Hahn: Secret", in: Traité d'anthropologie historique: Philosophies, histoires, cultures (Hg. Christoph Wulf. Paris (L'Harmattan) 2002, S.1151-1164. (Übers.: Stephan Kaempfer und Alois Hahn: „Geheim", in: Hartmann Tyrell, Otthein Rammstedt und Ingo Meyer (Hg.): Georg Simmels große „Soziologie". Eine kritische Sichtung nach hundert Jahren. Bielefeld (transcript Verlag) 2011. S.323-345.

hebbar: die Dialektik der Aufklärung nimmt dem Reden und dem Verschweigen, der Opakisierung und der Deixis die Unschuld.

Der vorliegende Text knüpft an verschiedene ältere Arbeiten zur Soziologie des Schweigens und zur Soziologie des Geheimnisses an, die z. T. im Kontext der Tagungen des von Aleida und Jan Assmann gegründeten Arbeitskreises „Archäologie der literarischen Kommunikation" entstanden und publiziert worden sind. Beiden verdanke meine Überlegungen sehr viel. Besonders stark lehnt sich der hier vorgelegte Text an meinen Beitrag in der Festschrift für Peter von Moos an: Alois Hahn: „Schweigen als Kommunikation und die Paradoxien der Inkommunikabilität", in: Alois Hahn, Gert Melville und Werner Röcke (Hg.): Norm und Krise von Kommunikation. Inszenierungen literarischer und sozialer Interaktion im Mittelalter. Festschrift für Peter von Moos. Hg. von Alois Hahn, Gert Melville und Werner Röcke. Bd. 24 von Geschichte. Forschung und Wissenschaft. Berlin (Lit Verlag) 2006, S.93-114. Im übrigen entspringen zahlreiche wichtige Einsichten der inzwischen viele Jahre währenden Freundschaft und Anregung von Peter von Moos. Die enge Verknüpfung von Schweigen und Geheimnis habe ich jüngst noch einmal in einem Beitrag über Georg Simmel thematisiert: Alois Hahn: „Geheim", in: Hartmann Tyrell, Otthein Rammstedt und Ingo Meyer (Hg.): Georg Simmels große „Soziologie". Eine kritische Sichtung nach hundert Jahren. Bielefeld (transcript Verlag) 2011. S.323-345

Lügen im Alltag: Omnipräsent und diskreditiert

Karl Lenz

> *„Im Deutschen lügt man,*
> *wenn man höflich ist."*
> (Goethe, Faust 2. Teil, 2. Akt)

„Der Vorwurf, meine Doktorarbeit sei ein Plagiat, ist abstrus", erklärte der damalige Bundesverteidigungsminister Karl-Theodor zu Guttenberg zu den ersten Plagiats-Vorwürfen, die die Süddeutsche Zeitung zu seiner Dissertation „Verfassung und Verfassungsvertrag" veröffentlichte[1]. Ein Bremer Rechtswissenschaftler war bei einer Rezension auf neun weitgehend wortgleiche und ohne Quellenangaben übernommene Passagen gestoßen. Sehr schnell wurden weitere Stellen in der Dissertation entdeckt, am Ende stellte Guttenberg-Plag fest, dass auf 94 Prozent der Seiten des Haupttextes Plagiate waren. Dadurch angestoßen kam ebenfalls die Untersuchungskommission der Universität Bayreuth nach eingehender Prüfung zu dem Ergebnis, dass Guttenberg „die Standards guter wissenschaftlicher Praxis evident grob verletzt und hierbei vorsätzlich getäuscht" habe (Kommission der Universität Bayreuth 2011: 13).

„Ich malte Gemälde, die im Œuvre des Künstlers eigentlich nicht hätten fehlen dürfen." Das sagte Wolfgang Beltracchi in einer Gerichtsverhandlung anlässlich des größten Kunstfälschungsprozesses der deutschen Nachkriegszeit. Beltracchi hatte Werke der klassischen Moderne gefälscht, darunter Bilder u. a. von Max Pechstein, Max Ernst, Fernand Léger oder Heinrich Campendonk. Mehr als 14 Jahre platzierten er und seine Kompliz/innen Gemälde auf dem Kunstmarkt, die sie als unbekannte Werke bekannter Maler ausgaben. Sie erfanden die Sammlung Jäger, überzeugten die Experten von der Echtheit von wiederaufgetauchten Bildern dieser Maler, darunter den bekannten Kunsthistoriker und anerkannten Ernst-Spezialisten Werner Spies, und erzielten fortlaufend Höchstpreise bei Auktionshäusern oder privaten Sammlern. Aufgefallen ist der Schwindel, da

---

1 Ausführlich hierzu Preuß, Roland / Schultz, Tanjev (2011): Guttenbergs Fall. Der Skandal und
   seine Folgen für Politik und Gesellschaft. Gütersloh. Die Buchautoren sind die Verfasser des
   ersten Artikels in der SZ. Die Guttenberg-Affäre ist auch im Internet ausführlich dokumentiert.

bei einem Werk eine Farbe entdeckt wurde, die es zur Entstehungszeit des Bildes noch nicht gegeben hatte[2].

Auch wenn große Teile der Weltöffentlichkeit ihm keinen Glauben schenken wollten, sagte der iranische Diktator Saddam Hussein die Wahrheit als er mehrmals versicherte, dass sein Land keine Massenvernichtungswaffen besitze. Dagegen tischte die Regierung Bush der Weltöffentlichkeit mehrere Lügen auf: Falsch waren – wie John J. Mearsheimer (2011) aufzeigt – die Behauptungen, dass eindeutige Beweise für den Besitz biologischer und chemischer Massenvernichtungswaffen des Iraks und für die enge Zusammenarbeit mit dem Terrornetzwerk um Osama bin Laden vorlägen. Gelogen war auch die mehrmals gegebene Beteuerung, die USA sei weiterhin für eine friedliche Beilegung des Konfliktes offen; in Wahrheit war die Vorbereitung des zweiten Irak-Krieges bereits voll im Gange.

Drei Täuschungsepisoden aus unterschiedlichen Kontexten, die unmittelbar moralische Entrüstung auslösen: schwere Verstöße gegen die wissenschaftliche Redlichkeit, die Verletzung der Aura des originalen Kunstwerks und der Verstoß gegen unseren festen Glauben, dass in Demokratien die Ehrlichkeit die Welt regiert. Diese Täuschungen und die damit verbundenen Lügen werden als schwerwiegende Verfehlungen aufgefasst und stoßen auf eine breite Verurteilung. Angesichts der Eindeutigkeit der moralischen Bewertung überrascht doch der hohe Verbreitungsgrad dieser Verstöße. Täuschungen und Lügen – ich verwende beide Begriffe zunächst noch synonym – kommen keineswegs nur in diesen oder ähnlichen spektakulären Fällen vor, sondern sind fest in unser aller Alltag verankert (vgl. auch Nyberg 1993; Hettlage 2003a). Wenn es doch einen so hohen Konsens über die Niederträchtigkeit dieser Verfehlungen gibt, warum gelingt es der Gesellschaft dann nicht, dies zu unterbinden und zu verbannen? Ist es die Charakterschwäche Einzelner, sind es schwarze Schafe, die unsere positive Bilanz im Streben nach Wahrhaftigkeit trüben? Um differenzierter darauf antworten zu können, wird im Weiteren die Paradoxie zwischen der Omnipräsenz von Lügen und ihrer moralischen Diskreditierung aus einer soziologischen Perspektive zum Gegenstand gemacht.

---

2   Neben einer Fülle von Zeitungsartikel haben Stefan Koldehoff / Tobias Timm 2012 unter dem
    Titel „Falsche Bilder, Echtes Geld. Der Fälschercoup des Jahrhunderts und wer alles daran
    verdiente": (Köln: Galiani) eineDokumentation vorgelegt.

1. Moralphilosophische Perspektive: Das Lügenverbot

Die uns allen gängige moralische Verwerflichkeit der Lüge hat ihr Fundament in der Moralphilosophie. Ganz wesentlich dazu beigetragen haben die Vertreter/ innen des absoluten Lügenverbots. Auch wenn diese Position – mehr dazu später – in der Moralphilosophie nicht unumstritten ist, hat sie dennoch ganz wesentlich zu der alltagsweltlichen Verurteilung beigetragen (vgl. Bok 1980; Dietz 2002). Obwohl Lügen schon seit der Antike Gegenstand philosophischer Reflexionen sind, hat der christliche Kirchenlehrer Augustinus (354-430) mit seinen beiden Aushandlungen „De mendacio" (dt.: „Die Lüge") und „Contra mendacium" (dt.: „Gegen die Lüge")[3] ganz entscheidend das absolute Lügenverbot grundgelegt und die moralische Verurteilung der Lügen geschaffen. „Es war namentlich Augustinus", so schreibt Steffen Dietzsch (1998: 41) in seiner „Kleine(n) Kulturgeschichte der Lüge", „der mit (…) (seiner) Bestimmung der Lüge als einem willentlichen Bösen in der Reichweite des Menschen dazu beigetragen hat, das schlechte Gewissen im Menschen nicht nur wachzuhalten, sondern es nahezu als ‚sechsten' Sinn in seine vegetativen Körperbereiche einzusenken. Dieser tiefliegende Ekel vor der Lüge ist uns (gläubigen und ungläubigen) Christenmenschen von Augustinus implantiert worden, und dass beispielsweise die Institution des sogenannten Lügendetektors in aller Regel (jedenfalls bei uns ‚westlichen' Menschen) eine beachtliche aufklärerische Kompetenz besitzt, haben wir im Grunde jenem orientalischen Kirchenlehrer zu verdanken".

Für Augustinus ist jede Lüge verwerflich: „Aus den Zeugnissen der Hl. Schrift ergibt sich klar, dass man schlechthin niemals lügen darf. Jede Lüge ist eine Sünde" (Augustinus 2007: 58). Existenzielle Notlügen sind ebenso verboten wie Lügen aus Eigennutz. Selbst im Interesse des Glaubens zu lügen, selbst dann, wenn das Leben in Gefahr ist, ist strikt verboten. Welche Absichten der Lügner[4] mit seiner Lüge verfolgt, ist für Augustinus völlig irrelevant; jede Täuschungsabsicht für sich ist schon moralisch verwerflich. Der einzige Ausweg, der bleibt, ist das Verschweigen. Alles, was man sagt, muss wahr sein, aber man muss nicht alles sagen, was wahr ist. Das Verschweigen fällt nach Augustinus nicht unter das absolute Lügenverbot. Augustinus verlangt eine strikte Unter-

---

3   Im Weiteren verwende ich die ‚Augustinus-Übersetzung' von Paul Keseling, orig. 1953 in der
     Fassung von 2007.

4   Immer dann, wenn es im Folgenden um Rollen und nicht um Personen geht, werde ich von dem
     geschlechtergerechten Sprachgebrauch abweichen und nur die männliche Form (z. B. Lügner)
     verwenden. Ich mache das, um eine Satzkonstruktion möglichst einfach gestalten zu können.
     Auch wenn es erwiesener Weise schwer fällt (vgl. Lenz/Adler 2010), möchte ich ausdrücklich
     darauf hinweisen, dass die Rolle des Lügners oder des Belogenen bzw. andere hier verwendete
     Rollen sowohl von Frauen wie auch von Männern besetzt sein können.

werfung unter Gott als der Verkörperung der Wahrheit, ansonsten unterwirft
sich der Mensch dem Teufel, der schon im Johannes-Evangelium (8,44) als der
„Vater der Lüge" bezeichnet wurde. Die Lüge wird als die wichtigste Erschei-
nungsform des Bösen im Alltag aufgefasst. Die göttliche Ordnung ist der absolute Bezugspunkt des Denkens von Augustinus. „Mit der Lüge steht und fällt
der Mensch. Sie entscheidet über das Verhältnis von Mensch und Gott. Mit der
Lüge schaden sich die Menschen nicht nur gegenseitig, schadet der Mensch nicht
einfach den Menschen, sondern seiner Seele, dem Göttlichen in ihm, also letztlich Gott" (Baruzzi 1996: 46).

Das absolute Lügenverbot ist nicht nur auf das christliche Denken beschränkt,
es befindet sich an prominenter Stelle auch in der Tradition der Aufklärung (vgl.
Dietz 2002). Wie Augustinus ist auch der Königsberger Philosoph Immanuel Kant (1724-1804) ein entschiedener Lügengegner (ausführlich vgl. den Sammelband von Geismann/Hariolf 1986). Anders als für den Erstgenannten bildet
für Kant dabei nicht die göttliche Ordnung den Bezugspunkt, sondern die Vernunft (vgl. Baruzzi 1996). Ausführlich begründet hat er seine Position in seiner
im Rahmen der Kontroverse mit dem französischen Schriftsteller und Politiker
Benjamin Constant (1767-1830) verfassten Abhandlung „Über ein vermeintes
Recht aus Menschenliebe zu lügen" (1986; orig. 1797). Constant hat argumentiert, dass eine Absolutsetzung der Pflicht, die Wahrheit zu sagen, menschliches
Zusammenleben unmöglich mache. Als Beispiel erwählt er das fälschlicherwei-
se Kant zugeschriebene Beispiel, ob es eine Verpflichtung gäbe, Mördern wahr-
heitsgemäß zu antworten, ob ein eigener Freund in unserem Hause Zuflucht ge-
sucht habe. Constant verneint dies. Nur demgegenüber bestehe diese Pflicht, der
ein Recht auf Wahrheit hat. Kein Mensch habe aber ein Recht auf die Wahrheit,
wenn diese anderen Schaden zufüge. Kants Kritik richtet sich zunächst auf die
Unterscheidung zwischen objektiver Wahrheit und subjektiver Wahrhaftigkeit.
Wahrheit ist ein erkenntnistheoretischer Begriff, Wahrhaftigkeit dagegen eine
moralische Tugend, um die es in diesem Zusammenhang nur gehen kann. Er
stützt sich in seiner Argumentation auf seine in der „Grundlegung zur Metaphysik der Sitten" (1786) entwickelte Pflichtethik, deren Kernstück der Katego-
rische Imperativ bildet. Das Recht auf Wahrhaftigkeit ist für ihn kein Recht, das
verliehen und veräußert werden kann. Es ist vielmehr ein „Recht der Menschheit, das von so fundamentaler Bedeutung ist, dass es nicht wegen der Nachteile
außer Kraft gesetzt werden darf, die einen einzelnen aus Befolgung der Wahrhaftigkeit entstehen können" (Dietz 2003: 94). Die Wahrhaftigkeitspflicht bildet
die „Basis aller auf Vertrag zu gründenden Pflichten" (Kant 1986: 37). Sie muss
unverfügbar gestellt werden, da schon durch „nur die geringste Ausnahme" die

Rechtsordnung „schwankend und unnütz gemacht wird" (ebd.). Es ist, so Kant
in aller Klarheit, „also ein heiliges, unbedingt gebietendes, durch keine Konve-
nienzen einzuschränkendes Vernunftgebot; in allen Erklärungen wahrhaft (ehrlich) zu sein" (ebd.). Eine jede Lüge „schadet (...) der Menschheit überhaupt, indem sie die Rechtsquelle unbrauchbar macht" (Kant 1986: 38).

Wie einleitend schon erwähnt und durch die Position von Constant schon
gezeigt, ist das absolute Lügenverbot nicht unumstritten geblieben. Bestritten
wird dabei in aller Regel nicht das Lügenverbot an sich, sondern lediglich ihr
Geltungsbereich. Das Lügenverbot wird nur dadurch eingeschränkt, indem Aus-
nahmetatbestände konstatiert werden; das absolute Lügenverbot wird zu einem
relativen modifiziert. Wer kein Recht auf die Wahrheit hat, so Constant, kann belogen werden ohne dass die Lüge verwerflich sei. Oder Martin Luther hat neben
Scherz- auch Not- oder Nutzlügen vom Verbot ausgenommen (vgl. Bok 1980).
Noch weitergegangen sind Vertreter/innen des Utilitarismus (stellvertretend sei
nur Henry Sidgwick orig. 1874 genannt); für sie ist nicht die Wahrhaftigkeit oder
Falschheit ausschlaggebend, sondern entscheidend sind ausschließlich die Folgen der Handlungen (vgl. Müller 2007; Bok 1980).

Doch kehren wir wieder zu den strikten Vertreter/innen des Lügenverbots
zurück: Jenseits des konkreten Begründungszusammenhangs verbinden Augustinus und Kant die Bewertung der Lüge als Missbrauch der Sprache (vgl. Baruzzi 1996; Weinrich 2000; Dietz 2002). Der Zweck der Sprache ist die Verständigung zwischen den Menschen (und mit Gott). Sie legen eine Bedeutungstheorie
zugrunde, dass die Bedeutung des Gesagten mit dem Gedanken des Sprechers
identisch sein muss. Wenn aber der Lügner seine wahren Gedanken versteckt,
dann bleibt seine Rede ohne Bedeutung; mehr noch, sie gefährdet die Verständigung, da man den Worten nicht mehr glauben kann. „Wie soll man nun dem
glauben", so Augustinus (2007: 19), „der der Meinung ist, unter Umständen müsse
man lügen? Er könnte ja vielleicht gerade dann lügen, wenn er Glauben verlangt".
Auch in eine moderne Diskursethik, wie sie von Karl-Otto Apel oder Jürgen Habermas vertreten wird, hat die These der Lüge als Missbrauch der Sprache Eingang gefunden (vgl. Dietz 2002). Apel (1976: 113) bezeichnet die Lüge „als Per-
vertierungsform aller nur denkbaren Sprechakte". Habermas (1983: 98) fasst die
Wahrhaftigkeitsnorm als pragmatische Argumentationsvoraussetzung und stellt
fest, dass „jeder Sprecher (...) nur das behaupten (darf), was er selbst glaubt".

Mit dem absoluten Lügenverbot und dem damit inhärenten Argument des
Missbrauchs der Sprache durch Lügen hat sich Simone Dietz (2002; 2003) ausführlich auseinandergesetzt. Gezeigt wird, dass es eine Engführung ist, den Zweck
der Sprache auf Wahrhaftigkeit einzuschränken. Die Gebrauchsmöglichkeiten

der Sprache zeichnen sich durch eine Vielfalt aus. In der modernen Sprachphilosophie werden verschiedene Sprechakte, also sprachliche Handlungen, unterschieden. Das Lügen gehört zum Sprechakt der Behauptung und damit zu den darstellenden Sprechakten. Neben den darstellenden Sprechakten gibt es aber auch rituelle (z. B. Begrüßungen), direktive (z. B. Befehle) oder verpflichtende Sprechakte (z. B. Versprechen). Nicht alle Sprechakte lassen sich wie darstellende nach dem Muster ‚wahr‘ oder ‚falsch‘ beurteilen. Nicht die Frage von Wahrheit oder Falschheit ist – wie schon der Begründer der Sprechakttheorie John L. Austin(1979) gezeigt hat – bei sprachlichen Handlungen vorrangig, sondern es geht darum, ob diese gelingen oder nicht, was von verschiedenen Bedingungen abhängig ist.

Damit ein Sprechakt der Behauptung gelingt, muss eine Reihe von Bedingungen erfüllt sein. Die Aussage muss verständlich sein, sie muss in der jeweiligen Situation relevant sein oder dem Sprecher muss auch die Kompetenz der Beurteilung zugeschrieben werden. Die Wahrhaftigkeit einer Aussage gehört dagegen nicht zu den grundlegenden Bedingungen ihres Gelingens. Unter der Verwendung der Unterscheidung von zwei Arten von Regeln für sprachliche Handlungen von John Searle (1983) gehört die Wahrhaftigkeit zu den regulativen, aber nicht zu den konstitutiven Regeln. Die konstitutiven Regeln sind „Regeln für den geglückten Vollzug einer Handlung"; sie bestimmen, „was man beachten muss, damit eine Handlung überhaupt als diese Handlung gelten kann" (Dietz 2003: 31). Im Unterschied dazu sind regulative Regeln „nicht für das Zustandekommen der Handlung selbst entscheidend, sondern bestimmen, wie man darüber hinaus richtig handelt" (Dietz 2003: 32). Dazu können neben den moralischen Geboten der Höflichkeit und der Anständigkeit auch die Wahrhaftigkeit gehören.

Die Vertreter des absoluten Lügenverbots argumentieren, dass mit der Möglichkeit des Lügens der Verständigungswert der Sprache zerstört werde und ohne strikte Einhaltung der Wahrhaftigkeitspflicht wir niemals sicher sein können, was die anderen denken. Aber auch wenn diese moralische Verpflichtung immer erfüllt wäre, könnte uns das nicht von dem damit angesprochenen Grundproblem des Fremdverstehens befreien. Wie Alfred Schütz (2004; org. 1932) ausführlich zeigte, können wir uns dem subjektiven Sinn immer nur durch Auslegungsakte annähern, ohne eine absolute Gewissheit seiner Erfassung zu haben. Außerdem ist es nicht so, dass wir den Lügen der anderen hilflos ausgeliefert sind. Ebenso wie wir auch andere Äußerungen nicht einfach für ‚bare Münze‘ nehmen, können wir – trotz aller Schwierigkeiten, die noch zu besprechen sind – durchaus auch Lügen erkennen.

2. Lüge? Täuschung? Zur Begriffsklärung

Während die moralphilosophische Debatte die zentrale Frage ergründet, darf man lügen oder nicht bzw. wann ist das Lügen zu rechtfertigen, nimmt die Soziologie als Beobachtungswissenschaft das Lügen als eine soziale Praxis in den Blick (vgl. auch Hettlage 2003a). Den Ausgangspunkt bilden dabei zwei zentrale Beobachtungen: die Allgegenwart der Lüge und ihre moralische Diskreditierung. Wir haben es mit einem sozialen Phänomen zu tun, das eine hohe Verbreitung aufweist, aber zugleich, sogar von den gleichen Akteuren, eine stark negative Bewertung erfährt. Obwohl fortwährend gelogen wird, kann die Etikettierung als Lügner im starken Maße zur Ausgrenzung verwendet werden. Bevor dieses Paradoxon aufgeklärt werden kann, ist es nun überfällig zu klären, was unter Lügen verstanden wird und wie es sich von anderen ähnlichen Phänomenen abgrenzen lässt (vgl. auch Falkenberg 1982).

Zunächst sollen die Begriffe Täuschung und Lüge voneinander abgegrenzt werden: Als Ausgangspunkt soll eines der eingangs gewählten Beispiele dienen. Bei der in weiten Teilen plagiierten Dissertation von Guttenberg handelt es sich um eine Täuschung. Man würde die Arbeit dagegen nicht als eine Lüge bezeichnen. Immer ausgehend von der Richtigkeit des Untersuchungsergebnisses handelt es sich bei der eingangs zitierten Behauptung „Der Vorwurf, meine Doktorarbeit sei ein Plagiat, ist abstrus", um eine Lüge, die zu dem Zweck eingesetzt wurde, die Täuschung in Form einer nicht nach den gängigen wissenschaftlichen Standards angefertigten Arbeit weiterhin zu verdecken. Durchaus möglich ist es aber auch, diese Aussage als Täuschung zu bezeichnen.

Ausgehend von diesem Beispiel kann man zunächst festhalten, dass offensichtlich jede Lüge eine Täuschung ist, aber nicht jede Täuschung eine Lüge. Täuschung ist also der weitere Begriff, der umschließt, was als Lüge bezeichnet wird. Mit Erving Goffman (1977: 98) soll unter Täuschung („fabrication") „das bewusste Bemühen einer oder mehrerer Personen (verstanden werden), dass Handeln so zu lenken, dass ein oder mehrere andere zu einer falschen Vorstellung von dem gebracht werden, was vor sich geht". Da das Untersuchungsfeld bei Goffman immer Interaktionen sind, also die Kopräsenz von zwei oder mehreren Akteuren in einer sozialen Situation, ist sein Fokus auf aktuelle Vorgänge gerichtet. Diese Definition kann aber auch auf Vorgänge in der Vergangenheit bzw. in der Zukunft erweitert werden. Falsche Vorstellungen können erzeugt werden, von dem was aktuell vor sich geht, aber auch von dem, was in der Vergangenheit vor sich gegangen ist bzw. zukünftig vor sich gehen wird. Mehr noch: Man kann Täuschungen auch auf innerpsychische Prozesse (Gedanken, Stimmungen) beziehen.

Unter Lüge soll im Anschluss an Sissela Bok (1980), John A. Barnes (1994) und Robert Hettlage (2003) eine sprachliche Täuschungshandlung verstanden werden. Zu berücksichtigen ist dabei, dass die Sprache in mündlicher oder schriftlicher Form zum Ausdruck gebracht werden kann, aber auch das Schweigen (im mündlichen Gebrauch) oder Auslassungen (im mündlichen und schriftlichen Gebrauch) umfassen kann (ausführlich zum Schweigen vgl. Bellebaum 1992). Bei der gesprochenen Sprache sind bei Lügen immer auch die nonverbalen Elemente relevant, durch die sprachliche Äußerungen unterstützt oder ergänzt werden können (vgl. auch Lukesch 2007). Nicht unerwähnt soll bleiben, dass in der vorliegenden Fachliteratur dieses Verständnis von Lüge nicht durchgehend geteilt wird. Daneben finden sich auch Autor/innen, wie z. B. Paul Ekman (2012), die auf eine präzise Bestimmung verzichten und implizit dazu neigen, Täuschung und Lüge synonym zu verwenden. Ohne an dieser Stelle allerdings darauf genauer eingehen zu können, erscheint aber diese Differenzierung für eine präzise Beschreibung unverzichtbar.

Konstitutiv für Lügen und Täuschungen ist es, dass die beiden beteiligten Parteien unterschiedliche Vorstellungen haben. Oder in den Worten von Georg Simmel (1992: 409) gesprochen: „Die Lüge fordert immer zwei Vorstellungsreihen: eine, die der Lügner selbst für die Wahrheit hält, und eine davon abweichende, die er im Bewusstsein des Belogenen erzeugen will". Simmel beschreibt damit die Lüge aus der Perspektive des Produzenten, der im Weiteren zur Vereinfachung als Person A bezeichnet werden soll. Die Person A hat bei einer Täuschung immer eine doppelte Wirklichkeit: die ‚eigentlich geglaubte' (‚wahre') und die ‚dargestellte'. Der Getäuschte (Person B) hat dagegen nur eine einfache; für ihn ist die ‚dargestellte' die ‚eigentliche'. Für Goffman (1977) ist die Täuschung eine Form der Transformation des primären Rahmens, also des Wissens der Akteure, was in einer sozialen Situation vor sich geht. Während die Akteure in einer Modulation als der anderen Form der Transformation wissen, dass der erzeugte Eindruck nicht mit dem übereinstimmt, was vor sich geht, gibt es bei den an einer Täuschung Beteiligten unterschiedliche Wissensbestände: Person A weiß über die Täuschung Bescheid, während Person B im Glauben an die vorgestellten Inhalte gehalten wird. Wesentlich ist es auch zu betonen, dass für eine erfolgreiche Täuschung es nicht ausreicht, eine falsche Vorstellung zu erzeugen. Ebenso unverzichtbar ist es, die Erzeugung einer falschen Vorstellung vor der getäuschten Person zu verbergen. Eine Täuschung umfasst daher für die Person A einerseits eine Produktion einer falschen Vorstellung sowie andererseits Maskierungsprozesse (vgl. auch Strauß 2006). Eine Lüge – oder auch eine Täuschung – liegt nur dann vor und nur so lange die Differenz der beiden Vorstellungsreihen fortbesteht. Sobald eine Lüge als Lüge enttarnt wurde, haben wir es nicht mehr mit einer Lüge zu tun, sondern mit einer aufgedeckten Lüge (konträr dazu vgl. Falkenberg 1982).

Zumindest angedeutet werden soll, dass das, was bislang als ‚wahr‘ und ‚falsch‘ bezeichnet wurde, immer schon einen Bezug auf eine normative Ordnung aufweist (vgl. Abb. 1). ‚Wahr‘ und ‚falsch‘ sind keine objektiven Größen; es reicht aber auch nicht aus, sie als bloß subjektiv bestimmt aufzufassen. Das was als ‚wahr‘ oder ‚falsch‘ zu gelten hat, ist in vielfältiger Weise gesellschaftlich vordefiniert. Je nach sozialem Feld (z. B. Wissenschaft, Politik), sozialer Situation und der in ihr eingebetteten Interaktion bzw. Beziehungskonstellation existieren Regeln, die vorgeben, welcher Grad an Informationspflicht, Detailliertheit, Geheimhaltung bzw. Offenheit usw. angemessen ist. Gerade gegen einen naiven Gebrauch ‚wahr‘ ist zu beachten, dass damit kein eindeutig festzustellender Sachverhalt umschrieben wird, sondern sogar sog. „Fakten“ immer interpretationsbedürftig sind.

Abbildung 1: Grundmodell der Lüge

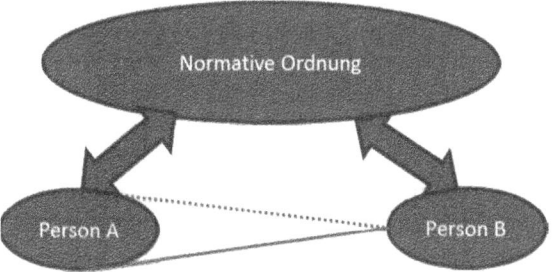

Quelle: Eigene Darstellung

Bislang wurde von zwei Personen und damit zwei Perspektiven ausgegangen[5]. Schon mit der Einführung der normativen Ordnung als drittes Element wird deutlich, dass es im Grundmodell eine dritte Perspektive gibt. Diese dritte Perspektive kann in Form von Repräsentanten der normativen Ordnung gedacht werden. Prototypisch hierfür ist die Gerichtssituation, in der zwei Streitparteien einem Richter gegenüber stehen. In der medialen Darstellung (Filme, Romane) ist

---

5   Aus Platzgründen verzichte ich darauf, auf die Thematik von Selbstlügen bzw. Selbsttäuschungen einzugehen (vgl. hierzu Dietz 2002).

uns diese Figur des Dritten sehr vertraut als allwissende Person, die die Wirklichkeitskonstruktionen der Person A und B kennt. Im Alltag sind Dritte dagegen oftmals auf die Wirklichkeitskonstruktion einer Person beschränkt, also wie diese im falschen Glauben gefangen bzw. wissen wie die Person A über die Täuschung Bescheid. Als nicht unmittelbar Betroffener und Nicht-Akteur in der Situation hat diese Person jedoch stets eine Beobachtungsposition inne, auch wenn ihre Beobachtungsmöglichkeit Grenzen hat.

Auch wenn damit ein Grundverständnis von Täuschung und Lüge vorhanden ist, reicht dies noch nicht aus. Für eine weitere Bestimmung soll zunächst auf Augustinus zurückgegriffen werden: Für Augustinus (2007: 7) ist eine Lüge „eine unwahre, mit der Absicht zu täuschen gemachte Aussage". Mit diesem Satz wird zum Ausdruck gebracht, dass die bloße Differenz zwischen dem, was man meint oder weiß, und dem was man sagt, zur Bestimmung einer Lüge nicht ausreicht. Von einer Lüge – und übrigens auch von einer Täuschung – kann man immer erst dann sprechen, wenn eine Täuschungsabsicht vorliegt, also ein Wille vorhanden ist, ‚Falsches' mitzuteilen.

Das Vorliegen einer Täuschungsabsicht bildet das zentrale Element, um Lügen von anderen verwandten sozialen Phänomenen abzugrenzen. Schon Augustinus (2007) weist darauf hin, dass die Differenz zwischen Gesagtem und Wirklichem ebenso durch Irrtum bewirkt werden kann. „Man kann demnach den, wer Unwahres als wahr verkündet, jedoch in der Meinung, es sei wahr, als einen Irrenden und Voreiligen bezeichnen; einen Lügner jedoch nennt man ihn zu Unrecht, weil er bei seiner Aussage kein doppeltes Herz hat und nicht täuschen will, sondern sich täuscht. Die Schuld des Lügners aber besteht in der Absicht, zu täuschen bei der Aussprache seiner Gedanken" (Augustinus 2007: 3). Dass beim Sprecher eine Differenz zwischen dem Gesagten und dem Wirklichen vorhanden ist, kann nicht nur durch Irrtum erreicht werden, sondern auch durch ein Missverständnis oder überhaupt durch fehlendes Wissen.

Die Lüge bedarf der Absicht, eine ‚falsche Vorstellung' von dem Wirklichen zu erzeugen. Lügen sind eine Form des Wissensmanagements, die mit dem Ziel verbunden ist, beim anderen eine andere Wirklichkeitskonstruktion zu erzeugen. Dies kann auf unterschiedlichen Wegen erfolgen: Verbreitet ist die Unterscheidung zwischen *Verheimlichen* und *Fälschung* (vgl. Ekman 2012). Beim Verheimlichen erzeugt der Sprecher eine ‚falsche Vorstellung', indem bei der Person A vorhandene Wissenselemente nicht thematisiert werden. Bei der detaillierten Schilderung meines heutigen Tagesablaufes kann weggelassen werden, dass ich eine längere Mittagspause eingelegt habe, in der ich mich mit meiner Ex-Partnerin getroffen habe. Bei der Fälschung wird eine falsche Vorstellung dadurch erzeugt, dass falsche Informationen weitergegeben werden. Eine Fälschung liegt dann vor, wenn – um beim Beispiel zu bleiben – mein heimliches Treffen mit meiner Ex-Partnerin verdeckt wird, indem ich mich ausführlich darüber beklage, dass mein dichter Terminkalender nicht einmal eine Mittagspause ermöglicht habe. Verheimlichen und Fälschung sind bloße Grundformen, die bei komplexeren Lügengeschichten vielfältig miteinander kombiniert werden. Manche Autor/innen, so z. B. Jeanette Schmid (2000), unterscheiden weitere Techniken des Lügens. Neben den beiden bereits genannten Grundtechniken nennt Schmid noch die *Über- bzw. Untertreibung* sowie die *Ablenkung*. Bei einer Über-/Untertreibung wird zwar eine reale Situation geschildert, jedoch einzelne Elemente über- bzw. unterakzentuiert. Eine Übertreibung liegt z. B. vor, wenn die eigene Rolle in einer Konfliktsituation als zentral dargestellt wird, obwohl man nur am Rande daran beteiligt war. Bei einer Ablenkung wird der Versuch unternommen, das Gespräch in einer Weise zu lenken, damit bestimmte Fragen überhaupt nicht aufgeworfen bzw. ein Thema nicht aktualisiert wird. Um potentielle Nachfragen zu meinem heutigen Arbeitstag zu vermeiden und um nicht in die Verlegenheit zu kommen, mein Mittags-Rendezvous anzusprechen, zu verheimlichen oder meinen Tagesablauf zu verfälschen, kann man auch ein besonderes Interesse an seinem Gegenüber an den Tag legen und von dieser Seite durch Fragen und Anregungen ausführliche Erzählungen animieren.

Bei dieser Gegenüberstellung von unterschiedlichen Grundtechniken des Lügens wird deutlich, dass zwischen der subjektiven Wahrhaftigkeit und dem Lügenverhalten keineswegs immer eine klare Trennungslinie vorhanden ist. Was als Strategie der Ablenkung erscheinen kann, vermag auch bestimmt und getragen sein von einem genuinen Interesse an der anderen Person. Da man nie alles erzählen kann – Tagesabläufe, auch wenn sie ausführlich geschildert werden, immer in einer stark verdichteten Weise präsentiert werden – gibt es eine Grauzone zwischen dem, was man verheimlichen möchte, und dem was man aufgrund dieser Verdichtungszwänge weggelassen hat. Fließende Übergänge gibt es auch immer zwischen einer akzentuierten Darstellung und den verschiedenen Formen der Über- und Untertreibung. Noch am deutlichsten ist die Unterscheidung zwischen dem subjektiv Wahrhaften und dem Gelogenen bei Fälschungen, auch wenn – wie noch zu zeigen sein wird – auch hier die Grenzlinie durchaus fließend sein kann.

Für Ludwig Wittgenstein (1984: Nr.279) ist das Lügen „ein Sprachspiel, das gelernt sein will, wie jedes andere". Wie andere Sprachspiele ist das Lügen – wie im Abschnitt 1 expliziert – durch die Befolgung besonderer (konstitutiver) Regeln bestimmt. Deutlich erkennbar wird dies an Kindern, deren erste Lügenversuche von Erwachsenen leicht durchschaut werden können. Ihre ersten Lügen sind reflexhafte Vermeidungsversuche von Strafen. Sie beteuern, ‚das war ich nicht', auch wenn in der Situation eindeutige Beweise vorliegen. Sie perfektionieren aber schnell die Kunst des Lügens, wobei – wie Michael Lewis (1993) zeigte – Kinder mit höheren Werten in Intelligenztests häufiger und auch geschickter lügen. Um erfolgreich lügen zu können, ist es notwendig die Perspektive des anderen zu übernehmen (vgl. Feldman 2012). Erst mit der Perspektivenübernahme ist die Chance gegeben, eine falsche Vorstellung zu vermitteln, die aber gleichwohl glaubhaft ist. Beim Lügen reicht es eben nicht aus, eigentlich vorhandene Wissenselemente zu verschweigen, falsch darzustellen und überhaupt diese doch durch andere zu ersetzen. Um bei der Person B eine falsche Vorstellung erzeugen zu können, muss auf eine prinzipielle Glaubwürdigkeit geachtet werden. Mit der Aussage „Gestern habe ich mit Goffman zu Abend gegessen" werde ich bei meinem Gesprächspartner keine Chance haben, eine falsche Überzeugung zu generieren. Zumindest dann nicht, wenn ich damit den 1982 verstorbenen amerikanischen Soziologen meine und mein Gesprächspartner eine Grundkenntnis über diese Person besitzt. Anders dagegen, wenn ich erzähle, dass ich in den frühen 1970er Jahren Jean-Paul Sartre in einem Café am Boulevard Saint-Germain für eine längere Zeit schräg gegenüber saß. Zur Glaubwürdigkeit dieser Aussage trägt bei, wenn mein Gesprächspartner weiß, dass ich in dieser Zeit für einige Monate in Paris zu einem Studienaufenthalt war.

Lügen setzen eine hohe Sozialkompetenz voraus oder – wie es Georg Simmel (1992: 414) formuliert hat – „eine besondere Beweglichkeit und Geschicklichkeit des Geistes, damit sich der Lügner nicht sogleich in Selbstwiderspruch verwickle und infolgedessen seinen Zweck verfehle. Denn von jener Reihe der objektiven Wahrheit, die der Lügner für sich behält, sind doch gewisse Teile, Grundlagen oder Folgen auch dem Geiste des zu Belügenden gegenwärtig. Der Lügner darf keine absolut neue Welt vor diesem aufbauen wollen, sondern muss seine zweite Reihe in Einklang mit den logischen Normen, den allgemein feststehenden und den dem andern speziell bekannten Tatsachen des fraglichen Gebietes halten; er muss diese nur so anzuordnen und abzuschleifen wissen, dass sie einen Inhalt in sich scheinbar widerspruchslos aufnehmen, dem sie doch ihrem Wesen nach widerstreben". Gerade wenn es um komplexere Lügengeschichten geht, muss diese an das vorhandene Wissen der Person B anschlussfähig sein. Vielfach kommt es zu einer Mischung von wahren und erfundenen Elementen; auch zeigt sich, dass die Grundtechniken des Lügens kombiniert miteinander verwendet werden. Einzelne Elemente werden gefälscht, andere weggelassen oder unter- oder übertrieben dargestellt. Auch ist es der Lügengeschichte zuträglich, wenn diese nicht zu ausführlich zum Gegenstand der Interaktion wird; von daher kommen oftmals auch Ablenkungsstrategien zusätzlich zum Einsatz. Durch die Mischung von Wahrem und Falschem und der damit in Verbindung stehenden Unbestimmtheit und Vagheit gewinnt die Lügengeschichte ein hohes Maß an Flexibilität, das notwendig scheint, um gegen mögliche Nachfragen und Einwände gewappnet zu sein. „Die erdichtete Vorstellung", so Simmel (1992: 414), „muss sich selbst vielmehr absolut biegsam erhalten und gleichsam in jedes Loch schlüpfen können, das die Ordnung der richtigen Vorstellungen ihr lässt. Jedem Einwand, der aus dieser stammt, muss der Lügner sogleich durch eine Modifikation der falschen Vorstellungen begegnen, die aber doch genau nur so viel zugibt, wie sich mit dem Zweck seiner Lüge noch verträgt". Die erforderliche Flexibilität bringt es auch mit sich, dass Lügen vielfach weiterer Lügen bedürfen, um nicht als Lügen sichtbar zu werden.

Dies macht deutlich, dass Lügen ein kreativer Akt ist. Nicht nur ist erforderlich, sich in die belogene Person einzufühlen, den möglichen Spielraum des (Noch-)Glaubwürdigen zu erkennen; zugleich ist es auch notwendig, Spielraum mit den Inhalten zu füllen, also Geschichten zu erfinden. Wie die literarische Dichtung erfordert das Lügen die Fähigkeit zur Fiktion (vgl. Dietz 2002). Zumindest ist das dann der Fall, wenn die Lügen Fälschungen umfassen. Wenn Lügen nicht nur auf eine Interaktion beschränkt sind, sondern über einen längeren Zeitraum fortdauern, stellen sich für den Lügner hohe Anforderungen an seine Gedächtnisleistung. Um sich zu einem späteren Zeitpunkt nicht selbst zu enttarnen, muss er sich die unwahren Elemente seiner Sachverhaltsdarstellung ebenso gut merken wie die wahren. Bei späteren Nachfragen muss man durchaus in der Lage sein, diese in einer stimmigen Weise zu reproduzieren und möglicherweise weitere Details zu ergänzen.

Abgesehen vom Meineid wird das Lügen nicht strafrechtlich verfolgt. Um auf die Guttenberg-Affäre zurückzukommen: nicht die schon zweimal zitierte Lüge hat den damaligen Bundesverteidigungsminister gezwungen, von seinem Amt zurückzutreten, sondern sein praktizierter Verstoß gegen die Regeln wissenschaftlichen Arbeitens. Die Lüge sollte lediglich dazu dienen, Vorwürfe abzuwehren und den begangenen Betrug weiter zu verbergen. Wenn auch nicht überliefert, könnte man sich vorstellen, dass der begabte Kunstfälscher Wolfgang Beltracchi zu potentiellen Kunden Sätze wie die folgenden gesprochen hat: „Das ist ein echter Pechstein" oder „Ja, die Sammlung Jäger umfasst auch Originalgemälde von Max Ernst". In beiden Fällen ist der Zweck der Lüge nicht die Verschleierung des Betrugs, sondern sie ist unmittelbar Teil des Betrugs. Lügen und Betrug stehen in einem engen Zusammenhang. Kein Betrug kommt ohne Lügen aus; allerdings steht nicht jede Lüge mit einem Betrug in Verbindung. Diese enge Verbindung legt nahe, kurz zu bestimmen, was unter *Betrug* verstanden wird. Betrug ist ein Straftatbestand in Deutschland im § 263 StGB geregelt. Nach dieser Regelung ist Betrug ein Vermögens(verschiebungs)delikt (vgl. Ottermann 2000); strafbar macht sich, wer „in der Absicht, sich oder einem Dritten einen rechtswidrigen Vermögensvorteil zu verschaffen, das Vermögen eines anderen dadurch beschädigt, dass er durch Vorspiegelung falscher oder durch Entstellung oder Unterdrückung wahrer Tatsachen einen Irrtum erregt oder unterhält". Nach diesem Verständnis liegt bei der Kunstfälschung von Beltracchi und Betrug vor, nicht aber bei Guttenberg. In einem soziologischen Verständnis liegt es nahe, wie Ralf Ottermann (2000) ausführlich gezeigt hat, den Begriff weiter zu fassen, und neben der materiellen Schädigung auch die immaterielle bzw. – um die Gegenseite zu betonen – neben dem materiellen Nutzen auch den immateriellen einzubeziehen. Dadurch wird es möglich, schon die Hochstapelei an sich und unabhängig von Einkommensgewinnen, wissenschaftliches Fehlverhalten oder auch Nebenbeziehungen und sogenannte Seitensprünge von Personen in Paarbeziehungen als Betrug zu fassen.

3. Zur Funktionalität von Lügen

Trotz der moralischen Diskreditierung sind Lügen im Alltag allgegenwärtig; ihre Präsenz reicht dabei weit über komplexe Täuschungsmanöver wie Betrug hinaus. Auch wenn unsere Aufmerksamkeit vor allem auf spektakuläre Vorfälle gerichtet ist, zeichnen sich die allermeisten Lügen durch eine hohe Banalität aus. Auf die Frage, ob der neue Schal gefalle, wird beiläufig mit ‚Ja' geantwortet, um nicht eingestehen zu müssen, dass man vorher weder den Schal bemerkt habe noch, dass an der Kleidung etwas neu sein könnte. Ebenso wenig ist es zutreffend, dass zu lügen schwierig sei. Ganz im Gegenteil: In den allermeisten Fällen sind Lügen einfach. Vielfach trägt die Lüge unmittelbar dazu bei, dass der kommunikative Austausch reibungslos verläuft. Wenn ich im obigen Beispiel mit ‚Ja' antworte und damit lüge, erspare ich mir möglicherweise eine Rechtfertigungsgeschichte – vielleicht sogar mit komplexeren Lügen – für meine wieder mal ertappte zu geringe Sensibilität für das Erscheinungsbild einer Partnerin. Dass das Lügen einfach ist, dazu trägt unsere hohe erworbene Lügenkompetenz bei und auch, dass diese Sprachhandlung zum festen Bestandteil unserer Alltagsroutine gehört.

Es liegen mehrere empirische Versuche vor, um das Ausmaß der Lügen im Alltag zu quantifizieren. Robert Feldman et al. (2002) brachten in einer experimentellen Studie jeweils zwei bislang unbekannte Personen zusammen, die sich dann zehn Minuten miteinander unterhalten sollten. Die Gespräche wurden aufgezeichnet und anschließend wurden die Teilnehmer/innen danach befragt, alle Momente zu nennen, in denen sie sich ‚ungenau' ausgedrückt haben. Mit dieser vagen Umschreibung von Lügen wollten die Projektleiter vermeiden, dass sich die Versuchspersonen angegriffen fühlten und deshalb möglicherweise ihre Täuschung verheimlichen. Als Ergebnis zeigte sich, dass in einem Kennenlerngespräch von zehnminütiger Dauer im Schnitt dreimal gelogen wurde. Neben experimentellen Studien gibt es auch Studien, die sich auf die Methode der Tagebuchaufzeichnungen stützen. Stellvertretend soll hierfür die Studie von Bella M. DePaulo et al. (1996) genannt werden, bei der zwei Gruppen von Proband/innen (Studierende und Gemeindemitglieder) über eine Woche alle Gespräche von einer Mindestdauer von zehn Minuten aufzeichnen sollten. Zu jedem Gespräch mussten weitere Angaben gemacht werden. Im Falle von Lügen wurde danach gefragt, wer angelogen wurde und wie man sich während und nach der Lüge fühlte. Um deutlich zu machen, was als Lüge zu fassen ist, wurde die folgende Definition vorgeben: „a lie occurs any time you intentionally try to mislead someone" (DePaulo et al. 1996: 981). Diese Studie kam für die beiden Gruppen zu folgenden Ergebnissen: „One out of every five times that the community members interacted with someone, they told a lie; for the college students, it was one out of every three times. Of all of the people the community members interacted with one on one over the course of a week, they lied to 30% of them; the college students lied to 38% of the people in their lives" (DePaulo et al. 1996: 991).

Auch wenn es auf dieser Grundlage nicht möglich ist, Aussagen über eine Lügenfrequenz im Alltag abzuleiten, belegen diese Studien eindrucksvoll die hohe Verbreitung von Lügen. Lügen sind nicht ‚anorm', kein permanenter Verstoß gegen ein relatives und absolutes Moralgebot, sondern sie sind ein fester Bestandteil unserer Alltagsinteraktion. Für eine soziologische Analyse erscheint es folglich nicht angemessen, Lügen als eine deviante Praxis aufzufassen; ihre Omnipräsenz legt es vielmehr nahe nach ihrer Funktionalität für den sozialen Zusammenhalt zu fragen. Und an dieser Stelle kann an eine Bemerkung von Georg Simmel in seinem Geheimnis-Kapitel in seiner ‚großen Soziologie' angeschlossen werden, in dem Simmel (1983: 262) schreibt: „Man muss sich hüten, durch den in ethischer Hinsicht negativen Wert der Lüge über die soziologisch durchaus positive Bedeutung getäuscht zu werden, die sie in der Gestaltung konkreter Verhältnisse ausübt". In der starken Verbreitung von Lügen kommt kein Verfall der Gesellschaft oder Sozialisationsdefizite ihrer Gesellschaftsmitglieder zum Ausdruck. Vielmehr deutet ihre Omnipräsenz auf eine hohe Funktionalität von

Lügen im sozialen Gefüge hin, da sie fortlaufend zur Lösung von kommunikativen Problemen beitragen. Im Weiteren soll nach ihrer positiven Bedeutung gefragt werden und wie weit diese reicht.

Als Ausgangspunkt kann an die Unterscheidung von Goffman (1977) zwischen Täuschung in guter Absicht und schädigender Täuschung angeschlossen
werden, die unmittelbar auf Lügen – als einer Subgruppe von Täuschungen –
übertragen werden kann. Diese Unterscheidung findet sich auch bei Barnes (1994),
der zwischen „benevolent" und „malicious lies", also gutwilligen und böswilligen Lügen, unterscheidet. Lügen in guter Absicht dienen dem Getäuschten bzw.
schaden ihm zumindest nicht. Als Beispiel für eine Lüge in guter Absicht – im
Englischen auch als „white lies" (Barnes 1994) bezeichnet – wird vielfach der
Arzt genannt, der einem todkranken Patienten gegenüber versichert, dass sich
sein Zustand stabilisiert oder sogar verbessert habe. Anstatt den Patienten mit
der ‚Wahrheit' zu konfrontieren, möchte er eher seine Hoffnung im Kampf gegen die tödliche Krankheit stärken. Barney Glaser und Anselm L. Strauss (1964)
sprechen in diesem Zusammenhang von einem „closed awareness context", bei
dem einer der beiden Interaktionspartner über die wahre Identität des anderen
Bescheid weiß, diesem aber davon eine falsche Vorstellung vermittelt. Lügen in
guter Absicht oder gutwillige Lügen stehen also schädigenden oder böswilligen
Lügen gegenüber. Bei näherem Hinsehen gewinnt man den Eindruck, dass diese Gruppe von Lügen meist als – durchaus große – Residualkategorie gefasst
ist; sie umfasst alle Lügen, die nicht zur ersten Gruppe gehören. Zugrunde gelegt werden bei dieser Unterscheidung die Absichten des Lügners. Unbeachtet
bleibt dabei, dass die Absichten der Person A nicht identisch mit den Folgen für
Person B sein müssen. Eine scherzhafte Lüge von A kann trotz dieser Rahmung
für B durchaus verletzend sein, ebenso wie es möglich ist, dass bösartige Lügen
keinen Schaden anrichten.

Um der Frage der Funktionalität von Lügen gerecht zu werden, reicht diese
Unterscheidung auch dann nicht aus, wenn neben den Absichten auch die individuellen Folgen einbezogen werden. Auch die vorgeschlagene Unterscheidung
von sender-orientierten vs. empfänger-orientierten Motiven (vgl. z. B. Schmid
2000) reichen hierfür ebenso wenig aus wie Versuche einer umfassenden Klassifikation von Lügen (z. B. Hettlage 2003b). Notwendig ist es vielmehr, nach den
manifesten und latenten Wirkungen von Lügen für die soziale Einheit zu fragen.
Soziale Einheiten können dabei Interaktionen, persönliche Beziehungen, Organisationen oder die Gesamtgesellschaft sein. Dies kann an dieser Stelle nur in
einer stark gerafften Form erfolgen, in der die Ergebnisse dieser Analyse in sieben Formen zusammengefasst werden:

1. *Lüge als Mittel zur Aufrechterhaltung der rituellen Ordnung:* Unter der rituellen Ordnung versteht Goffman (1971) das System von wechselseitigen Anforderungen, das in Interaktionen daraus erwächst, dass Personen einander als geheiligte Objekte gegenüber treten. Die Anforderungen der Ehrerbietung und des Benehmens sind zentrale Elemente der rituellen Ordnung. Ein zentrales Element der rituellen Ordnung stellt auch das „face-work" (Goffman 1971) dar, d. h. die wechselseitigen Anstrengungen der Interaktionspartner/innen das eigene sowie das Gesicht des anderen in einer sozialen Situation zu wahren. Die Lügenpraxis dient ganz wesentlich dazu, den aus der rituellen Ordnung erwachsenden Verpflichtungen nachzukommen. Indem wir zu dem Mittel der Lüge greifen, vermeiden wir z. B. einen schlechten Eindruck zu machen, ‚retten' die Person B vor einer Peinlichkeit bzw. reduzieren diese zumindest oder drücken damit unsere Sympathie oder Taktgefühl aus.

2. *Lüge als Mittel der Selbstdarstellung:* Unablässig ist eine jede Person nach Goffman (1969) mit der Aufgabe konfrontiert, dem anderen ein Bild von sich nahe zu bringen. Dies gilt prinzipiell für alle sozialen Situationen, aber es gibt welche, in denen dies im besonderen Maße gefordert wird, wie z. B. in einem Bewerbungsgespräch oder in einer Kennenlernsituation („pick-up"). Eine Selbstdarstellung kommt ohne die Strategie der Über-/Untertreibung nicht aus, aber auch die Lügentechniken der Verheimlichung oder Fälschung sind bei dem Versuch, ein möglichst positives Bild von sich zu erzeugen, gängig. In einer kulturpessimistischen Diktion hat dies bereits Friedrich Nietzsche (1999: 310; orig. 1873) mit aller Deutlichkeit zum Ausdruck gebracht: „Im Menschen kommt diese Verstellungskunst auf ihren Gipfel: hier ist die Täuschung, das Schmeicheln, Lügen und Trügen, das Hinter-dem-Rücken-Reden, das Repräsentieren, das im erborgten Glanze leben, das Maskiertsein, die verhüllende Konvention, das Bühnenspiel vor anderen und vor sich selbst, kurz das fortwährende Herumflattern um die eine Flamme Eitelkeit so sehr die Regel und das Gesetz, daß fast nichts unbegreiflicher ist, als wie unter den Menschen ein ehrlicher und reiner Trieb zur Wahrheit aufkommen konnte."

3. *Lüge als Mittel zur Interaktionskontrolle:* Lügen sind zugleich probate Mittel, um ein Gespräch am Laufen zu halten (vgl. Schmid 2000; Nyberg 1993). Es wird ein Interesse an einem Thema vorgegaukelt, um peinliche Gesprächspausen oder -abbrüche zu vermeiden. Sie kommen auch zum Einsatz, um drohenden Konflikten auszuweichen. Überhaupt kommen Lügen in vielfältiger Weise zum Einsatz, um Interaktionen zu steuern. Sie können nicht nur dazu dienen, Interaktionen fortzusetzen, sondern auch

um sie vorzeitig abzubrechen oder eine thematische Richtungsänderung zu bewirken. Lügen sind zudem ein wichtiges Mittel der Kontaktanbahnung (vgl. Lenz 2003). Bei einer Erstbegegnung kommt es darauf an, wechselseitig Sympathie zu erzeugen und zu gewinnen. Dies gelingt umso besser, je mehr Gemeinsamkeit man entdeckt. Durch Lügen und Täuschungen ist es möglich, das Ausmaß der vorhandenen Gemeinsamkeiten zu steigern.

4. *Lüge als Mittel der Emotionsarbeit*: In vielen sozialen Situationen ist vor Beginn der Begegnung festgelegt, welche Gefühle wir nach außen zeigen und auch in unserem Inneren empfinden sollen. Solche Gefühlsregeln gibt es nicht nur bei Trauerfeiern oder Trauungen, sondern sie sind ebenso fest in unserem beruflichen und privaten Alltag verankert. Gerade Dienstleistungsberufe weisen ein verbindliches Netz an Gefühlsregeln auf, wie Arlie Hochschild (1990) detailliert am Beruf der Stewardessen gezeigt hat. Die Ausbildung von Stewardessen hat zum Inhalt, dass sie lernen, bei Belästigungen, Unfreundlichkeiten und Befehlsgebaren der Fluggäste keinen Ärger aufkommen zu lassen und unbeeindruckt davon weiterhin freundlich zu sein. Unabhängig von seinem Verhalten solle der Fluggast so behandelt werden als ob es sich um einen Gast im eigenen Wohnzimmer handle. Mit dem Begriff der Emotionsarbeit wird aufgezeigt, dass wir in vielen Situationen auf die Art und das Ausmaß der Gefühle Einfluss nehmen, um geltenden Gefühlsregeln zu entsprechen: „Der Handelnde versucht nicht bloß, glücklich oder traurig zu erscheinen; es geht ihm vielmehr darum, ein selbstinduziertes wirkliches Gefühl spontan zu zeigen" (Hochschild 1990: 53). Wenn dies nicht gelingt, ist es naheliegend und auch gefordert so zu tun als ob. In diesem Falle werden Gefühle vorgetäuscht, um der in der jeweiligen Situation gültigen Gefühlsregel zu entsprechen. Emotionsarbeit kann nach Hochschild (1979) das „Evozieren" oder „Unterdrücken" eines Gefühls beinhalten. Im ersten Fall ist die Emotionsarbeit auf ein erwünschtes, anfänglich aber nicht vorhandenes, im zweiten Fall auf ein vorhandenes, aber unerwünschtes Gefühl ausgerichtet. Da in unserer Kultur die Norm der affektiven Neutralität für weite Bereiche gilt, ist anzunehmen, dass die Unterdrückung als die häufigste Form der Emotionsarbeit vorkommt (vgl. Fiehler 1990). Entsprechend dieser beiden Formen von Emotionsarbeit können Lügen zum Einsatz kommen, um nicht vorhandene Gefühle vorzutäuschen oder aber vorhandene zu verstecken.

5. *Lüge als Gegenstrategien in Machtkonstellationen*: Sowohl in persönlichen Beziehungen wie auch in Rollenbeziehungen sind vielfach Machtdifferenzen vorhanden. Aufbauend auf Max Webers klassischer Definition kann Macht

definiert werden als die Potentialität, beabsichtigte Wirkungen auf das Handeln, Denken und Fühlen anderer auszuüben. In diesen Konstellationen werden Lügen oftmals als Gegenstrategien von Seiten der schwächeren Partei eingesetzt; sie dienen damit in gewisser Weise als Ausgleich für die ungleiche Machtbalance. Hierzu können auch Lügen gezählt werden, die dazu genutzt werden, um vor Status- und Positionsverlusten zu schützen (vgl. Shulman 2007; Feldman 2012).

6. *Lüge aus Eigennutz:* Lügen können in einer vielfachen Weise dafür eingesetzt werden, um persönliche Vorteile zu sichern (vgl. Feldman 2012). Diese Vorteile können monetärer Art sein, aber sie sind keineswegs darauf beschränkt. Lügen können verwendet werden, um bestimmte Informationen zu bekommen, andere zu veranlassen, Hilfe zu leisten oder um einer Strafe zu entgehen. Mit Eigennutz werden Lügen vielfach in Verbindung gebracht, wenngleich überwiegend mit einer negativen Konnotation. In einer stark auf individuellen Erfolg und individuellen Leistungsstreben ausgerichteten Gesellschaft entspricht dies jedoch im hohen Maße den gesellschaftlichen Erwartungsstrukturen und kann folglich den Individuen nicht einseitig als egoistische, a-soziale Verhaltensweise angelastet werden.

7. *Lüge als Mittel der Maskierung:* Verbreitet sind Lügen auch, um frühere Lügen oder andere Formen von Täuschungen weiter zu verbergen. Da bereits die eingangs vorgelegten Beispiele hierfür reichlich Material liefern, muss darauf nicht weiter eingegangen werden.

Neben der Frage nach der Funktionalität der Lügen legt eine soziologische Analyse zudem nahe, aufzuzeigen, dass die Wahrhaftigkeitsverpflichtung – wie das schon Simmel betont hat – in verschiedenen sozialen Feldern und sozialen Situationen sehr unterschiedlich ausgeprägt ist. Ausführlich hat sich mit dieser Frage John A. Barnes (1994) befasst. Im Krieg und in der Politik, so seine Ausführungen, sind Lügen ungleich stärker verbreitet als – und dies trotz aller Guttenberg-Affären – in der Wissenschaft. Es soll aber nicht weiter auf Barnes' Analyse eingegangen werden. Stattdessen möchte ich nur die Arbeitswelt als Beispiel anführen. Anhand zahlreicher Beispiele macht Shulman (2007) in seinem Buch „From Hire to Liar"deutlich, dass Täuschungen für die moderne Arbeitswelt eine hohe administrative Funktionalität besitzen und für die Routine und den effektiven Ablauf in der Organisation im starken Maße erforderlich sind. Es reiche – unter Verwendung der Begriffe von Robert Feldman (2012) – weder aus, von einer „Faule-Äpfel-Theorie" auszugehen, wonach nur einige wenige Einzelpersonen betrügen, noch von einer „Faule-Obstkiste-Theorie", der zufolge einzelne Firmen die Unehrlichkeit zum Programm gemacht haben. Shulman möchte vielmehr zeigen, dass Lügen und Täuschungen ein fester Bestandteil der Normalität im alltäglichen Arbeitsleben sind. Täuschungen und Lügen gehören zur Normalität, um sich innerhalb einer Organisation Informationen zu beschaffen und auch wenn es darum geht, im professionellen Handeln gegenüber Kunden die eigenen Überzeugungen hinten anzustellen. Ein weiteres Beispiel, in dem ein Zwang zur Lüge fest institutionalisiert ist, sind Bewerbungsgespräche (vgl. Weiss/Feldman 2006). Um eine attraktive Stelle zu bekommen, wird vielfältig die Wahrheit gebeugt. Tätigkeiten, mit denen man schon mal in Berührung gekommen ist, werden zu Kompetenzbereichen ausgebaut. Selbst leicht überprüfbare Fakten wie der Ausbildungsverlauf werden im starken Maße nach dem Anforderungsprofil der gewünschten Stelle modelliert. Dass sich die Menschen in der Arbeitswelt zu stark auf Lügen und Täuschungen einlassen, führt der Autor auf ein ethisches Desengagement zurück, das durch drei Merkmale von Organisationen bewirkt wird: durch hierarchische Strukturen, Routinisierung und Dehumanisierung[6].

4. Über die Schwierigkeiten, Lügen zu erkennen

Bei Pinocchio, der Kinderbuchfigur des italienischen Autors Carlo Collodi, konnte man das Lügen an der Nase erkennen. Immer dann, wenn der von einer Holzfigur zum Mensch gewordene Pinocchio log, wurde seine Nase länger. So einfach ist es im Alltag nicht, Lügen zu entdecken. Bei der bereits im Zusammenhang mit der Lügenhäufigkeit genannten Tagebuchstudie von DePaulo et al. (1996) gaben die meisten an, dass sie den Eindruck hatten ihre Lüge wurde geglaubt. Bei der Nachbefragung nach einer Woche waren ca. 60 % der Lügen weiterhin nicht aufgedeckt. Charles F. Bond und Bella M. DePaulo (2006; 2008) haben eine umfangreiche Meta-Studie zum Erkennen von Lügen durchgeführt. Einbezogen wurden 206 Studien, die aus dem Zeitraum von 1941 bis 2005 stammten. Die Datenbasis bildeten ca. 25.000 Empfängerbewertungen von ca. 6.700 Aussagen, die von ca. 4.400 Personen stammten. Die auf dieser breiten Basis ermittelte durchschnittliche Unterscheidungsrate von Lügen und Wahrheit lag knapp über 50% (vgl. Bond/DePaulo 2006). Ebenso gut könnte man eine Münze wer-

---

6   Nur genannt, aber nicht weiter ausgeführt sollen zwei weitere Beispiele: Internet und Beziehungsaufbau. Wie Feldman (2012) aufzeigt, wird in der digitalen Welt ein niedrigerer Ehrlichkeitsstandard vorausgesetzt als in der realen Welt. An anderer Stelle habe ich gezeigt (Lenz 2003), dass Täuschungen im Beziehungsaufbau verbreitet sind, gerade um Probleme der rituellen Ordnung zu vermeiden. Dies ist zugleich ein Beleg dafür, dass Lügen – um Habermas Begrifflichkeit zu verwenden – nicht nur auf der Ebene des Systems (Politik, Wirtschaft), sondern durchaus auch in der Lebenswelt verbreitet sind.

fen, um zu entscheiden, ob gelogen wurde. Im Weiteren zeigten die Ergebnisse, dass es beim Aufdecken von Lügen nur geringe individuelle Unterschiede gibt (vgl. Bond/DePaulo 2008). Unterschiede gibt es jedoch bei der Nachweisbarkeit ihrer Lügen. Einige Personen sind glaubwürdiger als andere, egal ob sie lügen oder die Wahrheit sagen. Die Studie zeigt, dass „a deception judgment depends more on the liar's credibility than any other individual difference" (Bond/DePaulo 2008: 477).

Möglicherweise mag es als Trost dienen, dass auch Expert/innen nicht besser sind. Eine grundlegende Studie stammt von Paul Ekman et al. (1999). Als Expert/innen wurden Richter, Psychiater und Polizisten und auch Personen einbezogen, die Lügendetektoren bedienen. Diesen Expert/innen wurden kurze Videoaufnahmen präsentiert, in denen das Gesicht einer jungen Frau in Großaufnahme zu sehen war, die ihre spontanen Reaktionen auf einen Film, den sie gerade sieht, beschreibt. Die Frau sah abwechselnd Naturaufnahmen oder Ausschnitte aus einem Horrorfilm. Fortlaufend betonte sie aber, wie gern sie Naturaufnahmen betrachtet. Mit einer Ausnahme einer Berufsgruppe, den Mitgliedern des Secret Service, waren die anderen Experten nicht besser als Laien.

Angesichts dieser verbreiteten menschlichen Schwäche scheinen zumindest vor Gericht technische Hilfsmittel ein Ausweg zu sein (vgl. Ekman 2012; Feldman 2012). Anders als in Europa ist in den USA der Einsatz von Lügendetektoren eine gängige Praxis. Trotz des Namens können diese Geräte allerdings keine Lügen erkennen. Ihr Arbeitsprinzip ist an der Annahme ausgerichtet, dass das Lügen mit Angst verbunden ist. Die einhergehenden körperlichen Reaktionen – Herzpochen, Pulsanstieg, Schwitzen usw. – sollen mit der technischen Apparatur gemessen werden. Anfangs waren Lügendetektoren nicht mehr als ausgefeilte Blutdruckmessgeräte, heute registrieren sie gleichzeitig eine Vielzahl physiologischer Reaktionen. Es gibt Studien, die berichten, dass Lügendetektoren in 80 % der Fälle zuverlässig arbeiten. Aber auch das ist immer noch eine hohe Irrtumswahrscheinlichkeit. Übersetzt heißt das, dass sie in jedem fünften Fall falsche Schlussfolgerungen veranlassen. Es ist nämlich durchaus möglich, dass ein Lügner seine körperlichen Reaktionen kontrollieren bzw. schon die Testsituation Angst auslöst, obwohl der Beklagte unschuldig ist. Ein berühmtes Beispiel für das Versagen von Lügendetektoren ist Aldrich Ames. Der amerikanische Spion, der im Kalten Krieg Staatsgeheimnisse an die Sowjets verkaufte, bestand mehrere Lügendetektortests.

Diese offenkundigen Grenzen in der natürlichen Kompetenz, Lügen zu erkennen, und auch der technischen Hilfsmittel, haben verstärkt Forschungen nach sicheren Anzeichen für eine Lüge initiiert. An vorderster Stelle sind hier

die umfangreichen Arbeiten von Paul Ekman (2012)[7] zu nennen. Um Lügen erkennen zu können, müsse man lernen, so Ekman (2012: 106) „das Emotionale
in Sprache, Stimme, Körper und Gesicht festzustellen. Welche Spuren bleiben,
auch wenn der Lügner versucht, seine Gefühle zu verbergen, und lassen sich falsche emotionale Äußerungen enttarnen? Um Täuschungen aufdecken zu können,
muss man verstehen, wie diese Verhaltenszeichen verraten, dass ein Lügner im
Gespräch seine Geschichte konstruiert". Im Prozess des Aufdeckens ist die Person B mit einer Flut an Informationen konfrontiert, aber nicht alle dieser Informationsquellen sind gleichermaßen aussagekräftig. Das steht damit in Verbindung, dass der Lügner nicht sein gesamtes Verhalten gleichermaßen kontrolliert
und tarnt. Eine besondere Sorgfalt wird auf den sprachlichen Ausdruck gelegt;
die Sprache ist mit Abstand das differenzierteste und inhaltsreichste Kommunikationsmittel. Damit lassen sich ungleich mehr Botschaften vermitteln und
auch ungleich schneller als mit Gesicht, Stimme oder Körper. Zu unserem Alltagswissen gehört aber auch, dass wir für sprachliche Äußerungen viel eher zur
Rechenschaft gezogen werden als für unseren Gesichtsausdruck, den Klang unserer Stimme oder unsere Körperbewegungen. Die Sprache ist jedoch auch für
Täuschungen besonders prädestiniert. Sehr pointiert kommt dies in dem großen
französischen Staatsmann und Diplomaten des frühen 19. Jh. Charles-Maurice
de Talleyrand-Périgord zugeschriebenen Satz: „La parole a été donnée à l'homme
pour de guiser sa pensée"[8] zum Ausdruck.

Da die Steuerung des Gesichtsausdrucks, der Stimme, des Körpers einschließlich des vegetativen Nervensystems ungleich schwieriger ist als die des Gesprochenen sind diese Ausdrucksformen besonders reich an Täuschungshinweisen.
Im Gesicht können diese „Mikroexpressionen"– kurze Sequenzen, in der die ver-
heimlichte Emotion auftaucht –, abgebrochene Gesichtszüge oder durch das ve-
getative Nervensystem bedingte Ausdrucksformen wie Erröten, Erblassen oder
Schwitzen sein. Auch ein asymmetrischer Gesichtsausdruck oder ein ‚falsches
Lächeln' können Hinweise im Gesichtsfeld sein. Als vokale Täuschungshinwei-

---

7   Bei diesem Buch handelt es sich um eine Übersetzung von „Telling Lies", das erstmalig 1985
     erschienen ist. 2001 und 2009 ist dieses Buch in den USA in einer erweiterten Fassung neu
     erschienen. Der deutschen Ausgabe von 2012 liegt die Fassung von 2009 zugrunde. Eine erste
     Übersetzung des Originals unter dem Titel „Weshalb Lügen kurze Beine haben. Täuschungen
     und deren Aufdeckung im privaten und öffentlichen Leben" ist 1989 im Verlag deGruyter
     erschienen. Eine breite Aufmerksamkeit haben die Forschungen von Ekman durch die ame-
     rikanische Erfolgsserie „Lie to me" erfahren, die ab 2009in drei Staffeln und 48 Episoden
     ausgestrahlt wurde. In Deutschland ist die Serie im Sender Vox gelaufen, allerdings mit einer
     eher geringen Aufmerksamkeit.
8   In deutscher Übersetzung: „Die Sprache wurde dem Mensch gegeben, damit er sein eGedan-
     ken verbergen kann". Dieser Satz wird in der „Lügen"-Literatur gerne und häufig zitiert, zum
     Beispiel bei Schmid (2000: 48).

se sind vor allem zu lange oder zu oft auftretende Pausen, Wiederholungen oder eine Häufung von Füllwörtern (äh, hmm usw.) zu nennen. Bei den Körperbewegungen können das verstärkte Auftreten von Emblemen oder reduzierte Illustratoren auf Lügen verweisen. Unter Emblemen werden Körperbewegungen mit klar umrissener Bedeutung verstanden, wie z. B. das Kopfschütteln oder Achselzucken. Bei Lügen sind sie meist unbeabsichtigte Ausrutscher, die nur bruchstückhaft und außerhalb der gewöhnlichen Position ausgeführt werden. Unter Illustratoren werden Körperbewegungen verstanden, die das Gesprochene untermalen. All diese nonverbalen Täuschungshinweise *können* Lügen anzeigen. Ebenso ist es aber möglich, dass die damit in Verbindung stehenden Emotionen aus anderen Gründen auftreten. „Es gibt kein Anzeichen für die Täuschung per se - keine Geste, keinen Gesichtsausdruck und kein Muskelzucken allein ist ein Zeichen, dass jemand lügt. Es gibt lediglich Hinweise darauf, dass jemand schlecht auf das Gespräch vorbereitet ist, oder dass ihre Gefühle nicht mit dem Gesagten übereinstimmen" (Ekman 2012: 106).

Daraus ergibt sich eine doppelte Fehler-Gefahr: (1) Wenn aus der Wahrnehmung bestimmter nonverbaler Auffälligkeiten auf Lügen geschlossen wird, besteht die Gefahr, dass einer aufrichtigen Person kein Glauben geschenkt wird. (2) Wenn diese Hinweise aber ignoriert werden, kann es aber auch passieren, dass einem Lügner geglaubt wird. Ekman (2012) bezeichnet der Wahrheit nicht zu glauben, also den Fall 1, als *Alpha-Fehler* und einer Lüge zu glauben (Fall 2) als *Beta-Fehler*[9]. Dass einer aufrichtigen Person kein Glauben geschenkt wird, passiert dann, wenn den individuellen Unterschieden im Ausdrucksverhalten zu wenig Aufmerksamkeit geschenkt wird. Unter Verwendung des Namens eines Moderators einer US-Fernsehsendung nennt Ekman dies als „Brokaw-Risiko". Viele Pausen, Fehler beim Sprechen, wenige Illustratoren, viele Manipulatoren – also Bewegungen, bei denen ein Körperteil einen anderen reibt, kneift, kratzt oder sonst wie manipuliert – oder auch eine asymmetrische Mimik können zwar Täuschungshinweise sein. Möglich ist aber auch, dass darin eine individuelle Eigenheit der Person zum Vorschein kommt. Daneben gibt es aber auch das *Othello-Risiko*. Dieses Risiko besteht darin, außer Acht zu lassen, dass eine aufrichtige Person, die unter Druck steht, möglicherweise so erscheint, als würde sie lügen. Für die Namensgebung greift Ekman auf das gleichnamige Shakespeare-Stück zurück, indem Othello in der Reaktion von Desdemona den Beweis für ihren Betrug sieht, mit der er sie konfrontiert. Tatsächlich ist diese aber

---

9   In der aktuellen deutschen Übersetzung werden die beiden Begriffe Alpha- und Beta-Fehler nicht verwendet. Da diese beiden Begriffe in der Rezeption mittlerweile gängig sind, orientiere ich mich hier am Original und der Übersetzung von 1989.

Ausdruck ihrer Angst in einer ausweglosen Situation. Ekman fasst diese beiden Formen als Möglichkeit für beide Fehler. Bei näherem Hinsehen zeigt sich jedoch, dass diese nur ein Erklärungspotenzial für den Alpha-Fehler haben. Deutlich werden damit nur die Schwierigkeiten in der Verwertung von Täuschungshinweisen. Untermauert wird damit jedoch lediglich, dass es keine eindeutigen Anzeichen für Lügen gibt. Das was als Hinweis auf eine Lüge erscheinen mag, kann immer auch mit individuellen Besonderheiten in Verbindung stehen bzw. aus einer Stresssituation resultieren. Die Verbreitung des Beta-Fehlers, also dass dem Lügner geglaubt wird, wird unter Rückgriff auf diese beiden Risiken nicht hinlänglich plausibel.

Weiterführend ist hierfür Robert Feldman (2012), der gegebene Vorteile für den Lügner als ausschlaggebend auffasst, dass Lügen vielfach unbemerkt bleiben. Als Ausgangspunkt für diese These nimmt Feldman empirische Ergebnisse zur geringen Aufdeckungsrate von Lügen sowie die Studien von Ekman zum Fehlen verlässlicher Täuschungshinweise. Anders als Ekman betrachtet er die Einzelereignisse nicht losgelöst vom Interaktionskontext, sondern fasst das Lügen als interaktives Geschehen auf. Dass der Lügner im Vorteil ist, wird nach Feldman vor allem durch die „Ehrlichkeitsvermutung" und dem „Prinzip des freiwilligen Helfers" hervorgebracht:

1. In unseren Interaktionen gehen wir im Normalfall davon aus, dass unsere Interaktionspartner die Wahrheit sagen. Es muss schon ein zwingender Grund bestehen, dass wir davon abweichen und annehmen, dass jemand lügt. Den Interaktionen liegt – so Feldmann (2012) – eine *Ehrlichkeitsvermutung* als Urteilsheuristik zugrunde. Eine solche Urteilsheuristik macht unsere Alltagswelt deutlich weniger kompliziert und aufwändig. Statt in jeder Situation anhand vorhandener Informationen die Handlungsabsichten unserer Interpretationspartner auf ihre Aufrichtigkeit einzuschätzen, bedienen wir uns dieser Normalitätsunterstellung. In unserem Alltagshandeln gehen wir einfach davon aus, dass die meisten Menschen uns gegenüber ehrlich sind. Zugleich wissen wir, dass sie von uns diese Ehrlichkeit erwarten und im Verkehr mit uns immer schon voraussetzen. Dieses Wissen ist zugleich immer auch ein Einfallstor für Lügen.

2. Wie schon gezeigt, sind die überwiegende Art von Lügen, denen wir begegnen, keine Betrugsfälle. Im Gegenteil, viele Lügen dienen dazu, die rituelle Ordnung aufrechtzuerhalten oder den Erwartungen oder gar dem Zwang der Selbstdarstellung nachzukommen. Oftmals lügen wir gerade deshalb, weil wir jemanden nicht zum Opfer machen wollen, indem wir ihm die unverblümte Wahrheit ersparen. Gerade wegen dieser Qualität der Mehrzahl der

Lügen erwächst nach Feldman der Vorteil für die Lügen aus dem *Prinzip des freiwilligen Helfers*. Dieses Prinzip besagt, dass wir Lügen in vielen Situationen überhaupt nicht aufdecken wollen. Während in vielen Analysen zu Lügen meist unbegründet von vornherein ein Konfliktmodell zu Grunde liegt, als ob die Lüge immer gegen den Belogenen gerichtet sei, besteht in vielen sozialen Situationen eine Kooperation zwischen beiden Seiten. Person B ist ein williger Helfer für den Lügner, indem die Aussagen nicht in Zweifel gezogen werden, er auf Nachfragen und Nachhaken verzichtet und eventuell vorhandene Fehler in der Täuschung einfach nicht wahrnimmt. Die Person B ist oftmals wenig geneigt, Zeit und kognitive Ressourcen auf die Frage zu verwenden, ob sie von jemandem angelogen wurde. Der Wirklichkeitsdarstellung von Person A wird bereitwillig Glauben geschenkt, dies umso mehr, da durchaus beide Seiten von der Lüge profitieren können. Die Kooperationsbereitschaft kann sogar soweit gehen, dass die Person B zwar erkennt, das A lügt aber dennoch bereit ist, so zu tun als ob sie an die Wirklichkeitsdarstellung glaubt (vgl. auch Schirrmeister 2004; Ekman 2012).

Trotz dieser Schwierigkeiten, Lügen aufzudecken, ist das aber durchaus möglich. Aus einer mikrosoziologischen Perspektive hat sich Katharina Strauß (2006) mit diesem Prozess, der im Weiteren als *Demaskierungsprozess* bezeichnet werden soll, ausführlich befasst. Als primäre Materialgrundlage nutzt Strauß Spielfilme und Daily Soaps[10]. Das besondere Forschungsinteresse von Strauß gilt dem Vorliegen eines Lügenverdachtes und wie im Weiteren in der Interaktion damit umgegangen wird[11]. Die Rekonstruktion des Demaskierungsprozesses hat bereits einen Schritt vorher anzufangen, indem danach gefragt wird, wie es zum Verdacht kommt. Auch ist es durchaus möglich, dass am Anfang dieses Prozesses nicht nur ein Verdacht, sondern durchaus schon die Gewissheit, Opfer einer Täuschung geworden zu sein, stehen kann. Der Demaskierungsprozess kann auf

---

10 In dieser in der Anlage sehr spannenden Studie können die Kategorienbildung und auch die Auswertung der empirischen Materialien allerdings nur eingeschränkt überzeugen. Aus diesem Grunde werde ich im Weiteren auf diese Arbeit nur punktuell zurückgreifen.

11 „Denn eine Lüge, die nicht vermutet wird, hat für der Verlauf der Situation auch keine Bedeutung". Dieser von Strauß (2006: 281) im Zusammenhang mit der Anzeige ihrer primären Forschungsintention gemachte Aussage, die zugleich eine Rechtfertigung für die Beschränkung auf Lügenverdachtsinteraktion ist, muss mit aller Entschiedenheit widersprochen werden. Wenn eine Seite über die doppelte Wirklichkeit Bescheid weiß und die andere im festen Glauben an die Richtigkeit der Darstellung des anderen gehalten wird, dann hat das sehr wohl massive Auswirkungen auf die Handlungsoptionen der Akteure in einer Situation. Was Strauß meint, ist lediglich, dass diese solange zumindest kein Verdacht vorliegt, kein Thema in der Interaktion ist. Was Thema ist und Bedeutung hat, darf nicht miteinander vermengt werden.

unterschiedlichen Wegen erfolgen. Es lassen sich zumindest vier unterschiedliche Wege differenzieren (vgl. auch Ekman 2012; Feldman 2012; Schmid 2000):

1. Eine falsche Darstellung erweist sich als *schlechte Lügengeschichte*. Zumin-
    dest kann sie nicht dauerhaft überzeugen. Dies ist dann der Fall, wenn sie
    Lücken aufweist, nicht in sich konsistent ist bzw. nicht mit den Vorinforma-
    tionen und Rahmenbedingungen übereinstimmt. Vor allem bei komplexen
    Inhalten ist dies insbesondere dann der Fall, wenn nicht vorhergesehen werden
    konnte, dass zur Lüge gegriffen werden muss und deshalb keine Zeit war,
    die Lügengeschichte vorzubereiten, einzustudieren und sich einzuprägen.
    Möglich ist aber auch, dass Indizien auftauchen, die mit dem Inhalt der
    Darstellung unvereinbar sind. Eine Gefahr von Lügengeschichten ist auch
    ihre Reproduzierbarkeit über die Zeit hinweg.

2. Lügen können aufgedeckt werden durch *Schwachstellen in der Maskierung*
    der Täuschungsabsicht. Lügen umfassen nicht nur – wie bereits ausgeführt
    – die falschen Wirklichkeitsdarstellungen, sondern bedürfen immer auch
    einer Maskierung der Täuschungsabsicht. Es kommt zu Fehlern, weil es
    Schwierigkeiten bereitet, ein Gefühl zu verheimlichen oder zu fälschen. Es
    sind primär nonverbale Hinweise, die in Anschluss an Ekman (2012) bereits
    dargestellt wurden, die verräterisch sein können. Es kommen auch sprach-
    liche Anzeichen vor, z. B. Versprecher oder Tiraden. Unter Versprechern
    werden ein oder zwei Worte verstanden und Tiraden dagegen sind längere
    Ausführungen, bei denen der Lügner von seinen Emotionen fortgerissen
    wird und die Konsequenzen erst im Nachhinein bemerkt. Weitere sprach-
    liche Anzeichen können ausweichende und komplizierte Antworten sein.

3. *Enthüllung der Lüge durch Dritte*: Möglich ist auch, dass die Lüge durch
    eine dritte Person demaskiert wird. Das kann mit voller Absicht geschehen,
    indem der Dritte als vehementer Verfechter der normativen Ordnung auftritt
    und die vorgetäuschte Darstellung als Lüge entlarvt. Es kann aber ebenso
    nebenbei erfolgen, indem der Dritte durch seine wahrhaftige Äußerung den
    anderen als Lügner dastehen lässt.

4. Die Demaskierung der Lüge kann aber auch durch ein *Geständnis* des Lügners
    erfolgen: Möglicherweise fühlt sich die Person A durch Nachfragen von B,
    die eigene Unsicherheit und auch durch neue Indizien so sehr in die Ecke
    gedrängt, sodass sie mit dem Geständnis einen Befreiungsschlag versucht.
    Möglich ist es aber auch, dass dieser Schritt ohne Handlungsdruck von
    außen durch ein schlechtes Gewissen ergriffen wird.

Ein Geständnis hat unmittelbar zur Folge, dass die doppelte Wirklichkeit wie ein Kartenhaus in sich zusammenfällt und ein – in den Worten von Goffman (1977) formuliert – klarer Rahmen sich wieder einstellt: diese Wirklichkeitskonstruktion der beiden Personen stimmt wieder überein (vgl. auch Strauß 2006). Die Person A, die vorher schon wusste, dass sie lügt, ist nun auch in den Augen von B ein Lügner und muss zugleich erkennen, dass sie über einen gewissen Zeitraum hinweg getäuscht wurde. Auf den anderen drei Wegen führt der Demaskierungsprozess nicht immer, zumindest nicht sofort, zu einer Herstellung eines klaren Rahmens. Egal, ob eine schlechte Lügengeschichte, Schwachstellen in der Maskierung oder durch Denunziation, es kommt zu einer Verschiebung der situativen Wissenslage von B. Ihren unmittelbaren Niederschlag findet diese neue Wissenslage im Lügenverdacht gegen die Äußerungen von A oder gar in der subjektiven Gewissheit, Opfer einer Lüge zu sein.

1. *Der Verdacht*: Der Verdacht ist eine Vorstufe der Aufdeckung: Bei dieser Reaktionsform haben sich bei der Person B zwar Belege für eine Lüge von A angesammelt, ohne dass diese eine volle Gewissheit erlangt haben. Der Verdacht kann zumindest vorerst geheim gehalten werden. Möglicherweise weil man zum jetzigen Zeitpunkt eine Auseinandersetzung vermeiden möchte. Oder aber auch weil man den vorhandenen Verdacht noch bekräftigen möchte, bevor man den anderen mit dem Vorwurf konfrontiert. Nicht ausgeschlossen ist, dass weitere Erkundungen die Verdachtsmomente wieder zerstreuen.

2. *Die verdeckte Aufdeckung*: Aber auch wenn B nach der subjektiven Einschätzung ein sicheres Wissen darüber besitzt, dass sie belogen wurde, muss dies nicht zu einer offenen Demaskierung führen, sondern kann, zumindest vorerst, als Geheimnis behandelt werden. Dies kann Teil der Kooperation mit dem Lügner sein, indem sie aktiv dazu beiträgt, die falsche Vorstellung trotz aller Gegenbelege aufrechtzuerhalten. Möglich ist aber auch, dass B dieses Geheimnis zum eigenen strategischen Vorteil nutzt.

3. *Die Konfrontation:* Schon auf der Grundlage des Verdachts oder noch mehr ausgestattet mit der subjektiven Gewissheit, kann Person B den anderen mit dem Vorwurf der Lüge konfrontieren. Die Erwiderung von Person A kann darauf unterschiedlich ausfallen: Sie kann den Vorwurf ‚aus der Luft gegriffen‘ empört abweisen. Entscheidend wird es dabei sein, ob es gelingt, B von der Falschheit des Vorwurfs zu überzeugen oder ob die konträren Sichtweisen, „du lügst" und „ich lüge nicht" fortdauern, wobei zu fragen ist, über wie viele Runden dies gehen kann. Eine entgegengesetzte Reaktionsweise ist das Eingeständnis der Lüge und die Übernahme der vollen Verantwortung. Im Gewand des reumütigen Sünders kann A in diesem Falle auf Vergebung

zumindest hoffen. Zwischen diesen beiden Extremen gibt es eine weitere Möglichkeit, die etwas näher betrachtet werden soll. Aus diesem Spektrum sollen zwei Formen herausgestellt werden, bei denen es sich im Sinne von Goffman (1974) um einen korrektiven Austausch handelt:

1. A gesteht die falsche Darstellung ein, bestreitet aber, dass es eine Lüge war. Hier geht es um die Frage der Absichtlichkeit. A kann diese bestreiten, indem er versucht seine falsche Darstellung auf einen Irrtum, auf ein Missverständnis oder falsches Wissen zurückzuführen. Entscheidend wird dabei sein, ob er noch die entsprechende Glaubwürdigkeit besitzt, auf Irrtum, Missverständnis oder falsches Wissen zu plädieren und damit auch zu überzeugen. Wenn die Lüge nicht auf einer Fälschung beruht, sondern eine andere Technik der Lüge Verwendung fand, ergeben sich weitere Möglichkeiten: Bei Verheimlichung kann man versichern, man habe es bloß vergessen oder als ,nicht so wichtig' aufgefasst. Bei Über- und Untertreibung kann man das Ausmaß relativieren und versichern, dass die Darstellung eigentlich schon richtig war. Und bei Ablenkung kann man betonen, dass man eigentlich alles erzählen wollte, aber nicht dazu gekommen sei.

2. A gesteht nicht nur die falsche Darstellung, sondern auch die Lüge ein, er bringt aber für sich mildernde Umstände an, indem er Rechtfertigungen oder Entschuldigungen vorbringt. Bei einer Rechtfertigung wird – wie Marvin B. Scott/Stanford Lyman (1976) gezeigt haben – die Verantwortung für die fragliche Handlung übernommen, jedoch die zugeschriebene negative Eigenschaft bestritten. Als Beispiel: Die Person A gesteht eine sexuelle Affäre ein, betont aber gleichzeitig, dass sie darin nur ein sexuelles Abenteuer gesehen habe und der Fortbestand der bestehenden Paarbeziehung nie in Frage stand. Bei einer Entschuldigung wird eingestanden, dass die Handlung schlecht, falsch oder unangemessen war, bestritten wird aber die volle Verantwortung. Wenn eine einmalige sexuelle Affäre ans Licht kommt, könnte der Betroffene sich dadurch entschuldigen, indem er seinen zu starken Alkoholkonsum als Erklärung für seinen Verstoß gegen die Exklusivitätsnorm anführt.

Der Aushandlungskonflikt kann über mehrere Runden gehen, wobei für das Ausmaß und die Dauer entscheidend sein wird, welche Relevanz die Beteiligten diesem Thema zumessen. Ein möglicher Ausgang ist es, dass die beiden zu einem klaren Rahmen kommen, die Wahrheit sich gegen die Lüge durchsetzt. Ebenso möglich ist es aber, dass es dem Lügner gelingt, alle Verdachtsmomente wieder zu zerstreuen. Im Alltag hat die Wahrheit keinen Anspruch auf ein Happy End.

Auch kann es sein, dass die unterschiedlichen Standpunkte fortdauern, die Person A beharrt darauf, nicht gelogen zu haben, während B von der Existenz der Lüge überzeugt ist. Die konkrete Auseinandersetzung darüber wird beendet, indem die beiden auseinandergehen oder aber das Thema wechseln. Sofern der Kontakt Bestand hat, ist mit emotionalen Nachwirkungen zu rechnen. Dies ist ebenso bei eingestandenen Lügen möglich. Vielfach werden jedoch aufgedeckte Lügen schnell wieder vergessen und von moralischen Schuldzuschreibungen Abstand genommen.

5. Zur Begrenzung der Lügenpraxis

Augustinus und Kant waren keine Soziologen, mit einem soziologischen Blick hätten sie sicherlich nicht die Forderung nach einem absoluten Lügenverbot aufgestellt. In unserem Alltagsleben kommen wir ohne Lügen nicht aus, und dies nicht aufgrund der Verdorbenheit der Gesellschaft oder der Schlechtigkeit des Menschen, sondern weil von einem sozialkompetenten Handelnden in vielen sozialen Situationen, Lügen verlangt werden, um den vorhandenen Anforderungen und Verpflichtungen zu entsprechen. Es gibt viele soziale Situationen, in denen die ‚reine‘ Wahrheit verletzender als Lügen und ihre Äußerung Ausdruck einer geringen Handlungskompetenz sind. Weit gefehlt ist, dass Lügen für andere immer von Schaden sein müssen, der Belogene kann der Gewinner sein. Auch kommt es vielfach vor, dass beide Seiten von Lügen profitieren.

Heißt das, dass es besser wäre, die Forderung nach Wahrhaftigkeit aufzugeben und sich als Individuum und Gesellschaft uneingeschränkt zu unserer fortlaufenden Lügenpraxis zu bekennen? Darauf ist mit einem glatten Nein zu antworten. Und dies aus mehreren Gründen, die abschließend thesenhaft dargestellt werden sollen:

1. Es gibt auch die anderen Lügen oder Täuschungen, die nicht Schmierstoff des sozialen Miteinanders sind, sondern gegen Gerechtigkeitspostulate nachhaltig verstoßen, indem eine übermäßige Vorteilsnahme bzw. ein großer Schaden für die andere Person verbunden ist. Betrugsfälle, wie sie einleitend vorgestellt wurden, lassen sich nicht aus der Alltagsnormalität von Lügen rechtfertigen. Jenseits der hohen Verbreitung und der großen Akzeptanz von Lügen braucht eine Gesellschaft eine *Festlegung über Anforderungen an die Wahrhaftigkeit,* die nicht verletzt werden dürfen. Diese Normierung, die auch immer interpretationsbedürftige Vagheits-Zonen aufweist, ist nicht ein für alle Mal gesetzt, sondern in vielfältiger Weise das Ergebnis kollektiver und individueller Aushandlungsprozesse. Deutlich wird hier der

Bezug auf eine normative Ordnung, aus der die Differenz zwischen ‚wahrer‘ und ‚falscher‘ Darstellung bestimmt wird, die vorgibt, wann und wo Lügen möglich oder sogar als korrektes Sich-Verhalten gefordert werden, und die aber auch festschreibt, wie schwere Verstöße gegen geltende Prinzipien der Alltagsmoral sanktioniert oder sogar strafrechtlich verfolgt werden müssen. Was als schwere Verstöße gilt, ist nicht über alle Kultur und alle Zeiten konstant, sondern ist als gesellschaftliche Setzung durchaus variabel, was aber der Verbindlichkeit der Normen der Wahrhaftigkeit keinen Abbruch tut.

2. Trotzdem sie für das soziale Miteinander unverzichtbar ist, steht die fortgesetzte Lügenpraxis immer in Gefahr, dem Anspruch der Person nach Glaubwürdigkeit Schaden zuzufügen. Wir dürfen lügen und wir lügen auch, aber gleichwohl dürfen wir nicht zu viel lügen. Scharfsinnig hat Simmel (1992: 412) darauf verwiesen, dass „das tiefste Motiv ihrer Perhorreszierung (…) nicht der Schaden (sei), den sie anderen thut, sondern die persönliche Entwürdigung (…), die der Lügner sich selbst anthut“. Auch wenn das Alltagssprichwort „Wer einmal lügt, dem glaubt man nicht, auch wenn er die Wahrheit spricht“ ganz im Bannkreis des absoluten Lügenverbotes steht, wird damit eine durchaus real existierende Gefahr aufgezeigt, nämlich der *Verlust der subjektiven Glaubwürdigkeit.* Sicherlich ist es nicht so, dass schon mit der ersten entdeckten Lüge dieser Verlust droht. Dafür lügen wir viel zu viel, und auch wenn viele dieser Lügen unentdeckt bleiben, wurden viele auch schon von unseren Interaktionspartnern aufgedeckt, ohne dass daraus ein bleibender Schaden resultierte. Dennoch haben aber Lügen bei ihrer Demaskierung das Potential, unsere Glaubwürdigkeit nachhaltig zu schädigen. Nicht ihre Quantität, sondern die besondere Qualität einer oder mehrerer Lügen ist für dieses Schädigungspotenzial ausschlaggebend. Die hohe moralische Diskreditierung erweist sich insofern als ein Schutzmechanismus für die Bewahrung der Glaubwürdigkeit des einzelnen Individuums.

3. Aber nicht nur das Individuum, auch die Gesellschaft braucht – trotz aller hohen Funktionalität von Lügen – ihre moralische Diskreditierung als institutionellen Mechanismus; die (post)moderne, hoch differenzierte Gesellschaft mehr noch als andere Gesellschaften. Damit soll nicht behauptet werden, dass in der Gegenwartsgesellschaft mehr gelogen wird als in der Vergangenheit. Hierfür liegen zumindest keine verlässlichen empirischen Belege vor. Mit Sicherheit kann aber gesagt werden, dass Lügen kein neues Phänomen ist; hierfür reichen Lügen-Beispiele aus der Vergangenheit aus, die reichlich vorhanden sind (vgl. Hochadel/Kocher 2000). Was aber (post) moderne Gesellschaften auszeichnet, ist ein *hoher Bedarf an Vertrauen.*

Ihr hoher Grad an Arbeitsteilung bewirkt ein fortlaufendes und vielfältiges Angewiesensein auf Vertrauen in den sozialen Austauschbeziehungen. Vertrauen ist nach Simmel eine Kenntnisform zwischen Wissen und Nichtwissen. „Der völlig Wissende braucht nicht zu vertrauen, der völlig Nichtwissende kann vernünftigerweise nicht einmal vertrauen" (Simmel 1983: 393). In unserer Gegenwartsgesellschaft ist die Wissensbasis enorm verbreitet; vieles von dem wissen wir aber nur vermittelt, sei es über andere Personen oder im wachsenden Ausmaß über die Medien. Immer kleiner wird der Wissensbestand, der sich aus den eigenen Erfahrungen speist bzw. zumindest eigenständig überprüfbar ist. Diese wachsende Diskrepanz zwischen Wissen und Nicht-Wissen schafft einen hohen Bedarf an Vertrauen, um überhaupt handlungsfähig zu bleiben. Lügen und Täuschung haben ein Gefährdungspotential für diese dringend erforderliche Vertrauensbasis.

Zur Illustration möchte ich noch kurz auf das soziale Feld der Wissenschaft eingehen und zum Anfang dieses Artikels zurückkehren. Angestoßen durch die Guttenberg-Affäre ist eine breite Debatte über Plagiate entstanden und wie die Hochschulen diese wirksam bekämpfen können. Eher in Vergessenheit ist dabei geraten, dass Plagiate nur eine Form von wissenschaftlichem Fehlverhalten darstellen. Die Fälschung von Daten stellt eine weitere Hauptform dar, wie der einige Jahre zurückliegende Skandal um den damals renommierten Krebsforscher Friedhelm Herrmann zeigt. Mit seinem Team fälschte Herrmann zwischen 1994 und 1996 systematisch Labordaten, die in knapp 100 Veröffentlichungen Eingang gefunden hatten. Trotz dieser spektakulären Fälle spricht vieles dafür, dass – wie schon Robert K. Merton (1985) betont hat –Betrug in der Wissenschaft weiterhin extrem selten sei, auch wenn in der verschärften Konkurrenz und im erhöhten Publikationsdruck durchaus real existierende Gefahren vorhanden sind (vgl. Weingart 2005). Als Grund für die geringe Betrugshäufigkeit wird von Merton auf das besondere Wissenschaftsethos verwiesen. Wissenschaft ist darauf im ganz besonderen Maße angewiesen, da die Fülle der Publikationen und der hohe Grad an Spezialisierung der Fragestellungen und der Wissensbestände die Möglichkeit der Überprüfbarkeit immer stärker einschränkt. Peter Weingart (2005: 142) hat in diesem Sinne „das wechselseitige Vertrauen der untereinander kommunizierenden Wissenschaftler" als die zentrale Voraussetzung für die besondere Leistungsfähigkeit der Wissenschaft bezeichnet. „Die Beteiligten", so Weingart weiter: „müssen sich auf die Richtigkeit der jeweiligen Mitteilungen verlassen können, obwohl sie zueinander in Konkurrenz stehen". In ihrer institutionalisierten Suche nach Wahrheit ist Wissenschaft unverzichtbar auf dieses „interne Vertrauen" angewiesen. Daraus ergibt sich die zwingende Notwendigkeit, Fehlvertrauen jeglicher Art als schweren Verstoß gegen den Wissenschaftsethos zu brandmarken. Hierin unterscheidet sich Wissenschaft grundlegend vom sozialen Feld der Politik. Die Politik kommt – wie Mearsheimer (2011) sehr anschaulich aufzeigt – ohne Lügen und Täuschungen ganz offensichtlich nicht aus. Zwar braucht auch die Politik Vertrauen und setzt dieses immer schon voraus. Es bedarf hier ebenfalls institutioneller Barrieren, um die Akteure zu einem sparsamen Umgang mit politischen Lügen zu zwingen. Entscheidend ist aber, dass mit den demokratischen Wahlen ein Mechanismus vorhanden ist, um unglaubwürdig gewordene Politiker/innen aus ihrem Amt zu entfernen. Wissenschaft und Politik sind zugleich Beispiele dafür, wie unterschiedlich die Norm der Wahrhaftigkeit in den sozialen Feldern institutionell verankert sein kann.

Bibliografie

Apel, Karl-Otto (1976): Sprechakttheorie und transzendentale Sprachpragmatik zur Frageethischer Normen. In: Apel, Karl-Otto (Hrsg.): Sprachpragmatik und Philosophie. Frankfurt/ Main: Suhrkamp, S.10-173.

Augustinus, Aurelius (2007): Die Lüge und Gegen die Lüge. Hg. von Paul Keseling. 3. Aufl. Würzburg: Augustinus-Verlag (orig. 1953).

Austin, John L. (1979): Zur Theorie der Sprechakte. 2. Aufl. Stuttgart: Reclam.

Barnes, John A. (1994): A pack of lies. Towards a sociology of lying. Cambridge: University Press.

Baruzzi, Arno (1996): Philosophie der Lüge. Darmstadt: Wissenschaftliche Buchgesellschaft.

Bellebaum, Alfred (1992): Schweigen und Verschweigen. Bedeutungen und Erscheinungsvielfalt einer Kommunikationsform. Opladen: Westdeutscher Verlag.

Bok, Sissela (1980): Lügen. Vom täglichen Zwang zur Unaufrichtigkeit. Reinbek: Rowohlt.

Bond, Charles F./DePaulo, Bella M. (2006): Accuracy of deception judgments. In: Personality and Social Psychology Review,10, 3,S. 214-234.

Bond, Charles F./DePaulo, Bella M. (2008): Individual Differences in Judging Deception:Accuracy and Bias. In: Psychological Bulletin, 134,4, S. 477-492

Constant, Benjamin (1986): Über politische Reaktion(orig. 1797). In: Geismann, Georg/Oberer, Hariolf (Hrsg.): Kant und das Recht der Lüge. Würzburg: Königshausen und Neumann, S. 23-25.

DePaulo, Bella M./Kashy, Deborah A./Kirkendol, Susan E./Wyer, Melissa M./Epstein, Jennifer A. (1996): Lying in everyday life. In: Journal of Personality and Social Psychology, 70, 5, S. 979-995.

Dietz, Simone (2002): Der Wert der Lüge. Über das Verhältnis von Sprache und Moral. Paderborn: Mentis.

Dietz, Simone (2003): Die Kunst des Lügens. Eine sprachliche Fähigkeit und ihr moralischer Wert. Reinbek: Rowohlt.

Dietzsch, Steffen (1998): Kleine Kulturgeschichte der Lüge. Leipzig: Reclam.

Ekman, Paul (2012): Ich weiss, dass du lügst. Was Gesichter verraten. Reinbek: Rowohlt (orig. 1985).

Ekman, Paul/O'Sullivan, Maureen/Frank, Mark G. (1999): A few can catch a liar. In: Psychological Science, 10, 3, S. 263-266.

Falkenberg, Gabriel (1982): Lügen. Grundzüge einer Theorie sprachlicher Täuschung. Tübingen: Niemeyer.

Feldman, Robert S. (2012): Lügner. Die Wahrheit über das Lügen. Berlin, Heidelberg: Springer Spektrum (orig. 2009).

Feldman, Robert S./Forrest, James A./Happ, Benjamin R. (2002): Self-Presentation and verbal deception: Do self-presenters lie more? In: Basic and Applied Social Psychology, 24, 2, S. 163-170.

Fiehler, Reinhard (1990): Kommunikation und Emotion. Theoretische und empirische Untersuchungen zur Rolle von Emotionen in der verbalen Interaktion. Berlin, New York: de Gruyter.

Glaser, Barney G./Strauss, Anselm L. (1964): Awareness contexts and social interactions. In: American Sociological Review,29, 5, S.669-679.

Geismann, Georg/Oberer, Hariolf (Hrsg.) (1986): Kant und das Recht der Lüge. Würzburg: Königshausen und Neumann.

Goffman, Erving (1969): Wir alle spielen Theater. Die Selbstdarstellung im Alltag. München: Piper (orig. 1959).

Goffman, Erving (1971): Interaktionsrituale. Über Verhalten in direkter Kommunikation. Frankfurt/Main: Suhrkamp (orig. 1967).

Goffman, Erving (1974): Das Individuum im öffentlichen Austausch. Mikrostudien zur öffentlichen Ordnung. Frankfurt/Main: Suhrkamp (orig. 1971).

Goffman, Erving (1977): Rahmen-Analyse. Ein Versuch über die Organisation von Alltagserfahrungen. Frankfurt/Main: Suhrkamp (orig. 1974).

Habermas, Jürgen (1983): Moralbewusstsein und kommunikatives Handeln. Frankfurt/Main: Suhrkamp.

Hettlage, Robert (Hrsg.) (2003a): Verleugnen, Vertuschen, Verdrehen. Leben in der Lügengesellschaft. Konstanz: UVK.

Hettlage, Robert (2003b): Vom Leben in der Lügengesellschaft. In: Hettlage, Robert (Hrsg.): Verleugnen, Vertuschen, Verdrehen. Leben in der Lügengesellschaft.Konstanz: UVK, S. 9-50.

Hochadel, Oliver/Kocher, Ursula (Hrsg.) (2000): Lügen und Betrügen. Das Falsche in der Geschichte von der Antike bis zur Moderne. Köln, Weimar, Wien: Böhlau.

Hochschild, Arlie R. (1979): Emotion work, feeling rules, and social structure. In: American Journal of Sociology, 85, 3, S. 551-575.

Hochschild, Arlie R. (1990): Das gekaufte Herz. Zur Kommerzialisierung der Gefühle. Frankfurt/ Main, New York: Campus (orig. 1983).

Kant, Immanuel (1986): Über ein vermeintes Recht aus Menschenliebe zu lügen(orig. 1797). In: Geismann, Georg/Oberer, Hariolf (Hrsg.): Kant und das Recht der Lüge. Würzburg: Königshausen und Neumann,S. 35-39.

Kant, Immanuel (2008): Grundlegung zur Metaphysik der Sitten. Hg. vonTheodor Valentiner. Stuttgart: Reclam (orig. 1786).

Koldehoff, Stefan/Timm, Tobias (2012): Falsche Bilder, Echtes Geld. Der Fälschercoup des Jahrhunderts und wer alles daran verdiente. Köln: Galiani.

Kommission „Selbstkontrolle in der Wissenschaft" der Universität Bayreuth (2011): Bericht an die Hochschulleitung der Universität Bayreuth aus Anlass der Untersuchung des Verdachts wissenschaftlichen Fehlverhaltens von Herrn Karl-Theodor Freiherr zu Guttenberg vom 5.

Mai 2011.Bayreuth. Online verfügbar unter: http://www.uni-bayreuth.de/presse/Aktuelle-Infos/2011/Bericht_der_Kommission_m__Anlagen_10_5_2011_.pdf, Stand: 01.06.2013.

Lenz, Karl (2003): Täuschungen in Zweierbeziehungen. Zur Normalität einer sozialen Praxis. In: Hettlage, Robert (Hrsg.): *Verleugnen, Vertuschen, Verdrehen. Leben in der Lügengesellschaft.*Konstanz: UVK, S. 65-96.

Lenz, Karl/Adler, Marina (2010): Geschlechterverhältnisse. Einführung in die sozialwissenschaftliche Geschlechterforschung. Bd. 1.Weinheim, München: Juventa.

Lewis, Michael (1993): The development of deception. In: Lewis, Michael/Saarni, Carolyn (Hrsg.): Lying and Deception in Everyday Life. New York: Guilford Press, S. 90-105.

Lukesch, Helmut (2007): Lügen und Täuschen. Eine psychologische Perspektive.In: Müller, Jörn/Nissing, Hanns-Gregor (Hrsg.): Die Lüge. Ein Alltagsphänomen aus wissenschaftlicher Sicht. Darmstadt: Wissenschaftliche Buchgesellschaft,S. 87-102.

Mearsheimer, John J. (2011): Lüge! Vom Wert der Unwahrheit. Frankfurt/Main, New York: Campus.

Merton, Robert K. (1985): Entwicklung und Wandel von Forschungsinteressen. Aufsätze zur Wissenschaftssoziologie. Frankfurt/Main: Suhrkamp.

Müller, Jörn (2007): Lüge und Wahrhaftigkeit. Eine philosophische Besichtigung vor dem Hintergrund der Sprechakttheorie. In: Müller, Jörn/Nissing, Hanns-Gregor (Hrsg.): Die Lüge. Ein Alltagsphänomen aus wissenschaftlicher Sicht. Darmstadt: Wissenschaftliche Buchgesellschaft,S. 27-55.

Nietzsche, Friedrich (1999): Über Wahrheit und Lüge im außermoralischen Sinn(orig. 1873). In: Schlechta, Karl (Hrsg.): Friedrich Nietzsche. Werke in drei Bänden. Bd. 3. München, Wien: Hanser, S. 309-322.

Nyberg, David (1993): The Varnished truth.Truth telling and deceiving in ordinary life. Chicago, London: University of Chicago Press.

Ottermann, Ralf (2000): Soziologie des Betrugs. Hamburg: Kovač.

Preuß, Roland/Schultz, Tanjev (2011):Guttenbergs Fall. Der Skandal und seine Folgen für Politik und Gesellschaft. Gütersloh: Gütersloher Verlagshaus.

Rodriguez, Noelie/Ryave, Alan (1990): Telling lies in everyday life. Motivational and organizational consequences of sequential preferences.In: Qualitative Sociology, 13, 3, S. 195-210.

Schirrmeister, Claudia (2004): Geheimnisse. Über die Ambivalenz von Wissen und Nicht-Wissen. Wiesbaden: Deutscher Universitäts-Verlag.

Schmid, Jeannette (2000): Lügen im Alltag – Zustandekommen und Bewertung kommunikativer Täuschungen. Münster, Hamburg, London: Lit.

Schütz, Alfred (2004): Der sinnhafte Aufbau der sozialen Welt. Eine Einleitung in die verstehende Soziologie. Hg. von Endreß, Martin/Renn, Joachim. Werkausgabe. Bd. 2. Konstanz: UVK (orig. 1932).

Scott, Marvin B./Lyman, Stanford M. (1976): Praktische Erklärungen. In: Auwärter, Manfred/Kirsch, Edit/Schröter, Klaus (Hrsg.): Seminar Kommunikation, Interaktion, Identität. Frankfurt/Main: Suhrkamp, S. 73-114 (orig. 1968).

Searle, John R. (1983): Sprechakte. Ein sprachphilosophischer Essay. Frankfurt/Main: Suhrkamp.

Shulman, David (2007): From Hire to Liar. The Role of Deception in the Workplace. Ithaca, New York: Cornell University Press.

Sidgwick, Henry (1909): Die Methoden der Ethik. Leipzig: Klinkhardt (orig. 1874).

Simmel, Georg (1983): Soziologie. Untersuchungen über die Formen der Vergesellschaftung. 6. Aufl. Berlin: Duncker & Humblot (orig. 1908).

Simmel, Georg (1992): Zur Psychologie und Soziologie der Lüge. In: Simmel, Georg: Aufsätze und Abhandlungen 1894 bis 1900. Hg. von Dahme, Heinz-Jürgen/Frisby, David P. Bd. 5. Frankfurt/Main: Suhrkamp, S. 406-419.

Strauß, Katharina (2006): Masken, Lügen, Demaskierung. Zur Ethnographie des Alltags. Hamburg: Kovač.

Utz, Richard (1997): Soziologie der Intrige. Der geheime Streit in der Triade, empirisch untersucht an drei historischen Fällen. Berlin: Duncker &Humblot.

Weingart, Peter (2005): Öffentlichkeit der Wissenschaft – Betrug in der Wissenschaft. Ursachen des Betrugs oder Gründe der Wahrnehmung von Betrug. In: Weingart, Peter: Die Wissenschaft der Öffentlichkeit. Essays zum Verhältnis von Wissenschaft, Medien und Öffentlichkeit. Weilerswist: Velbrück Wissenschaft, S. 137-147.

Weinrich, Harald (2000): Linguistik der Lüge. 6. Aufl.München: Beck.

Weiss, Brent/Feldman, Robert S. (2006): Looking good and lying to do it. Deception as an impression management strategy in job interviews. In: Journal of Applied Social Psychology, 36, 4, S. 1070-1086.

Wittgenstein, Ludwig (1984): Philosophische Untersuchungen. 4. Aufl. Frankfurt/Main: Suhrkamp.

Die soziale Regelung von Gefühlen – Lachen und Weinen

Katharina Scherke

1. Einleitung

Unsere alltäglichen Verhaltensweisen sind stets durch den Kontakt mit anderen geprägt, indem entweder ihre Entstehung aus dem Umgang mit anderen resultiert und/oder sie aktuell auf andere und deren Verhaltensweisen ausgerichtet sind. Dieser grundlegend soziale Charakter der alltäglichen Lebenswelt ist den handelnden Akteuren selbst nicht immer bewusst, er bildet jedoch den Ausgangspunkt einer soziologischen Erforschung des Alltags (zur Abwandlung des Husserlschen Lebensweltbegriffs vgl. Welter 1986, S. 159 f.). Unter ‚Alltag‘ wird dabei zumeist jener Bereich des selbstverständlich, gewissermaßen ‚natürlich‘ Gewussten und der praktischen, zunächst nicht näher reflexionsbedürftigen Verhaltensweisen verstanden (vgl. Hillman 2007, S. 19). Untrennbar verbunden mit diesen alltäglichen Verhaltensweisen sind die in ihnen zum Ausdruck kommenden bzw. durch sie hervorgerufenen Emotionen. Auch sie unterliegen – nimmt man die These vom grundlegend sozialen Charakter der alltäglichen Lebenswelt ernst – einer sozialen Prägung. Im folgenden Beitrag soll dies anhand von Lachen und Weinen, also anhand zweier eindeutig mit Gefühlszuständen assoziierten Verhaltensweisen, näher dargestellt werden. Im Vordergrund stehen dabei *nicht* die konkreten (und im Verlauf der Geschichte sich wandelnden) Gründe für das Lachen oder Weinen, sondern deren soziale Einbettung (zur Geschichte des Lachens und der Lachforschung vgl. Schörle 2007, S. 13–50).

2. Soziologie der Emotionen

Obwohl bereits von den sogenannten Klassikern des Faches thematisiert, werden erst seit Kurzem Gefühle wieder einer eingehenderen Analyse durch die Soziologie (und andere (Sozial-)Wissenschaften) zugeführt (vgl. Scherke 2009, S. 11–14, Scherke 2007, S. 19–22). Gegenstand des sich seit den 1980er Jahren entwickelnden Spezialgebietes einer *Soziologie der Emotionen* ist sowohl die soziale Prägung von Gefühlen, als auch die ihrerseits prägende Wirkung von Emotionen für soziale Situationen und den weiteren Verlauf von Interaktionen (vgl. für eine systematische Übersicht Scherke 2009, S. 55–117). In der folgenden Analyse von Lachen und Weinen wird auf einige Ansätze der *Soziologie der Emotionen* Bezug genommen, weshalb deren grundlegende Ausrichtung hier kurz skizziert werden soll.

Untersucht man die soziale Prägung von Emotionen so geht es zumeist darum, aufzuzeigen inwieweit soziale Strukturen bzw. konkrete Interaktionssituationen bestimmte Emotionen bei den Akteuren erzeugen und inwieweit Akteure das Ausdrucksbild ihrer Emotionen gemäß den sozialen Erwartungen einer spezifischen Situation anpassen. Emotionen werden hierbei neben ihren körperlichen Aspekten im Wesentlichen auch als soziale bzw. kulturelle Produkte aufgefasst. Innerhalb der Zugänge, die sich mit der Prägung der Emotionen durch soziale Strukturen und Interaktionen beschäftigt haben, kann man einen positivistischen und einen konstruktivistischen Ansatz unterscheiden, zwischen denen Ende der 1970er/Anfang der 1980er Jahre eine ausführliche Debatte im anglo-amerikanischen Raum geführt wurde (vgl. Flam 2002, S. 117). Idealtypische VertreterInnen dieser Ansätze sind einerseits Theodor D. Kemper für den positivistischen Ansatz (vgl. Kemper 1978), der davon ausgeht, dass unterschiedliche Emotionen als Resultate von durch die Faktoren Macht und Prestige gekennzeichneten sozialen Strukturen betrachtet werden können, und Arlie Hochschild als Vertreterin eines konstruktivistischen Ansatzes (vgl. Hochschild 1990), die die Anpassung des Emotionsausdrucks bzw. auch des jeweiligen Empfindens an soziale Normen in das Zentrum ihrer Untersuchungen zum Emotionsmanagement stellt. Grundüberlegung des letzteren Ansatzes ist, dass es in Interaktionen zur Aushandlung zwischen den Beteiligten darüber kommt, welche Emotionen jeweils empfunden werden bzw. empfunden werden dürfen. Aspekte der sozialen Kontrolle spielen bei dieser Modulation der Emotionen eine wichtige Rolle (in Form von Sanktionen anderer oder aber in Form internalisierter Selbstkontrollen, die im Laufe der Sozialisation erlernt werden). Der kulturelle Kontext prägt ebenfalls ganz entscheidend die Art des Emotionsausdrucks, wie auch ethnologische Studien gezeigt haben (vgl. etwa Lutz 1988). Zu beachten ist außerdem, dass sich Gefühlsregeln historisch gesehen verändern. Eine ganze Reihe von Arbeiten beschäftigt sich mit der durch sozialen Wandel initiierten Entstehung bzw. Veränderung von (neuen) Gefühlskonzepten, z.B. mit der Idee der romantischen Liebe, die weitgehend ein ‚Produkt' des 19. Jahrhunderts ist und die Art, wie Paarbeziehungen seitdem ausgestaltet werden, entscheidend mitbeeinflusst hat (vgl. etwa Illouz 2003; Saße 1996, S. 13–59). Auch Norbert Elias Arbeiten zum Zivilisationsprozess und der zunehmenden Affektkontrolle im Laufe desselben wären hier zu erwähnen (vgl. insbesondere Elias 1998).

Emotionen entstehen jedoch nicht nur in sozialen Interaktionen, sie können auch den weiteren Verlauf von Interaktionen (und damit auch die Ausgestaltung sozialer Strukturen) beeinflussen. Gegenstand der soziologischen Analyse ist demzufolge auch, welche Konsequenzen bestimmte Gefühlszustände für die Handlungsentscheidungen von Individuen oder für den sozialen Zusammenhalt von Gruppen spielen. Gefühlszustände können einerseits als allgemeine Voraussetzungen menschlichen Handelns (und damit auch sozialen Handelns) betrachtet werden, da sie stets präsent sind und somit einen Beitrag zu allen Handlungsentscheidungen leisten – auch zu den scheinbar ,rationalen' (vgl. Barbalet 1998, S. 29–30; zum prinzipiellen Zusammenhang von Rationalität und Emotionalität vgl. auch Damasio 2001, insbesondere S. 145–146). Sie können andererseits, als konkrete Emotionen, auch je unterschiedliche soziale Konsequenzen haben (wenn etwa Angst in einer Situation zu anderen Verhaltensweisen führt als Vertrauen, was auch einen jeweils anderen Verlauf der Interaktion bewirkt (vgl. Barbalet 1998, S. 86, 151)).

Gefühle prägen soziale Situationen in der Weise, dass sie zu einer (zumeist non-verbalen) Strukturierung derselben beitragen, indem das Spektrum möglicher Sinnstiftungen in Interaktionen reduziert wird (vgl. auch Gerhards 1988, S. 62). Gemäß dem interpretativen Paradigma der Soziologie verständigen sich Menschen im Zuge ihrer Interaktionen durch den Austausch von Symbolen (verbaler, non-verbaler oder auch materialisierter Art) mit anderen. Die Interpretation der ,ausgetauschten' Symbole bildet die Grundlage für das weitere Handeln der Akteure und trägt letztlich auch zur Konstituierung sozialer Ordnung auf der Makroebene bei. Wirklichkeit ist dieser Sichtweise zufolge nicht etwas unveränderbar Gegebenes, sondern entsteht erst im aktiven Interpretationsprozess der handelnden Individuen. Allerdings greifen Akteure in alltäglichen Interaktionen auf bestimmte Interpretations- und Handlungsmuster zurück, so dass der zeitaufwendige Prozess des Interpretierens und des erst daran anschließenden Handelns verkürzt werden kann. Der alltägliche Wissensvorrat bildet nach Alfred Schütz die Voraussetzung für dieses Deuten der Welt. Im Alltag kommt es zu Typisierungen von Situationen, d.h. gegenseitiges Verstehen und die darauf folgenden Handlungen laufen quasi automatisch ab, da man auf erlernte Muster zurückgreift. Vor allem in Fällen, in denen ein rasches Reagieren erforderlich ist, erlaubt das Zurückgreifen auf derart erlernte Interpretationsmuster einen reibungslosen Ablauf der Interaktionen ohne größeren Koordinationsaufwand. Emotionen können im Zusammenhang mit derartigen Mechanismen eine wichtige Rolle spielen. Durch mimische Gesten – und Emotionen drücken sich vor allem in der Mimik aus – werden anderen grundlegende Haltungen zur Welt und zur ak-

tuellen Situation übermittelt und hierdurch der stets mit Unsicherheit verbundene Deutungsspielraum in Interaktionen reduziert. Anders ausgedrückt: Ein mit
einem Lächeln vorgetragener Satz bekommt eine andere Bedeutung zugeschrieben als der gleiche mit ärgerlichem Tonfall und entsprechender Mimik geäußer-
te Satz. Ohne den Satzinhalt genau zu analysieren, wird vom jeweiligen Interaktionspartner bereits auf die emotionale Färbung der Botschaft reagiert werden,
was den weiteren Gang der Interaktion in eine bestimmte Richtung lenken wird
(vgl. Scherke 2009, S. 65–67). Emotionen können insofern in Interaktionen zur
Verhaltenssicherheit und damit zum effizienten Handeln beitragen. Sie ermöglichen die schnelle Auswahl einer Option aus dem prinzipiell offenen Deutungs-
horizont des sprachlich-kognitiven Modus der Weltkonstruktion und gestatten
– auch losgelöst von diesem Modus – die schnelle wechselseitige Konstruktion
einer Situation (vgl. Gerhards 1988, S. 73, 79f.). Im Alltag müssen viele Handlungen aus Zeitgründen quasi automatisch ablaufen. Es wäre sehr umständlich, den
Sinnzusammenhang jedes Mal von neuem explizit sprachlich auszuhandeln. Erst
wenn alltägliche Selbstverständlichkeiten durchbrochen werden (beispielsweise
durch die Garfinkelschen Krisenexperimente oder andere Formen des Zuwider-
handelns gegen sozial erwartete Verhaltensmuster), kommt es zur tatsächlichen
Aushandlung der Situation in Form von wechselseitigen Interpretationsschritten
durch die Betroffenen. Gefühle spielen sowohl bei der alltäglichen Strukturierung
von Interaktionen als auch bei jener in ‚Krisensituationen' eine wichtige Rolle.

Diese situationsstrukturierende Funktion können Gefühle im Alltag u. a.
deswegen erfüllen, weil das Ausdrucksbild vieler Emotionen universale Gültigkeit hat, d. h. von den meisten Menschen ähnlich gedeutet wird und mit entsprechend eingeübten Verhaltensweisen beantwortet werde kann. Emotionen kommt
aber auch dann eine situationsstrukturierende Wirkung zu, wenn es zu Auffas-
sungsunterschieden zwischen den Interaktionspartnern darüber kommt, welche
Emotionen das Gegenüber gerade zeigt.

Bereits Charles Darwin war 1872 in seiner Schrift *The Expression of the Emotions in Man and Animals* davon ausgegangen, dass das Ausdrucksbild der Emotionen weltweit gleich ist. Trotz der vielen, auch aktuellen Belege hierfür muss
einschränkend festgehalten werden, dass die Ursachen für das Aufkommen bestimmter Emotionen kulturell variieren können – so kann auch ein und dasselbe
Ereignis in verschiedenen Kulturen zu unterschiedlichen emotionalen Reaktionen führen. Außerdem kann es im Ausdrucksbild der Emotionen zu kulturellen
Modifikation kommen – das freie Zeigen von Gefühlen wird zum Beispiel kulturell je unterschiedlich toleriert (vgl. auch Gerhards 1988, S. 89–92; LeDoux 2001,
S. 127–128). In einer Alltagssituation wird unabhängig davon auf das präsentierte

emotionale Ausdrucksbild reagiert, was zu entsprechenden Reaktionen des Inter-
aktionspartners führt (und eventuell auch zu Missverständnissen, wenn das Ausdrucksbild – gemäß unterschiedlicher kultureller Herkunftskontexte der Interaktionspartner – nicht dem in einer bestimmten Situation erwarteten entspricht). Man
kann sich den prägenden Einfluss von Emotionen in sozialen Situationen also gemäß dem Thomas-Theorem erklären. Gemäß William Isaac Thomas sind in einer
Situation nicht deren objektive Gegebenheiten wichtig, sondern deren subjektive
Interpretationen durch die Akteure: Wenn Menschen eine Situation als real definieren, ist sie auch in ihren Konsequenzen real. Auf die Emotionsthematik übertragen heißt dies, dass es nicht so sehr darauf ankommt, welche Emotion von einem Interaktionspartner tatsächlich empfunden wird, sondern vor allem darauf,
wie das präsentierte Ausdrucksbild der Emotion durch die jeweiligen Gegenüber
wahrgenommen, gedeutet und beantwortet wird. Nimmt *alter* an, dass eine ab-
lehnende Emotion, wie Feindseligkeit oder Hass, bei *ego* vorliegt, so wird diese
eine entsprechende Beantwortung finden (etwa feindselige Reaktionen von *alter*)
und u. U. ihrerseits tatsächlich Ablehnung auf der Seite von *ego* bewirken usw.
(Vgl. Scherke 2009, S. 70–72)

Neben den kurzfristig wirksamen Emotionen (z. B. Angst oder Zorn), sind
für Randall Collins und andere AutorInnen vor allem auch länger andauernden
Gefühle oder gefühlsmäßigen Stimmungen, die soziale Strukturen beeinflussen
können, und im Kollektiv verspürte Emotionen soziologisch bedeutend. Diese län-
gerfristigen Emotionen werden Collins zufolge im Rahmen von Ritualen erzeugt.
Hierfür müssen sich mindestens zwei Menschen in unmittelbarer physischer Gegenwart zueinander befinden, ihre Aufmerksamkeit auf ein gleiches Objekt oder
eine gemeinsame Tätigkeit richten und sich dieser gemeinsamen Ausrichtung
schließlich bewusst werden (vgl. Collins 2004, S. 53–64). Durch die gemeinsame
Ausrichtung der Aufmerksamkeit können sich die gefühlsmäßigen Stimmungen
der Akteure aneinander angleichen. Collins bezieht sich hier auf den bereits von
Emile Durkheim betonten kollektiven Erregungszustand als Ergebnis von Grup-
penritualen. Collins spricht von *rhythmic entrainment* und meint damit ein über
Ausübung gleicher Verhaltensweisen sowie über physiologische Prozesse entste-
hendes Einschwingen der Stimmungen der Beteiligten im Rahmen eines erfolgreich ausgeführten Rituals. Gelingt dieses Einschwingen auf eine gemeinsame
Stimmung, werden nicht nur die Gefühle der einzelnen verstärkt, sondern auch
Gruppensolidarität hergestellt. Beispielsweise können Beerdigungen, bei denen
Gefühle der Trauer durch die einzelnen Akteure ausgedrückt werden, gerade
durch das gemeinsam ausgeführte Ritual nicht nur die Trauergefühle der Einzelnen verstärken, sondern auch Solidarität innerhalb der Trauergemeinde erzeu-

gen bzw. festigen. Das langfristige Ergebnis der Interaktionen eines Rituals ist also einerseits die Aufwertung der Gruppensolidarität (inklusive der diesbezüglich positiven Aufladung von Gruppensymbolen und auf die Gruppe bezogener Normen), andererseits die Erhöhung der sogenannten *emotional energy* der Individuen. Emotionale Energie beschreibt die von den Akteuren verspürten Gefühle: „a feeling of confidence, elation, strength, enthusiasm, and initiative in taking action." (Collins 2004, S. 49). Diese *emotional energy* hält auch noch an, wenn das Ritual längst beendet ist; sie stellt die längerfristige gefühlsmäßige Bindung des Individuums an eine Gruppe sicher und motiviert zur Aufnahme neuerlicher Interaktionen.

Gefühle spielen also, folgt man den soeben skizzierten Überlegungen, eine wichtige Rolle im Zusammenhang mit sozialen Handlungen; sie beeinflussen den Verlauf von Interaktionen, sie tragen zur Beständigkeit von Gruppenbeziehungen bei und sie werden ihrerseits selbst durch die sozialen Beziehungen in Entstehung und Ablauf geprägt. Im Folgenden sollen diese Aspekte anhand von Lachen und Weinen näher beschrieben werden.

3. Lachen und Weinen

Lachen und Weinen sind selbst keine Emotionen, sondern körperlich eindeutig sichtbare Verhaltensweisen, die mit unterschiedlichen Emotionen einhergehen können (die offensichtliche Assoziation von Lachen mit Freude und von Weinen mit Trauer erweist sich bei näherer Betrachtung nur als eine, wenn auch eine im Alltag sehr wichtige Form der Interpretation dieser beiden Verhaltensweisen). Lachen und Weinen können zudem in verschiedenen Varianten auftreten, vom offenen spontanen Gefühlsausbruch des schallenden Gelächters und des lauten Aufheulens bis hin zu milderen Formen des Lächelns oder der Tränen in den Augenwinkeln. Ungeachtet dieser unterschiedlichen Formen und Bedeutungen des Lachens und Weinens können beide Verhaltensweisen in dreifacher Weise im Alltag Relevanz haben: Lachen und Weinen können einerseits das Selbst bzw. die Selbstwahrnehmung in spezifischer Weise betreffen, sie können andererseits aber auch durch andere Akteure wahrgenommen bzw. vom Selbst bei anderen wahrgenommen werden und sie können in der Kommunikation/Interaktion mit anderen bewusst zum Einsatz gebracht werden. In allen drei Varianten verweisen Lachen und Weinen auf Emotionen der Akteure und sie haben insofern eine situationsstrukturierende Funktion im oben beschriebenen Sinne und unterliegen auch den skizzierten Mechanismen des Emotionsmanagements. Vor allem die Wahrnehmung von Lachen und Weinen im Kontakt mit anderen bzw. ihre Rolle im Rahmen der Interaktion mit anderen soll im Folgenden näher behandelt werden. Die gute Sichtbarkeit beider Verhaltensweisen macht Lachen und Weinen zu wichtigen Indikatoren für die soziologische empirische Erforschung von Emotionen. Jedoch sind sie gerade wegen ihrer Offensichtlichkeit mitunter trügerische Indikatoren für bestimmte Emotionen. Warum? Aufgrund ihrer Unübersehbarkeit eignen sich diese beiden Verhaltensweisen besonders gut für bewusstes Emotionsmanagement. Durch den strategischen Einsatz von Lachen und Weinen kann häufiger ein bestimmter Emotionsausdruck gezielt zu zeigen versucht werden als durch andere, weniger leicht manipulierbare und weniger klar scheinbar eindeutig konnotierte Verhaltensweisen, wie etwa Stirnrunzeln, Nase rümpfen usw. Emotionsmanagement muss dabei nicht immer auf eine rationale, bewusste Entscheidung des Akteurs zurückgehen, sondern kann auch auf Basis eingelernter habitueller Verhaltensweisen ausgeübt werden kann. Sowohl regelmäßig bewusst eingeübte Verhaltensweisen – etwa in Dienstleistungsberufen, um das klassische Beispiel von Arlie Hochschild zu erwähnen – als auch unbewusst erlernte erfolgreiche Strategien im zwischenmenschlichen Umgang gehen irgendwann in den habituellen Erfahrungsschatz über und werden auch unabhängig von der analytisch-rationalen Einstufung einer Situation zum Einsatz gebracht.

Bevor diesen Funktionen von Lachen und Weinen im Umgang mit anderen und ihrem möglichen strategischen Einsatz näher nachgespürt wird, soll noch ein kurzer Blick auf die Bedeutung beider Verhaltensweisen für das Selbst geworfen werden.

3.1 Lachen und Weinen als für das Selbst relevante Verhaltensweisen

Lachen und Weinen sind beide mit starken körperlichen Reaktionen verbunden, die nicht nur die Mimik und Gestik betreffen, sondern den gesamten Körper inklusive des endokrinologischen Systems erfassen. Die starke Involviertheit des gesamten Körpers bei Zuständen des Lachens oder Weinens wird auch daran deutlich, dass beide Verhaltensweisen manchmal der bewussten Kontrolle durch das Individuum entzogen sein können. Tritt ein sogenannter Lach- oder auch Weinkrampf auf, ist es dem Individuum eine Zeitlang nicht mehr möglich das Darbieten des entsprechenden Erscheinungsbildes willentlich zu stoppen (vgl. hierzu auch Rutschky 2002).

Im selben Maße gilt dies nur noch für das Erröten als Emotionsindikator, welches ebenfalls häufig einer direkten Kontrollierbarkeit durch das Individuum entzogen ist. Stirnrunzeln, Nase rümpfen oder andere mit Emotionen verbundene Verhaltensweisen sind wesentlich weniger überwältigende Zustände als es

Lachen und Weinen sein können. Der überwältigende Charakter beider Verhaltensweisen affiziert das Individuum und sein Selbstkonzept in besonderer Weise, wie bereits Helmut Plessner und kürzlich auch Jack Barbalet festgestellt haben. Gemeint ist damit, dass die Aktivitäten des Lachens oder Weinens, vor allem aufgrund ihrer nicht unmittelbar kontrollierbaren Aspekte, eine Grenzerfahrung für das Individuum erzeugen, in der eine Reflexion des eigenen Selbstbildes, der Bedeutung des Körpers für selbiges und insgesamt der Frage des Menschseins möglich ist.

Helmut Plessner beschrieb dies im Hinblick auf die exzentrische Position des Menschen, als Mensch zugleich einen Körper zu haben und ein Körper zu sein, was im Rahmen des durch Lachen/Weinen erzeugten Ausnahmezustandes in besonderer Weise erfahrbar wird (vgl. Plessner 1950, S. 29-30, 42ff.). „Verglichen mit Sprache, Gesten und mimischen Ausdruckbewegungen dokumentieren Lachen und Weinen eine unübersehbare Emanzipiertheit des körperlichen Geschehens von der Person. In dieser Unverhältnismäßigkeit und Eigenwilligkeit vermuten wir das eigentlich Aufschließende der Phänomene. In keiner anderen Äußerungsform enthüllt sich die geheime Komposition der menschlichen Natur unmittelbarer als in ihnen." (Plessner 1950, S. 42.)

Das Besondere der durch Lachen und Weinen hergestellten Situation für das Individuum liegt darin, dass zwar bis zu einem gewissen Grade die Selbstbeherrschung verloren wird, jedoch der Körper weiterhin präsent ist und seine Bedeutung für das menschliche Individuum dadurch eher erfahrbar wird als in anderen Situationen. „(...) bei Lachen und Weinen, verliert zwar die menschliche Person ihre Beherrschung, aber sie bleibt Person, indem der Körper gewissermaßen für sie die Antwort übernimmt." (Plessner 1950, S. 43) Eine Antwort nämlich auf komplexe Phänomene, die sprachlich nicht ausgedrückt werden könnten: „Durch das entgleitende Hineingeraten und Verfallen in einen körperlichen Vorgang, der zwanghaft abläuft und für sich selbst undurchsichtig ist, durch die Zerstörung der inneren Balance wird das Verhältnis des Menschen zum Körper in eins preisgegeben *und* wiederhergestellt. Die effektive Unmöglichkeit, einen entsprechenden Ausdruck und eine passende Antwort zu finden, *ist* zugleich der einzig mögliche Ausdruck, die einzig passende Antwort." (Plessner 1950, S. 87)

Barbalet konzentriert sich in seinen Überlegungen zum Selbstkonzept auf das Weinen, hebt aber auch bei diesem die Ausnahmesituation hervor, in die eine Person und ihr Körper durch das Weinen gebracht werden. Die Existenz von Tränen der Trauer und Tränen der Freude veranlasst Barbalet dazu, nach Gemeinsamkeiten und Unterschieden beider Phänomene zu suchen (zu einer phänomenologischen Beschreibung des Weinens in seinen unterschiedlichen Formen vgl.

auch Katz 1999, S. 175–222). Tränen sind letztlich eine Möglichkeit der Selbst-
kommunikation für das Individuum, die bei Veränderungen im Selbstkonzept ak-
tiviert wird (unabhängig ob diese positiver oder negativer Art sind, vgl. Barbalet
2005, S. 125, 131). Im Unterschied zu Plessner betont Barbalet dabei stärker die
aktive Verarbeitung der zugrundeliegenden Transformation des Selbstes als den
Verlust der Selbstkontrolle (vgl. Barbalet 2005, S. 138). „Indeed, the joy of per-
fect control – as when striking a well-defended goal or beautifully playing a dif-
ficult piece of music – can produce weeping as much as collapse on the sporting
field or in a concert hall. The self-surrender of such joyful weeping is not princi-
pally to loss of composure but to the realization of an attained ideal so typically
unachieved that self-identity otherwise would continue to resist its assimilation."
(Barbalet 2005, S. 138)

Sowohl Plessner als auch Barbalet klammern das soziale Umfeld der Person
nicht aus ihren Überlegungen aus, jedoch stellen sie die Funktionen von Lachen/
Weinen für das Selbst (etwa etwas Unsagbares auszurücken oder sich selbst zu
vergegenwärtigen) in den Vordergrund ihrer Analysen. Diese für das Selbst rele-
vanten Aspekte von Lachen und Weinen sollen im Folgenden zugunsten der auf
andere Akteure bezogenen Wirkungen von Lachen und Weinen nicht näher thematisiert werden.

3.2 Lachen und Weinen in der Wahrnehmung durch andere / bei anderen

Lachen und Weinen sind auffällige körperliche Reaktionen, die für andere Menschen deutlich machen, dass das Individuum eine starke emotionale Erregung erfährt. Lachen und Weinen erregen Aufmerksamkeit und können in einer Interaktionssituation nur schwer ignoriert werden. Die Ursache des Lachens und des
Weinens zu erheben wird somit dominant und überlagert zunächst andere Inter-
aktionsinhalte. Lacht jemand, kann mit ihm zumindest vorübergehend nicht in der
Weise wie zuvor weiter kommuniziert werden; gleiches gilt für weinende Personen. Befindet man sich also in einer gemeinsamen Interaktionssituation wird das
Bestreben der Interaktionspartner in die Richtung gehen müssen, die Ursachen
der Gefühlsregung nachvollziehen zu können. Empathie wird hier stärker als bei
anderen, weniger offensichtlichen Gefühlsregungen eingefordert. Es mag Situationen geben, in denen für andere nicht nachvollziehbar ist, weshalb jemand lacht/
weint, eventuell auch solche Situationen, in denen das Lachen/Weinen gemäß allgemein akzeptierter Gefühlsregeln als unpassend empfunden wird. Jedoch erfordert auch das Ignorieren der als unpassend empfundenen Gefühlsregungen Aktivitäten vom Gegenüber (etwa die Erhöhung der Lautstärke des selbst Gesagten,
um die Lachgeräusche der anderen zu übertönen) und belegt somit den dominan-

ten Charakter des Lachens oder Weinens für Interaktionssituationen. Unabhängig von der konkreten Entwicklung von Interaktionsverläufen und dem Gelingen oder Misslingen empathischen Verhaltens lässt sich festhalten, dass Lachen und Weinen eine oder mehrere Person ins Zentrum des Aufmerksamkeitsfokus der Interaktionspartner rücken. Dieses gilt auch für ungeplante Interaktionssituationen, etwa zufällige Begegnungen auf der Straße, die gleichermaßen, sollte es zu Lachen oder Weinen kommen, in ihrer weiteren Entwicklung durch diese Verhaltensweisen geprägt werden.

Im Folgenden sollen einige alltägliche Situationen skizziert werden, die durch Lachen oder Weinen in eine bestimmte Richtung gelenkt werden, d. h. in denen die Wahrnehmung von Lachen/Weinen bei anderen den Fortgang der Interaktion erleichtert/behindert.

Man denke etwa an das Anlachen einer fremden Person im Kaffeehaus. Unterschiedliche Interaktionsverläufe sind hierbei denkbar (bei allen sei vorausgesetzt, dass die Kontaktaufnahme zwischen Fremden in dem jeweiligen kulturellen Kontext prinzipiell üblich ist und nicht ihrerseits Irritationen erzeugt). Handelt es sich um ein leises freundliches Lachen/Lächeln, wird Sympathie suggeriert, welche zumeist mit einem Zurücklachen oder -lächeln beantwortet wird. Beispielsweise wenn die für ein Kaffeehaus unpassenden Aktivitäten eines Kindes (Herumlaufen, Fragen über die Anwesenden stellen usw.) von Fremden den Eltern gegenüber mit einem Lachen/Lächeln kommentiert werden und somit wortlos Verständnis für die Situation der (möglicherweise ob des Normbruch des Kindes gestressten) Eltern signalisiert wird. Ein (erleichtertes) Zurücklächeln wird die Folge sein. Der Mechanismus des (Zurück-)Lächelns ist es auch, der den Einstieg in einen Flirt bilden kann. Lachen/Lächeln signalisiert Sympathie und reduziert die Gefahr für den Angelachten, sich einen Korb zu holen, sollte er oder sie eine nähere Interaktion aufnehmen wollen (zum Mechanismus des Zurücklächelns aus der Sicht von Elias vgl. auch Schröter 2002, S. 870).

Ist allerdings das Lachen zu stark, kann auch Irritation die Folge sein. Allzu lautes Anlachen eines Fremden im Kaffeehaus kann als Auslachen interpretiert werden und wird entweder Verunsicherung (ob des eignen, etwa von Flecken auf der Kleidung kontaminierten Aussehens) oder Verärgerung (ob des unverständlichen und damit als aufdringlich empfundenen Gelächters) beim Gegenüber erzeugen und anstelle der Aufnahme einer näheren Interaktion deren Abbruch zur Folge haben. Lautes Lachen am Nachbartisch kann ebenfalls als störend empfunden werden, wenn die Lautstärke den kulturell und für dieses Lokal üblichen Lärmpegel übersteigt und Gespräche/Tätigkeiten am eigenen Tisch beeinträchtigt. Die Heiterkeit der anderen wird sodann nicht durch Mitlachen beantwortet werden, sondern eher zu Missfallensäußerungen und -gesten Anlass geben; vor allem dann, wenn die Ursache des Heiterkeitsausbruchs nicht eruiert und die Fröhlichkeit somit nicht geteilt werden kann. Das Lachen trägt in diesem Fall zur Markierung und Aufrechterhaltung einer Gruppengrenze bei. Jedoch kann auch die Signalisierung des Missfallens über das Lachen soziale Bindungskräfte entfalten und zwar unter denjenigen, die in gleicher Weise das Lachen als störend empfinden und die durch entsprechende Gesten ihre gemeinschaftliche Übereinkunft zur Aufrechterhaltung einer bestimmten Norm der akzeptablen Lautstärke symbolisch zum Ausdruck bringen.

Lautes Lachen kann in bestimmten Fällen auch zwischen Fremden ‚ansteckend' sein und Gruppengrenzen überwinden helfen. Voraussetzung hierfür ist allerdings, dass sich die Aufmerksamkeit aller auf dasselbe Phänomen, dessen Betrachtung zum Lachen anregt, richtet. Dieser Vorgang ist vergleichbar zu den von Collins beschriebenen Interaktionsritualen und der darin stattfindenden Angleichung der Gefühlsstimmung der Beteiligten (vgl. Collins 2004, S. 53–64). Unter bestimmten Umständen kann auch ohne derartigen gemeinsamen Aufmerksamkeitsfokus Lachen – quasi grundlos – ansteckend wirken. Auch hier spielt die Unüberseh- und Unüberhörbarkeit des Lachens eine wichtige Rolle, welche eine Reaktion vom Gegenüber erfordert, die auch darin bestehen kann, selbst in das Lachen einzustimmen. Neben den in letzter Zeit näher erforschten und dafür als ursächlich angenommenen Mechanismen der sogenannten Spiegelneuronen (vgl. Rizzolatti, Sinigaglia 2006), dürfte die Erinnerung an eigene frühere Heiterkeitsausbrüche hierbei eine nicht zu unterschätzende Rolle spielen. Gelacht wird nicht, weil etwas Bestimmtes lustig ist, sondern weil das Lachen selbst mit positiven ehemaligen Gefühlen verknüpft ist und solche auch wiederherzustellen in der Lage ist. Beim quasi ‚grundlosen' Mitlachen mit anderen kann es sich auch um einen Akt der Höflichkeit handeln, der vor allem vom Wunsch dazuzugehören bzw. nicht als abweichend aufzufallen getragen sein mag. Das Vermeiden der Peinlichkeit, eingestehen zu müssen, einen Witz nicht verstanden zu haben, mag ebenso ausschlaggebend für das Mitlachen mit anderen sein. Dieses Beispiel verweist bereits auf den aktiven Einsatz von Lachen und Weinen in der Kommunikation/Interaktion mit anderen, der im nächsten Abschnitt noch näher betrachtet werden soll.

Die in diesem Abschnitt geschilderten Beispiele zeigen, dass Lachen zwar eine wichtige Rolle in alltäglichen Situationen spielt, weil es die Aufmerksamkeit auf eine AkteurIn lenkt, dass jedoch die Art wie die Wahrnehmung des Lachens durch die anderen AkteurInnen gedeutet wird und der konkrete Verlauf der weiteren Interaktionen von einer ganzen Reihe weiterer sozialer und kultureller

Normen abhängig sind. Deutlich wird auch, dass das Lachen nicht nur mit unterschiedlichen emotionalen Zuständen beim betroffenen Akteur oder der betroffenen Akteurin einhergehen kann, sondern dass auch die Wahrnehmung des Lachens bei anderen unterschiedliche gefühlsmäßige Reaktionen (von Sympathie bis hin zur Verärgerung) auslösen kann.

Ähnliches kann für das Weinen konstatiert werden. Auch Weinen erzeugt Aufmerksamkeit und prägt den weiteren Interaktionsverlauf, wobei auch hier bei der Analyse die Beachtung kontextspezifischer sozialer Normen unabdingbar ist, um die Art der unterschiedlichen Reaktionen auf das Weinen verstehen zu können.

Weint jemand in der direkten Interaktion mit anderen, so erfordert diese Verhaltensweise ähnlich wie das Lachen eingehende Reaktionen von Seiten der InteraktionspartnerInnen (und zwar in stärkerem Maße als dies weniger auffällige Emotionsindikatoren erfordern), nicht zuletzt deshalb weil der normale Fortgang der Interaktion durch das Weinen erheblich behindert wird (vgl. auch Rutschky 2002, S. 931). Aktivitäten der InteraktionspartnerInnen werden darauf abzielen, die Ursache des Weinens herauszufinden. Die Reaktionen können je nach Einschätzung der Situation und der eigenen Rolle darin von Schuldgefühlen über Wut bis hin zum Trostspenden reichen.

Wie bereits oben unter Bezugnahme auf Collins angedeutet, kann Weinen auch im Kollektiv ausgeübt werden und sogar unter ansonsten Fremden zur Entstehung von Gruppensolidarität beitragen. Man denke etwa an die kollektiven Trauerbekundungen nach dem Tod Lady Dianas oder von Papst Johannes Paul II. (vgl. zur medialen Vermittlung beider Ereignisse auch Döveling 2007.) Die Wahrnehmung des Weinens anderer bei den Trauerkundgebungen auf dem Petersplatz in Rom oder in den Straßen Londons kann zum offenen Ausleben des Weinens bei weiteren TeilnehmerInnen beigetragen haben; hinzu kommt, dass durch den gemeinsamen Aufmerksamkeitsfokus (das jeweilige Todesereignis) und das gemeinsam ausgeübte Weinen (inkl. weiterer Trauerrituale) das Zusammengehörigkeitsgefühl unter den kollektiv Trauernden gestärkt wurde und seinerseits die Beteiligung am Weinen forciert hat. Ähnlich wie beim ansteckenden Lachen müssen auch hier die entsprechenden neuronalen Mechanismen beachtet werden, die aber lediglich die unmittelbare empathische Reaktion (das Weinen der anderen auf Basis der eigenen Reaktion als solches zu erkennen) erklären, nicht jedoch die weiteren Verhaltensweisen, die auf die Wahrnehmung des Weinens hin gesetzt werden. Anstelle des Mitweinens ist auch das Aufkommen von Scham- und Peinlichkeitsgefühlen denkbar (ob der eventuell als unangemessen eingestuften offenen Trauerreaktion der anderen) oder der Versuch, die als unangemessen eingestufte Reaktion der anderen zu ignorieren. Jedoch bedarf dieser

Versuch seinerseits einer ganzen Reihe von Aktivitäten (Blick abwenden, Änderung der Gehrichtung usw.), die nochmals auf den prägenden Charakter des Weinens für soziale Situationen verweisen.

Trostspenden ist insbesondere Kindern gegenüber eine häufige Reaktion auf Weinen in der Öffentlichkeit. Jedoch wird Trost auch Erwachsenen angeboten, wenn sie in der Öffentlichkeit zu weinen beginnen. Nicht-unterdrücktes Weinen scheint unter bestimmten Umständen eine Art Einladung darzustellen, die ansonsten in der Öffentlichkeit geltende Kontakthemmschwelle zu durchbrechen und die weinende Person zu fragen, ob sie Hilfe benötigt. Dies findet allerdings nicht immer statt; wie bereits beschrieben können auch Scham- und Peinlichkeitsgefühle die Folge von offen gezeigtem Weinen durch andere (Erwachsene) in der Öffentlichkeit sein. Bereits Goffman hat auf Aktivitäten hingewiesen, die in solchen Situationen auch von jenen gesetzt werden, die nicht selbst VerursacherInnen des peinlichen Verhaltens waren. Viele der dramaturgischen Aktivitäten im Rahmen von Alltagshandlungen dienen der ‚Wahrung des Gesichts' der anderen Beteiligten, also dem Versuch, ihnen Gefühle der Verlegenheit oder Scham zu ersparen bzw. diese zu minimieren, und somit auch einen produktiven Fortgang der Interaktion zu gestatten (vgl. Goffman 1986, insbesondere S. 14–20, S. 112–123). In der Reaktion auf öffentliches Weinen dürften derartige Verhaltensweisen ebenfalls zum Tragen kommen.

Die Existenz kultureller Rituale, die das Ausleben entsprechender Emotionen ermöglichen und dabei auch das Lachen bzw. Weinen regeln, ist ein weiterer Beleg für die soziale Bedeutung beider Verhaltensweisen. Zu derartigen Ritualen gehören alle Praktiken des Witzeerzählens sowie allgemein jede Form der Erzeugung von Lachen vor Publikum. Der kollektive Genuss von Heiterkeit wird durch kulturelle Praktiken ermöglicht und auch in bestimmte Bahnen gelenkt. Die durch das Lachen mitunter entstehende Grenzerfahrung für das Selbst erfährt auf diese Weise eine kulturelle Organisation und damit auch Regulierung. Was lustig ist und zum Lachen anregt variiert entlang der sich herausbildenden Theater- und Darstellungspraktiken (so unterliegt auch der Karneval, als Zeit des scheinbar zügellosen Feierns und Lachens, bestimmten Vorgaben, vgl. auch Bachtin 1998). Gleiches gilt für Trauer- und Trostrituale (vgl. Assmann et al. 2007). Sie greifen allesamt auf kulturelle Deutungsmuster zurück und organisieren auf diese Weise den Umgang mit starken Gefühlsregungen, d. h. sie geben Richtschnüre vor für den Beginn, das adäquate Ausleben und auch das erwartete Ende entsprechender Gefühlsäußerungen und regulieren damit auch die Art des akzeptablen Lachens/Weinens (zu den verschiedenen Formen des Lachens im Kino vgl. etwa Hanich 2009). Kulturelle Vorgaben für Lachen/Weinen werden im nächsten Ab-

Katharina Scherke

schnitt im Zusammenhang mit dem Thema ‚Emotionsmanagement' nun abschließend noch näher behandelt.

3.3 Lachen und Weinen in der Kommunikation mit anderen

In Anbetracht der beschriebenen aufmerksamkeitserzeugenden Funktion des Lachens und Weinens in sozialen Situationen, verwundert es nicht, dass gerade diese Verhaltensweisen häufig zum Einsatz gelangen, wenn es darum geht einen bestimmten Eindruck bei den InteraktionspartnerInnen zu hinterlassen. Aus diesem Grund sind beide Verhaltensweisen jedoch auch bei der empirischen Analyse sozialer Situation schwierig zu handhaben. Ohne weitere Kontextmerkmale (etwa der Beziehungsbiographie der betroffenen Personen) lassen sich Lachen und Weinen nicht klar als Hinweise auf eine jeweils bestimmte Emotion deuten.

Lachen und Weinen können im Zusammenhang mit unterschiedlichen emotionalen Gestimmtheiten auftreten (ihr Einsatz im Zuge des Emotionsmanagements ist mitverantwortlich dafür). Einige Beispiele sollen dies belegen: Scham und Verlegenheit werden oftmals von einem Lächeln begleitet (das allerdings nur eine Form der verschiedenen Maskierungen von Scham darstellt, vgl. Scheff 1990, S. 287–289). Wut kann durch ein grimmiges Lächeln ausgedrückt werden. Freude scheint offensichtlich mit Lächeln oder Lachen verbunden zu sein; aber es gibt auch Schadenfreude, deren Lächeln/Lachen mitunter als hämisch beschrieben werden kann und eher Rückschluss auf Neid oder Eifersucht zulässt als auf Freude. Mit dem Weinen verhält es sich ähnlich. Trauer kann offensichtlich mit Weinen verbunden sein. Wir alle kennen jedoch auch Menschen, die vor Freude weinen. Tränen vor Wut sind ebenfalls ein durchaus im alltäglichen Erfahrungsschatz vorkommendes Phänomen. Diese wenige Beispiele mögen genügen, um den Zweifel an einer klaren Konnotation von Lachen und Weinen mit bestimmten Gefühlszuständen zu belegen. Zu beachten ist allerdings, dass im Alltag die handelnden Individuen zumeist über Kontextinformationen verfügen, die eine Einordnung des Lachens/Weinens ihrer Interaktionspartner zu erlauben scheinen (Fehldeutungen sind in Anbetracht der vielfältigen Erscheinungsformen von Lachen/Weinen hierbei nicht ausgeschlossen, was jedoch im Sinne des Thomas-Theorems nichts an den Auswirkungen der Deutungen für den weiteren Verlauf der Interaktion ändert).

Die offene Zeigbarkeit von Lachen und Weinen variiert zudem historisch und kulturell gesehen und war/ist immer mit spezifischen Erwartungshaltungen gegenüber den Verhaltensweisen bestimmter sozialer Gruppen verbunden. „Lautes Lachen in der Öffentlichkeit schickt sich nicht für junge Frauen" wäre eine solche Verhaltensregel; eine andere: „Ein Mann weint nicht" (zur Geschlechtsspezifik der

Gefühlsregeln im Hinblick auf das Lachen vgl. auch Kotthoff 1996). Viele weitere Beispiele ließen sich finden und könnten auf die dahinter stehenden geschlechts-, schicht- und altersspezifischen Erwartungshaltungen hin analysiert werden. Derartige normative Vorgaben sind klare Aufforderungen zu Emotionsmanagement.

Normalerweise versuchen Akteure ihr Empfinden und Verhalten auf die im jeweiligen sozialen Kontext gültigen Gefühlsregeln abzustimmen indem sie sogenanntes Emotionsmanagement betreiben. Im Rahmen dieser Aktivitäten bemühen sie sich, Diskrepanzen zwischen dem von ihrer Umgebung erwarteten Gefühlsausdruck und ihrem tatsächlichen Empfinden zu minimieren. Allgemein kann man sagen, dass es Prozesse sozialer Kontrolle sind, die im Rahmen der Sozialisation und in konkreten Alltagssituationen für die Einhaltung und Verfestigung der Gefühlsregeln sorgen. Ähnlich wie bei anderen nicht kodifizierten Normen des alltäglichen Verhaltens wird ihre Einhaltung vor allem durch informelle Sanktionen erwirkt, indem etwa den abweichenden Akteuren gegenüber (verbal oder non-verbal) Missbilligung zum Ausdruck gebracht wird oder sie vom sozialen Kontakt ausgeschlossen werden. Sie stellen Richtlinien dafür da, welcher Gefühlsausdruck in speziellen Situationen (etwa bei einer Hochzeit oder bei einer Beerdigung) zu zeigen ist, und variieren zudem nach der jeweils eingenommenen Rolle (so gibt es etwa geschlechts-, alters- und berufsgruppenspezifische Gefühlsregeln). Ein Wandel der Rollenbilder hat zumeist auch einen Wandel der Gefühlsnormen zur Folge (vgl. Hochschild 1990, S. 83, 134–141; vgl. auch Scherke 2009, S. 93–94; Scherke 2009a, S. 33–34).

Emotionsmanagement kann gemäß Hochschild auf unterschiedlichem Wege erfolgen. Ziel des sogenannten *deep-acting* ist es, die erwarteten Emotionen mit der eigenen Befindlichkeit in Einklang zu bringen. Im Unterschied dazu versucht man beim *surface-acting* nur nach außen hin den Eindruck der passenden Emotion zu vermitteln – vergleichbar mit Goffmans Ausdruckskontrolle und den von ihm beschriebenen Selbstinszenierungen (vgl. Hochschild 1990, S. 53; Goffman 1998, S. 48–54).

Hinsichtlich des Lachens und Weinens können nun zwei Varianten des Emotionsmanagements unterschieden werden; es kann darum gehen Lachen/Weinen zu unterdrücken, um den entsprechenden Gefühlsregeln Folge leisten zu können bzw. es kann mitunter auch notwendig sein, Lachen/Weinen absichtlich zu zeigen, um sozialen Erwartungen gerecht zu werden bzw. nicht-adäquate andere Gefühlsausdrücke hinter dem Lachen/Weinen zu verbergen.

Die starke Involviertheit des Körpers bei Lachen und Weinen (zumindest bei den entsprechend heftigen Formen derselben) schränkt die Möglichkeiten des Emotionsmanagements etwas ein. Kommt es zu einer das Individuum überwältigenden Form des Lach- oder Weinkrampfes ist deren Verbergen durch *surface-acting* nur schwer möglich. Hinzu kommt, dass es vielen Menschen leichter fallen dürfte, Lachen künstlich zu erzeugen als absichtlich in Tränen auszubrechen. *Deep-acting*, d. h. der Versuch sich in einen Gefühlszustand zu versetzen, der Lachen/Weinen ermöglicht, scheint in manchen Fällen die einzige Möglichkeit zu sein, entsprechenden Verhaltensanforderungen gerecht werden zu können. Hierbei kann beispielsweise an eine traurige Begebenheit der eigenen Vergangenheit gedacht werden, was entsprechende Trauergefühle auslöst, um somit im Rahmen einer aus Verpflichtungsgefühl besuchten aktuellen Trauerkundgebung den erwarteten Emotionsausdruck – trotz fehlender eigener Trauer dem aktuellen Ereignis gegenüber – herstellen zu können.

Unabhängig von den möglichen Schwierigkeiten, Lachen und Weinen auf Abruf erzeugen zu können, werden zumindest leichtere Formen des Lachens/Lächelns im Alltag häufig eingesetzt, um den Mitmenschen eine positive Stimmung/Zustimmung zu signalisieren bzw. andere Gefühlsregungen zu verbergen (vgl. Schröter 2002, S. 872). Auch das Zulassen von Tränen kann derart strategisch eingesetzt werden. Unabhängig vom gesprochenen Wort wird damit dem Gegenüber eine bestimmte Situationsdeutung nahegelegt. Lachen im Zusammenhang mit kritischen Äußerungen signalisiert dem Gegenüber den Unernst der Lage und soll zur Entspannung beitragen. Tränenausbrüche deuten an, dass ein Konflikt ein Ausmaß angenommen hat, das für das betroffene Individuum nicht oder nur schwer erträglich ist und tragen uU zur Abmilderung der entsprechenden Konfliktaustragung bei.

Die Unterscheidung zwischen ‚echtem‘ Lachen und ‚aufgesetztem‘ Lachen und ‚echten‘ Tränen und sogenannten ‚Krokodilstränen‘ dürfte für Akteure zwar prinzipiell möglich sein (auch ohne sozialpsychologische Gesichtskodierungsprogramme wie das *Facial Action Coding System (FACS)*, welches von Paul Ekman und Wallace Friesen in den 1970er Jahren entwickelt wurde), jedoch sind auch die ‚falschen‘ Regungen wirksam, wenn man an die im Alltag vorkommenden Routinisierungen denk. Um rasches Reagieren zu ermöglichen, wird in vielen Fällen zunächst auf die offensichtlichen Gefühlskonnotationen reagiert, bevor eine nähere Analyse des Gegenübers und seines Emotionsausdrucks sowie der Motive dafür vorgenommen werden. Darüber hinaus stellt auch das offensichtliche Bemühen darum, einen bestimmten Gefühlsausdruck zu zeigen, ein wichtiges Signal in Interaktionssituationen dar, indem hierdurch die prinzipielle Akzeptanz der sozialen Erwartungshaltungen unter Beweis gestellt wird (und zwar auch dann, wenn die Zurschaustellung des angestrebten Gefühlsausdrucks nicht hinreichend gelingt).

Literatur

Assmann Jan, Maciejewski Franz, Michaels Axel (Hg.), Der Abschied von den Toten: Trauerrituale im Kulturvergleich, 2. überarb. Auflage, Göttingen 2007

Bachtin Michail M., Rabelais und seine Welt. Volkskultur als Gegenkultur, Frankfurt am Main ²1998

Barbalet Jack M., Emotion, Social Theory and Social Structure. A Macrosociological Approach, Cambridge–New York–Melbourne 1998

Barbalet Jack, Weeping and Transformation of Self, in: Journal for the Theory of Social Behaviour, 2005, S. 125-141

Collins Randall, Interaction Ritual Chains, Princeton–Oxford 2004

Damasio Antonio R., Descartes' Irrtum. Fühlen, Denken und das menschliche Gehirn, München ⁶2001

Döveling Katrin, Visuelles Trauer-Management. Zum Tod von Johannes Paul II. in der modernen Mediengesellschaft, in: Mitterbauer Helga, Scherke Katharina (Hg.), Moderne. Kulturwissenschaftliches Jahrbuch 3 (2007), Emotionen, Innsbruck Wien Bozen 2007, S. 158–178

Elias Norbert, Über den Prozeß der Zivilisation: soziogenetische und psychogenetische Untersuchungen, Bd. 1: Wandlungen des Verhaltens in den weltlichen Oberschichten des Abendlandes, Frankfurt am Main ²²1998

Flam Helena, Soziologie der Emotionen. Eine Einführung, Konstanz 2002

Gerhards Jürgen, Soziologie der Emotionen. Fragestellungen, Systematik und Perspektiven, Weinheim 1988

Goffman Erving, Interaktionsrituale. Über Verhalten in direkter Kommunikation, Frankfurt am Main 1986

Goffman Erving, Wir alle spielen Theater. Die Selbstdarstellung im Alltag, München–Zürich ⁷1998

Hanich Julian, Es muß nicht immer komisch sein. Zwölf Formen des Lachens im Kino, in: Zum Lachen! Dokumentation des Symposiums der Deutschen Kinemathek – Museum für Film und Fernsehen in Zusammenarbeit mit dem Einstein Forum Potsdam am 24. April 2009, hrsgg. von Peter Paul Kubitz, Gerlinde Waz und Rüdiger Zill, Berlin 2009

Hillmann Karl-Heinz, Wörterbuch der Soziologie, 5. Auflage, Stuttgart 2007

Hochschild Arlie Russell, Das gekaufte Herz. Zur Kommerzialisierung der Gefühle, Frankfurt am Main–New York 1990

Illouz Eva, Der Konsum der Romantik. Liebe und die kulturellen Widersprüche des Kapitalismus, Frankfurt am Main–New York 2003

Katz Jack, How emotions work, Chicago–London 1999

Kemper Theodore D., A Social Interactional Theory of Emotions, New York 1978

Kotthoff Helga (Hg.), Das Gelächter der Geschlechter. Humor und Macht in Gesprächen von Frauen und Männern, 2., erw. und überarb. Aufl., Konstanz 1996

LeDoux Joseph, Das Netz der Gefühle. Wie Emotionen entstehen, München 2001

Lutz Catherine A., Unnatural Emotions. Everyday Sentiments on a Micronesian Atoll and their Challenge to Western Theory, Chicago–London 1988

Plessner Helmut, Lachen und Weinen. Eine Untersuchung nach den Grenzen menschlichen Verhaltens, Bern 1950

Rizzolatti Giacomo, Sinigaglia Corrado, Empathie und Spiegelneurone. Die biologische Basis des Mitgefühls, Frankfurt am Main 2006

Rutschky Michael, Der Lachkrampf, in: Merkur. Deutsche Zeitschrift für europäisches Denken, Sonderheft 09/10: Lachen. Überwestliche Zivilisation, 2002, S. 931-934.

Saße Günter, Die Ordnung der Gefühle. Das Drama der Liebesheirat im 18. Jahrhundert, Darmstadt 1996

Scheff Thomas, Socialization of Emotions: Pride and Shame as Causal Agents, in: Kemper Theodore D. (ed.), Research Agendas in the Sociology of Emotions, New York 1990, S. 281–304.

Scherke Katharina, Emotionen in aller Munde? Zum Wandel wissenschaftlicher Interessen, in: Mitterbauer Helga, Scherke Katharina (Hg.), Moderne. Kulturwissenschaftliches Jahrbuch 3 (2007), Emotionen, Innsbruck Wien Bozen 2007, S. 19–33.

Scherke Katharina, Emotionen als Forschungsgegenstand der deutschsprachigen Soziologie, Wiesbaden 2009

Scherke Katharina, Auflösung der Dichotomie von Rationalität und Emotionalität? Wissenschaftssoziologische Anmerkungen, in: Sabine Flick, Annabelle Hornung (Hg.), Emotionen in Geschlechterverhältnissen. Affektregulierung und Gefühlsinszenierung im historischen Wandel, Bielefeld 2009a, S. 23–42.

Schörle Eckart, Die Verhöflichung des Lachens. Lachgeschichte im 18. Jahrhundert, Bielefeld 2007

Schröter Michael, Wer lacht, kann nicht beißen: Ein unveröffentlichter ‚Essay on Laughter' von Norbert Elias, in: Merkur. Deutsche Zeitschrift für europäisches Denken, Sonderheft 09/10: Lachen. Überwestliche Zivilisation, 2002, S. 860-873.

Welter Rüdiger, Der Begriff der Lebenswelt. Theorien vortheoretischer Erfahrungswelt, München 1986

IV
Grenzerfahrungen und Grenzzustände

Warten. Über Umgang mit Zeit

Alfred Bellebaum

1. Warten in der Zeit

In einem bekannten Wörterbuch wird unter der Wartezeit die Karenzzeit verstanden und dann folgerichtig auf jene Zeiträume hingewiesen, für die (sozial-) versicherungsmäßig keine Leistungen erbracht werden. Wartezeiten sind jedoch nicht auf diese Karenzzeiten beschränkt. Menschliches Leben ist voller Warten: auf verschiedenen Ebenen, in unterschiedlichen Formen, mit verschiedenartigen Folgen und Belastungen. Jeder von uns kennt Warten, weshalb man – so ein Fachmann – kurz und bündig sagen kann: „Warten ist alltägliche Erfahrung… Warten ist eine der elementarsten und häufigsten seelischen Erfahrungen", Und Warten ist zudem ein vielfach kulturell beeinflusstes komplexes Geschehen.

Die traditionsreiche Frage „Was ist der Mensch?" wird unterschiedlich beantwortet: Kind Gottes, Krone der Schöpfung, sinnbedürftig, soziales Lebewesen, wölfisch, exzentrisch, erlösungsbedürftig und was es sonst noch für Etikettierungen gibt. Zutreffend ist auch der Hinweis, dass der Mensch ein wartendes Lebewesen ist. Ein Kenner behauptet lapidar: All human wait, and in the fullest sense of the term, only human wait/Alle Menschen warten, und im vollen Wortsinne gilt: nur Menschen warten. Warum? Eine grundsätzliche Antwort verweist auf den Menschen als einem wartenden Tier, das den Tod antizipieren könne.

Umgangssprachlich sagen wir: Schafe warten geduldig auf ihre Schlachtung, Hunde warten auf das Futter, Schlangen warten auf eine günstige Gelegenheit … Solches „Warten" entspricht wohl nicht menschlichem Warten, denn dieses Warten setzt ein Zeitempfinden voraus, das den Wartenden sich selbst als auf etwas Erwartetes hin wahrnehmen lässt. Man hat zwar gelegentlich von „erwartungslosem Warten" gesprochen, Warten dürfte aber in der Regel als zukunftsorientiertes Verweilen im Hinblick auf das erwartete Ende einer – kurzen oder langen, erfreulichen oder unerfreulichen, freiwilligen oder verordneten – Zeitspanne verstanden werden. Also: wer wartet, der erwartet etwas (z. B. den Steuerbescheid des Finanzamtes) – wohingegen man etwas erwarten kann, ohne darauf zu warten (etwa den Tod).

Warten, das versteht sich von selbst, erfolgt innerhalb von Zeit – einem bis auf den heutigen Tag diskussionswürdigem, mehrdimensionalem und geradezu pathologisch ergiebigem Thema. Hier genügt der Hinweis, dass Wartezeiten zu jenen gegliederten Zeitstrecken gehören, in und mit denen wir Zeit erleben. Zeit wird nicht „an sich" wahrgenommen, sondern durchweg als in Abschnitten gegliederte Zeit. Manche Zerteilungen von Zeit gibt die Natur etwa durch Tages- oder Jahresablauf vor. Viele andere Aufteilungen von Zeit sind sozialkulturell bedingt, z.B.: vor und nach Christus, vor und nach Auschwitz, Arbeitszeit, Arbeitspause, Freizeit, Urlaubszeit, Festzeit, Öffnungszeit, Studienzeit, Verlobungszeit, Ruhestand, Schlafenszeit/Siesta. Ein Kenner der Materie vermerkt: „Die Kategorie der Zeit dagegen ist die der Gruppe gemeinsame Zeit, sozusagen die soziale Zeit. Daher ist sie dem Menschen eigen; das Tier hat keine Vorstellungen dieser Art." Soziale Zeiten bzw. soziale Zeitordnungen sind also von Menschen vorgenommene, mehr oder weniger verbindliche sowie individuell und gesellschaftlich folgenreiche Aufteilungen von Zeit. Das gilt ebenfalls für Warten in der Zeit, also für Wartezeiten.[1]

> Die folgenden Ausführungen zielen nicht auf eine wie auch immer geartete „Theorie des Wartens" ab, wie sie in manchen zitierten früheren Abhandlungen beabsichtigt ist. Vgl. dazu beispielsweise Paris, der die folgenden „strukturellen Merkmale" nennt: Zentralität der Zeit; Zielgerichtetheit/ Ereignisorientierung; Erzwungene Passivität; Isolation/Selbstbezogenheit; Abhängigkeit und Kontingenz. Es geht hier nur darum, ausgewählte Aspekte des komplexen Phänomens Warten beispielhaft aufzuzeigen und den lohnenswerten interdisziplinären Zugang deutlich zu machen. Warten als Thema der Literatur und Kunst bleibt weitgehend ausgespart. Beachtenswert in diesem Zusammenhang sind auf jeden Fall die tiefsinnigen Meditationen über, so beginnt das Vorwort, Warten als das „Einzige, was uns das Nagen der Zeit fühlbar und ihre Versprechen erfahrbar macht" (Köhler:9). – Einige frühere Hinweise auf Warten bei Bellebaum (I). Grundlegend für viele Ausführungen im Text: „Jegliches Warten ist geprägt von der Zeitwahrnehmung eines Kulturraums. Ist die Vorstellung von der Pünktlichkeit vage, entstehen keine zeitlichen oder räumlichen Verdichtungen" (Terzic).

2. Nachrichten aus der Alltagswelt

Wer früher bei der Post die Auskunft anrief, der musste mit dem Hinweis rechnen: Bitte warten! Heutzutage gibt es Call-Centers und Hotlines – mit virtuellen

---

1   Wörterbuch, Großer Meyer, Bd.25, Zürich 1979; Fachmann, Wendorff:114f; Kenner, Weigert:277; Wartendes Tier, Köhler: 11. Gelegentlich, Iden: 19. „Zeit" als ergiebiges Thema, vgl. u.a. Schmied, Fürstenberg/ Mörth, Fraser, Dux, Nassehi, Geißler, Borscheid, Virilio, Reheis, Rosa. – Soziale Zeit, Durkheim: 29. Davor heißt es: „Man stelle sich zum Beispiel vor, was der Begriff Zeit wäre, wenn wir das abziehen, womit wir sie einteilen, messen und mit Hilfe von objektiven Zeichen ausdrücken ... Das wäre etwas Unvollstellbares. Wir können die Zeit nur begreifen, wenn wir in ihr verschiedene Augenblicke unterscheiden" (28).

Warteschlangen – sowie standardisierte und häufig nervenbelastende Sprüche wie: Gedulden Sie sich bitte einen Augenblick/Zurzeit sind alle Beratungsplätze besetzt/Rufen Sie bitte zu einem späteren Zeitpunkt nochmals an … Wer es eilig hat, für den kann die Warterei belastend sein, wenn seine Zeitpläne durcheinander geraten.

In einer Boulevard-Zeitung gab es einmal einen Artikel unter der Überschrift: „Nerv, Nerv. Warum müssen wir überall so lange warten?" Nach einer beiläufig erwähnten statistischen Berechnung stünden wir fünf Jahre unseres Lebens in irgendwelchen Warteschlangen. Wir müssten unter anderem warten auf eine Baugenehmigung drei bis sechs Monate, die Einäscherung zwei Monate, Scheidung mindestens ein Jahr, den Steuerbescheid von sechs Monate bis zu Anderthalb Jahren, auf den Rentenbescheid ein Jahr, am Bankschalter bis zu 15 Minuten und eine Karte für die Bayreuther Festspiele: ewig! Diese Aufzählung ließe sich beliebig erweitern.

In einer Sonntagszeitung fand sich ein Bericht unter der Überschrift: „Der Tag ist absehbar, dass wir im Auto mehr warten als fahren. Fünfmal mehr Unfalltote als Kriegstote." Der Zorn über den Stau weicht angeblich zunehmend mehr einem lebensbejahendem Gleichmut. Ein Amerikaner mit wöchentlich vier Stunden Stauzeit bemerkt: „Es ist die einzige Zeit am Tage, da ich in Ruhe nachdenken kann." Bei uns ist hinsichtlich des Freizeitverkehrs vom Verkehrsstau als Erlebniswert gesprochen und behauptet worden: „Immer mehr Deutsche haben Lust am Warten -Motto: Es ist was los".

In einer Wochenzeitung stand ein Artikel mit dem Titel: „In der Arena der Erwartung". Wir erfahren: „Wenn sie warten – am Flughafen, auf dem Bahnsteig, unter der Normaluhr – durchleben Menschen ganze Opern. Während sie warten – auf den Freund, auf die Geliebte, den Ehemann – inszenieren sie die unglaublichsten Geschichten. Die Momente des Wartens sind Momente, in denen unheimlich viel los ist".

Das trifft auch für viele andere Situationen zu. Man wartet ungeduldig auf eine Nachricht vom Finanzamt, Arbeitsamt, Versorgungsamt oder Amtsgericht. Dem einen wird die Wartezeit beim Arzt zu lang, und er geht verärgert nach Hause; dem anderen bleibt wegen starker Schmerzen gar nichts anderes übrig, als im Wartezimmer auszuharren. Manche Menschen warten hochgestimmt auf das freudige Ereignis der Ehescheidung und sind sich ihrer gewiss. Andere warten ängstlich auf die befürchtete Diagnose Krebs, die aber noch ungewiss ist.

Bedeutsam sind Wartelisten, in die man eingetragen wird, beispielsweise für einen Platz im Kindergarten, ein Theaterabonnement, eine Sozialwohnung, ein Zimmer im Altenheim, eine Operation … Einem schwer herzkranken Mann, dem nur noch durch ein Spenderherz geholfen werden konnte, rieten die Ärzte: „Kümmern Sie sich um ein neues Herz" – seitdem führt er „ein Leben auf der Liste", hofft sehnsüchtig und überbrückt mit Malen „die schreckliche Zeit des Wartens." Viele Menschen müssen auf gespendete Organe in psychisch belastender Weise warten, manche sterben wegen fehlender Organe vorzeitig weg.

Weit verbreitet ist der verständliche Wunsch, eher dem schnellen Herztod zu erliegen als in einem Altensiechenheim einsam und allein dahin zu vegetieren. In einem Bericht ist zu lesen: „Niemand hielt der alten Nonne die Hand. Wer hilflos auf den Tod warten muss, kann leicht den Verstand verlieren." Manche halten das Warten auf den Tod nicht aus und bringen sich um. Wer möchte sie deswegen tadeln? Die Hospizbewegung bietet sinnvolle Alternativen.[2]

3. Empfindungen beim Warten

Der anfängliche Hinweis auf Warten als eine der elementarsten und häufigsten seelischen Erfahrungen legt nahe zu fragen, wie es um diesen psychischen Zustand des genaueren bestellt ist. Jede verallgemeinernde Antwort verfehlt die vielfältigen Situationen, Anlässe, Begleiterscheinungen und Folgen des Wartens. Man muss differenzieren und, wenn keine umfassende Darstellung beabsichtigt ist, auswählen.

3.1 Wartezeit und psychische Erregung

Ein Spezialist in Sachen „Zeit" meint: „Eine Zeitstrecke voll besonderer Erregungen ist die Wartezeit", Sicherlich, man wartet am Bahnhof freudig auf die Ankunft eines Zuges, um den langerwarteten Studienkollegen endlich wiedersehen zu können. Man wartet ängstlich auf die erlösende Nachricht, dass das wegen Maschinenschaden als verspätet gemeldete Flugzeug aus Fernost endlich Landeerlaubnis erhält. Man wartet nervös hin und hergerissen zwischen Bangen und Hoffen auf das Ergebnis der Untersuchung einer Gewebeprobe wegen Verdacht auf Krebs. Man wartet angespannt auf den Besuch des Lottovertreters, der den Scheck überbringt usw. usf. In solchen und ähnlichen Fällen wird beim Warten die Zeit entdeckt und die Wartezeit als belastend empfunden. Warten muss keineswegs besonders erregend sein, vor allem wenn man sich in Geduld wappnet. Im Wort Geduld steckt dulden/erdulden, das bedeutet: still leiden, ertragen, Nachsicht üben, zulassen, klaglos hinnehmen. Klar, wer einem vorsorglich rät, Zeit und

---

2   Eine Inhaltsanalyse der zuletzt in den 90er Jahren hinsichtlich der Jahrtausendwende erschienen zahlreichen Veröffentlichungen wäre sicherlich aufschlussreich.

Geduld mitzubringen, der unterstellt, dass etwas hingenommen/ertragen werden muss, was nicht unbedingt als angenehm empfunden wird – nämlich Wartezeit. Die Gleichsetzung von Geduld und Erleiden ist dennoch unangebracht. Manche Menschen sind nämlich geduldig einfach in dem Sinne, dass sie die Wartezeit ohne Leidensdruck hinnehmen und ertragen, unter Umständen sogar genießen. Das ist nicht selbstverständlich, denn:

1. Es gibt ausgeprägt ungeduldige Menschen, deren Verhalten möglicherweise (auch) mit einer erblich-konstitutionellen Grundhaltung zu tun hat. Wer temperamentsmäßig hochgradig erregt ist, der schert ggf. aus der Warteschlange vor der Kasse im Supermarkt aus und drängelt sich nach vorne.

2. Vermutlich will Geduld üben gelernt und eingeübt sein. Wem nicht vermittelt wurde, seine Ungeduld zu zügeln, der wird kaum geduldig warten können. Und wer auf pünktliche Einhaltung einer Verabredung mit Claudia Schiffer besteht und nicht einige Minuten warten kann, der verfehlt eine Welt-Schönheit.

3. Widriger Umstände wegen können selbst bei lammgeduldigen Menschen die Geduldsfäden reißen. Entnervt von der langen ergebnislosen Warterei auf eine Professur ist die Geduld schließlich erschöpft und wird radikal auf Taxifahrerei umgestellt. Geduldige Warterei selbst geduldsfähiger Menschen wird besonders dann auf die Probe gestellt, wenn Zeitpläne durcheinander zu geraten drohen. Man kann bekanntlich zur gleichen Zeit nicht an mehreren Stellen sein, sondern man muss planen und in zeitlicher Hinsicht synchronisieren, was beispielsweise in und durch Terminkalender besorgt wird. Wenn die Einhaltung der Zeitplanung schwierig ist, dann droht ein kleines/mittleres/großes Chaos. Man muss entscheiden, welcher Termin letztendlich wichtiger ist als der andere. Die Zeit ist knapp, und sie muss dafür verwendet werden, was vordringlich erscheint. Demnach gilt: „...der Zeitnot in einem System steht das Wartenmüssen in einem anderen gegenüber." In solchen Fällen ist Warten zu verstehen als „Resultat mangelnden zeitlicher Synchronisation".

4. Mit Blick auf die moderne Welt ist von einer Gesellschaft ohne Zeit gesprochen worden, einer schnelllebigen Zeit, einer rasenden Zeit. Viele Menschen leiden unter Zeit-Not, hetzen von Termin zu Termin und können der Zeit nur selten die Zügel anlegen. In einer solchen Welt wird einem geduldiges Warten schwer oder unmöglich gemacht. Wartezeiten bedeuten Zeitverschwendung, oder wie es in einer Abhandlung mit dem Titel „Geduld. Die Kunst des Wartens" heißt: „Unter den Bedingungen des Konsumzwanges und Zeitverschleißes wirken Geduld und Trägheit systemsprengend. Warten, Beten, Faulenzen und andere kontemplative Haltungen werden heute als Zeitverlust negativ verbucht und abschätzig Arbeitslosen oder Anhängern

von Sekten und esoterischen Zirkeln zugemutet." Die altehrwürdige Tugend der Geduld – in der aristotelisch-stoizistischen Tradition ein Teil der Tapferkeit, in christlicher Sicht eine sittliche Grundhaltung – hat es in der Tat nicht leicht, beachtet zu werden. [3]

3.2 Wartezeiten und Bewertungen

Das Thema der Empfindungen beim Warten variierend steht andernorts, dass der psychische Sachverhalt, den wir mit ‚Warten' bezeichnen, in unser aller Leben eine bedeutende, wenn schon wenig erwünschte Rolle spiele. Einem vollen Wartezimmer mit quengelnden Kindern und über Familieninterna klatschenden Männern? Wen vergnügt es, im Arbeitsamt in der Warteschlange bis auf den Aufruf seines Namens zu warten? Wem ist besonders wohl, wenn das Flugzeug über dem Flughafen längere Zeit in der Warteschleife bleiben muss? Wer wartet erfreut in einem innerstädtischen längeren Stau, wenn er terminlieh im Druck ist? Welchem Studenten ist es gleichgültig, wenn der Professor für die Durchsicht der Doktorarbeit viel Zeit verstreichen lässt? Wen erfreut es, wenn er höflichkeitshalber gelangweilt das Ende eines langweiligen Vortrags über Warten abwarten muss? In solchen Situationen lässt einen das Warten die Zeit in unliebsamer Weise bewusst werden, weil sie zu lange dauert. Langeweile nagt an den Nerven.

Wer gerne wartet – nicht, was absurd erscheint, um des Wartens willen als Selbstzweck – ,der wird die Wartezeit als erwünscht ansehen und entsprechend mit der Zeit umgehen. Liebhaber von Staus auf Autobahnen betrachten die Wartezeit als gute Gelegenheit für Unterhaltungen von Wagen zu Wagen. Opernfans opfern gerne viele Stunden in der Warteschlange, um eine Karte für die Premiere unter der Leitung eines berühmten Dirigenten zu ergattern. Liebhaber von Rockmusik harren freudig lange Zeit aus, um ihre Lärm-Idole hautnah zu erleben. Warten, auch langes Warten, ist unerlässlich, um das Erwartete zu bekommen, und dieses Warten ist umso problemloser, je höher das Erwünschte geschätzt wird.

Wahrscheinlich warten manche Menschen innerlich und äußerlich erregt etwa auf eine Theateraufführung, auf den Kauf der begehrten Eintrittskarte. Man kann allerdings auch völlig gelassen warten. Die Wartezeit wird dann angenehm verbracht, indem man mit anderen angeregt plaudert, ein spannendes Buch liest, eine dringende Arbeit erledigt, beiläufig eine Theorie des Wartens entwickelt oder entspannt döst. Der Anlass des Wartens wird zeitweise vergessen, und die Wartezeit vergeht wie im Fluge. Man könnte auch sagen, dass in solchen Situationen

---

3   Spezialist, Wendorff: 114. – Zeitnot, Bergmann, W.: 464. – Geduld/Kunst des Wartens, Rinderspacher, Barth, Stäblein.

gar nicht gewartet wird, wenngleich diese Sichtweise an dem objektiven Tatbestand des Wartens der hier gemeinten Wartenden nichts ändert.[4]

4. Arten und Umstände des Wartens

Alle Menschen warten – aber nicht unter gleichen Bedingungen und Umständen. Das ist erneut ein weites Feld, und es gilt auszuwählen.

4.1 Zeitlicher Aufwand

Klar, fürs Warten wird Zeit verwendet. Wie viel Zeit das Warten aber kostet, hängt von den Lebensumständen ganzer Gesellschaften und den – nicht verallgemeinerbaren – Lebensbedingungen ihrer Mitglieder ab.

Wer noch den Zweiten Weltkrieg und die Nachkriegszeit erlebt hat, der musste knapper Güter wegen oft in der Schlange stehen. Häufig wartete jemand mit genügend Zeit stellvertretend für andere. Und Warten erwies sich manchmal als ergebnislos. Zeitaufwendiges Warten war auch in wirtschaftlich verrotteten östlichen Ländern gang und gäbe. Über die frühere Sowjetunion ist berichtet worden, dass man sich vorsorglich in Wartschlangen einreihte, weil es möglicherweise etwas zu kaufen geben könnte. Ein Zeitungsartikel trug die Überschrift: „Abschied von der Schlange. Die Epoche des Großen Stehens Geburt und Zerfall eines sowjetischen Markenzeichens". Einleitend heißt es über die Breschnewzeit unter Hinweis auf eine gängige Redensart: „„Schau, eine Schlange! ‚Was gibt es da?' ‚Stell dich hin, das sehen wir später'. ‚Wie viel soll man wohl nehmen?' ‚Nimm soviel du kriegen kannst'." Angeblich gingen jährlich 30 Billionen Stunden fürs Warten drauf.

In wirtschaftlich wohlhabenden Ländern sind (meisten) die Güter des sog. täglichen Bedarfs im Überfluss vorhanden, weshalb ihretwegen durchweg nicht lange gewartet werden muss, um sie zu erwerben. Deswegen entfallen jedoch nicht immer jegliche Wartezeiten. Drei Hinweise: Wer sich das neueste Luxusauto, das nur in kleinen Mengen produziert wird, finanziell nicht leisten kann, der muss unter Umständen eine längere schmerzlich empfundene Wartezeit in Kauf nehmen. Die reibungslose Versorgung mit den üblichen Konsumgütern kann einhergehen mit lästiger Warterei auf Handwerker, Lebertransplantation, Studienplatz, Wohnung ... Knappheit und Warten sind nur zwei Seiten ein und derselben Medaille.

---

4 Psychischer Sachverhalt, Busserl: 206. – Langeweile, Bellebaum. – Nicht warten beim Warten, Fraisse. Für den Autor ist das „Verhalten des Wartens" immer das „Warten auf die Beendigung" (204) – es kommt aber eben vor, dass jemandem sein Warten beim Warten auf die Beendigung gar nicht bewusst ist.

Im Übrigen gibt es auch in wohlhabenden Gesellschaften viele arme Menschen. Sie müssen haushalten und sich mit geringerwertigen Gütern begnügen, die sie – falls überhaupt – finanzieren können. Manche denken überhaupt nicht ernsthaft an den (u. U. erwünschten, jedoch nicht möglichen) Erwerb des allerneuesten TV-Gerätes – andere warten unverdrossen hoffnungsvoll-resigniert darauf, einmal im Leben mit der Familie in Oberbayern zu urlauben. Wer aufmüpfig mault, der muss unter Umständen damit rechnen, von wohlmeinend-wohlhabenden Mitmenschen ermahnt zu werden, nicht so anspruchsvoll zu sein. Solchen hartleibigen Menschen ist nicht beizukommen.[5]

5. Zeit- und ereignisorientiertes Warten

In manchen Situationen steht das zu erwartende Ereignis fest, nicht dagegen der Zeitpunkt. Man kann das zeitorientiertes Warten nennen. Beispielsweise ist ungewiss, wann der Stau sich auflöst, einen die Sprechstundenhilfe aufruft, das verspätet gemeldete Flugzeug landet, der Sohn zurückkommt, der Alkoholiker in der Gosse landet, der Sterbende stirbt, die Endzeit anbricht. Es ist, wie man so sagt, nur eine Frage der Zeit, bis das geschieht, was irgendwann – dies wird hier unterstellt – sowieso geschieht. Das Wörtchen „nur" lässt weitere Überlegungen zu, weil die Wartezeiten sehr belastend sein können. Wessen geliebter Mann todkrank ist, den wird der Hinweis: „Es ist nur noch eine Frage der Zeit", nicht trösten.

In manchen anderen Situationen steht der Zeitpunkt eines Ereignisses (ungefähr) fest, nicht jedoch, was sich ereignet. Man kann das ereignisorientiertes Warten nennen. So kann ungewiss sein wie der Weltsicherheitsrat über die Atompolitik des Iran entscheidet, welche Unterhaltszahlung das Gericht festlegt, wie die Bundestagswahl ausgeht, wie Gott letztendlich entscheidet: Himmel oder Hölle. Der Volksmund weiß zwar „Kommt Zeit, kommt Rat" – das ist aber für jene engagierten Wartenden kein Trost, die einem bestimmten Ereignis entgegen fiebern.

In noch anderen Situationen sind Ereignis und Zeitpunkt ungewiss. Man weiß nicht, ob und wann eine fremde Niere zur Verfügung steht, der Arbeitsplatz wegrationalisiert wird, die Ehe in die Brüche geht, die Koalition zerbricht, der Staat pleite macht, die Welt untergeht. Es bleibt nichts anderes übrig, als abzuwarten.

Die Unterscheidung zwischen Zeit- und Ereignisorientierung lässt sich auch für kulturvergleichende Untersuchungen verwenden. Demnach kann man ganze Gesellschaften auf ihre jeweiligen Zeitvorstellungen hin bestimmen. Die Orientierungen an Ereigniszeiten und Uhrzeiten wirken sich folgenreich auf Lebensein-

---

5   Redensart, in: FAZ 19.3.1994. – Billionen, Schwartz: 841, ausführlicher in Ders.: 1975: 11ff.

stellungen und Verhaltensweisen aus. In modernen Gesellschaften ist die Ereigniszeit durch die Uhrzeit weitgehend ersetzt, was gelegentlich Zeitkolonialismus genannt worden ist.[6]

5.1 Organisationsbedingtes/Institutionalisiertes Warten

In vielen Situationen ist Warten nicht die Regel. Der Fünf-Uhr-Tee beginnt pünktlich, der ICE fährt planmäßig, die Geschäfte öffnen zu festen Zeiten, die Glocken läuten um 12 Uhr, die Tagesschau lässt nicht auf sich warten ... Verzögerungen kommen zwar vor, sie sind aber die eher Überraschung hervorrufenden Ausnahmen. In anderen Fällen sind Wartezeiten selbstverständlich, und es ist nützlich, sich darauf einzustellen. Unter Umständen vergeht viel Zeit, bis man einen Termin beim Herzspezialisten bekommt. In modernen Arztpraxen entfällt zwar in der Regel längeres Warten, es geht meistens aber nicht ohne jede Warterei. Auf Arbeits-und Sozialhilfeämtern sind zum Teil erheblichen Wartezeiten gang und gäbe. Gerichtsentscheidungen benötigen speziell in Deutschland viel Zeit. Und die Annulierung einer Ehe durch den Vatikan kann Jahre dauern.

Wer einschlägige Dienstleistungen in Anspruch nimmt, der kommt an solchem Warten durchweg nicht vorbei. Die Art und Weise, wie mit den Wartenden und ihren Anliegen umgegangen wird, ist aber oft situationsbedingt verschieden. Einen Termin beim Anwalt bekommt man meistens nur mit telephonischer Anmeldung. In manchen Arztpraxen wurden früher morgens Nummern gezogen, mit denen die ungefähre – unter Umständen stundenlange – Wartezeit abschätzbar war. Viele Behörden bestätigen den Eingang des Antrags und bitten zugleich darum, zwischenzeitlich auf Nachfragen zu verzichten. Und der zum Tod verurteilte Delinquent wartet vielleicht Jahre, schlussendlich noch ergebnislos, auf seine Hinrichtung und die jahrelang versprochene Henkersmahlzeit.

Sicherlich, man bittet beim Notar telephonisch um einen Termin, wird in die Warteliste für einen Platz im Altenheim eingetragen oder darf auf eine Halbtagsstelle in der Verwaltung einer Großstadt in ca. zwei Jahren hoffen ... Ob das alles mit rechten Dingen zugeht, kann jedoch zweifelhaft sein. Die Ansicht ist weit verbreitet: „Wer zuerst kommt, mahlt zuerst", will sagen: Bewerbungen erfolgen in der Reihenfolge der Anmeldung.

Das ist gängige offizielle Verlautbarung. Tatsächlich wird informell aber oft anders verfahren. Beziehungen spielen dabei eine große Rolle, indem jemand auf der Warteliste vorgezogen wird, weil er einer bestimmten Partei angehört. Privatpatienten sind manchem Arzt besonders willkommen, weil sie finanziell mehr als

---

6   Typen des Wartens, Wendorff:114. -Interkulturelle Unterschiede im Zeitbewusstsein, Lattewitz, dort Hinweis auf „Zeitkolonialismus" Levine, Terzic.

Kassenpatienten erbringen. Der Finanzbeamte bittet den Freund, dreimal an seine Türe zu klopfen, um ihn sofort dranzunehmen. Aus welchen Gründen auch immer: Der eine wird vorgezogen und kommt sofort dran, der andere hat das Nachsehen und muss warten. Nur vor Gott sind alle gleich.[7]

5.2 Macht und Prestige: Ungleiche Verteilung von Wartezeiten

Viele Bevorzugungen und Benachteiligungen beim Warten wurzeln in Machtungleichgewichten und Prestigeunterschieden. Eine bemerkenswerte ältere und häufig zitierte Studie trägt den Titel: Waiting, Exchange, and Power. The Distribution of Time in Social Sytems/Warten und Macht. Über die Verteilung von Zeit in sozialen Systemen. Es geht um gesellschaftlich bedingte ungleich verteilte Wartezeiten.

Manche Menschen können es sich erlauben, andere warten zu lassen. Damit ist bei fehlenden Ausweichmöglichkeiten immer zu rechnen. Wenn der Winter plötzlich mit Schnee und Glatteis hereinbricht und alle Firmen, die Reifen wechseln, voll beschäftigt sind, dann bleibt nichts anderes übrig, als zu warten – es sei denn, man erledigt die Arbeit selbst.

Hier interessiert aber mehr der Zusammenhang zwischen der Verteilung von Macht und der Verteilung von Wartezeiten. Beispielsweise: Der Professor zögert den Beginn der Sprechstunde hinaus, woran die wartenden Studenten nichts ändern können.

Der Arzt führt ein längeres Privatgespräch, was die wartenden Patienten hinzunehmen haben. Der Firmenchef kommt erheblich verspätet zur anberaumten Sitzung, was seine Abteilungsleiter dulden müssen. Der Verwaltungsbeamte gönnt sich ein kollegiales Schwätzchen, wogegen die vor der Tür wartende Klientel machtlos ist. Es handelt sich um „Zeit-Willkür". Kurz und bündig lautet die entscheidende Frage: Who waits for whom?/Wer wartet auf wen? Die Antwortet lautet: „Im allgemeinen warten die weniger bedeutenden und weniger mächtigen auf die bedeutenderen und mächtigeren Menschen." Ehre wem Ehre gebührt!

Mächtige/einflussreiche/wirtschaftlich begüterte Menschen sind relativ immun hinsichtlich Wartenmüssen. Sie haben Mittel und Wege, Wartezeiten erheblich abzukürzen oder ihnen ganz zu entgehen – und sich damit sozusagen Zeit zu kaufen. Wer finanziell gut gestellt ist, braucht nicht auf die Genehmigung ei-

---

7   In Bürokratien kommt es häufig vor, dass die Anwender von Regeln im Zuge der Anwendung selbst festlegen, was eine angemessene Anwendung der Regel ist. Wenn man so will, diktiert nicht die Regel die Praxis, sondern die Praxis entscheidet (mit) über die Art der Regelanwendung. Über bedeutsame Unterschiede zwischen formellen und informellen Zusammenhängen unter besonderer Berücksichtigung der „,Du-kannst'-Anweisung" anstelle der „,Du-musst'-Anweisung" vgl. die der Ethnomethodologie verpflichtete schon ältere Abhandlung von Zimmermann:87 ff.

ner Kur zu warten, sondern begibt sich umgehend in ein teures Sanatorium. Wer eine Ersatzniere dringend benötigt, wartet nicht auf der Warteliste, sondern kauft sie auf eigene Kosten bei der Organ-Mafia. Wer über gute Kontakte verfügt, erreicht mit einem Anruf bei einem Mitglied der eigenen Seilschaft, dass sein Sohn nach dem Examen umgehend eine Stelle bekommt. In der ihm eigenen, viel Erfahrung und Weisheit bündelnden Art, sagt der Volksmund: Biste was, haste was!

Demzufolge kommt manches Warten bei privilegierten Menschen gar nicht oder nur selten vor. Waiting in line is not a habit in all social classes in Western society/Warten in Warteschlangen verteilt sich nicht gleichmäßig über die verschiedenen Klassen in westlichen Gesellschaften. Die Gattin des Vorstandsvorsitzenden einer großen Firma steht nicht in der Schlange vor der Kasse bei Aldi. Ein Minister wartet nicht auf Einlass in das Festspielhauses in Bayreuth. Und ein todkranker Bischof wartet nicht auf ein freiwerdendes Einzelzimmer in einem Krankenaus in kirchlicher Trägerschaft. Man ist schließlich wer!

Bleibt noch anzumerken, dass Wartenlassen in der Absicht geschehen kann, Macht zu demonstrieren und/oder zu strafen. Obwohl kein geschäftlicher Grund besteht, den verabredeten Termin nicht einzuhalten, ist die Sekretärin beauftragt, den Besucher zu sagen: „Bitte nehmen Sie einen Augenblick Platz, der Herr Direktor führt ein dringendes Telephonat" – eine glatte Lüge! Es geht dem Direktor nur darum, darzutun, wer hier das Sagen hat und wer sich erlauben kann, jemanden warten zu lassen. Unter Umständen ist auch beabsichtigt, den Besucher nervös zu machen und auf diese Weise das anstehende Gespräch zu beeinflussen.[8]

5.3 Rituelles/zeremonielles Warten

Es ist schon ein großer Unterschied, ob ohne größeren äußeren Aufwand gewartet wird – oder ob Warten eine rituell-zeremonielle Würdigung erfährt. Riten sind wiederkehrende Handlungen – Zeremonien jene Verhaltensweisen, mit denen Riten gehandhabt werden.

Bei manchen offiziellen Empfängen werden die Eingeladenen gebeten, einige Minuten vor dem offiziellen Ereignis da zu sein. Man wartet dann situationsgerecht gekleidet und gestimmt auf den Auftritt des Papstes, Parteivorsitzenden, Gewerkschaftschefs, Fußballidols. Das Erscheinen der Hauptpersonen ist sorgfältig inszeniert. Bei den regelmäßigen Auftritten des deutschen Bundespräsidenten sagt jemand laut und vernehmlich: „Der Herr Bundespräsident" – und die An-

---

[8]   Studie, Schwartz. – Kurz und bündig, Weigert:228. – Immun, Schwartz:848. – Waiting in line, Man – Wartenlassen/Macht/Strafe, Schwartz: 860 f. -Aufschlussreiche Bemerkung einer Sachbearbeiterin: „Also den hab' ich erst mal wieder warten lassen" (Paris, 2001: 729, Fußnote 40).

wesenden erheben sich, setzen sich dann wieder hin und lauschen den (kurz zuvor der Presse schriftlich zugestellten) Ausführungen. Die Aufritte von Spitzen-
kandidaten politischer Parteien in wichtigen Wahlkämpfen folgen ihrem jeweils
eigenen Muster. Zunächst wird mit regionalspezifischer Musik nötige Stimmung
gemacht, wobei der Alkohol wichtig ist, um die späteren Ausführungen prominenter Redner für bedeutsam zu halten. Dann sprechen erst einmal die Lokalma-
tadore zu dem sich langsam psychisch aufheizenden Publikum. Und dann verkündet der Partei-Zeremoniar den Auftritt des Parteichefs. Die Menge jubelt und
klatscht, die erwartungsvolle Spannung löst sich, der Redner spricht die allseits
bekannten Sätze – das Warten hat sich für die bekenntnismäßig uniformierten
Menschen gelohnt. Man ist – kaum fasslich – beglückt.

Rituell-zeremonielles Warten gibt es auch sonst. Bevor ein Bundesligaspiel,
etwa zwischen Hoffenheim und Bayern München, angepfiffen wird, bekommen
die schon stundenlang wartenden Besucher allerlei geboten. Nach Wahlen ist in
den Parteizentralen und den Wahlstudios der Fernsehanstalten schon vor der Pro-
gnose um 18 Uhr viel los, während man gespannt auf die erste Hochrechnung
wartet. Geordnete Hektik greift während der Zeit bis zu den ersten Hochrechnung
um sich: Presseleute rennen geschäftig hin und her, erste Round-Table-Gespräche
mit unteren Politchargen werden inszeniert … bis schließlich das Ergebnis so gut
wie feststeht und die Parteichefs sich der Öffentlichkeit situationsgerecht präsentieren und die üblichen Floskeln sprechen. Das Warten der Fernsehzuschauer auf
das vorläufige Endergebnis ist ein spannend-unterhaltsamer Abend – begleitet von
Freude über den Wahlsieg oder Trauer über die Wahlniederlage.[9]

6. Warten als kultureller Wert: aufgeschobene Belohnung

Viele Menschen warten auf einen Haupttreffer im Lotto, obwohl der Erfolg sehr
unwahrscheinlich ist; das hält engagiert-gläubige Menschen nicht ab, weil nachweislich regelmäßig Großgewinne anfallen. Viele als unheilbar geltende Krebs-
kranke geben die Hoffnung nicht auf und warten auf die durchschlagende Wirkung einer bestimmten Kräutermischung. Manche warten unverdrossen auf eine
Professur an der Universität, weil die schmale Publikationsliste eventuell doch
noch als berufungswürdig angesehen wird. Was jetzt nicht ist, kann ja noch werden – andersartigen Erfahrungen zum Trotz. Das kommt tatsächlich vor, und
Warten hat sich dann gelohnt.

---

9   Rituelles/Zeremonielles, Schwartz: 861 ff, 864 ff.

Um solche Vorkommnisse und Erlebnisse geht es hier aber nicht. Thema ist vielmehr das sog. Deferred Gratification Pattern. Es handelt sich um eine „Einstellung oder um einen Verhaltensstil, auf momentane Vorteile zugunsten späterer, größerer Vorteile zu verzichten, z.B. durch Sparen, Zurückstellung von Belohnungen, Verlängerung der Lernprozesse." Wer einen akademischen Beruf erstrebt, muss länger lernen und ggf. mit der Heirat warten. Wer nicht genügend Geld verdient, gleichzeitig ein Auto zu kaufen und einen berufsnotwendigen Lehrgang zu finanzieren, der tut gut daran, mit dem Wagenkauf zu warten. Wem ausschließlich die Ehe als Ort sexueller Betätigung erscheint, der muss sich als unverheirateter Heranwachsender gedulden. Alles hat eben seine Zeit, man kann in der Regel nicht alles zugleich haben. Das Gegenteil kommt allerdings vor: aufgeschoben ist dann aufgehoben. Die für nach der Pensionierung geplante Weltreise entfällt wegen Krankheit. Die für nach dem nächste Karrieresprung vorgesehene Schwangerschaft kommt nicht mehr zustande. Die langjährige Sparerei hat sich wegen Inflation infolge Staatsbankrotts von selbst erledigt. Alle wohlüberlegte Aufschiebung und Verzögerung und Warterei waren letztendlich ergebnislos.

Hinsichtlich des Verhaltensstils der aufgeschobenen Belohnung ist vom culturally type of waiting/dem kulturellen Wert des Wartens und zusammen damit von Moralität, Humanität und Selbstkontrolle gesprochen worden. Wer die Befriedigung von Bedürfnissen umständehalber hinausschiebt, muss zeitweise verzichten und warten können. Dafür ist Selbstdisziplin unerlässlich.

Man hat früher wiederholt behauptet: „Dieses Verhaltensmuster gilt in der Mittelschicht und ist funktional für den Aufstieg oder den Verbleib in dieser Schicht, da es für den Aufschub von ökonomischer Unabhängigkeit, Konsum, sofortiger Aggressionsabfuhr, sexueller Befriedigung und durch eine weitausgreifende Zukunftsperspektive die Ausbildung einer Leistungsorientierung, das Aufsichnehmen längerer Ausbildungszeiten etc. ermöglicht". Dies ist so vor über 20 Jahren geschrieben und schon damals kritisch gefragt worden, ob es überhaupt generell zutrifft – nicht zuletzt mit Blick auf untere Schichten, die angeblich gegenteilige Einstellungen und Verhaltensweisen kennen.

Warten im Sinne aufgeschobener Belohnung ist übrigens für viele Menschen gegenwärtig gar nicht leicht. Manche Aussagen über die moderne Gesellschaft werden den zahlreichen – oft mit Individualisierung und Subjektivierung in Verbindung gebrachten – Einstellungen und Verhaltensweisen sicherlich nicht gerecht. Dennoch: es gibt eine prominente Lebensmaxime, wonach man bekanntlich nur einmal lebt und nicht weiß, was der Morgen bringt. Deshalb der gut gemeinte Ratschlage: carpe diem, nutze den Tag, genieße das Hier und Heute. Wer auf die

Zukunft baut, verliert wertvolle Zeit und büßt glückverheißende Genussmöglich-keiten ein. Warten im Sinne aufgeschobener Belohnung erscheint mithin sinn- und wertlos, ja geradezu dumm.[10]

7. Warteschlangen :bedrückende und vergnügliche Erlebnisse

Manches Warten, so wurde schon mehrfach erwähnt, erfolgt in Warteschlangen. Wer Warten als Thema systematischen Nachdenkens nicht kennt, den wird das wissenschaftliche Interesse an Warteschlangen vielleicht verwundern. Und doch gibt es allerlei zu berichten. Beispielsweise:

7.1 Wirtschaftswissenschaften

Hier interessieren Warteschlangen im Rahmen des Operations Research, der Un-tersuchung optimaler Entscheidungen in Betrieben, Verwaltungen, Behörden usw. Die forschungsleitende Frage lautet, sehr vereinfacht ausgedrückt: wie muss verfah-ren werden, damit bei möglichst wenig Kosten möglichst viel Gewinn erzielt wird.

Warten in Schlangen etwa am Postschalter ist jedem vertraut. Es gibt aber nicht nur Personen als „wartende Einheiten". In dem hier gemeinten Sinn war-ten in einem Betrieb defekte Maschinen auf Reparatur, Zwischenprodukte auf Weiterverarbeitung, Fertiggüter auf Transport, Flugzeuge in Warteschleifen auf Landung, Anträge auf Bearbeitung, Autos im Stau, Tagesordnungspunkte auf Be-ratung, Gerichtsverfahren auf ihr Ende...In allen Fällen kann es erhebliche Warte-probleme geben, etwa: defekte Maschinen fallen lange Zeit aus, wegen mangeln-der Kaufbereitschaft bleiben die Warenlager gefüllt, infolge Landeverzögerungen entstehen überregionale Verkehrsprobleme, Personalmangel führt zum Aktenstau … Solche Probleme und deren Folgeprobleme sind zwar nicht immer, aber doch häufig durch bessere Organisation zu verhindern oder zumindest einzugrenzen. Das spart dann Wartezeitkosten.

Um bei der wartenden Einheit „Mensch" zu bleiben: manche verfügen über unendlich viel Zeit, schlagen einen Teil ihrer überflüssigen Zeit mit Einkaufen tot und sind deshalb gerne in sehr langen Warteschlangen vor den Kassen ihres bevorzugten Einkaufszentrums. Das ist jedoch nicht die Regel, Die meisten ste-hen nicht gerne lange herum, denn zu viele und zu lange Warteschlangen an den Kassen verprellen Kunden. So sind bei Stoßzeiten sind denn auch alle Kassen be-

10 Einstellung, Lexikon zur Soziologie, Opladen 1994:86; Kultureller Wert, Weigert:23o. – Mit-telklasse, Bergmann, 1985: 466. – Glückversprechend, anhaltend zahlreiche Arbeiten über Glück. Vgl. Bellebaum (u. a.),Hrsg.,13 Bände über Glückforschung, zuletzt Hrsg., Die Sieben Todsünden. Über Laster und Tugenden in der modernen Gesellschaft, Münster 2006.

setzt. Gelegentlich reicht eine Kasse aus, bei plötzlichem Mehrbedarf wird eine zweite oder dritte Kasse besetzt. In dieser Hinsicht behandeln viele Geschäfte den Kunden wirklich wie einen König.[11]

7.2 *Sozialwissenschaften. Warteschlangen als soziale Syteme: Soziale Regelungen beim Warten*

Ein bemerkenswerter Forschungsbericht trägt den Titel: Intrusions into Waiting Lines: Does the Queue constitute a Social System?/verkürzt übersetzt: Sind Warteschlangen soziale Systeme? Anders gefragt: Ist das Verhalten in Warteschlangen irgendwie geregelt? Gelten in Warteschlangen irgendwelche Normen=Verhaltensvorschriften? – oder kann man tun und lassen, was man will?

In einem schon älteren Buch über „Umgangsformen heute" steht: „Muss das Essen an einem Schalter in Empfang genommen werden, tut man besser daran, das Warten in der Schlange als Erholung zu rechnen, statt durch Drängelei die eigenen und die Nerven der anderen zu strapazieren. In dieser Schlange gibt es keinen Vorrang. Wer zuerst kommt, mahlt zu erst. Wer sich durch Laufschritt einen ‚besseren Platz' sichern will, macht sich nur lächerlich. Er wirbelt im doppelten Sinne Staub auf, und das ist in einem Speiseraum besonders rücksichtslos".

Zweierlei wird empfohlen: 1. Nicht drängeln, 2.geduldig warten. Geduldiges Warten, davon war schon einmal die Rede, ist nicht allen Menschen temperamentsmäßig gegeben. Dennoch gibt es – unabhängig von möglichen Dispositionen – den kulturellen Wert: Geduldig sein! Hektiker nicht sonderlich beliebt, selbst wenn sie für ihre vegetativ bedingte Unrast gar nichts können. Entsprechend veranlagten Menschen wird angeraten: Zusammenreißen, Ruhe trainieren, langsam gehen, pflanzliche Mittel einnehmen, eine Selbsthilfegruppe aufsuchen, meditieren, beten … Die Hektik bleibt, und man sieht manchen Mitmenschen an, wie angestrengt und ergebnislos sie ihre Veranlagung versuchsweise kaschieren. Sie sind nämlich nicht gelassen, sondern spielen Gelassenheit. Das fällt auf. Unser aller Alltag ist ja voller Theater, denn wir sind darum bemüht, einen guten Eindruck zu machen.

---

11   Operations Research, vgl. Staatslexikon,6/1961: 7ff., 4/1988:165ff.; Schassberger. – „Wartende Einheiten, Kern: 182. Vgl. auch: „Warteschlangentheorie: Teilgebiet des Unternehme nsforschung(Operationsresearch), das sich mit sog. Warteschlangenproblemen beschäftigt. Warte- oder Laufzeiten ergeben sich entweder bei Einheiten, die bedient werden sollen (z. B. Fernsprechteilnehmer), oder bei den Einrichtungen, die eine Bedienung vornehmen sollen (z. B. Fernsprechvermittlungseinrichtungen). Zur Lösung der Zeitplanungs- und Dimensionierungsprobleme werden komplizierte Warteschlangenmodelle konstruiert ...“ (Großer Meier, Bd.25, Mann 1979:31).

Nicht vordrängeln! – das ist eine bemerkenswerte soziale Norm. Wer nach England kommt, der erlebt, wie selbstverständlich und gelassen man sich an Busstationen einreiht und wartet: nicht nur hinstellen, sondern anstellen. Bei uns gibt es mehr Unruhe, Unrast und Ungeduld. Länderspezifische kulturelle Eigentümlichkeiten prägen eben auch Wartekultur und Warterolle.

Jenseits solcher gesamtgesellschaftlicher Unterschiede im Warteverhalten hat man erforscht, was in Warteschlangen geschieht. Da kann allerlei los sein. Thema der oben erwähnten Studie sind vor allem Vordrängler, die jeder von uns kennt und die es in vielfältiger Ausprägung gibt.

- Szenario 1: Vor einer Ladenkasse warten viele Menschen auf Abfertigung. Plötzlich geht eine Verkäuferin auf die zweite Kasse zu, was einige eilige Menschen veranlasst, loszurennen. Es kommt zu leichten Rempeleien und unfreundlichen Kommentaren.

- Szenario 2: Vor einer Ladenkasse bewegt sich die Warteschlange langsam vorwärts. Plötzlich erscheint jemand mit der Bild-Zeitung in der Hand und geht mit der wiederholten Bemerkung „Ich habe nur ein Teil gekauft" an den Wartenden vorbei direkt zur Kasse. Kopfschütteln bei den einen, böse Bemerkungen „Wie unverschämt" bei den anderen.

- Szenario 3: Die Warteschlange ist krumm, d. h. die Wartenden kommen wegen der aus werblichen Gründen kurz vor den Kassen aufgebauten Güterarrangements aus mehreren Richtungen, um sich dann einzufädeln. Das ist eine gute Gelegenheit für Warteschlangen-Quereinsteiger, die scheinheilig einen Platz in der Warteschlange einnehmen, der ihnen nicht zukommt.

- Szenario 4: Eine junge Frau auf Platz 10 in der Warteschlange erkennt eine gebrechliche Dame auf Platz 21 und bietet ihr an, vor ihr in die Schlange einzutreten. Das mag aus Ehrfurcht vor dem Alter ehrenwert sein, ist aber nicht unproblematisch, weil ja die hinter Position 10 stehenden Menschen länger warten müssen und gar nicht gefragt worden sind. Korrekt wäre es, wenn Position 10 ihren Platz mit Position 21 tauschte.

In der Zusammenfassung eines amerikanisch-kanadischen Forschungsberichtes werden zwei miteinander konkurrierende Auffassungen dargestellt: „Der einen Lehrmeinung zufolge reagieren die Leute auf Vordrängler, wenn sie befürchten, dass sie deshalb länger warten müssen oder leer ausgehen. Anhänger der konkurrierenden Theorie verweisen indes darauf, dass der Positionsverlust häufig nur minimale Kosten mit sich bringt, wenige Wartesekunden zum Beispiel. Dennoch wird protestiert. Warum? Weil der Vordrängler die Normen eines sozialen Systems verletze, der Warteschlange nämlich".[12]

8. Endzeiten: Unheils- und Heilserwartungen

Aus der Geschichte und Gegenwart kennt man zahlreiche Endzeit-Erwartungen mit und ohne Erlösungsvorstellungen. Wichtige angrenzende Stichworte sind vor allem: Adventismus, Apokalypse, Auferstehung, Chiliasmus, Eschatologie, Gnosis, Himmel, Hölle, Letztes Gericht, Messianismus, Paradies, Reich Gottes, Tausendjähriges Reich, Utopie, Verheißung, Weissagung, Weltuntergang.

Im Umkreis von Endzeit-Visionen gibt es vielfältige Vorstellungen und Verhaltensweisen: Das Große Ereignis kommt bald oder später; es wird befürchtet oder erhofft; es gibt Erlöste und Verdammte; die Letzten werden die Ersten und die Ersten die Letzten sein; die Vollendung geschieht im Diesseits oder im Jenseits; man wartet ganz ergeben oder ergeht sich in sozialrevolutionärem Aktionismus bis hin zur massenhaften Tötung unschuldiger Menschen.

8.1 Hoffnung auf das Tausendjährige Reich

„Endzeit" ist bei uns zuletzt um die Jahrtausendwende ein hochaktuelles Thema gewesen. Mit Blick auf das Jahr 2000 erscheinen damals zahlreiche Abhandlungen über die Zukunft der Welt mit einem pessimistischen Unterton.

Eine Jahrtausendwende ist ein seltenes Ereignis, das zu erleben nur wenigen Menschen vergönnt ist. Wichtiger ist jedoch ein Umstand, der in der Überschrift eines damaligen Zeitungsartikels prägnant zum Ausdruck gebracht wird: „Zweitausend. Weltuntergang, nächste Folge."

Nächste Folge – das bezieht sich auf das Jahr 1000 bzw. die Jahre um 1000 herum. Damals soll an den unmittelbar bevorstehenden Weltuntergang geglaubt worden sein, was viele Menschen in Angst und Schrecken versetzt hätte. Ob das stimmt – was kontrovers diskutiert wird –, interessiert hier weniger als die Mythologisierung der Zahl 1000. Schon in der Apokalypse= Offenbarung des Evangelisten Johannes ist vom Tausendjährigen Reich die Rede. Im Zusammenhang mit bzw. im Gefolge dieser Vorstellung ist der Chiliasmus sehr einflussreich gewesen. Chilias, gr. Chilioi, bedeutend 1000. Und Chiliasmus bezeichnet in religionsgeschichtlicher Sicht die Lehre von einer tausendjährigen irdischen Herr-

---

12 Bericht, Schmitt/Dube, dort weitere Hinweis auf Studien über Queue Culture und Waiting Lines. – Umgangsformen, Falkenhandbuch. – Theaterspiel im Alltag, E. Goffman. – Konkurrierende Lehrmeinungen, G. v. Randow. – Über Wartenschlangenforschung vgl. auch diverse Hinweise bei Lattewitz.

schaft Christi. In diesem Reich des Messias werden die Gerechten belohnt, endet die geschichtliche Zeit und beginnt die endlose Zeit des himmlischen Paradieses. Das Tausendjährige irdische Reich Christi setzt, wohlgemerkt, eine End-zeit-Katastrophe einschließlich Weltgericht voraus. Beides ist mithin für gläubi-ge Menschen ein Ereignis, worauf – prominent sind beispielsweise Adventisten – in gläubiger Gesinnung und Gewissheit sehnsüchtig gewartet wird. Manche Gläubige halten das Warten nicht aus und wagen das Jahr des erlösenden Weltun-tergangs anzugeben – bislang immer falsche Prophezeiungen. In anderen Fällen bringt man sich hochgradig nervös jenseitsgierig gestimmt selbst oder gemein-schaftlich um, wie vor vielen Jahren der Massenselbstmord einer Sekte in Waco/ USA zeigt. So etwas kommt jenen Menschen eher komisch-krankhaft vor, die sich an Matthäus 24,36 halten: „Jenen Tag und die Stunde kennt niemand, auch die Engel des Himmels nicht ..."[13]

8.2 Gnosis: Erlösung von der verderbten Schöpfung

In dem komplexen religions-,sozial- und kulturgeschichtlichen Gemisch von Un-heils- und Heilserwartungen spielen gnostische Vorstellungen eine große Rolle.

Das griechische Wort Gnosis bedeutet Erkenntnis. Die verschiedenen gnos-tischen Richtungen unterstellen einen Dualismus von Geist und Materie. Ange-sichts des vielen Leidens in dieser Welt gilt die Welt der sichtbaren Materie als verderbt, die unsichtbare immaterielle Welt dagegen als gut. Dass ein den Men-schen wohlgesinnter Gott diese schreckliche Welt erschaffen haben könnte, er-scheint unvorstellbar. Als Bestandteil der verderbten Schöpfung gilt auch der menschliche Körper. Erlösung, so lesen wir: „...ist die Rückkehr des Geistes aus seinem Exil in dieser Welt in seine wahre Heimat, in ein Reich des Lichtes, das gänzlich anders ist als irgendetwas, das der Wirklichkeit des materiellen Kosmos angehört", Bis zu dieser Wiedervereinigung vergeht äonenhaft viel Zeit und ist geduldiges Warten angesagt.

Gnosis löst auf seine Weise das Theodizeeproblems, nämlich: wie angesichts des Leidens und des Bösen der Glaube an Gott zu rechtfertigen ist und aufrecht-erhalten werden kann. Gnosis bietet eine, wie dies ein Religionssoziologe nennt: „dualistische Theodizee", Leid, Ungerechtigkeit und dergleichen mehr sind keine bloßen Störungen einer an sich guten Welt, vielmehr gilt: „... diese Welt ist das

---

13   Endzeit als aktuelles Thema, z.B. Hoffmann-Nowotny: 336ff. Thematisch breit angelegt Pi-
      kulik, u.a. Christentum, Aufklärung, Romantik, Krankheit zum Tode, Als-ob des Wartens.
      – Aktuelles Thema, viele Belege an den an 2000 orientierten Berichten aus den 90er Jahren,
      z.B.Utmann, Bonsen, Demandt, Schneider, Stuhlhofer, Vandenhoeven, Schümer. – Warten
      auf göttlichen Beistand/Paradies/Erlösung, kurze Übersicht Beyer:4ff. – Umfassende neue
      Studie: Nagel/Schipper/ Weymann (Hrsg.).

Reich der Unordnung und des Chaos", sie ist nichts als negative Wirklichkeit. Im Hinblick auf Erlösung sind bloße Korrekturen an und in dieser missratenden Welt nicht angezeigt, sondern deren umfassende Überwindung. Der Fachmann notiert: „Über Katastrophen geht die Geschichte hinweg, Krisen bergen die Hoffnung des Umschwungs zum Guten. Apokalypsen bezeichnen die Endzeit, werden von Propheten verkündet, trennen Gut und Böse und deren Anhänger radikal, rufen zum letzten Gefecht auf. Die Welt danach ist ganz neu und anders, nicht nur reformiert".

Für Islam, Judentum und Christentum ist die Welt dagegen eine gute Schöpfung eines guten eines menschenfreundlichen Gottes. Für Gnostik gehört zur abscheulichen Welt übrigens auch die römische Kirche. Unbesehen bemerkenswerter theologischer Differenzen im Detail und diskussionswürdiger päpstlicher/weltlicher/politischer Interessen ist bis heute nicht vergessen worden, was kirchlicherseits den mittelalterlichen Katharern (= die Reinen) im südlichen Frankreich bei einem veritablen Glaubensgemetzel im Namen und zur Ehre Gottes angetan worden ist. Die Katharer konnten sich aus ihrer Sicht – und wer bedenkt schon immer alle möglichen Sichtweisen? – nur bestätigt sehen.[14]

8.3 Säkulare Heilserwartungen/Eschatologien

Im politischen Bereich ist häufig eine verderbte Welt behauptet und deren grundsätzliche Umgestaltung gefordert worden. Manchmal bleibt es nicht beim passiven Warten auf das erhoffte innerweltliche Heil, sondern man schreitet rücksichtslos gegen missliebige Menschen zum Umsturz. Wie für den religiösen, so gilt auch für den politischen Fanatiker: „Alles oder nichts". Es besteht, wie in einschlägigen Abhandlungen ausführlich dargelegt worden ist, ein „innerer Zusammenhang von religiösen Heilsvorstellungen und sozialrevolutionären Bewegungen", unter deren – dies prägnant formuliert – „politischen Oberfläche es gnostisch heftig brodelt". Charismatische Persönlichkeiten treten als dem Messias vergleichbare und also irdische Heilsbringer auf, und sie fordern den revolutionären Kampf. In der nationalsozialistischen Vorstellungswelt kam der Ausdruck „Tausendjähriges Reich" ausdrücklich vor. Mao Tse Tung ließ durch seine Kulturrevolution vieles zerstören. Pol Pot erstrebte auf seine Weise den Neuen Menschen. Viele sogenannte Intellektuelle haben sich von solchen zwielichtigen Figuren nachhaltig beeinflussen lassen. Mit der als Gnade empfundenen späten Geburt korrespondiert bei nicht wenigen Menschen das fortunagleiche Glück erziehungsbedingter Immunität gegenüber derartigen menschenverachtenden Glücksverheißungen.

---

14   Erste Anregungen aus R. Bergmann (Manuskript); Meinhold. – Lesen wir, Berger:70, Theodizee: a. a. O. – Gnosis I und Gnosis II; Geisen; Fachmann, Weymann: Apokaplyse: 15.

Der Neue Mensch! – eine Zielvorstellung mit beachtlicher revolutionärer Schubkraft. Man wartet nicht auf eine in ferner Zukunft oder in einer jenseitigen Welt möglicher Verwandlung, sondern will die Erlösung hier und heute, spätestens morgen oder übermorgen. Wer den Alten Adam nicht überzeugt und überzeugend selbst abstreift, muss mit Folter und Tod rechnen – denn wo gehobelt wird, da fallen Späne. Die von Hitler, Stalin und Pol Pot befohlenen Massenmorde, bei denen Millionen umkamen, zeigen, welches Unheil bestimmte Heilserwartungen mit sich bringen. Auch in der Geschichte des Christenturns ist um eines vermuteten Willen Gottes bekanntlich sehr viel Blut vergossen worden.

Solche Heilserwartungen sind bei uns zurzeit nicht sonderlich attraktiv, allenfalls Minderheiten erwarten umfassendes irdisches Glück. Es gab und gibt zahlreiche pessimistische apokalyptische Prognosen unter Stichworten wie: Ökologie, Atom, Bevölkerungsexplosion, Wohlstandsgefälle, Nord-Süd, Ozon-Loch, Aids, Armut ... Interessant und bemerkenswert der Hinweis: Viele „Zeitgenossen leiden an der Vision einer von Krieg und Katastrophen zerstörten Welt, aber es fehlt ihnen die religiöse und politische Gewißheit früherer Generationen, daß nach dem großen Schrecken ein goldenes Zeitalter anbricht". Das ist kupierte, d. h. unvollständige Apokalypse genannt worden. Man weiß nicht, was man nach den befürchteten Katastrophe zu erwarten hat, worauf man für sich selbst oder die Nachkommenschaft warten darf. Warten wird damit eigentlich gegenstandslos.[15]

8.4 Eschatologie und christliche Botschaft

Eschaton, das Letzte, ist ein für Christen zentrales Ereignis, das glaubensmäßig erwartet und worauf individuell und kollektiv gewartet wird. Anlass dafür ist der unterstellte Sündenfall von Adam und Eva und deren Vertreibung aus dem Paradies. Indem die sog. Stammeltern der Menschheit verbotenerweise vorn „Baum der Erkenntnis von Gut und Böse" aßen, überschritten sie – dies lehrt der Katechismus der Katholischen Kirche – „die unüberschreitbare Grenze, die der Mensch als Geschöpf Gottes freiwillig anerkennen und vertrauensvoll achten soll". Mit der Missachtung dieser Grenze kam – so verkündet der Heilige Paulus – die „Sünde in die Welt und durch die Sünde der Tod, und auf diese Weise gelangte der Tod zu allen Menschen, weil alle sündigen". Mit der Geburt und dem Tod des Jesus Christus ist den sündigen und leidenden Menschen die Erlösung verheißen – näm-

---

15 Alles oder nichts, Husserl: 216. Bezug vor allem Mühlmann. – Innerer Zusammenhang, R. Bergmann: Teil 2:1. Bezug Voegelin, Cohn. – Barbarisch, Jenkis. – Neuer Mensch, Kuenzlen. – Pessimismen, „Am Rande des Abgrunds", in: Der Spiegel, 1/1996: 124ff.; Fuller. – Kupiert, Vondung: 179ff.

lich am Jüngsten Tag mit der Auferstehung des Fleisches all jener Menschen, die beim Letzten Gericht Gnade gefunden haben.

Im Urchristentum nahm man an, dass die endzeitliche Erlösung sich bald ereignen würde – Naherwartung genannt. Die Enttäuschung über das ergebnislose Warten blieb nicht folgenlos. Der Zeitpunkt des Großen Ereignisses wurde zum Geheimnis erklärt; niemand kann sicher sein, wann ihm die endzeitliche Stunde schlägt. Diese Unsicherheit erfordert bestimmte Maßnahmen, um die kollektive Heilserwartung für die jetzt Lebenden präsent zu halten. Ein Fachmann meint, dass jedwede Heilserwartung einer „sichtbaren Stützung" bedarf, „womit an die Sinne sowohl wie an die Fantasie der betroffenen Menschen appelliert wird. In Frage kommen hier Wunderzeichen, Weissagungen, Träume, religiöse Zeremonien und ähnliches". In diesem Zusammenhang sind auch Mess- und Abendmahlsfeiern erwähnenswert. Mit und in ihnen ja nicht nur des Namensgebers beispielsweise der christlichen Religion rückerinnernd gedacht, sondern zugleich auch die versprochene, und erwartete Erlösung und ewige Ruhe bei Gott fortwährend bedacht. Solches kollektives Warten auf ein in zeitlicher Hinsicht ungewisses Letztes Ereignis hin geschieht im Allgemeinen ziemlich gelassen.

Unter dem Einfluss insbesondere der Existenzphilosophie und des früher einmal sehr wirksam gewesenen – keineswegs religiös/jenseitig/ausgerichteten – Buches von Bloch „Das Prinzip Hoffnung" hat ein protestantischer Theologe in den 60er Jahren eine Theologie der Hoffnung entwickelt. Gläubige Christen als je einzelne und die ganze Christenheit sind von der Hoffnung auf Erlösung erfüllt. Darauf – so jedenfalls lehrt man – warten sie und richten sie ihr Leben (versuchsweise) aus. Solche Hoffnung – sie ist neben Liebe und Glaube für Augustinus ja eine theologische Tugend – kann Lebenssinn ermöglichen. In voller Breite entfaltet ein katholischer Theologe in dem Standardwerk „Eschatologie" eine Lehre von der christlichen Hoffnung auf das Reich Gottes.

Ein katholischer Vertreter Sytematischer und Fundamentaltheologie hat vor längerer Zeit unter dem Titel „Sisyphos heute. Philosophische Überlegungen zu einer Theologie des Wartenkönnens" sich geäußert. Im redaktionellen Vorspann heißt es: „Im Gegensatz zu der Hoffnungslosigkeit in Camus ‚Mythos vom Sisyphos' sieht (der Autor) in der vorbehaltlosen Entschiedenheit Gottes, auf das ‚Ja' seiner Geschöpfe warten zu können, das sinnstiftende Moment in heutiger theologischer Rede von Gott". Der Autor selbst fragt gegen Ende seines Textes: „Besteht vielleicht die wirklich entscheidende Differenz zwischen Gott und Mensch darin, daß Gott warten kann?" Als vornehmste Aufgabe gegenwärtiger Erziehungsinstitutionen wird jedenfalls bissig-ironisch die systematische Abgewöhnung des Wartenkönnens konstatiert.

Theologischen Überlegungen des hoffenden Wartens liegt üblicher- und verständlicherweise die Annahme einer befristeten Zeit zugrunde – denn mit dem
zukünftigen Großen Ereignis ist Zeit an ihr Ende gelangt. Dem gemeinten Sinn
nach religiös motivierte zielgerichtete Hoffnung ist freilich nicht die einzig mögliche Sichtweise. Häufgig zitiert wird Friedrich Nietzsche mit seinem berühmten Gedicht des Wartens:

> *Sils-Maria.*
> *Hier saß ich, wartend, wartend, – doch auf Nichts,*
> *Jenseits von Gut und Böse, bald des Lichts*
> *Geniessend, bald des Schattens, ganz nur Spiel,*
> *Ganz See, ganz Mittag, ganz Zeit ohne Ziel.*

Das entspricht allerdings nicht einer gängigen Vorstellung von Warten als ziel-
gerichtetem Verhalten.

In dem hier so verstandenen „Jenseits der Zeiten" entfällt übrigens nicht unbedingt sämtliches Warten. Die über Jahrhunderte hinweg einflussreich gewesene
Lehre vom Purgatorium/Fegefeuer unterstellt ein ggf. langes Warten bis zur vollkommenen Läuterung, die den Höllenbewohner bis in alle Ewigkeit verwehrt ist.[16]

9. Warten und Wartenkönnen: psychologisch-pädagogische Empfehlungen

Unter den Lebensbedingungen der modernen Gesellschaft befinden sich viele
Menschen unvermeidbar im „Reißwolf der Geschwindigkeit" – eine Zeithetze
in Verbindung mit Unruhe und Unrast, die manchen sehr belasten. Kein Wunder,
dass sich Widerstand regt und – um nur diese Stichworte zu nennen – Ruhe, Gelassenheit, Geduld, Schweigen und Langsamkeit propagiert und da und da auch

---

16 Katechismus: 133. – Paulus,Röm,5.12. – Frühe Christen, Erlemann. – Fachmann, Husserl:214.
    – Vgl. auch: „Die Tugend der Hoffnung entspricht dem Verlangen nach Glück, das Gott in
    das Herz jedes Menschen gelegt hat" (Kath. Katechismus: l03o). Protestantischer Theologe,
    Moltmann. Allgemeine Übersicht, Gibellini:269 ff. Weiterführend Pinchas. – Katholischer
    Theologe, Kehl. – Katholischer Vertreter, Verweyen: 1ff. Redaktioneller Vorspann: 1, Autor:
    9, 10. – Vgl. auch Ende der Zeit, neuere Arbeit u. a.Metz. Nietzsche, zit. Beyer:9. Breiter Raum
    für verschiedene Deutungen des Gedichtes, u. a. als Beispiel für eine „mystische Wartestel-
    lung". Dazu heißt es: „Der mystisch Wartende versucht aus dem Fluss der Zeiten auszusteigen.
    Vergangenheit, Gegenwart und Zukunft werden als scheinhaft erlebt und in der mystischen
    Erfahrung aufgelöst. In Meditation und Versenkung wird jener ,ewige Augenblick' erwartet,
    in dem sich das Ich eins weiß mit dem Grund und Sein aller Dinge. Einer, der versuchte, diese
    ungewöhnliche Wartehaltung in Worte zu fassen, war Meister Eckart, ein Mystiker aus dem
    13. Jahrhundert". (Beyer: 8) Solches Warten unterscheidet sich in der Tat vom Warten auf den
    Steuerbescheid, die Gehaltserhöhung, das Ende des Verkehrsstaus … Purgatorium/Fegefeuer,
    Hinweis Meyer, dort Bezug Weinrich. – Prominent natürlich Dante: Die Göttliche Komödie.

praktiziert werden. In Wien gab/gibt es einen „Verein zur Förderung der Langsamkeit"", bei uns eine „Gesellschaft zur Pflege der Ineffizienz". Geschäftstüchtige Zeitgenossen versprechen das Blaue vom Himmel und machen mit teuren Fernreisen und exklusiven Seminaren glänzende Geschäfte. Manche Klöster öffnen sich ruhesuchenden Wochenbesuchern. Fortbildungsakademien jedweder Art bieten Konzentrationskurse mit und ohne Liegeübungen auf mitgebrachten Wolldecken. Besonders Mutige wagen sich unter Anleitung der Kursleiter an Fernöstliches heran. Insgesamt ein buntes Warenangebot, das viele Käufer anlockt. Kein Wunder, denn so Aristoteles: „Alle Menschen wollen glücklich sein". Die Produkte der facettenreichen Glücksindustrie sind sehr gefragt – nur: der Mensch ist und bleibt ein unruhiges Lebewesen. Der Hl. Augustinus weiß das auf seine Weise, wenn er erwartungsvoll seufzt: „Kein Auge hat es je gesehen, kein Ohr je gehört, was denen bereitet wird, die erlöst sind".

Das Thema „Warten" ist auch in der Medienöffentlichkeit gelegentlich sehr bedeutsam gewesen. Kompliment verdient der Erfinder des Titels der vor vielen Jahren erschienen Zeitschrift „Fit for Fun", d. h. Fitsein für Spaß und Freude hier und heute. Die Zielgruppe: jung, körperlich okay, dynamisch, gesundheitsbewusst, sportlich, undogmatisch, kauffreudig, kurzweilig interessiert. Ein Beitrag in einer der ersten Ausgaben trug den Titel: „Brain: Geduld ist gut. Wer abwartet hat mehr vorn Leben. Alles über die Psychologie der Geduld und die Strategien für mehr Ausgeglichenheit im Alltag". Im Text heißt es einleitend: „Die Intelligenz der Geduld. Bitte Warten ...""

Bitte warten/gedulden Sie sich bitte einen Augenblick/Wir sind gleich für Sie da/Im Augenblick sind alle unsere Berater im Gespräch – wenn man Glück hat, landet man nicht in einer kostenaufwendigen Warteschleife. Geduldig sein kann man nur dann, wenn Ungeduld vermieden wird. Und welches sind Früchte der Ungeduld? Fit for Fun nennt: Mikrowelle, Klettverschluss, Transrapid, Onenight-Stand, schnelltrocknender Nagellack, Techno, Abführmittel, Fast Food, Kreditkarte, 3-in-1-Shampoo. Das Gegenmittel sind Geduldsübungen – beispielsweise „Kuchenbacken mit drei bis sechs Kleinkindern" oder „Wer logisch denkt, hat schon verloren" oder „Wahre Liebe wartet". Sich in Geduld üben und also Warten können setzt – das ist die Quintessenz – Selbstkontrolle voraus.

Hauptbezug für diese Ausführungen ist das Buch einer Amerikanerin unter dem Titel „Der Lohn des Wartens. Über die Psychologie der Geduld". Von Sam, dem die Originalausgabe gewidmet ist, hat die Autorin gelernt, „daß sich Warten bei manchen Dingen wirklich lohnt". Das amerikanische Original heißt schlicht und einfach: „Self-Control", Selbstkontrolle von Impulsivität im Hinblick

auf ausführlich erörterte Phänome wie Essen, Sucht- und Genussmittel, Gesund-
heitsverhalten/Studium/Management/Geld, Umgang mit sich selbst und anderen.
Die erzieherisch-aufklärerische Dimension ist offenkundig – und das ge-
schäftliche Interesse im Zeitalter der Beratungsliteratur eindeutig. Solche Literatur
ist dennoch beachtenswert, denn manche Erwägungen erinnern nämlich an das
uns schon vertraute Konzept der „Aufgeschobenen Belohnung" (Deferred Gratification Pattern). Impulsivität ist nicht selten, so heißt es, die beste Strategie, aber
manchmal spricht viel dafür, sich für das „positiv bewertete, aber aufgeschobene Ereignis" zu entscheiden. Die Entscheidungstypen „Selbstkontrolle" und „Impulsivität" werden auch als „aufgeschobene Befriedigung und als unmittelbare
Befriedigung" bezeichnet. Das Buch will Strategien der Bewältigung problem-
trächtiger Impulsivität vermitteln, also einsichtig machen, dass Warten sich lohnt.
Wenn man dem Titel eines in anderem Zusammenhang schon erwähnten Buches glauben darf, dann gibt es „Die Kunst des Wartens". Aus dem Vorwort ist der
Hinweis auf Geduld als einer systemsprengenden Haltung schon erwähnt worden.
Von den vielen anregenden – übrigens ziemlich heterogenen – Einzelbeiträgen sol-
len hier nur einige Zeilen aus Walter Benjamins Text „Das Fieber" zitiert werden:

> „... Ich bin viel krank gewesen. Daher stammt vielleicht, was andere als Geduld an mir be-
> zeichnen, in Wahrheit aber keiner Tugend ähnelt: die Neigung, alles, woran mir liegt, von wei-
> tem sich mir nahen zu sehen wie meinem Krankenbett die Stunden. So kommt es, daß an ei-
> ner Reise mir die beste Freude fehlt, wenn ich den Zug nicht lange auf dem Bahnhof erwarten
> konnte, und ebenfalls rührt daher, daß Beschenken zur Leidenschaft bei mir geworden ist;
> denn was den andern überrascht, das sehe ich, der Geber, von langer Hand voraus. Ja, das Be-
> dürfnis, durch die Wartezeit wie ein Kranker durch die Kissen, die er im Rücken hat, gestützt,
> dem Kommen den entgegenzusehen, hat bewirkt, daß späterhin mir Frauen umso schöner er-
> schienen, je getroster und länger ich auf sie zu warten hatte".[17]

10. Zum Abschluss

Eine systematische Suche ergäbe sehr wahrscheinlich viele literarische Texte im
Umkreis des Themas Warten. Samuel Becketts „Warten auf Godot" fällt selbst
nur hauchweise Gebildeten sofort ein. In den erwähnten philosophischen Überlegungen zur einer Theologie des Wartenkönnens wird ebenfalls Godot bemüht,

---

17   Reißwolf/Beschleunigung, Barth, Borscheid, Geißler, Heuwinkel, Rinderspacher. – Entschleu-
     nigung/ Langsamkeit, Backhaus, Höck, Reheis. – Glücksindustrie, Fürstenberg. – Geduld/
     Warten, Fit for Fun, Loque, Stäblein, dort Benjamin: 84ff. In diesem Zusammenhang bedeutsam
     sind auch die Hochschätzungen von Muße/Müßiggang/Faulheit/Trägheit, z. B. Fuchs, Hesse,
     Lafarque – und viele Hinweise in einschlägiger Ratgeberliteratur. – Zur Tradition seriöser
     Konzepte und ihrer Begründungen schon in der antiken Philosophie, Hufnagel.

aber nicht als Warten auf Godot sondern als „Warten mit Godot". Und die Bespre-
chung eines modernen Tanzstücks trägt die Überschrift: „Warten auf gar nichts,
auch nicht auf Godot". Franz Kafka darf natürlich nicht unerwähnt bleiben. In
seinem Werk „Das Schloß" wartet Herr K., er wartet und wartet ... In Jean Pauls
„Siebenkäs" heißt es ganz am Anfang: „... Alles, was Siebenkäs unter dem Warten tat, waren einige Eidschwüre, daß der Teufel das Suchen und seine Großmutter
das Warten ausgesonnen ..." Wer genauer wissen möchte, was mit diesem Satz
gemeint ist, muss die Geduld aufbringen, den „Siebenkäs" gründlich zu lesen.[18]

Literatur

Backhaus,K./Bonus,H.,Hrsg., Die Beschleunigungsfalle oder der Triumpf der Schildkröte, Stutt-
    gart 3. Aufl., 1998
Barth,A.: Im Reißwolf der Geschwindigkeit. Über die rasende Zeit der gehetzten Gesellschaft, in:
    Der Spiegel, 20/1989
Bellebaum, A.(I), Langeweile, Überdruß und Lebenssinn. Eine geistesgeschichtliche und kulturso-
    ziologische Untersuchung, Opladen 1990
Bellebaum, A. (II), Abschiede. Trennungen im Leben, Wien 1992
Bellebaum, A.(III): Wendepunkte im Leben. Bekehrungen und andere Damaskus-Erlebnisse, in:
    Ders./H.Braun, Hrsg., Quellen des Glücks- Glück als Lebenskunst, Würzburg 2004
Bellebaum,A./R.Hettlage, Hrsg., (IV): Glück hat viele Gesichter. Annäherungen an eine gekonnte
    Lebensführung, Wiesbaden 2010
Berger ,P. L.: Zur Dialektik von Religion und Gesellschaft. Elemente einer soziologischen Theo-
    rie, dt. Frankfurt: 1973
Bergmann, R.: Jenseits der Welt das Böse suchen. Wirkungsgeschichte und Wiederkehr der Gno-
    sis, Südwest 3, 15.9.1996
Bergmann, W.: Das Problem der Zeit in der Soziologie. Ein Literaturüberblick der ‚zeitsoziologischen'
    Theorie und Forschung, in: Kölner Zeitschrift für Soziologie und Sozialpsychologie, 1/1985: 484
Bergmann, W.: Warten, in: Ders., Die Zeitstrukturen sozialer Systeme. Eine systemtheoretische
    Analyse, Berlin 1981: 168ff.
Bonsen, E. zur: Im Land der Unsterblichkeit. Immer mehr Kultführer predigen die Erlösung und
    bauen dabei auf die Ängste der Menschen, in: SZ 29./30.5. 1995
Borscheid, P.: Das Tempo-Virus. Eine Kulturgeschichte der Beschleunigung, Frankfurt 2oo4
Broeck, H.van den: The fee (we Eat, eat, eat), Rez. in: FAZ, 14.11.1996
Cohn, N.: Das Ringen um das Tausendjährige Reich. Revolutionärer Messianismus im Mittelalter
    und sein Fortleben in den modernen totalitären Bewegungen, dt. Bern-München 1961

---

18   Warten mit Godot, Verweyen; Tanzstück, van den Broeck. – Siebenkäs, Jean Paul. – Es gibt
      viele literarische Belege zum Thema Warten, vgl. z. B. Bayer.

Demandt, A.: Endzeit? Die Zukunft der Geschichte, Berlin 1993

Durkheim, E.: Die elementaren Formen des religiösen Lebens, (Paris 1912) dt. Frankfurt 1981

Dux, G.: Die Zeit in der Geschichte. Ihre Entwicklungslogik vom Mythos zur Weltzeit, Frankfurt 1989

Erlemann, K.: Endzeiterwartungen im frühen Christentum, Tübingen 1996

Falkenhandbuch „Umgangsformen heute. Die Empfehlungen des Fachausschusses für Umgangsformen", Niedernhausen 1982

Fit for Fun, Ausgabe 12/1996

Fraisse,P.: Psychologie der Zeit. Konditionierung, Wahrnehmung, Kontrolle. Zeitschätzung. Zeitbegriff, dt.München 1985

Fraser, J.J.: Die Zeit. Auf den Spuren eines vertrauten und doch fremden Phänomens, dt. Basel 1988

Fuchs, G.B.: Was ist ein Müßigänger?, in: Inselbuch der Faulheit, Frankfurt 1983

Fürstenberg, Fr.: Glückserwartungen als Medienprodukte, in: Ders., Wunschwelten und Systemzwänge. Handlungsorientierungen im Kulturzusammenhang, Münster 2004: 50ff.

Fürstenberg, Fr./Mörth, J., Hrsg., Zeit als Strukturelement von Lebenswelt und Gesellschaft, Linz 1986

Fuller,G.: ‚Das Ende'. Von der heiteren Hoffnungslosigkeit im Angesicht der ökologischen Katastrophe, Zürich 1993

Fuller,G.: Endzeitstimmung. Düstere Bilder in goldener Zeit, Köln 1994

Geisen, R.: Anthroposophie und Gnosis. Paderborn 1992

Geißler, K.A.: Grenzenlose Zeiten. Unsere Suche nach dem pausenlosen Glück, in: Das Parlament, 2.7.2004: 7 ff.

Geißler, K.A., Alles. Gleichzeitig. Unsere Suche nach dem pausenlosen Glück, Freiburg 2004

Gibellini, R.: Theologie der Hoffnung, in: Ders., Handbuch der Theologie im 20. Jahrhundert, Regensburg 1995: 269ff.

Goffman, E.: Wir alle spielen Theater. Die Selbstdarstellung im Alltag, dt. München 1969

Gnosis (I), in: Reallexikon für Antike und Christentum, Bd. XI, Stuttgart 1981: 446ff.

Gnosis (II), in: Lexikon für Theologie und Kirche, Bd.4, Freiburg 1995: 802ff.

Heinrich, P./Bosetzky, H., Hrsg., Blechdosen, Holzbänke und dunkle Flure. Beschreibungen unterschiedlicher Warteräume in Berliner Behörden, Berlin 1984

Hesse, H.: Die Kunst des Müßiggangs. Kurze Prosa aus dem Nachlaß. Frankfurt 4.Aufl. 1976

Heuwinkel, L.: Zeitprobleme in der Beschleunigungsgesellschaft, in: Das Parlament, 26.7.2004: 33ff.

Höck, W.: Zögern, Warten. Nachrichten aus dem „Verein für Verzögerung der Zeit", SDR, 21.12.1996

Hoffmann-Nowotny, H-J: Endzeitstimmmung. Versuch einer soziologischen Erklärung, in: Reformatio 6/1988: 336ff.

Hufnagel,E.: Philosophie des Guten Lebens. Antike Lehrmeister des Glücks, in: A. Bellebaum, Hrsg., Glücksforschung. Eine Bestandsaufnahmen, Konstanz 2002: 59ff.

Husserl, G: Die Phänomene des Wartens und der Erwartung, in: Ders., Person, Sache, Verhalten. Zwei phänomenologische Studien, Frankfurt 1969

Iden, P.: Warten ohne Erwartung. Bazon Brock über Kunst und Gesellschaft in den 8oer Jahren, in: Frankfurter Rundschau, 11.6.1992: 10

Jaeckel, M.: ‚At your Service'. Sozialer Status und Zeit, in: Ders., Zeitzeichen. Einblicke in en Rhythmus der Gesellschaft, Weinheim und Basel, 12.

Jean Paul: Siebenkäs, Ausgabe rororo 1957:7

Jenkis, H.: Sozialutopien- barbarische Glücksverheißungen?. Zur Geistesgeschichte von der Idee der vollkommenen Gesellschaft, Berlin 1992

Jonas,H.: The Gnostic Religion, Boston 1983

Kasten, H.: Zeit des Warten – Wartezeiten, in: Ders., Wie die Zeit vergeht. Unser Zeitbewußtsein im Alltag und Lebenslauf, Darmstadt 2001: 153ff.

Kehl, M.: Eschatologie, Würzburg 1986

Kern, L.: Zur Verwendung von Konzepten des Operations Research in der Rechts- und Sozialgeschichtlichen Forschung, in: P.C. Ludz, Hrsg., Soziologie und Sozialgeschichte. Aspekte und Probleme, Opladen 1972

Köhler, A.: Lange Weile. Über das Warten, Frankfurt/M. 2007

Küenzlen, G.: ,Der Neue Mensch'. Eine Untersuchung zur säkularen Religionsgeschichte der Moderne, München 1997

Küenzlen, G.: Suche und Sehnsucht nach dem Neuen Menschen. Die neuen religiösen Bewegungen und ihre Heilsversprechen, in: A. Bellebaum/P. Schallenberg (Hrsg.), Glücksverheißungen. Heilige Schriften der Menschheitsgeschichte, Paderborn 2004:16lff.

Lafarque, P.: Das Recht auf Faulheit, dt. Frankfurt 1966

Lattewitz, E.: Zeitbesessen oder zeitvergessen. Vom unterschiedlichen Warten in den Kulturen

Levine, R.: Eine Landkarte der Zeit. Wie Kulturen mit Zeit umgehen, München 1998

Loque, A.W.: Der Lohn des Wartens, dt. Heidelberg 1996

Mann, L.: Queue Culture. The Waiting Line as a Social System, in: AJS 75: 34off.

Maurer, M.: Warteschlangen und ihre Behandlung als Phänomen des Marketings, Diplomarbeit auszugsweise mit Lit.

Meinold, P.: Das Christentum bis zur karolingischen Reichsgründung, in: Saeculum Weltgeschichte, Bd. III: Die Hochkulturen im Zeichen der Weltreligionen, Freiburg 1967: 117ff.

Metz, J. B.: Memoria passionis. Ein provozierendes Gedächtnis in pluralistischer Gesellschaft, Freiburg 2006

Meyer, M.: Überall das Ticken der Lebensuhr, in: NZZ, 6./7.11.2004: 45

Moltmann, J.: Theologie der Hoffnung. Untersuchungen zur Begründung und den Konsequenzen einer Eschatologie, Gütersloh 1964

Mühlmann, W.E.: Chiliasmus und Nativismus. Studien zur Psychologie, Soziologie und historischen Kasuistik politischer Umsturzbewegungen, 1961

Nagel, K./Schipper, U./A. Weymann, Hrsg., Apokalypse. zur Soziologie und Geschichte religiöser Krisenrhetorik, Frankfurt/M, 2008

Nassehi, A.: Die Zeit der Gesellschaft. Auf dem Weg zu einer soziologischen Theorie der Zeit, Opladen 1993

Neuwinkel, L.: Zeitprobleme in der Beschleunigungsgesellschaft, in: Das Parlament, 26.7.2004:33ff.

Neuwinkel ,L.: Umgang mit Zeitproblemen, Schwalbach 2004

NZZ-Online: Auf der Suche nach der vergeudeten Zeit. Gesellschaft in der Warteschleife, 2.7.2004

Operations Research, in: Staatslexikon, Bd.6, Freiburg 1961: 7ff.

Operations Research, in: Staatslexikon, Bd.4, Freiburg 2008: 166ff.

Paris, R.: Warten auf Amtsfluren, in: Kölner Zeitschrift für Soziologie und Sozialpsychologie, 4/2001:705ff; desgleichen in: Ders.,Soziologische Essays, Konstanz 2005

Peters, T. R./C. Urban, Hrsg., Ende der Zeit? Die Provokation oder Rede von Gott, Mainz 1999

Pikulik, L.: Warten, Erwartung. Eine Lebensform in End- und Übergangszeiten, Göttingen 1997

Pinchas, L.: Apokalyse als Hoffnungstheologie, in: R. Gassen u.a. (Hrsg.), Apokalypse: ein Prinzip Hoffnung?. Ernst Bloch zum 100. Geburtstag, Heidelberg 1985: 10ff.

Raabe, W.: Die Wartenden, in: Raabenweisheit. Zum 70.Geburtstag aus Dichters aus den Werken Wilhelm Raabes, ausgewählt, zusammengestellt und herausgegeben v.H. V. Wolzogen, Berlin 1901: 28f.

Randow, G. v.: Wer sich vordrängelt ist frech oder ein Soziologe. Forsche Forscher, in: Die Zeit, 16.4.1993

Reheis, F.: Die Kreativität der Langsamkeit. Neuer Wohlstand durch Entschleunigung, Darmstadt 2.Aufl.1998

Rinderspacher, R.: Gesellschaft ohne Zeit. Individuelle Zeitverwendung und Organisation der Arbeit, Frankfurt 1995

Rollin, M.: Jagen nach dem großen Glück, in: Die Woche, Extra: Glück? Glück! 2/1996: 6

Rosa, H.: Beschleunigung. Die Veränderung der Zeitstruktur in der Moderne, Frankfurt 2005

Röthlein, B.: Anleitung zur Langsamkeit, Freiburg 2005

Schassberger, R.: Warteschlangen, Berlin 1997

Schmied, G.: Soziale Zeit. Umfang, ‚Geschwindigkeit‘ und Evolution, Berlin 1985

Schmitt, B. H./Dube, L.: Intrusions into Waiting Lines: Does the Queue constitute a Social System, in: Journal of Personality and Social Psychology, 5/1992: 806ff.

Schneider, M.: Der Barbar. Genealogie der Endzeitstimmmung, Köln 1997

Schümer,D.: Zweitausend. Weltuntergang, nächste Folge, in: FAZ 26.3.1994

Schulze,G.: Die Erlebnisgesellschaft. Kultursoziologie der Gegenwart, Frankfurt 1992

Ders.:Das Projekt des schönen Lebens, in: A Bellebaum/K. Barheier, Hrsg., Lebensqualität. Ein Konzept für Praxis und Forschung, Opladen 1994: 7.ff.

Schwartz, B.: Waiting, Exchange. and Power: The Distribution of Time in Social Systems, AJS 79: 2 (1973/74)

Schwartz, B.: Queuing and Waiting, Studies in the Social Organisation of Acess and Delay, Chicago 1975

Seemann, H.-J.: Zur Typologie des Wartens, in: Psychologie heute, 1988: 7:42ff.

Stäblein,R. (Hrsg.), Geduld. Die Kunst des Wartens, Frankfurt 1996

Stein, St.: Die Zeit. Der Stoff, aus dem Leben ist. Eine Gebrauchsanweisung, Frankfurt/M. 2006

Stuhlhofer, F.: Das Ende naht. Die Irrtümer der Endzeitspezialisten, Köln 1993

Terzic,Z.: Traktat über die Schlange, 1988

Uthmann, J. v.: Die Erwartung des Weltendes. Die Davidianer sind kein Einzelfall: Obskure Kulte und Sekten in den USA, in: 22.5.1993;

Vandenhoeven, J.W.: Babylon oder Jerusalem. Endzeitliche Verführung – Was kommt auf uns zu?, Neuhausen 1994

Verweyen,H.: Warten mit Godot, in: Kirche und Schule, 99/1996: 1ff.

Voegelin E.: Die Politischen Religionen, Wien 1938

Voegelin, E.: Wissenschaft, Politik und Gnosis, München 1959

Vondung, K.: Die Faszination der Apokalypse, in: Nagel/ Schipper/Weymann, (Hrsg.) 177ff., Warteschlangentheorie, in: Großer Meier, Bd. 25, Mannheim 1979:31

Weigert, A.: Sociology of Everyday Life, New York 1981

Weinrich, H.: Knappe Zeit. Kunst und Ökonomie des befristeten Lebens, München 2004

Welby, J.: Wer warten kann, hat mehr vom Leben. Der entspannte Weg zu mehr Gelassenheit, München 2004

Wendorff, R.: Der Mensch und seine Zeit. Ein Essay, Opladen 1988

Weymann, A.: Das apokalyptische Element in ‚Pursuit of Happiness‘ und die Nützlichkeit der Tugenden, in: Nagel/Schipper/Weymann (Hrsg.)

Weymann, A., Gesellschaft und Apokalypse, in: Nagel/ Schipper/Weymann (Hrsg.): 13 ff

Zimmermann, D.: Normen im Alltag, in: K. Hammerich M. Klein, Hrsg., Materialien zur Soziologie des Alltags, Opladen 1976: 87ff.

Der leicht überarbeitete Beitrag ist zuerst erschienen in:
Festschrift für Manfred Prisching zum 60.Geburtstag, 2 Bde, Wien/Graz 2olo: 613 ff.

Erwartungen an Anderswelten – Umgänge mit Transzendenzen

Regine Herbrik

1. Einleitung

Die Anderswelt, hier als Platzhalter für all die Lebenswelten verwandt, die nicht mit dem Alltag in eins fallen, sondern ihn überschreiten, ist innerhalb der keltischen Mythologie ein durchaus geographisch konkreter, mystisch bedeutsamer Ort (z. B. Avalon), der zwar von Mythen-Wesen (Götter, Feen und Elfen) bevölkert ist, jedoch unter bestimmten Umständen auch von Normalsterblichen noch während ihrer Lebenszeit besucht werden kann. Personen können unabsichtlich dorthin geraten, aber auch von sich willentlich für eine Einreise entscheidenden Helden wieder zurückgeholt werden. Und ebenfalls die Bewohner der Anderswelt machten sich auf, um unerkannt die Menschen heimzusuchen. So ist auch die von irischen Migranten in die USA gebrachte Vorstellung, dass Wesen bzw. Seelen, die anderen Welten zugehören, in der Nacht auf Allerheiligen („Halloween") für einige Stunden einen Weg ins Diesseits finden, ein Hinweis auf eine solche, wenn auch bereits christianisierte, Konzeption einer brüchigen Trennung zwischen Welt und Anderswelt (vgl. Krause 2004, S. 189 ff. und 197).

Festzuhalten ist bereits an dieser Stelle, dass die Anderswelt durch das Strukturmerkmal der Ambivalenz charakterisiert ist, denn sie ist einerseits anziehend und verlockend und wird als fast paradiesischer Zustand bzw. eine Art Schlaraffenland geschildert. Andererseits bergen das Betreten und das Verlassen der Anderswelt Gefahren in sich, und Wesen, die auf den ersten Blick freundlich zu sein scheinen, entpuppen sich als böse, hinterhältig und gefährlich.[1]

Die keltische Vorstellung der „Anderswelt" unterscheidet sich einerseits von anderen Jenseitsvorstellungen insofern, als die Grenzen zwischen den Welten als deutlich durchlässiger gedacht werden. Gemeinsam ist jedoch fast allen Fassun-

---

[1]   Diese Idee einer in der Alltagswelt versteckten, anderen Welt, zu der Normalsterbliche auf wundersame Weise Zutritt erhalten, stellt bis heute den fiktiven Rahmen für eine ganze Reihe an Fantasy-Erzählungen, -spielen und filmen dar. Einige besonders prominente Beispiele hierfür sind „Alice's Adventures in Wonderland" von Lewis Caroll (zuerst veröffentlicht: 1865), „The Chronicles of Narnia" von Clive Staples Lewis (veröffentlicht: 1950-1956) und „Otherland" von Tad Williams (veröffentlicht: 1996-2001).

gen anderer oder jenseitiger Welten, dass sie hauptsächlich ex negativo charakterisiert werden; als Gegenstück dessen, was als Diesseits, Alltag oder Normalität wenig erklärungsbedürftig, da unmittelbar erfahrbar zu sein scheint. Notwendig ist daher zunächst die Klärung der Frage, wodurch sich die Negativ-Folie, also das Nicht-Andere, das Alltägliche, charakterisieren lässt.

Wie von Hettlage bereits in der Einleitung zu diesem Band ausgeführt, war innerhalb der Soziologie lange Zeit genau dieses Nicht-Außergewöhnliche, der tagtägliche Normalzustand ein unterbelichtetes Feld. Seit sich jedoch die Neuere Wissenssoziologie, insbesondere Berger und Luckmann im Anschluss an Schütz, umfassend mit der Untersuchung des Alltags befasst und der Lebenswelt des Alltags den Status der „Wirklichkeit par excellence" (Berger/Luckmann 2000, S. 24) eingeräumt hat, rückt diese ins Zentrum sozialwissenschaftlicher Theoriebildung. Davon ausgehend lässt sich fragen, wo *innerhalb* dieser alltäglichen Lebenswelt Transzendenzen zu finden sind und wo sich gar Transzendenzen finden, die eine *Überschreitung* dieser Lebenswelt anzeigen. Damit ergibt sich ein soziologischer Begriff von Transzendenz, der auf metaphysische Beigaben verzichten kann. Diese Konzeption soll in einem ersten Schritt geschildert werden, bevor wir dann im Weiteren exemplarisch auf das Abenteuer, das Spiel und die Wissenschaft sowie Religion und Kultur als Beispiele für Anderswelten eingehen werden.

2. Transzendenzen im Alltag und darüber hinaus

Um eben die Begegnung mit Grenzen innerhalb und an den Rändern der Lebenswelt zu beschreiben, wurde von Schütz die Unterscheidung zwischen ‚kleinen', ‚mittleren' und ‚großen' Transzendenzen eingeführt. Das Wissen um die Transzendenzen, die zum Leben gehören, erschließt sich uns ihm zufolge im Alltag vor dem Hintergrund der gelernten und routinisierten Verlässlichkeiten, die an der einen oder anderen Stelle eine Erschütterung erfahren. Wichtig ist dabei jedoch, dass Transzendenz als Möglichkeit schon dort ‚mit-erfahren' wird, wo es eigentlich gar nicht um sie geht. Denn „alles, was sich als gegenwärtig und es selbst vorstellt, verweist in dieser Vorstellung zugleich auf anderes, Nicht-Gegenwärtiges." (Schütz/Luckmann 2003, S. 595). Insofern ist „keine Erfahrung [...] in sich selbst beschlossen" (ebd.), sondern trägt immer schon den Hinweis auf das, was sie selbst nicht ist, was sie also überschreitet, mit sich.

Die kleinen Transzendenzen sind nach Schütz und Luckmann (2003, S. 598ff.) solche Überschreitungen, die an Grenzen stattfinden, die anderswo oder zu einem anderen Zeitpunkt gar keine Grenzen darstellen würden. Es geht dabei um die Beschränkungen, die uns die Kategorien Raum und Zeit auferlegen. Wir können nicht gleichzeitig im Heute und im Gestern sowie nicht gleichzeitig hier und dort sein. Was in unserer unmittelbaren Reichweite ist, womit wir handeln oder Erfahrungen machen können, hängt davon ab, an welchem Ort und zu welchen Zeitpunkt wir uns befinden. Die Grenze, die sich damit auftut, lässt sich jedoch innerhalb der alltäglichen Lebenswelt überschreiten. Solange die „Idealisierungen des ‚Und-so-weiter' und des ‚Ich-kann-immer-wieder' nicht unerwartet außer Kraft gesetzt werden" (Schütz/Luckmann 2003, S. 599), ist es grundsätzlich möglich, kleine Transzendenzen durch Änderungen hinsichtlich des Raums oder der Zeit zu bewältigen.

Hinsichtlich der mittleren Transzendenzen muss zunächst daran erinnert werden, dass die Lebenswelt des Alltags von Schütz und Luckmann grundsätzlich als intersubjektiv verfasst konzipiert ist. Dies beinhaltet mehrere Annahmen, die innerhalb der „natürlichen Einstellung des Alltags" (Schütz/Luckmann 2003, S. 31) unhinterfragt hingenommen werden, wie bspw. dass neben uns andere Menschen körperlich existieren, dass wir diesen den Besitz eines dem unseren ähnlichen Bewusstseins unterstellen und dass wir mit ihnen „in Wechselbeziehung und Wechselwirkung treten" (ebd.) können. Aus diesen Annahmen lassen sich die im Alltag hilfreichen Unterstellungen ableiten, dass wir erstens in der Lage sind, uns zumindest bis zu einem gewissen Grad gegenseitig – intendiert oder nicht – über unsere Erlebnisse und Handlungsmotive zu informieren und dass wir uns zweitens diese Fähigkeiten gegenseitig zutrauen (vgl. Schütz/Luckmann 2003, S. 30). Solche ständig genutzten und einen halbwegs reibungslosen Alltag allererst ermöglichenden Fiktionen stoßen jedoch an Grenzen, die von Schütz und Luckmann unter dem Begriff der mittleren Transzendenz beschrieben werden. Denn: „Wenn der Mensch versucht, in die Haut eines anderen zu schlüpfen, scheitert er." (Schütz/Luckmann 2003, S. 593) Wir nehmen den anderen demnach als Körper wahr, der auf etwas Nicht-Wahrnehmbares verweist, namentlich auf „ein Innen" (Schütz/Luckmann 2003, S. 604) Innen und außen seien uns zumeist als Einheit unproblematisch, und es sei gerade der äußerlich wahrnehmbare Körper des Gegenübers, „der mir sein Fühlen, Wollen und Denken ‚unmittelbar' vermittelt" (Schütz/Luckmann 2003, S. 608). Dieser Vermittlungsakt sei jedoch vor Problemen und Fehlern nicht gefeit, so dass uns das Innen unseres Gegenübers letztlich niemals vollständig zugänglich sei. Dies erfordere letztendlich auch einen niemals endenden Einsatz hermeneutischer Deutungsversuche im Alltag.

Während es sich also bei den kleinen und mittleren Transzendenzen um einen Wechsel von einer Art der Erfahrung innerhalb der alltäglichen Lebenswelt zu einer anderen ebensolchen handelt, wechselt man laut Schütz und Luckmann (2003, S. 614ff.) im Fall der großen Transzendenz von einer Art der Erfahrung der alltäglichen Lebenswelt zu einer Erfahrungsweise, die außerhalb der alltäglichen Lebenswelt angesiedelt sei. Als Beispiele für die Abwendung von der alltäglichen Lebenswelt werden „Schlaf und Traum", „Halbwachheit und Tagtraum", „Ekstasen", „Krisen und Tod" sowie die „theoretische Einstellung" behandelt (vgl. ebd.). Solange man mit den dort gültigen Erfahrungsarten befasst sei, sei es unmöglich zu handeln. Die Verbindung zwischen den Bereichen, die mit niedriger Bewusstseinsspannung, also im Schlaf, Halbschlaf oder Tagtraum, betreten werden, und der alltäglichen Lebenswelt sei lediglich über – noch nicht einmal besonders deutliche – Erinnerungen möglich. Klarer seien jedoch die Erinnerungen an solche Sinnprovinzen, innerhalb derer in einem übermäßig wachen Zustand Erfahrungen gemacht werden, wie im Falle der Ekstase.

In diesem Fall zeigt sich deutlich eine Parallele zu den mystischen Anderswelten, wenn Schütz und Luckmann die Attraktivität und dabei auch immer Ambivalenz des Anderen beschreiben: „Jedermann ist sich der Gefahren bewußt, die mit dem Außergewöhnlichen verbunden sein können, aber diese Gefahren schrecken nicht nur ab, sondern locken auch an." (Schütz/Luckmann 2003, S. 623) Die Gesellschaft finde daher Formen, mithilfe derer das lockende und gefährliche Außergewöhnliche domestiziert werde, auf dass es die Relevanzen der alltäglichen Lebenswelt nicht gefährde, indem ihm eine bestimmte Zeit oder ein gesonderter Raum zugewiesen werde, durch seine Verbannung in den Bereich des Spiels, der Religion oder der Wissenschaft.

Einen Sonderfall stellt nach Schütz und Luckmann hinsichtlich der großen Transzendenzen die Überschreitung der Grenze zwischen Leben und Tod dar, da sie von den meisten Menschen nur einmal und auch nur in eine Richtung überschritten werde. Insofern verfügten sie über ein Wissen hinsichtlich des Todes, jedoch nicht über Erfahrungen, die in seiner Sinnprovinz gemacht werden und an die man sich später innerhalb der alltäglichen Lebenswelt erinnern könne. Dennoch habe das Wissen um diese definitive Transzendenz einschneidende Auswirkungen auf das Handeln, Planen und Denken innerhalb der alltäglichen Lebenswelt, indem „die Idealisierungen des ‚Und-so-weiter' und des ‚Ich-kann-immer-wieder' mit der leisen Erinnerung: ‚Bis-auf-weiteres'" (Schütz/Luckmann 2003, S. 628) versehen werden.

Eine bewusste und sehr wache Grenzüberschreitung, die ebenfalls Erwähnung findet, ist die für den Bereich der Wissenschaft relevante der „theoretischen Einstellung". In ihr „wird dem Alltagsbereich der Wirklichkeitsakzent sozusagen hypothetisch – aber hypothetisch ganz – entzogen, und die in ihm herrschenden Relevanzen werden rückhaltlos, obwohl nur auf Zeit, in Frage gestellt." (Schütz/ Luckmann 2003, S. 631) Geschildert wird hier also im Grunde eine zu heuristischen Zwecken vorgenommene Irrealisierung dessen, was innerhalb der alltäglichen Lebenswelt als das unhinterfragt Reale gilt. Solche Techniken der Distanzgewinnung zur Lebenswelt des Alltags sind jedoch nicht nur innerhalb der theoretischen Einstellung anzutreffen, sondern sind im Grunde für alle bewusst herbei geführten Transzendenzen – wie die Überschreitung hin zur Religion, zum Spiel oder zur Kunst – anzuführen.

Wie die Bezeichnung bereits verdeutlicht, zeichnen sich alle von Schütz und Luckmann beschriebenen Transzendenzen dadurch aus, dass das, was jeweils gegenwärtig erfahren wird, einen Verweis auf einen hinter einer Erfahrungsgrenze liegenden Gegenstand enthält (Schütz/Luckmann 2003, S. 603). Diesen Verweisungszusammenhang macht sich der Mensch laut Schütz und Luckmann zunutze, der sich anschickt, die Grenzen, mit denen er konfrontiert wird zu überschreiten oder zumindest hinter sie zu lugen. All diese Strategien basierten auf der Voraussetzung der Appräsentation als „Bewußtseinsleistung" (Schütz/Luckmann 2003, S. 635). Hervorzuheben sei dabei wiederum die Bedeutung der Sprache als zeichenbasiertem, sozialen System zur Organisation und Vermittlung von Bedeutung (Schütz/Luckmann 2003, S. 666). Dabei ermöglicht Sprache eine mehrfache Überschreitung, zunächst hinsichtlich der Zeit (als „Merkzeichen"), hinsichtlich des Gegenübers (als „Anzeichen"), dann aber auch die Überschreitung der eigenen Erfahrung auf Sachverhalte hin, die einer anderen Lebenswelt angehören. Knoblauch (1995) und Keller et al. (2012) greifen diesen Bestandteil der wissenssoziologischen Theorie auf und bauen ihn aus, indem sie die soziale Konstruktion der Wirklichkeit als eigentlich kommunikative Konstruktion beschreiben und entfalten.

Problematisch wird die Argumentation von Schütz und Luckmann auch dort, wo sie von einer „spezifischen Form der Sozialität" (Schütz/Luckmann 2003, S. 60) je Sinnprovinz und dazugehörigem Erkenntnisstil ausgeht. Dabei entsteht – auch durch die gewählten Beispiele – leicht der Eindruck, dass das Betreten bestimmter Sinnprovinzen grundsätzlich mit Einsamkeit, mit einem Rückzug in die ganz subjektive Erfahrung einherginge. Dieser Eindruck wird dadurch gestärkt, dass die Möglichkeit zur Kommunikation mittels Sprache an die alltägliche Lebenswelt gebunden bleibt.

Für einige der im Folgenden angesprochenen Anderswelten, wie die Religion, erweist sich dieses Bild jedoch als problematisch und der dargestellte Ansatz entsprechend als unzureichend. Schließlich haben wir es insofern mit Mischformen zu tun, als die Zuwendung zu anderen Welten zwar in vielen Fällen – bei der Lektüre entsprechender Literatur zum Beispiel – tatsächlich in Einsamkeit verläuft, in anderen Fällen jedoch durch Faktoren wie ‚Spiel' oder ‚Ritual' schon immer in kommunikative Prozesse und in Interaktionen – von Angesicht zu Angesicht oder medial vermittelt – eingebettet ist. Diese Probleme werden jedoch insbesondere dadurch virulent, dass Schütz und Luckmann von relativ streng voneinander separierten Lebenswelten ausgehen. Diese Vorstellung findet sich auch noch bei bei Berger und Luckmann, die annehmen, dass alle anderen Lebenswelten als „umgrenzte Sinnprovinzen, als Enklaven in der obersten Wirklichkeit" (Berger/Luckmann 2000, S. 28) vertreten sind.

Fraglich ist jedoch, ob es tatsächlich heute noch sinnvoll ist, von einer sehr strikten Trennung zwischen den unterschiedlichen Lebenswelten bzw. Enklaven auszugehen und von einem recht hohen Aufwand (im Sinne eines ‚Sprungs' oder ‚Schock'), der für den Wechsel zwischen den Lebenswelten benötigt wird. Empirische Beobachtungen – beispielsweise aus dem Bereich des Fantasy-Rollenspiels (Herbrik 2011) – legen nahe, dass Akteure gewandt innerhalb kürzester Zeit zwischen unterschiedlichen Lebenswelten, wie denjenigen des Alltags und des Spiels, hin und her wechseln und diese noch um zusätzliche Ebenen erweitern können. Darüber hinaus scheint doch unsere alltägliche Lebenswelt eine ganze Reihe an Elementen aufzuweisen, die nach Schütz und Luckmann anderen Lebenswelten zugerechnet werden müssten: sei es der blitzartige, gedankliche Ausflug in eine absurde oder lustige Vorstellung während einer langatmigen Sitzung oder das Stoßgebet vor dem Vorstellungsgespräch, seien es die vier Minuten Browser-Gaming, mithilfe derer eine zähe Phase der Arbeitszeit überbrückt wird oder das Bundesliga-Tippspiel, das zu einer Kaffeepause gehört.

Ein ähnliches Problem stellt sich hinsichtlich der Annahme, Sprache sei ausschließlich dem Bereich der alltäglichen Lebenswelt zuzurechnen. Unberücksichtigt bleibt dabei wiederum, dass auch die Sprache als Zeichensystem über Bestandteile verfügt, die die Alltäglichkeit im hier verstandenen Sinne überschreiten. Gemeint sind damit unter anderem sprachliche Formen, wie tradierte Metaphern, Zitate aus literarischen Texten oder Liedern und religiöse Grußformeln, die ursprünglich nicht der rein zweckdienlichen Alltagssprache entstammen, sich in ihr jedoch etablieren konnten.

Knoblauch (in Druck) weist zurecht darauf hin, dass die Schützschen Überlegungen zu den „Strukturen der Lebenswelt", die letztlich von Luckmann erst im Jahr 1975 vervollständigt und herausgegeben wurden, in ihrem ganz spezifischen historischen Kontext – der Moderne – gesehen und verstanden werden sollten. Passend dazu hat Berger (1983) gezeigt, wie anschaulich sich die Schriften von Alfred Schütz und Robert Musil aufeinander beziehen lassen und wie mithilfe des „Mann ohne Eigenschaften" die von Schütz beschriebenen, mannigfaltigen Wirklichkeiten lebendig werden. Als Anschauungsmaterial für die Abkehr von der „natürlichen Einstellung" (Schütz) dient dabei Musils (1997 [1930-1932])

Konzept des „anderen Zustands". Dieser fungiert als eine Art bewusstseinsinterne Anderswelt, denn er ist ähnlich schwer zu erreichen wie diese, die Zugänge sind versteckt, aber nicht unauffindbar, er hat deutlich mystische Züge, steht in Verbindung mit ‚fremden Orten' und der Schönheit, und er ist mit positiven Affekten besetzt, die seine Attraktivität ausmachen. Gleichzeitig erscheint er jedoch auch in seinen Schattenseiten, die sich insbesondere in Form der pathologischen bzw. pathologisierten Varianten einer abweichenden Wirklichkeitskonstruktion zeigen.

Der von Musil beschriebene moderne Mensch hat mithilfe des „Möglichkeitssinns" und einer auf Dauer gestellten Reflexion die potentiell immer auch anders möglichen Wirklichkeiten entdeckt. Er lernt, die dadurch bereitstehenden Anderswelten zu bereisen. Geschildert wird dies bei Musil als fast kampfartige Auseinandersetzung mit den unterschiedlichen Wirklichkeiten, und auch Schütz und Luckmann rekurrieren noch für die Beschreibung des Wechsels zwischen den Sinnprovinzen auf die Metapher des „Sprungs", der „von einem Schockerlebnis begleitet" (Schütz/Luckmann 2003, S. 5) wird.

Möglicherweise ist hier jedoch ein Wandel zu beobachten insofern der post- oder spätmoderne Mensch weniger unter den „widerstreitenden Welten der Wirklichkeit" (Berger 1983, S. 247), leidet, sondern ihre Existenz und Unterschiedlichkeit als gegebenes Faktum der bereits ausgedeuteten Welt, in die er hineinsozialisiert worden ist, hinnimmt und mit dem er von klein auf umzugehen gelernt hat. Er wechselt daher, sich auf seine autonome Handlungs- und insbesondere Entscheidungsmacht verlassend, deutlich unbekümmerter zwischen den Welten, was ihn jedoch nicht vor den damit verbundenen Fallstricken (z. B. der „Erschöpfung", vgl. Ehrenberg 2004) schillernder Anderswelten bewahren kann.

Im Folgenden wollen wir einige der gebräuchlichen Formen der Grenzüberschreitung betrachten, die sich durch die Abkehr von der alltäglichen Lebenswelt charakterisieren lassen. Sie bergen in sich zwar auch kleine und mittlere Transzendenzen, sind jedoch insbesondere insofern instruktiv, als sie unterschiedliche Lebenswelten miteinander in Verbindung setzen, somit neue Perspektiven eröffnen und dem Alltag Spielräume und Freiheiten eröffnen.

3. Abenteuer und Fiktion

Das Abenteuer verwirklicht diese Ansprüche auf nahezu exemplarische Art und Weise. Best beschreibt das Abenteuer als „Schritt aus der Ordnung, dem Überlieferten, Verbürgten, Festgefügten." (Best 1980, S. 9) Die Sehnsucht nach dem Abenteuer, nach also diesem Ausbruch aus dem Gewohnten, betrachtet er als Bestandteil der anthropologischen Grundkonstitution, der als Hoffnungsträger fun-

giere. Obwohl diese Sehnsucht nach dem Anderen, dem Neuen und bisher nicht
Bekannten so typisch für den Menschen sei und sicher auch eine Voraussetzung
für die Erarbeitung neuer Erkenntnisse darstelle, erhalte dieses Phänomen von
wissenschaftlicher Seite relativ wenig Aufmerksamkeit (Best 1980, S. 10).

Dem von Best angenommenen menschlichen Bedürfnis nach Abenteuern
entsprechend finden sich in heutiger Zeit Versuche, ganz Alltägliches zu veraben-
teuerlichen[2], insbesondere aber Freizeitaktivitäten, wie beispielsweise Reisean-
gebote, die von den jeweiligen Veranstaltern mit dem Abenteuer in Verbindung
gebracht werden. Als charakteristisch für diese mit dem Label des Abenteuers
versehenen Freizeitaktivitäten gilt die Gratwanderung zwischen Unwägbarkeiten
beziehungsweise Unannehmlichkeiten (Unsicherheit, ,echter' Gefahr, körperlicher Beanspruchung bis an die Grenzen der Leistungsfähigkeit, Unbequemlich-
keit) und einem absichernden Rahmen, der ein gewisses Maß an Planbarkeit und
Sicherheit (professionelle Organisation, medizinische Versorgung und Ähnliches)
zur Verfügung stellt. Die Faszination scheint für die Teilnehmenden im Zusam-
menspiel beider Bereiche zu liegen. Auch der Einsatz solcher Fähigkeiten, die für
den durchschnittlichen Alltag in der Post- oder Spätmoderne weniger notwendig
sind, scheint genauso einen Anreiz darzustellen wie die zeitlich befristete Rückkehr zu einer Rekonstruktion vormoderner Gegebenheiten. Letztere erfolgt vor
dem Hintergrund eines positiven Zerrbildes der historischen Vormoderne, während im Hinblick auf die Zeitdiagnose der Gegenwart gern eine kulturpessimis-
tische Haltung eingenommen wird. So wird zum Beispiel von den Teilnehmern
eines Expeditionsrennens durch Feuerland, dessen sich ein Radiobeitrag des Sen-
ders ,Deutschlandradio Kultur' annimmt, im Hinblick auf „Überlebensinstink-
te" geäußert, dass es sich dabei um etwas handle, „was die meisten Menschen in
der heutigen Konsumgesellschaft verloren haben." (Eglau 2008, S. 5) „Nichts zu
essen zu haben, nicht genug zum Anziehen zu haben – diese Erfahrungen werden unsere Stimmung während des Rennens beeinflussen. Angst wird immer da
sein, und die Ungewissheit, ob wir auf dem richtigen Weg sind, und ob uns dieser Weg zum Ziel führt." (Ebd.)

Die Erfahrungsdimension spielt offensichtlich eine wichtige Rolle und zwar
einerseits in körperlicher, andererseits aber auch in kognitiver und emotionaler
Hinsicht. Angst und Ungewissheit gelten schließlich im alltäglichen Verständnis
nicht als erstrebenswerte psychische Zustände. Von Autoren wie Bataille können
wir uns jedoch eine Lebenseinstellung verdeutlichen lassen, die davon ausgeht,

---

2   Das Erlangen von schulischem Wissen, z. B. über Physik (Kramer 2011), wird in der Lehrbuch-,
     Sach- und Ratgeberliteratur genauso zum Abenteuer stilisiert wie das Führen zwischenmensch-
     licher Beziehungen (Nemeczek/Sonntag 2002) oder der „ganz normale Tag mit Jesus" (Ortberg/
     Ahlbrecht 2011).

dass es eben derartiger Zustände bedarf, um zu außergewöhnlichen Erfahrungen zu gelangen, die den Horizont der Lebenswelt des Alltags überschreiten. Sowohl in seinen literarischen (Bataille 1985) als auch in seinen philosophischen Schriften (Bataille 1974) finden sich verklärende Darstellungen der Verbindung von außeralltäglichen und rauschhaften Zuständen, der Erfahrung von Angst und dem Naturerlebnis beziehungsweise der Erfahrung, den Mächten der Natur ausgeliefert zu sein.

Zusätzlich erarbeitet Bette in Bezug auf moderne Abenteuer- und Extremsportarten auch soziale Motive, wie die Faszination, „am unterkomplexen Leben in überschaubaren Kleingruppen teilzuhaben, deren Mitglieder ein eng begrenztes Ziel solidarisch zu erreichen versuchen" (Bette 2004, S. 117), die „Idee der Selbstermächtigung" (ebd.) und insbesondere auch die Sichtbarmachung der eigenen Person, im Sinne von Distinktion, die durch außergewöhnliche, körperliche Leistung errungen wird. Solange er jedoch von kommerziellen Anbietern durchgeführt wird, ist der Abenteuer-Urlaub, wie Schirrmeister (2002) zeigt, lediglich ein zeitlicher Abschnitt, innerhalb dessen die strikten Regeln des Alltags durch andere ebenso strikte Regeln der ‚Erlebnis-Reise‘ ersetzt werden.

Für Simmel basiert die Funktion des Abenteuers darauf, dass es – ähnlich dem Kunstwerk – etwas, das sonst in den Zusammenhang des gesamten Lebens gehört, dekontextualisiert, in eine in sich geschlossene Form überführt und dadurch etwas Relevantes über das Leben auszusagen im Stande zu sein scheint (vgl. Simmel 1919, S. 9). Durch seine Abständigkeit von einer Einbettung in zeitliche Zusammenhänge sei es außerdem durch die Betonung der Gegenwart charakterisiert. Diesbezüglich zieht Simmel eine Parallele zum Spieler, der wie der Abenteurer dem ungeregelten Zufall – beispielsweise mithilfe abergläubischer Techniken – eine Sinnhaftigkeit abzutrotzen trachte.

Abenteuer und Spiel stehen laut Best insofern in einem engen Verwandtschaftsverhältnis, als das „Abenteuer [...] eine Form des Spiels [ist]. Was den Abenteurer und den Spieler verbindet: Beide suchen die ‚Qualität des Handelns‘, die sich vom ‚gewöhnlichen‘ Leben unterscheidet." (Best 1980, S. 118) Das, was sowohl Spieler als auch Abenteurer suchten, sei „freies Handeln" (ebd.). Aus dem jeweils ungewissen Ausgang, der einen großen Teil des Reizes beider Aktivitäten ausmache, resultiere in beiden Fällen die Frage, ob es wohl glücken werde. Best weist jedoch auch auf charakteristische Unterschiede zwischen dem Abenteuer und dem Spiel hin und macht sie daran fest, dass das Spiel auf seine Geregeltheit angewiesen sei, um einen Gewinn zu ermöglichen (vgl. Best 1980, S. 120). Damit benennt er ein wichtiges Unterscheidungskriterium: Das Spiel braucht seine Regeln, die die Unwägbarkeiten in ein kulturell und sozial konstruiertes Korsett zwängen und sie damit für den Menschen handhabbar machen. Der Abenteurer hingegen verzichtet auf die Reißleine, die das Spiel mit der ihm eigenen Möglichkeit des „Alles-auf-Anfang" beziehungsweise „Neues Spiel, neues Glück" zur Verfügung stellt. Während der Spieler also das Unbekannte, das Neue im abgesicherten Rahmen einer kulturellen Institution sucht und damit die Grenzen der kulturellen und sozialen Ordnung unberührt lässt, bricht der Abenteurer aus diesem Rahmen aus.

Eine wichtige Einschränkung relativiert jedoch die so wild und anomisch anmutende Beschreibung des Abenteuers und desjenigen, der es wagt. Denn schließlich ist für das Abenteuer darüber hinaus auch eine zeitliche Beschränkung typisch. Ein permanentes Leben in Gefahr und Bedrohung kann zwar als ‚abenteuerlich', jedoch nicht als ‚Abenteuer' bezeichnet werden. Das Abenteuer ist demnach eine zeitlich begrenzte Episode der Überschreitung gesellschaftlicher Normsysteme, die nur als Abenteuer bezeichnet werden kann, wenn es nach dem Erlebnis des Abenteuers eine Phase gibt, innerhalb derer das Abenteuer in der Rückschau auf die zurückliegenden Erlebnisse kommunikativ als solches konstruiert werden kann, indem über es berichtet oder an es erinnert wird. Dies geschieht jedoch erst nach der Rückkehr in die sozialen und kulturellen Kontexte der Gesellschaft.[3]

Vor diesem Hintergrund zeigt sich, wie gut sich Abenteuer und Spiel ergänzen. Das Abenteuer ist per definitionem nicht geregelt, ja nicht einmal regelbar, und stellt den Ausbruch aus der Regelhaftigkeit dar. Es ist jedoch auf Zeit gestellt wie das Spiel, das per definitionem nicht ohne Regeln auskommt, jedoch gerade durch seine Regeln Freiheitsgrade innerhalb eines begrenzten Raumes erschafft. Das Ergebnis dieser Mischung ist einerseits die Domestizierung des Abenteuers durch die Regeln des Spiels und andererseits die partielle Befreiung des regelgeleiteten Spiels durch das Abenteuer; beides innerhalb einer von allem anderen abgehobenen Zeit.

Dieser ambivalente Vorgang der gleichzeitigen Domestizierung und Befreiung kann dem Abenteuer jedoch nicht ausschließlich durch das Spiel zugefügt werden. Viel besser kennen wir ihn aus der Lektüreerfahrung des Abenteuerromans. Dieser stellt an seine Leser ebenfalls eine doppelte Anforderung: Einerseits weist der Text mithilfe bestimmter Strategien immer wieder auf seinen fiktiven Charakter hin. Der Leser ist aufgefordert, diese Kennzeichen der Selbstanzeige der Fiktion zur Kenntnis zu nehmen (vgl. Iser 1991). Um das Lektüreerlebnis ge-

---

3   Mit Simmel gesprochen: „Indem es [das Abenteuer, R. H.] aus dem Zusammenhange des Lebens herausfällt, fällt es [...] gleichsam mit eben dieser Bewegung wieder in ihn hinein, ein Fremdkörper in unserer Existenz, der dennoch mit dem Zentrum irgendwie verbunden ist." (Simmel 1919, S. 9)

nießen zu können, muss er jedoch andererseits die Fiktionalität temporär vergessen oder zumindest für die Zeit des Rezeptionsprozesses in Klammern setzen.
Das Lesen eines Abenteuerromans ist dementsprechend selbstredend nicht
gleichzusetzen mit dem Erlebnis eines Abenteuers in der alltäglichen Lebenswelt.
Die Lektüre des Abenteuerromans erlaubt das (Mit-)Erleben eines Abenteuers von
einer abgesicherten Position aus. Sie ermöglicht das wohlige Schaudern, ohne dass
sich der Leser jedoch wirklich in existentielle Gefahr begeben muss; mit Freud
gesagt: „vieles, was als real nicht Genuß bereiten könnte, kann dies doch im Spiele der Phantasie" (Freud 1908, S. 172). Freud vermutet in der Person des Autors
von Abenteuerromanen den „Tagträumer", der durch sein Phantasieren die Möglichkeit hat, sich seine unbefriedigten Wünsche zu erfüllen.[4]

Für die Geschichte des Genres ‚Abenteuerroman' ist vor allem das 19. Jahrhundert mit den Romanen von James Fenimore Cooper ausschlaggebend (vgl.
Steinbrink 1983, S. 5). Das ‚Land der unbegrenzten Möglichkeiten' eignete sich
laut Steinbrink sehr gut als Traumland für Europäer. Wie problematisch die Konfrontation von Anderswelt und alltäglicher Lebenswelt werden kann, zeigt sich
jedoch darin, dass viele Autoren von Abenteuerromanen „Deutschland [verlie-
ßen], um in Amerika ihr Glück zu machen, gingen in die Prärien und Wildnis-
se und kehrten dann schließlich doch enttäuscht zurück." (Steinbrink 1983, S. 7)

Auf der Ebene des Narrationsverlaufs seien das ‚glückliche' Ende und die
letztendliche Erlösung oder Errettung des Helden oder anderer wichtiger Cha-
raktere für den Abenteuerroman charakteristisch (vgl. Steinbrink 1983, S. 13). Zu
den häufig in der Abenteuerliteratur anzutreffenden Motiven zählen das Pilgern
in der Wildnis unter dem Motto „der Weg ist das Ziel", die Weigerung der Figuren, sich einem bürgerlichen Alltag zu fügen sowie der daraus resultierende Auf-
bruch in eine unbestimmte Zukunft, das heldenhafte Erleiden und Durchstehen
von Martern, der Kampf gegen besonders gefährliche und brutale Gegner sowie
der durch einen Sieg zu erringende Ruhm.

Ein weiteres Merkmal der Abenteuerliteratur ist die narrationsinterne Behauptung, dass „die ‚Wirklichkeit [...] oft alle Phantasiegebilde' übersteige" (Steinbrink 1983, S. 11). Solche Techniken weisen auf einen spielerischen Umgang mit
den Grenzen von Alltag und Anderswelt hin. Einige Abenteuerroman-Autoren
dekorierten laut Steinbrink ihre Arbeitszimmer entsprechend und bauten „mit
exotischen Requisiten eine Umgebung auf [...], die die Stimmung für ihre Tag-
träume schuf, die ihnen erlaubte, ihre Phantasiereise in die Abenteuerwelt real

---

4   Wird der Abenteuerroman zur Grundlage eines Spiels (bspw. eines Fantasy-Rollenspiels), so
     bietet sich diese Möglichkeit nicht nur dem *einen* Autor der Geschichte. Die Spieldimension
     eröffnet den Spielenden die Möglichkeit, zu Mitautoren zu werden.

zu erleben." (Ebd.) Genutzt wurden insofern also Techniken zur Irrealisierung
der alltäglichen Lebenswelt. Gleichzeitig gab es jedoch auch den Versuch, Fik-
tionsmarker temporär in den Hintergrund zu drängen, um die Geschichte leben-
diger erscheinen zu lassen, ihr eine deutlichere, wenn auch künstliche, Präsenz
zu verleihen und eine gewisse ‚Stimmung' zu fördern. Entsprechend gehörte zur
Erzeugung der Illusion, die Fiktionalität der Geschichten zu leugnen (vgl. Steinbrink 1983, S. 8) und das Fiktive zu „realisieren"[5]: Die Autoren übernahmen hierzu Ordnungsschemata, Präsentationsformen und detailreiche, wissenschaftliche
Tatsachen aus dem Wissenspool der alltäglichen Lebenswelt bzw. der Wirklichkeit der Wissenschaft.[6]

Innerhalb der, insbesondere während der 1960er und 1970er Jahre verstärkt
geführten, Diskussion der sozialen Funktion von Abenteuer- und Kolportageli-
teratur kommt eine spezifische Form der Transzendenz in den Blick. So ist für
Bloch (1974) dieses Literaturgenre mit dem rebellischen Tagtraum verwandt, der
sich eine bessere Welt ersinnt. Eine ähnliche – wenn auch polemische – Umwer-
tung finden wir bereits in Brechts Auseinandersetzung mit dem Literaturbetrieb
seiner Zeit, die die Kriminalromane aufgrund ihres schematischen Aufbaus positiv hervorhebt (Brecht 1926a, 1926b). Für Ueding wirkt der Glanz von Kitsch und
Kolportage nur als Scheinbefriedigung realer gesellschaftlicher Bedürfnisse, im
Sinne eines eskapistischen „Tagtraums der Gesellschaft" (Ueding 1973). Dieser
wertenden Perspektive, die den bloßen ‚Schein' von der echten ‚Wirklichkeit' zu
unterscheiden trachtet, wollen wir uns nicht anschließen, da sie eine hierarchische Anordnung der Lebenswelten voraussetzt. Die Betrachtung des Abenteuerromans steht hier stellvertretend für eine unüberschaubare Menge an fiktiven Anderswelten, die mithilfe unterschiedlicher Medien besucht werden, die wir jedoch
nicht im Einzelnen besprechen können. Dazu gehört beispielsweise die Rezeption des in ‚3D' vorgeführten Fantasy-Films im (Heim-)Kino genauso wie die eines Krimi-Hörspiels, eines Comic-Buches oder einer Theateraufführung. Letztendlich genügt jedoch auch die eigene Vorstellungskraft, mithilfe derer Abstand
von dem sich aktuell in der Lebenswelt des Alltags ereignenden Geschehen genommen und ein Ausflug in eine andere, aufregendere oder auch weniger komplexe Wirklichkeit unternommen werden kann.

---

5   Vgl. die Prozesse der „Realisierung" des Imaginären und der „Irrealisierung" des Realen im
     Zuge der „Fiktionalisierung" bei Iser (1991, S. 24ff.).
6   „Sie [die Autoren, R. H.] verarbeiten naturwissenschaftliche, historische und geographische
     Details, stellten in Vorworten die Tatsächlichkeit des Geschehenen heraus und verwendeten
     erklärende Fußnoten, in denen sie auf tatsächlich geschehene geschichtliche Ereignisse ver-
     wiesen oder einen Kommentar zu Fachwörtern lieferten." (Steinbrink 1983, S. 8)

4. Spiel und Wissenschaft

Das Spiel mit der Markierung und Verschleierung von Fiktionalität bildet im
Grenzbereich zwischen Fiktion und Wissenschaft ein eigenständiges Genre aus:
die „imaginäre Wissenschaft" (Holländer 2003, S. 21ff.). Gemeint ist damit weniger die Darstellung von Wissenschaft, die in deutlich mit Fiktionsmarkern versehenen Produkten zu finden ist. Gemeint sind vielmehr Artefakte, Theorien,
Darstellungen oder Lexikoneinträge (bekanntestes Beispiel: die Steinlaus), die
mithilfe bekannter Inszenierungsmodi, die Wissenschaftlichkeit verbürgen sollen (z. B. akademische Titel, Fußnotenapparat, Terminologie), dem Imaginären
einen „Realitätsgewinn" (Holländer 2003, S. 24) verschaffen und sich damit in
einem vom Rezipienten nicht ganz einfach zu deutenden Schwebezustand der
Vieldeutigkeit und der mehrfachen, potentiellen Zuordnung zu unterschiedlichen
Sinnprovinzen befinden. Die doppelte Grenzüberschreitung (von der Fiktion zur
Wissenschaft und wieder zurück) veranstaltet dabei Gedankenexperimente, innerhalb derer der Möglichkeitssinn genutzt wird, um bestehende Praktiken zu pa-
rodieren, zu reflektieren oder auch zu kritisieren (wie z. B. im Falle Sokal (1996)).

Auch das Spiel selbst stellt einen Mittler zwischen unterschiedlichen Sinnprovinzen dar. So haben jüngst Hitzler und Möll „Pokern als Transzendenzer-
lebnis" (Hitzler/Möll 2012, S. 270ff.) beschrieben, in dem (bzw. in dessen On-
line-Variante) der Umgang mit kleinen Transzendenzen genauso spielerisch
bearbeitet wird wie die großen Transzendenzen, hier in Form des „unfassbare[n]
Glück[s] oder unsägliche[n] Pech[s]" (ebd.). Völlig zu Recht betonen sie jedoch
im Hinblick auf das Pokern die mittleren Transzendenzen als Dreh- und Angel-
punkt des Spielhandelns. Die meisten Spiele, innerhalb derer menschliche Mit-
spieler gegeneinander antreten, spielen mit dem Moment der zwar immer voraus-
gesetzten, aber niemals vollständigen Perspektivübernahme zwischen alter und
ego. Obwohl ego davon ausgeht, dass alter in einer bestimmten Situation ähnlich
denkt, fühlt und handeln wird wie ego, bleibt doch immer genug Unsicherheit
hinsichtlich der tatsächlich gewählten Strategie und Handlungsoptionen, um das
Spiel spannend zu halten.

Aufgrund seiner mittlerweile immensen ökonomischen Bedeutung und nahezu flächendeckenden Verbreitung soll an dieser Stelle in aller – der Reichweite
des Themas unangemessenen – Kürze auf das Spiel am Computer eingegangen
werden. Wir greifen dafür den für unser Thema interessantesten Bereich heraus:
die ‚Massively Multiplayer Online Role Playing Games' (MMORPG), die sich
von herkömmlichen Computerspielen dadurch abheben, dass im Spiel Kommunikation mit anderen spielenden Akteuren, die die gleiche Spielwelt bereisen, möglich ist, dass diese Spielwelt permanent ‚online' ist sowie in fast allen Fällen auf

literarischen Vorlagen aus dem Fantasy-Genre basiert und somit durch „other-
worldliness" (Aupers 2012, S. 339) charakterisiert ist. Aupers argumentiert, dass
dieses Spielgenre seinen Spielern dementsprechend das Erlebnis bietet, eine ver-
zauberte (d. h. im Weberschen Sinne nicht-entzauberte) Welt genießen zu können, ohne sich dafür von ihrem Selbstbild als aufgeklärte Nicht-Gläubige verabschieden zu müssen. Für ihn rückt damit das Rollenspiel-Erlebnis sogar in die
Nähe der Erfahrungen, die im Kontext des New Age gemacht werden können.[7]

Wenn eine Auseinandersetzung mit ‚dem Spiel' in Angriff genommen wird,
geschieht dies meist entweder im Hinblick auf seine strukturellen Eigenschaften
und beziehungsweise oder im Hinblick auf seine Funktionen für unterschiedliche Bereiche des menschlichen oder tierischen Lebens (im Sinne eines Lernens
durch das Spiel, eines Ausprobierens von Verhaltensweisen im Spiel, eines Ab-
baus überschüssiger Energien, der Identitätsbildung oder Entspannung).[8] So betrachtet beispielsweise Sutton-Smith das Spiel vor allem als integrierendes Prinzip, das in der Lage ist, Probleme und Konflikte, die sich unter Bedingungen der
Lebenswelt des Alltags kaum oder gar nicht lösen lassen, zu transzendieren und
„auf einer neuen Ebene einen neuen Gegensatz und dessen Lösungsmöglich-
keit dar[zustellen]" (Sutton-Smith 1978, S. 43). Er bietet einen Überblick über
die Funktionen, die dem Spiel von unterschiedlichen Theorien des Spiels zugeschrieben werden. Einige Autoren des pädagogischen (18.) Jahrhunderts schät-
zen das Spiel, wenn es von Kindern (nicht von Erwachsenen) gespielt wird, weil
es als angenehm erlebt und dadurch die Mühe des Lernens oder Arbeitens durch
das Angenehme überdeckt werde,[9] während beispielsweise Kant (1923) in seiner
Schrift „Über Pädagogik" diese Idee für grundverkehrt hält, da das Kind so nicht
lernen könne zu arbeiten.

Bei dem Versuch, Spiel zu definieren und das ihm zugrunde liegende Struk-
turprinzip zu beschreiben, wurde immer wieder versucht, ‚das Spiel' auf einen
von zwei möglichen Polen festzulegen, es zum Beispiel auf der Seite ‚nicht-ernst'
(im Gegensatz zu ‚ernst') zu verorten oder es als ‚zweckfreie' Handlung in einen
Gegensatz zu den zweckorientierten Handlungsformen zu setzen. Diesen Eintei-
lungsversuchen liegt die Vorstellung zugrunde, dass es sich beim Spiel um einen
in sich abgeschlossenen Bereich innerhalb der Alltagswelt handelt, der sich sauber

---

7   "Like ‚soft' New Age techniques [...] the activity of role playing on the screen provides an
       opportunity to experience and access the 'higher', 'deeper', or 'spiritual' Self." (Aupers 2012,
       S. 352)
8   Beide Zugänge werden z. B. explizit von Sutton-Smith (1978) gewählt, ergänzt um einen dritten
       Bereich, der sich mit den „Voraussetzungen des Spiels" beschäftigt.
9   Vgl. zum Beispiel die Auszüge aus den Schriften Lockes, Rousseaus und Trapps in Scheuerl
       (1997).

von der ‚Wirklichkeit' – der gemeinsam geteilten Lebenswelt des Alltags also – trennen lässt. Da das Spiel jedoch nicht immer im umgrenzten Rahmen stattfindet und eine eigene Welt generiert, sondern auch als Einsprengsel in alltägliche Abläufe zu beobachten ist, entfernen sich jüngere Definitionen und Beschreibungen des Spiels immer weiter von solch bipolaren Einteilungen.[10]

Um das Phänomen ‚Spiel' in seinem Facettenreichtum zu erfassen und um es adäquat zu beschreiben, ist es notwendig, in Vieldeutigkeiten, Ambivalenzen und Paradoxa zu denken, anstatt darauf hinzuwirken, Eindeutigkeit zu erzielen. Wenn wir versuchen, das Spiel von vornherein in Form einer Nominaldefinition zu definieren, laufen wir Gefahr, genau die Gesichtspunkte per definitionem auszuschalten, die das Phänomen Spiel interessant machen. Nicht umsonst nutzt Wittgenstein gerade den Begriff ‚Spiel', um seine Theorie der „Familienähnlichkeit" zu illustrieren und um zu zeigen, wie problematisch es ist, eine taxonomische Klassifikation zu erreichen (Wittgenstein 1980, S. 56ff.).

Auch ist das Spiel in manchen Fällen so stark in die Logiken der alltäglichen Lebenswelt eingebunden, dass wir es kaum mehr als Spiel erkennen, wie zum Beispiel im Falle des Profisports, und umgekehrt sind einige Bereiche der alltäglichen Lebenswelt dem Spiel strukturell so ähnlich, dass sie kaum mehr vom Spiel zu unterscheiden sind, wie zum Beispiel das militärische Übungsmanöver oder das Geschehen im Versicherungs- und Börsengeschäft.

In Frage steht generell, ob es unumgänglich ist, von einer hierarchischen Anordnung der Lebenswelten auszugehen (vgl. Soeffner 2005, S. 140f.). Ein ähnliches Problem stellt sich im Hinblick auf den Mimesis-Begriff, der für die Beschreibung des Spiels häufig herangezogen wird. Wenn das Spiel eine Nachahmung von etwas ist, dann muss es sich immer auf etwas Vorgeordnetes beziehen. Demgegenüber kann das Spiel jedoch auch als menschliches Potential konzeptualisiert werden, das genauso vorgängig ist wie andere Potentiale, das jedoch selbst eine Form für Inhalte ist, die aus anderen Lebenswelten stammen und im Spiel bearbeitet werden. Den grundsätzlichsten Einwand gegen die Nachordnung des Spiels formuliert Huizinga, indem er den Sachverhalt konsequent umdreht, wenn es ihm darum geht, „das echte, reine Spiel selbst als eine Grundlage und einen Faktor der Kultur zu erweisen." (Huizinga 2001 [1939], S. 13) Kultur wird seiner Ansicht nach in ihren Anfängen gespielt.

Im Verlauf der Rezeptionsgeschichte seiner Darstellung wurde jedoch ein Punkt häufig überlesen, der für eine Betrachtung des Spiels im Hinblick auf Tran-

---

10 „Eine solche Herangehensweise gilt in der modernen Spielforschung heute als historisch überkommen, *common sense* [Hervorh. i. Orig.] ist, daß sich das Verhältnis von Spiel und Nicht-Spiel nicht erschöpfend als Gegensatz von Spiel und faktischer Realität beschreiben läßt." (Adamowsky 2000, S. 26)

szendenzen ausschlaggebend ist. Huizinga definiert nicht nur „Das Spiel ist ein Kampf um etwas", sondern auch „oder eine Darstellung von etwas." (Huizinga 2001 [1939], S. 22) Die Wettkampfdimension wurde in der Folge stark betont, die Darstellungsdimension jedoch vernachlässigt.[11]

Reichertz et al. (2010) legen jedoch diesem Grundsatz entsprechend das Spielen in Spielhallen aus und kommen durch die Ergänzung der Wettkampfdimension durch die Darstellungsdimension zu einer erhellenden Deutung. Die Figur des auf eigenen Befehl an den Mast des Schiffes gefesselten Odysseus, der sich damit der Gefahr des Sirenengesangs bewusst aussetzt, ohne ihr zum Opfer zu fallen, dient dabei als Leitmotiv. Im Spiel an Glücksspielautomaten geht es demnach weniger um einen Zugewinn an monetären Ressourcen oder um Sucht. Vielmehr geht es darum, sich einer lockenden Gefahr bewusst auszusetzen, sich auf das Abenteuer einzulassen, jedoch dank der eigenen Kompetenzen nicht in ihm verloren zu gehen. Im Zuge dessen ergebe sich die Chance, sich und den Mitakteuren auf einer halböffentlichen und nach strikten Regeln funktionierenden Bühne die eigenen regulativen und sozialen Kompetenzen vorzuführen und dadurch letztlich das Selbstbild und die eigene Identität zu betätigen. Dazu gesellten sich zwei weitere Topoi, nämlich die „*Beharrlichkeit*" (Reichertz et al. 2012, S. 216) und die „Großzügigkeit" (Reichertz et al. 2012, S. 217) angesichts eines „Verlustes" (ebd.). Das Spiel an Geldspielgeräten stelle den Spielern Möglichkeiten zur Verfügung, sich trotz wiederholten Scheiterns – es muss schließlich aus betriebswirtschaftlichen Gründen immer mehr verloren als gewonnen werden –, als jemand zu präsentieren, der sich beharrlich neu aufrichtet, immer wieder zum Spiel antritt und dabei über die erlittenen Verluste großzügig hinwegsieht. Die große Transzendenz, das Glück (im Sinne von ‚luck') steht dabei immer auf dem Spiel.

Dennoch darf Caillois zufolge das Spielerische mit dem Heiligen nicht gleichgesetzt werden. Während das Spiel „reine Form" (Caillois 1988, S. 209) sei, sei das Heilige „reiner Inhalt: unteilbare, ungeklärte, flüchtige, wirksame Kraft" (ebd.). Rituale dienten hier als Regulativ, um Letztere bis zu einem gewissen Grad handhabbar zu machen. Hinsichtlich der menschlichen Handlungsmächtigkeit stellt Caillois das Spiel dem Heiligen sogar diametral gegenüber. Während der Mensch vom Heiligen überwältigt werde, sich ihm ausgeliefert sehe, stelle das Spiel einen Rückzugsbereich für den Menschen zur Verfügung, der deshalb als erholsam erlebt werde, weil er vollständig von Menschenhand geschaffen sei.

---

11 Besonders stark gemacht wird die darstellende Dimension des Spiels später von Gadamer, der sich von diesem Punkt seiner Argumentation aus weitertastet zu einer Beschreibung des Schauspiels. „Das Spiel ist darauf beschränkt, sich darzustellen. Seine Seinsweise ist also Selbstdarstellung." (Gadamer 1990, S. 113)

Da Caillois bei seiner Beschreibung des Spiels besonders auf den Aspekt der Zwanglosigkeit abzielt, muss er all das aus der Definition des Spiels herausnehmen, was die Freiwilligkeit einschränken könnte. Dort, wo das Spiel vom Profanen verunreinigt beziehungsweise „korrumpiert" (Caillois 1982, S. 52ff.) wird – beispielsweise im Falle von Spielsucht oder wenn der Berufsspieler das Spiel nicht mehr als Entlastung vom Profanen genießen kann –, ist es daher für Caillois kein reines Spiel mehr.

Er stimmt jedoch hinsichtlich einer ausschlaggebenden Annahme mit Huizinga überein, die sehr problematisch ist. Beide nehmen an, dass das Spiel keine Wirkungen zeitigt, die über es selbst hinausgehen. Dieser Argumentation kann entgegengehalten werden, dass das Spiel durchaus auf anderen Ebenen wirkt, wie zum Beispiel im Hinblick auf die durch es ausgelöste oder vorangetriebene Vergemeinschaftung von Spielern. Produzierte das Spiel keine Wirkungen, die über es selbst hinausgehen, würde es nicht als Modus zur Aneignung von Wissen und Fähigkeiten (vor allem für Kinder) akzeptiert und explizit gefördert.[12]

Dieses Paradox findet sich in der Geschichte der wissenschaftlichen Beschäftigung mit dem Phänomen ‚Spiel' an zahlreichen Stellen. Dem Spiel wird einerseits im Rahmen der strukturellen Betrachtung jede über es selbst hinausgreifende Wirkung mit dem Hinweis darauf, dass es seinen Sinn in sich selbst trage, abgesprochen. Die funktionale Betrachtungsweise hebt andererseits jedoch fast ausschließlich gerade auf die Wirkungen des Spieles ab, die Effekte innerhalb der alltäglichen Lebenswelt zeitigen.

So erfüllt das Spiel laut Goffman eine wichtige Funktion für die Beschreibung des sozialen Lebens: „Sie [die Spiele, R. H.] trennen uns vom ernsten Leben ab, indem sie uns eine Demonstration seiner Möglichkeiten bieten." (Goffman 1973, S. 38) Für ihn liegt also die Funktion des Spiels und seiner Fähigkeit Distanz zu erzeugen, nicht im Bereich der Didaktik oder der Herstellung von Gemeinschaft, sondern zielt in Richtung Erkenntnisgenerierung.

Das wahrscheinlich wichtigste Charakteristikum hinsichtlich der Einordnung des Spiels im Hinblick auf den Umgang mit Transzendenz findet sich jedoch in Batesons (1988) Beschreibung des Spiels als Paradox, das erst durch einen Rahmen möglich wird, der jedoch als solcher gleichzeitig auch vergessen sein muss. Adamowsky kommt vor dem Hintergrund ihrer Vorstellung vom Spiel als intermediärem Raum zu der Annahme, dass sich das Spiel nicht nur dafür eignet, unterschiedliche Bereiche zu markieren und zu differenzieren, sondern auch dafür, Gegensätze zu „überspringen" (Adamowsky 2000, S. 31).

---

12 Mead beschreibt schließlich im Rahmen seiner „Sozialpsychologie" gar das Spiel hinsichtlich seiner Funktion für die Ich-Genese des Kindes (Mead 1969).

Es ist damit, ähnlich wie die Wissenschaft, in der Lage, neue Erkenntnisse zu generieren. Adamowsky hebt diesbezüglich hervor: „Das Wahrnehmen, Sehen im Spiel ist immer auch ein Einsehen. Was uns im Spiel begegnet, wird auf eine vitale Art erkannt." (Adamowsky 2005: 11) Diese Annahme ist in der Pädagogik anerkannt und wird genutzt, um Lernenden die Möglichkeit zu geben, Wissen und Kompetenzen zu erwerben. Sie wird allerdings nur begrenzt dort genutzt, wo Neues in nicht-didaktischer Form erarbeitet oder entdeckt werden soll. Was den in der primären Sozialisationsphase angesiedelten Vermittlungsprozessen zugestanden wird, namentlich spielend zu lernen und spielend Erkenntnisse über die Welt zu erarbeiten, bleibt den Prozessen der Aneignung oder Erschließung von Wissen im späteren Verlauf des Lebens häufig untersagt.

Als Gegenargument drängt sich das Beispiel der Spieltheorie auf, das als Modus der Erkenntnisgewinnung wissenschaftliche Anerkennung genießt. Die Spieltheorie nutzt bestimmte charakteristische Elemente des Spiels, insbesondere die Regelgeleitetheit, um neue (beispielsweise ökonomische) Erkenntnisse zu gewinnen. Allerdings beschränkt sich die Spieltheorie auf das, was wir in Anlehnung an Caillois (1982) die ‚ludus'-Dimension des Spieles nennen können. Spiel wird dabei reduziert auf ein Set von Regeln und Prozessen. Der Gegenpol zum Regelspiel, nämlich die spielerische Freiheit (‚paidi') bleibt jedoch weitgehend außen vor. Damit wird das Spiel zweier seiner wichtigsten Charakteristika beraubt, namentlich seines paradoxalen Charakters und des offenen Ausgangs. Ein Spiel, das sich nicht mehr im Spannungsfeld von sich widersprechenden Polen abspielt, kann keine Spannung entwickeln und würde in der alltäglichen Lebenswelt abgebrochen werden, weil kein Spieler Spaß daran fände. Die Vertreter der Spieltheorie überlassen es häufig ihren Rechnern, die Partien durchzuspielen. Durch diese zusätzliche Digitalisierung wird das Spiel mechanisiert und damit dessen beraubt, was es eigentlich als anthropologische Grundkonstante so bedeutungsvoll macht, denn der dem Menschen zur Verfügung stehende abduktive Schlussmodus (vgl. Reichertz 2010), der gerade für Entscheidungen, die im Spiel getroffen werden, von tragender Bedeutung ist, lässt sich durch eine Rechenmaschine bislang nur unvollständig nachahmen.

5. Religion und Kultur

Wenn auch Spiel und Wissenschaft als Grenzüberschreitungen gedacht werden können, so ruft die Frage nach Transzendenzen doch zumeist, fast zwangsläufig, den Bereich der Religion mit auf. Bereits bei Durkheim (1998 [1912]) steht die Religion als Art und Weise der Überschreitung von Alltagswirklichkeit hin zu einem sozial hergestellten Imaginären (einer idealisierten, zweiten Wirklichkeit), die mit einer ebenfalls sozial hergestellten spezifischen Emotion (Efferveszenz) versehen ist, im Mittelpunkt der sich auf die Grundlagen von Vergemeinschaftung beziehenden Vorstellungen. Religion erhält damit eine soziale Funktion zugeordnet und wird mithin anhand ihrer Funktion definiert. Diese Vorgehensweise, die von Luckmann (1991) auf die Spitze getrieben wird, vermeidet die Probleme, die durch eine substantielle Definition (vgl. Berger 1992) der Religion entstehen, wie die, oft speziell ethnozentrische, Verengung der Perspektive und das fehlende Potential zur Entdeckung von Wandel im religiösen Feld. Sie handelt sich jedoch den Vorwurf der Unschärfe ein.

Tatsächlich steht für Luckmann „das Transzendieren der biologischen Natur durch den menschlichen Organismus" (Luckmann 1991, S. 86) im Zentrum seines Verständnisses von Religion. Sie rückt damit deutlich in die Nähe der von Soeffner als „täglich praktizierbare Menschenreligion" (Soeffner 2000, S. 179) verstandenen Kultur, gefasst als „die unentwegte Anstrengung, unsere Zufälligkeit und Endlichkeit in der Zeit zu transzendieren." (ebd.) Die Kultur ist es hier, die das menschliche Tun und Lassen und die dazugehörenden Bedeutungen durch die Zugabe eines „Wertakzent[s]" (Soeffner 2000, S. 179) im Sinne einer „Diesseitsreligion" (Soeffner 2000, S. 111) seines besonderen Werts versichert. Obwohl Soeffner nicht der Meinung ist, dass Religion durch irgendwelche anderen kulturellen Errungenschaften in ihrer Funktion tatsächlich ersetzt werden könnte, billigt er der Kultur doch zu als Haltung des Menschen gegenüber allem, was ihm in seiner Welt begegnet, einen das unmittelbar Zugängliche, anscheinend Evidente überschreitenden Blick einnehmen zu lassen. Bereits die Unterstellung eines alternativen Sinnes – zusätzlich zum offensichtlichen –, nachdem es zu fahnden lohnen könnte und die sich daraus ergebende Anwendung deutender Verfahren sind erste Ansatzpunkte der Neuqualifizierung und ‚Überhöhung' der auf diese Weise betrachteten Dinge und Menschen.

Auch für Knoblauch lässt sich Kultur als „gesellschaftliche Bewältigung von Transzendenz" (Knoblauch 2007, S. 30) bestimmen. In seiner Beschreibung der „populären Religion" (2009) wird jedoch eine Wechselwirkung sichtbar, innerhalb derer einerseits zeitgenössische (populär)kulturelle Aspekte Eingang in den Bereich der Religion und ihrer Inszenierungs-, Ausdrucks- und Erfahrungsformen finden. Andererseits zeigt sich im Gegenzug auch, wie stark religiöse Symbole, Praktiken und Inhalte in andere Bereiche der Kultur diffundiert sind und sich dort mit anderen Elementen verbinden. Gerade aus diesen, häufig flüssig in den Alltag integrierten, in der Empirie beobachtbaren Formen der populären Religion lässt sich schließen, dass Religion in heutiger Zeit keine vom Alltag abge-

schottete ‚Anderswelt' darstellt, zu der nur schwer Zugang zu erhalten ist. Vielmehr rücken Welt und Anderswelt näher zusammen und treten dadurch auch hier
in einen regen Prozess der gegenseitigen Beeinflussung ein.

Von großer Bedeutung hierfür sind die Prozesse der Eventisierung und Mediatisierung der Religion, die unter anderen von Hepp und Krönert (2009) und
Hitzler und Pfadenhauer (2007) beschrieben werden. Beide Entwicklungen ergänzen sich komplementär. Während das Event das außerordentliche, subjektiv
erfahrbare, einzigartige Erlebnis an einem bestimmten Ort zu einer bestimmten
Zeit bereitstellt, ermöglichen die in die Konzeption des Events bereits eingebauten medialen Techniken und Praktiken eine Potenzierung der Veranstaltung, der
Zahl der direkt und indirekt ‚Beteiligten' sowie der (auch kommentierenden) Bezugnahme auf das Geschehen.

Am Beispiel der Religion wird jedoch ebenso deutlich, dass Transzenden-
zerfahrungen und der Umgang mit Transzendenz auch weiterhin mit einem spezifischen Affektivitätsspektrum[13] verbunden sind. Umgekehrt führen bestimmte
Emotionen geradezu zu einer Transzendenzerfahrung, wie bspw. das „Sich-Ver-
lieben", das Tappenbeck im Sinne Batailles als „ebenso intensives, aus dem Normalen des Alltags herausragendes, wie auch ambivalentes und beängstigendes
Erlebnis" (Tappenbeck 1999, S. 121) beschreibt. Ob die Liebe durch das von ihr
vertretene Regime an Relevanzen und Werten tatsächlich als Funktionsäquiva-
lent der Religion (vgl. Tyrell 1987) gelten darf, mag zwar dahingestellt bleiben.
Ihre enge Beziehung zum Bild der Anderswelt ist jedoch schwer zu bestreiten,
da beide einander in mythologischen und literarischen Darstellungsformen häufig vertreten, sich gegenseitig symbolisieren oder miteinander verwoben sind.

Stammelnde Liebeslyrik wie auch bilderreicher Minnegesang verdeutlichen
uns auf eingängige Art und Weise, dass die Kommunikation von Transzendenzer-
fahrungen, und eben auch besonders starker Affekte, Akteure vor eine nur schwer
zu bewältigende Aufgabe stellt. Solche Erfahrungen werden von denjenigen, die
sie beschreiben sollen, häufig als unbeschreiblich gekennzeichnet. Tut man solche
Formulierungen nicht ausschließlich als rhetorische Figur (Unsagbarkeitstopos)
ab, sondern fragt nach ihrer kommunikativen Funktion, so zeigt sich, dass sie
als Rahmen (Goffman 1980) dienen, der jeglichen Beschreibungsversuchen die
Fähigkeit abspricht, eine hinreichende und abschließende Darstellung leisten zu
können. Dies scheint letztlich die Voraussetzung dafür zu sein, dass überhaupt

---

13 Bereits Otto entkleidete ‚das Heilige' seiner sittlichen und rationalen Komponenten und gelangt
    dadurch zum Begriff des „Numinösen", das wiederum mithilfe von Begriffen nicht eingeholt
    werden könne und ausschließlich „durch die besondere Gefühlsreaktion die es im erlebenden
    Gemüte auslöst" (Otto 2004 [1917], S. 13) – das Gefühl des „mysterium tremendeum" – be-
    schrieben werden könne.

eine Beschreibung gewagt werden kann. Das heißt: Der nachfolgende Beschreibungsversuch wird überhaupt erst möglich durch Rahmung mithilfe der Dekla-
ration der Unbeschreiblichkeit, denn sie entlastet den Beschreibungsversuch von
einem Perfektionsanspruch, der angesichts desjenigen, das beschrieben werden
soll, anstünde, jedoch per definitionem niemals eingelöst werden kann.

Wenig überraschend bieten im Anschluss daran häufig Metaphern dort einen Ausweg, wo ihn die Beteuerung der Unbeschreiblichkeit bereits zugleich
verleugnet und geebnet hat. Der Metapher wird in weiten Teilen des sich mit ihr
auseinandersetzenden, wissenschaftlichen Diskurses (vgl. Haverkamp 1996), die
Fähigkeit zugeschrieben, neue oder gegebenenfalls auch erste Beschreibungszu-
gänge zu eröffnen, die dem nicht-metaphorischen Sprachgebrauch verschlossen
blieben. Sie sind daher ein wichtiger Bestandteil der Kommunikation von Transzendenzerfahrung.

Mit Verweis auf Soeffners (2010) Weiterentwicklung der Schützschen Sym-
boltheorie ist an dieser Stelle darüber hinaus auf den grundsätzlichen Doppelcharakter von Symbolen hinzuweisen. Bereits Schütz war davon ausgegangen,
dass hinsichtlich eines Symbols lediglich der appräsentierende Teil der Lebenswelt des Alltags angehört, während der appräsentierte einer oder mehreren anderen Lebenswelt(en) (Kunst, Religion etc.) zuzurechnen ist. Soeffner zeigt in Fort-
führung dessen, wie dieser Doppelcharakter es Symbolen ermöglicht, zwischen
Sagbarem und Unsagbarem, Diesseits und Jenseits und Immanenz und Transzendenz zu vermitteln.[14]

Notwendig wird die Etablierung von Symbolen daher aus seiner Sicht dort,
wo aufgrund einer Grenzüberschreitung, das heißt aufgrund des Erlebens des Unsagbaren, die Referentialität der Sprache an ihre Grenzen stößt und ergänzt werden muss durch ein ‚relativ Präsentes‘, in dem sich ein ‚absolut Präsentes‘, das
eigentlich nur erlebt und nicht beschrieben werden kann, offenbart. Das Unver-
mittelbare präsentiert sich im Falle des Symbols insofern im Modus einer mittelbaren Unmittelbarkeit im Sinne Plessners.

---

14 Denn: „Immanenz und Transzendenz werden in der symbolischen Verdichtung zusammen-
gezogen, die Grenzen des Alltäglichen überschritten und das Überschreiten selbst zu einer
Grenzerfahrung dramatisiert, in der ein Mensch sich als ‚außer sich‘ erlebt. In dieser Grenzerfahrung nimmt er nicht lediglich eine ‚exzentrische Positionalität‘ (Plessner) ein, sondern
er erlebt und lebt sie.“ (Soeffner 2010, S. 144)

6. Resümee

Vor dem Hintergrund der Schützschen Einteilung der Transzendenzen in kleine, mittlere und große und mithilfe seines Hinwcises darauf, dass wir Überschreitungen sowohl innerhalb der alltäglichen Lebenswelt finden als auch dort, wo diese selbst transzendiert wird, lassen sich die unterschiedlichsten Arten von Ausflügen in Anderswelten aufsuchen und beschreiben, die wir im Laufe unseres Lebens unternehmen. Wir tun dies teils gezwungenermaßen, wie im Falle des Schlafs oder gar des Todes, in sehr vielen Fällen jedoch freiwillig, wie im Spiel, der Wissenschaft und der Religion.

Bei näherer Betrachtung zeigt sich, dass ‚andere' Lebenswelten und die alltägliche Lebenswelt eng miteinander verwoben sind und sich gegenseitig beeinflussen. Wir wechseln innerhalb kürzester Zeitspannen zwischen ihnen hin und her und nehmen die Grenzen, die sie umgeben und definieren, teilweise gar nicht als strikte Limitierungen wahr, sondern eher als Übergangszonen. Einige Anderswelten – wie Literatur, Kunst oder Spiel – fordern uns geradezu heraus, sie nicht als solche zu behandeln und für eine begrenzte Zeit zu vergessen (und gleichzeitig doch immer zu wissen), dass sie nicht mit der Lebenswelt des Alltags in eins fallen.

Die Vermittlung zwischen den Welten erweist sich manchmal als schwer, und sie inszeniert sich dann auch als beschwerlich, um die Andersartigkeit, Herausgehobenheit und Besonderheit einer anderen Lebenswelt (z. B. einer religiösen oder einer emotionalen Erfahrung) zu veranschaulichen. Gerade die Beschreibung der Unmöglichkeit des Formulierens, das Stammeln und Schweigen werden dann zu beredten Zeugnissen, die Kommunikation gerade dort fortführen, wo sie für unmöglich erklärt wird.

Das Symbolsystem Sprache mit seiner Fähigkeit zur ‚mittelbaren Unmittelbarkeit' und insbesondere auch die Metapher mit ihrer Kraft, bereits Bekanntes wie Neues neu zu fassen und damit erst auch kommunikativ zu konstruieren, spielt für die Wanderung zwischen den Welten eine entscheidende Rolle. Neue Formen der Kommunikation, die im Zuge jüngerer Prozesse der Mediatisierung an Bedeutung gewinnen, können daher auch als Hinweise auf eine beschleunigte Vermittlung zwischen den Lebenswelten gelesen werden.

Bei aller Eleganz und scheinbaren Leichtigkeit, mit der wir sie betreten und verlassen, bleiben Anderswelten jedoch, seien sie geographisch verortbar, wie das Urlaubsparadies, oder im subjektiven Bewusstsein angesiedelt, wie der Tagtraum, schillernd und ambivalent. Viele von ihnen ermöglichen durch eine Distanzierung vom Alltag neue Perspektiven und Erkenntnisse, und doch droht häufig gleichzeitig die Gefahr, in ihnen verloren zu gehen.

Literatur

Adamowsky, Natascha (2000): Spielfiguren in virtuellen Welten. Frankfurt a. M., New York: Campus.

Adamowsky, Natascha (Hrsg.) (2005): „Die Vernunft ist mir noch nicht begegnet". Zum konstitutiven Verhältnis von Spiel und Erkenntnis. Bielefeld: transcript.

Aupers, Stef (2012): Enchantment, Inc. Online Gaming Between Spiritual Experience and Commodity Fetishism. In: Houtman, Dick; Meyer, Birgit (Hrsg.): Things. Religion and the Quest of Materiality. New York: Fordham University Press, S. 339-355.

Bataille, Georges (1974): Der heilige Eros (L'Érotisme). Frankfurt a. M.: Ullstein.

Bataille, Georges (1985): Das Blau des Himmels. München: Deutscher Taschenbuch Verlag.

Bateson, Gregory (1988): Ökologie des Geistes. Anthropologische, psychologische, biologische und epistemologische Perspektiven. Frankfurt a. M.: Suhrkamp.

Berger, Peter L. (1983): Das Problem der mannigfaltigen Wirklichkeiten: Alfred Schütz und Robert Musil. In: Grathoff, Richard (Hrsg.): Sozialität und Intersubjektivität. Phänomenologische Perspektiven der Sozialwissenschaften im Umkreis von Aron Gurwitsch und Alfred Schütz München: Fink, S. 229-251.

Berger, Peter L. (1992): Der Zwang zur Häresie. Religion in der pluralistischen Gesellschaft. Durchges. u. verb. Ausg. der 1980 bei S. Fischer ersch. dt. Ausg. Freiburg: Herder.

Berger, Peter L.; Luckmann, Thomas (2000): Die gesellschaftliche Konstruktion der Wirklichkeit. Eine Theorie der Wissenssoziologie. 17. Aufl. Frankfurt a. M.: Fischer Taschenbuchverlag.

Best, Otto F. (1980): Abenteuer – Wonnetraum aus Flucht und Ferne. Geschichte und Deutung. Frankfurt a. M.: Fischer.

Bette, Karl-Heinrich (2004): Zur Soziologie des Abenteuer- und Risikosports. Bielefeld: transcript.

Bloch, Ernst (1974): Philosophische Ansicht des Detektivromans. In: Ueding, Gert (Hrsg.): Ernst Bloch. Ästhetik des Vor-Scheins 2. Frankfurt a. M.: Suhrkamp, S. 216-236.

Caillois, Roger (1982): Die Spiele und die Menschen. Maske und Rausch. Frankfurt a. M.: Ullstein.

Caillois, Roger (1988): Der Mensch und das Heilige. München: Carls Hanser Verlag.

Durkheim, Emile (1998 [1912]): Die elementaren Formen des religiösen Lebens. Frankfurt a. M.: Suhrkamp.

Eglau, Victoria (2008): Deutschlandradio Kultur – NACHSPIEL. Abenteuer am Ende der Welt – ein Expeditionsrennen durch Feuerland. Gesendet am 9. März 2008 Manuskript der Sendung nachzulesen unter: http://www.dradio.de/download/81259/ [02.09.2009]:

Ehrenberg, Alain (2004): Das erschöpfte Selbst. Depression und Gesellschaft in der Gegenwart. Frankfurt a. M.: Campus.

Freud, Sigmund (1908): Der Dichter und das Phantasieren. In: Mitscherlich, Alexander; Richards, Angela; Strachey, James (Hrsg.): Sigmund Freud. Studienausgabe. Band X. Bildende Kunst und Literatur. Frankfurt a. M.: Fischer, S. 169-179.

Gadamer, Hans-Georg (1990): Wahrheit und Methode. Grundzüge einer philosophischen Hermeneutik. Tübingen: Mohr.

Goffman, Erving (1973): Interaktion: Spaß am Spiel. Rollendistanz. München: R. Piper & Co. Verlag.

Goffman, Erving (1980): Rahmen-Analyse. Ein Versuch über die Organisation der Alltagserfahrung. Frankfurt a. M.: Suhrkamp.

Haverkamp, Anselm (Hrsg.) (1996): Theorie der Metapher. Darmstadt: Wissenschaftliche Buchgesellschaft.

Hepp, Andreas; Krönert, Veronika (2009): Medien – Event – Religion. Die Mediatisierung des Religiösen. Wiesbaden: VS.

Herbrik, Regine (2011): Die kommunikative Konstruktion imaginärer Welten. Wiesbaden: VS Verlag.

Hitzler, Ronald; Möll, Gerd (2012): Eingespielte Transzendenzen: Zur Mediatisierung des Welter-
lebens am Beispiel des Pokerns. In: Krotz, Friedrich; Hepp, Andreas (Hrsg.): Mediatisier-
te Welten. Forschungsfelder und Beschreibungsansätze. Wiesbaden: VS Verlag, S. 257-282.

Hitzler, Ronald; Pfadenhauer, Michaela (2007): Erlebnisreligion. Religiosität als Privatsache und Glauben als Event. Der Weltjugendtag 2005 in Köln. In: Nollmann, Gerd; Strasser, Hermann (Hrsg.):
Woran glauben? Religion zwischen Kulturkampf und Sinnsuche. Essen: Klartext, S. 46-60.

Hitzler, Ronald; Pfadenhauer, Michaela (2007): Erlebnisreligion. Religiosität als Privatsache und Glauben als Event. Der Weltjugendtag 2005 in Köln. In: Nollmann, Gerd; Strasser, Hermann (Hrsg.):
Woran glauben? Religion zwischen Kulturkampf und Sinnsuche. Essen: Klartext, S. 46-60.

Holländer, Hans (2003): Parallelwelten – imaginäre Wissenschaft. In: Wirkus, Bernd (Hrsg.): Fiktion und Imaginäres in Kultur und Gesellschaft. Konstanz: UVK, S. 21-39.

Huizinga, Johan (2001 [1939]): Homo ludens. Vom Ursprung der Kultur im Spiel. Reinbek: Rowohlt.

Iser, Wolfgang (1991): Das Fiktive und das Imaginäre. Perspektiven literarischer Anthropologie.
Frankfurt a. M.: Suhrkamp.

Kant, Immanuel (1923): Über Pädagogik. In: (Hrsg.): Akademie-Ausgabe, Bd. IX. Berlin: S. 470-.

Keller, Reiner; Knoblauch, Hubert; Reichertz, Jo (Hrsg.) (2012): Kommunikativer Konstruktivis-
mus: Theoretische und empirische Arbeiten zu einem neuen wissenssoziologischen Ansatz
Wiesbaden: VS.

Knoblauch, Hubert (1995): Kommunikationskultur. Die kommunikative Konstruktion kultureller
Kontexte. Berlin: Walter de Gruyter.

Knoblauch, Hubert (2007): Kultur, die soziale Konstruktion, das Fremde und das Andere. In: Dre-
her, Jochen; Stegmaier, Peter (Hrsg.): Zur Unüberwindbarkeit kultureller Differenz. Grund-
lagentheoretische Reflexionen. Bielefeld: transcript, S. 21-42.

Knoblauch, Hubert (2009): Populäre Religion. Auf dem Weg in eine spirituelle Gesellschaft. Frankfurt a. M.: Campus Verlag.

Knoblauch, Hubert (in Druck): Relativism, Meaning and the New Sociology of Knowledge. In:
(Hrsg.): S.

Kramer, Martin (2011): Physik als Abenteuer – Erleben wird zur Grundlage des Unterrichtens: Didaktik, Akustik, Optik, E-Lehre und Kernphysik: BD 1. Freising: Aulis.

Krause, Arnulf (2004): Die Welt der Kelten. Geschichte und Mythos eines rätselhaften Volkes.
Frankfurt a. M.: Campus.

Luckmann, Thomas (1991): Die unsichtbare Religion. Frankfurt a. M.: Suhrkamp.

Mead, George Herbert (1969): Sozialpsychologie. Neuwied: Luchterhand.

Musil, Robert (1997 [1930-1932]): Der Mann ohne Eigenschaften. Roman. Erstes und zweites Buch.
Herausgegeben von Adolf Friese. Reinbek: Rowohlt.

Nemeczek, Ralf; Sonntag, Isabella (2002): Abenteuer Beziehung. Beziehung ist Kunst. Schondorf:
Wu-Wei Verlag.

Ortberg, John; Ahlbrecht, Jörg (2011): Abenteuer Alltag – Teilnehmerbuch mit Andachten. Ein ganz
normaler Tag mit Jesus. Asslar: Gerth Medien.

Otto, Rudolf (2004 [1917]): Das Heilige. Über das Irrationale in der Idee des Göttlichen und sein
Verhältnis zum Rationalen. Nachdruck. München: C. H. Beck.

Reichertz, Jo (2010): Abduction: The Logic of Discovery of Grounded Theory. In: Forum: Qualitative Social Research 11, 1, S. Art. 13.

Reichertz, Jo; Niederbacher, Arne; Möll, Gerd; Gothe, Miriam; Hitzler, Ronald (2010): Jackpot.
Erkundungen zur Kultur der Spielhallen. Wiesbaden: VS Verlag für Sozialwissenschaften.

Reichertz, Jo; Niederbacher, Arne; Möll, Gerd; Gothe, Miriam; Hitzler, Ronald (2010): Jackpot. Erkundungen zur Kultur der Spielhallen. Wiesbaden: VS Verlag für Sozialwissenschaften.

Scheuerl, Hans (Hrsg.) (1997): Das Spiel. Theorien des Spiels. Band 2. Weinheim: Beltz.

Schirrmeister, Claudia (2002): Schein-Welten im Alltagsgrau. Über die soziale Konstruktion von Vergnügungswelten. Wiesbaden: Westdeutscher Verlag.

Schütz, Alfred; Luckmann, Thomas (2003): Strukturen der Lebenswelt. Konstanz: UVK.

Simmel, Georg (1919): Das Abenteuer. In: Simmel, Georg (Hrsg.): Philosophische Kultur. Leipzig: Alfred Kröner Verlag, S. 7-24.

Soeffner, Hans-Georg (2000): Gesellschaft ohne Baldachin. Über die Labilität von Ordnungskonstruktionen. Weilerswist: Velbrück.

Soeffner, Hans-Georg (2005): Zeitbilder. Versuche über Glück, Lebensstil, Gewalt und Schuld. Frankfurt a. M.: Campus.

Soeffner, Hans-Georg (2010): Symbolische Präsenz: unmittelbare Vermittlung. Zur Wirkung von Symbolen. In: Staudigl, Michael (Hrsg.): Alfred Schütz und die Hermeneutik. Konstanz: UVK, S. 141-158.

Sokal, Alan (1996): Transgressing the Boundaries: Towards a Transformative Hermeneutics of Quantum Gravity In: Social Text 46/47, S. 217-252.

Steinbrink, Bernd (1983): Abenteuerliteratur des 19. Jahrhunderts in Deutschland. Studien zu einer vernachlässigten Gattung. Tübingen: Niemeyer.

Sutton-Smith, Brian (1978): Die Dialektik des Spiels. Eine Theorie des Spielens, der Spiele und des Sports. Schorndorf: Verlag Karl Hofmann.

Tappenbeck, Inka (1999): Phantasie und Gesellschaft. Zur soziologischen Relevanz der Einbildungskraft. Würzburg: Königshausen & Neumann.

Tyrell, Hartmann (1987): Romantische Liebe – Überlegungen zu ihrer „quantitativen Bestimmtheit". In: Baecker, Dirk; Markowitz, Jürgen; Stichweh, Rudolf (Hrsg.): Theorie als Passion. Niklas Luhmann zum 60. Geburtstag. Frankfurt a. M.: Suhrkamp, S. 570-599.

Ueding, Gert (1973): Glanzvolles Elend. Versuch über Kitsch und Kolportage. Frankfurt a. M.: Suhrkamp.

Wittgenstein, Ludwig (1980): Philosophische Untersuchungen. Frankfurt a. M.: Suhrkamp.

The manufacturer's authorised representative in the EU is Springer
Nature Customer Service Centre GmbH, Europaplatz 3, 69115 Heidelberg,
Germany. If you have any concerns regarding our products, please
contact ProductSafety@springernature.com

Printed and bound by CPI Group (UK) Ltd, Croydon, CR0 4YY

23/04/2026
02095592-0006